MÉMOIRES

DU MARQUIS

DE CHOUPPES

LIEUTENANT GÉNÉRAL DES ARMÉES DU ROI

SUIVIS DES

MÉMOIRES

DU DUC

DE NAVAILLES ET DE LA VALETTE

PAIR ET MARÉCHAL DE FRANCE
ET GOUVERNEUR DE MONSEIGNEUR LE DUC DE CHARTRES

(1630-1682)

REVUS, ANNOTÉS ET ACCOMPAGNÉS
DE PIÈCES JUSTIFICATIVES INÉDITES

PAR M. C. MOREAU

Éditeur de la *Bibliographie des Mazarinades*
et des *Mémoires de Mme de La Guette*, etc.

PARIS

J. TECHENER, LIBRAIRE

RUE DE L'ARBRE-SEC, 52
PRÈS LA COLONNADE DU LOUVRE

M DCCC LXI

MÉMOIRES

DU MARQUIS

DE CHOUPPES

ET DU DUC

DE NAVAILLES ET DE LA VALETTE

PARIS. — IMPRIMERIE DE CH. LAHURE ET Cⁱᵉ
Rues de Fleurus, 9, et de l'Ouest, 21

PRÉFACE.

Ce n'est pas sans de bonnes raisons que nous réunissons dans ce volume les *Mémoires* de Navailles et les *Mémoires* de Chouppes. Nos deux auteurs, en effet, ont entre eux des rapports de fond et de forme qui font que leur rapprochement n'est ni sans intérêt ni sans profit. Ainsi Navailles a servi, comme Chouppes, au siége de Roses en 1645; et, comme Chouppes encore, il a fait les campagnes de 1647 et 1648 en Italie sous le duc de Modène. Tandis que le premier combattoit pour le roi contre la Fronde dans les provinces autour de Paris en 1652, le second exerçoit un commandement dans l'armée des princes en Guyenne. Pendant les guerres étrangères, ils se contrôlent; pendant la guerre civile, ils se complètent.

Ils n'ont écrit ni l'un ni l'autre dans un esprit

d'opposition ou dans un intérêt de parti. Ils ne se sont point proposé de défendre devant la postérité la cause qu'ils avoient embrassée, la conduite qu'ils avoient tenue, et moins encore de développer des maximes de gouvernement ou des systèmes d'alliance. Navailles a pensé, nous employons ses propres expressions, que « son exemple pourroit servir à faire voir que le moyen le plus sûr pour s'élever n'est pas, comme on le croit ordinairement, de tout sacrifier à l'ambition et à la fortune. » Chouppes a voulu plus simplement « se rendre compte à lui-même de ce qu'il avoit fait et de ce qu'il avoit vu depuis qu'il étoit dans le monde; » et en même temps il songeoit « à laisser cet écrit à ses enfants comme un gage de sa tendresse; heureux, ajoutoit-il, si n'y trouvant que peu de vertus à imiter, ils savent du moins profiter de mes fautes. »

L'un et l'autre, on le voit, ont composé leurs *Mémoires* dans une pensée d'instruction : pensée plus ferme, plus arrêtée et en même temps plus générale chez Navailles; chez Chouppes, plus incertaine, plus vague et plus restreinte. Le premier s'adressoit à toute la jeunesse, mais surtout à la jeunesse de cour, qui, comme lui, devoit suivre la carrière des armes. Le second n'avoit en vue que ses enfants. Tous deux ont écrit à cet âge où l'esprit, dégagé des foiblesses du cœur, entend dans le silence des passions la voix de la conscience et de l'expérience. Évidemment ils ne commencèrent à regarder derrière eux la longue route qu'ils avoient parcourue, et à recueillir les souvenirs de leur vie écoulée que quand les premières atteintes de la vieillesse les eurent contraints au repos. Ce n'est pas quand on traverse à la hâte le présent pour se jeter, impatient et hardi, dans l'avenir, qu'on tourne ses regards vers le passé. On n'en a ni la volonté ni le loisir. L'homme qui marche dans sa force vers le but qu'il s'est proposé d'atteindre, n'a point de souci du chemin qu'il a fait. Il ne fixe ses regards que sur celui qui lui reste à faire. Pour qu'il les détourne un moment, encore plus pour qu'il les porte en arrière avec intérêt, il faut que la fatigue ou la nécessité l'arrêtent.

Nous sommes très-disposé à croire que Chouppes a écrit ses *Mémoires* dans un âge moins avancé que Navailles. Nous avons pour en juger ainsi deux raisons principales : l'une est qu'il paroît avoir été obligé de renoncer plus tôt à la vie active; nous ne voyons pas qu'il ait été employé après la paix de 1659, si ce n'est dans son paisible gouvernement de Belle-Isle. L'autre raison est qu'il a conservé plus vifs ses ressentiments. Il y a encore de la passion dans ses plaintes contre le maréchal de La

Meilleraye, et encore plus dans ses accusations contre Marsin. On sent qu'il n'a pardonné tout à fait ni les services qu'il a rendus au maréchal, ni les injures qu'il a reçues de lui, et qu'il est toujours froissé du rôle secondaire auquel l'ont réduit les préférences du prince de Condé. Navailles est bien plus maître de sa raison et de sa plume. Il n'a pas une parole de reproche ou de blâme pour ceux qui l'ont le plus cruellement desservi. Sa disgrâce de 1662 ne lui arrache pas une plainte. A peine une expression de regret lui échappe-t-elle ; et elle est si discrète qu'il est difficile d'en déterminer le sens précis. Il ne prononce pas le nom du comte de Grammont, pas même celui de Vardes. On pourra trouver, certes, qu'il devoit à l'histoire son témoignage. C'étoit à lui qu'il appartenoit d'édifier la postérité sur cette histoire ténébreuse de son exil et de celui de sa femme. Tout en nous plaignant de son silence, nous nous sentons pressé d'en respecter le motif. Navailles s'est tû devant la double autorité du roi qui lui ordonnoit la soumission, et de l'Église qui lui commandoit le pardon des injures. Il s'est tû pour rester fidèle à ses devoirs de chrétien et de sujet. Il s'est tû par vertu et par obéissance.

On ne doit pas s'attendre dès lors à trouver dans ses *Mémoires* des jugements passionnés, des récits injurieux, des anecdotes galantes. Ni la réputation d'un homme, ni l'honneur d'une femme n'est intéressé dans aucune de ses pages. Navailles ne sait rien, il ne veut rien savoir de ces mille bruits que la méchanceté fait répandre par la curiosité oisive. Il ne se souvient plus du scandale dont l'éclat a affligé sa religion. Il a passé à travers toutes les agitations de la cour, tous les désordres de la politique; et il n'a pas un mot que la pureté la plus scrupuleuse soit tentée d'effacer. Chouppes n'est pas moins réservé, si ce n'est qu'il n'a pas toujours les mêmes ménagements pour les hommes dont la vie a été mêlée à la sienne. Ses *Mémoires* ne touchent qu'aux affaires du gouvernement et aux événements de la guerre. La galanterie n'y a pas la plus petite part.

Philippe de Montault de Bénac, deuxième du nom, duc de Navailles et de La Valette, pair et maréchal de France, gouverneur du duc de Chartres, naquit en 1619 et mourut, frappé d'une attaque d'apoplexie, le 5 février 1684. Cadet d'une ancienne et noble famille du comté de Bigorre, il n'avoit à attendre de son père qu'une légitime fort mince. Il dut toute sa fortune à sa conduite. La droiture d'esprit et de cœur dont il étoit doué l'attacha étroitement à ses devoirs; et il obtint successivement, par l'application qu'il ne cessa de montrer dans tous ses emplois, par la fidélité à ses engagements, par la sûreté de son commerce, la faveur du cardinal de Richelieu, du cardinal Mazarin, d'Anne d'Autriche et de Louis XIV. C'est ainsi qu'il s'éleva par degrés aux plus hautes dignités de la cour, de la noblesse et de l'armée. Ses services n'ont pas été brillants, quoiqu'il ait pris des places et gagné des batailles; mais ils ont été solides. De 1638 à 1678, il fit constamment la guerre en Italie, en Catalogne, en Flandre, en Franche-Comté, à Candie; et partout il donna des preuves d'une activité soutenue, d'une exactitude vigilante, autant que d'une froide intrépidité. Il s'accuse quelque part d'avoir été mauvais courtisan; c'est vrai. Il a été en toutes circonstances un bon et loyal serviteur. Aussi, disgracié deux fois, deux fois il fut rappelé pour exercer de grands commandements, l'un à la Rochelle, l'autre dans les provinces d'Alsace, de Lorraine, de Bourgogne et de Champagne. On sait d'ailleurs que son bâton de maréchal lui fut envoyé par le roi pendant qu'il étoit dans son gouvernement du pays d'Aunis. Il ne l'avoit pas sollicité; il ne l'attendoit pas. Louis XIV le comprit de son propre mouvement dans la promotion des douze maréchaux par lesquels il essaya de réparer la perte irréparable de Turenne.

Ferme dans sa foi, fidèle aux devoirs de sa naissance et de ses charges, constant dans ses amitiés, Navailles a joui toute sa vie d'une considération égale à sa fortune. Il avoit assez de crédit parmi les gens de guerre pour concevoir, en 1662, la pensée de conduire cinq mille hommes au secours de l'empereur contre les Turcs; et les courtisans s'inclinoient devant la dignité de son caractère. Le président Hénault n'a été que l'écho d'une opinion qu'il avoit pu recueillir lui-même au temps de sa jeunesse, quand il a dit du duc et de la duchesse de Navailles : « C'étoient les plus honnêtes gens de la cour. »

Saint-Simon convient, sous la date de l'année 1700, que le gouverneur du duc de Chartres « étoit un homme fort propre à inspirer la vertu et la piété par son exemple; » mais, cédant à ce penchant pour la satire qui rendoit son orgueil si crédule, il raconte sur le duc de Navailles des anecdotes ridicules dont on pourra juger par celle-ci : « Lorsqu'à l'occasion des huguenots on parloit de la difficulté de changer de religion, il assura que si Dieu lui avoit fait la grâce de naître turc, il y seroit demeuré. » Or Navailles étoit né protestant; et il s'étoit converti au catholicisme; et sa conversion avoit été suivie de celles de son père et de la plus grande partie de sa famille. C'est lui-même qui le raconte. On peut soupçonner, quoiqu'il n'en parle pas, qu'il ne fut pas étranger aux résolutions de ceux de ses parents qui rentrèrent après lui dans le giron de l'Église.

Nous n'avons pas à retracer ici les grandeurs de sa maison et les événements de son existence. Sa généalogie a été faite par le P. Anselme; sa vie est tout entière dans ses *Mémoires*. Une seule circonstance lui a échappé; peut-être ne l'a-t-il pas connue. Nous en empruntons le récit au *Journal du Parlement*. A la séance du mercredi 20 décembre 1651, « M. le duc d'Orléans étant venu au palais, assisté de MM. les ducs de Beaufort et de Brissac, du maréchal de L'Hospital, gouverneur de Paris, et du coadjuteur, M. le premier président auroit dit que le sujet de la présente assemblée étoit un voyage fait par le sieur de Navailles vers M. le duc d'Elbeuf, lui portant une lettre du cardinal Mazarin, laquelle le duc d'Elbeuf lui auroit envoyée avec la réponse.... Elle contenoit en substance que le sieur de Navailles l'étoit venu trouver de la part du cardinal Mazarin pour lui dire que ledit cardinal, reconnoissant les grandes obligations qu'il avoit au roi, et connoissant l'état des affaires, avoit fait un effort pour lever des troupes considérables qui montoient à six mille hommes et plus, pour la levée desquels il s'étoit épuisé et avoit même employé tous les secours de ses amis, dont plusieurs lui conseilloient de les mener lui-même et les présenter au roi; mais qu'il le prioit de lui donner sur ce son sentiment. » Le même jour, arrêt fut rendu portant que « sera le sieur de Navailles ajourné à comparoir en personne en ladite cour, pour être ouï et interrogé sur le commerce qu'il a avec ledit cardinal, et répondre aux conclusions que le procureur général voudra contre lui prendre. » Il ne paroît pas qu'aucune suite ait été donnée à cet arrêt. Navailles étoit alors avec ses deux régiments parmi les troupes qui, sous le commandement du maréchal d'Hocquincourt, ramenoient en France le cardinal Mazarin.

La carrière de Chouppes n'a été ni si pleine ni si éclatante que celle de Navailles. On ne la connoît guère que par ses *Mémoires*, qui sont incomplets : ils s'arrêtent brusquement à l'année 1663, dix ans environ avant sa mort. Sa généalogie n'existe pas. Il n'a écrit sur son origine que ce peu de lignes : « Notre maison est une des plus anciennes du Poitou; depuis plus de six cents ans, nos ancêtres ont pris la qualité de chevaliers et ont donné leur nom au bourg de Chouppes; » et sur le rôle qu'ont joué dans l'histoire ses prédécesseurs : « Quelques-uns se sont assez distingués dans la profession des armes pour avoir fait une brillante fortune s'ils ne s'étoient trouvés engagés dans le parti contraire à la religion dominante. » D'ailleurs il ne fait pas seulement connoître le prénom de son père. Il parle de son frère et de ses neveux sans les nommer davantage. S'il nous apprend qu'il avoit des enfants en annonçant qu'il a composé ses *Mémoires* dans l'intention « de leur laisser ce gage de sa tendresse, » il ne dit ni en quelle circonstance ni dans quelle province il s'est marié, ni avec quelle famille il a contracté alliance. Il n'a pas un souvenir, pas un mot pour sa femme, dont il ne prononce pas le nom une seule fois.

Duport Du Tertre, le premier éditeur, qui a pourtant soin de déclarer dans une note qu'il étoit « un de ses parents, » n'a pas seulement essayé de suppléer sur tous ces points au silence des *Mémoires*. Ce qu'il n'a pas fait, nous l'avons entrepris, et, quoique venu bien tard, nous avons réussi à recueillir quelques renseignements qu'il est utile de conserver. Nous les avons trouvés au dépôt des titres de la Bibliothèque impériale, dans les archives de l'empire françois et dans les registres de la paroisse du Fau, aujourd'hui Reignac, joli bourg de la fraîche et tranquille vallée de l'Indre, entre Loches et Cormery.

PRÉFACE.

Chouppes étoit dans l'ancienne France une petite paroisse du Saumurois en Poitou, relevant du parlement de Paris, de l'intendance de Tours et de l'élection de Richelieu. Il y avoit cent dix feux au milieu du dernier siècle. C'est maintenant une commune du canton de Monts-sur-Guesnes, dans l'arrondissement de Loudun, département de la Vienne. On y compte cinq cents habitants environ. Ses anciens seigneurs paroissent n'avoir jamais porté d'autre nom que le sien, soit qu'ils l'aient reçu d'elle ou qu'au contraire ils le lui aient donné. On rencontre dans une pièce conservée au dépôt des titres de la Bibliothèque impériale un Raoul de Chouppes qui consentit la donation faite un peu après l'an 1100 par Aimo Roscellus et Robert d'Arbrissel aux religieuses de Fontevrault. Dans son *Dictionnaire historique et généalogique des anciennes familles du Poitou*, M. Baucher Filleau cite sous l'année 1170 un Pierre de Chouppes que l'abbaye de Saint-Cyprien de Poitiers avoit mis au nombre de ses bienfaiteurs. Ce sont là pour la maison de fort beaux titres d'ancienneté; mais le premier titre d'illustration ne remonte qu'au milieu du seizième siècle.

Alors vivoit un autre Pierre de Chouppes, seigneur de Chouppes, d'Availles et autres lieux, qui

fut le compagnon de guerre du vicomte de Turenne, du sire de Soubise, de La Noue, de l'amiral de Coligny, et qu'à la bataille de Jarnac le prince de Condé choisit, suivant l'expression de d'Aubigné, pour lui servir de miroir. Il avoit embrassé la cause de la Réforme après l'assassinat du duc de Guise devant Orléans; et il s'étoit mêlé à tous les mouvements des huguenots. Par exemple il est nommé dans la *Chronique des guerres civiles en Poitou, Aunis, Saintonge et Angoumois* de Pierre Brisson, parmi les gentilshommes qui devoient se joindre à La Noue pour exécuter le complot du 22 février 1574. Pierre de Chouppes fut gouverneur en divers temps de Lusignan, d'Agen, de Périgueux, de Castillon, de Sainte-Foy et de Loudun. Il exerça les fonctions de maréchal de camp au siége de Poitiers en 1593. Les religionnaires du Poitou le députèrent au concile de Loudun en 1596 et en 1597 à celui de Châtellerault. Enfin il mourut paisiblement dans son château de Chouppes le 29 avril 1602. Une lettre inédite de Henry-Louis de La Rochepozay, évêque de Poitiers, à André Du Chesne, généalogiste de la maison de Chasteigner, contient une anecdote qui montre en quelle estime Pierre de Chouppes étoit parmi les hommes de guerre de son temps :
« L'an 1569, à la bataille de Jarnac, le sieur de

Chouppes eut un cheval tué sous lui et fut reconnu par le sieur d'Abain (frère de l'évêque) entre les mains d'un Italien qui l'avoit pris prisonnier, dont il le retira avant qu'il eût été reconnu, moyennant cinq cents écus de rançon qu'il paya promptement pour ledit sieur de Chouppes. » Celui-ci acquitta longtemps après sa dette de reconnoissance de la manière qui convenoit à un vieux batailleur comme lui : d'Abain, nommé gouverneur de la Haute et Basse-Marche, trouva le pays envahi par le vicomte de La Guierche, gouverneur du Poitou. Il se retira au Dorat; et de là il appela ses amis à son secours. Pierre de Chouppes fut le premier à lui répondre par une lettre datée de Loudun le 6 mars 1593, annonçant qu'il va faire contre les partisans du vicomte « des courses si continues qu'ils s'en ennuieront. »

M. de La Fontenelle de Vaudoré, dans ses *Chroniques fontenaisiennes*, veut que le marquis de Chouppes ait été fils de ce Pierre. C'est une erreur que M. Baucher-Filleau réfute très-bien; mais celui-ci se trompe à son tour quand il fait du frère de Pierre le père du marquis. Aymar de Chouppes, seigneur du Bois de Fouquerye, de Nantilly, de La Roche de Chizay et de Chouppes, eut deux fils dont l'un, Benjamin, donna naissance à Lancelot, commandeur de Malte en 1666, et l'autre,

René, compte parmi ses enfants l'auteur des *Mémoires*.

René de Chouppes, chevalier, seigneur de Chouppes, du Bois Fouquerye, du Bois Gouttan et d'Andilly, gentilhomme ordinaire de la chambre du roi, lieutenant de la compagnie des gendarmes du duc de Roannez, puis de celle de La Chataigneraye, épousa, le 4 juillet 1606, Catherine Goyer, fille de François Goyer, sieur de Becherel, conseiller au parlement de Paris. Il eut de ce mariage quatre enfants : l'aîné, Pierre de Chouppes, chevalier, seigneur et baron de Chouppes et de Bassé, fut d'abord capitaine d'infanterie, puis successivement cornette et lieutenant de la compagnie des chevau-légers du sieur de La Frézélière, capitaine de cavalerie dans le régiment du cardinal de Richelieu, maréchal de camp, gouverneur et capitaine du château de Parthenay. C'est pour lui que la terre de Chouppes fut érigée en baronnie. Le second eut le nom d'Aymar, comme son grand-père. Le troisième, Réné de Chouppes, seigneur d'Andilly, passa de bonne heure au service du duc de Lorraine et mourut à Mons, en Hainaut, où il commandoit deux mille chevaux sous Piccolomini, général de l'empereur. Enfin le quatrième étoit une fille, Catherine, qui, devenue veuve de Garin, seigneur de Chaumes, prit la direction de l'hôtel-Dieu de Poitiers, à la demande du maire et des échevins de cette ville, et y mourut le 2 juin 1668, en odeur de sainteté.

Aymar ou Émar, ou encore, comme il l'écrivoit lui-même, Edmard II de Chouppes, baron du Fau, seigneur de Chanceaux, Dolus et autres lieux, chevalier de l'ordre du roi, conseiller d'État d'épée, mestre de camp de deux régiments, lieutenant général des armées du roi, lieutenant du roi dans la province de Roussillon, gouverneur de Belle-Isle, naquit vers l'année 1612. Il se voua de bonne heure à la carrière des armes. Après avoir passé par les pages de la petite écurie du roi, il entra en 1630, non dans la compagnie des chevau-légers de La Hussandaye, comme le disent les pièces du dépôt des titres que nous avons citées plus haut, mais dans celle de La Frézélière, où il fut admis en qualité de cornette. On peut croire qu'il obtint la charge de son frère Pierre quand celui-ci fut pourvu de la lieutenance. Protégé d'abord du cardinal de Richelieu, puis de Louis XIII et du cardinal Mazarin, sa fortune fut assez rapide; mais la Fronde en interrompit le cours. En 1651, le marquis de Chouppes se laissa séduire par le prince de Condé, qui l'avoit vu commander l'artillerie à Fribourg, à Mardick, à Dunkerque, et à qui il se donna un

peu par foiblesse, un peu par calcul. Il fit sans
éclat la guerre de Guyenne et négocia sans succès
avec l'Espagne. Puis il rentra en grâce par la part
qu'il prit à l'accommodement du prince de Conti,
fut envoyé en Catalogne avec le titre de lieutenant
général, et nommé lieutenant général du roi dans
les comtés et vigueries de Roussillon et Conflans.
Après la paix, il eut ordre de se rendre à Lisbonne
pour « témoigner au roi de Portugal et à la reine
régente le déplaisir que le roi de France avoit de
n'avoir pu le faire comprendre dans le traité des
Pyrénées. » Il reçut, en 1662, le 28 octobre, pour
récompense de ses services, le gouvernement de
Belle-Isle.

Il est à peu près certain que depuis cette époque
le marquis de Chouppes ne fut plus employé dans
l'armée françoise. Nous voyons, en effet, dans
l'*Appendice* des *Mémoires* une lettre du comte de
Sourre, de laquelle il résulte qu'il avoit offert son
épée au roi de Portugal dès l'année 1660, et un
congé qui lui fut accordé par Louis XIV sous la
date du 20 janvier 1667 « pour les princes et États
et alliés du roi. » Or, cette année 1667 est celle
où commença la guerre entreprise pour la revendication des droits de la reine sur le Brabant. Il
est difficile d'admettre que Chouppes eût pris du
service en pays étranger s'il avoit eu l'espoir d'ob-

tenir un commandement sur la frontière françoise. Il n'avoit jamais rempli que des fonctions secondaires; et s'il y avoit montré quelques qualités du soldat, le courage, l'activité, l'audace, il s'étoit aussi en plusieurs circonstances trop abandonné à l'ardeur de son caractère et à l'entêtement de sa volonté. Il avoit refusé en 1656 de faire la campagne d'Italie sous le comte d'Estrades; en 1658, après la prise de Gravelines, de conduire à l'armée de Turenne les troupes du maréchal de La Ferté; enfin de commander une expédition pour le secours de Candie en 1660. C'étoient de fâcheux souvenirs que réchauffoit peut-être, ainsi qu'il le prétend, le mauvais vouloir de Le Tellier. Entre les deux dates de 1660 et de 1667, nous voyons seulement qu'il exerça l'autorité dans son gouvernement de Belle-Isle, notamment de 1663 à 1665.

La *Biographie universelle* prétend que, profitant du congé qu'il avoit obtenu du roi, il passa en Portugal dans l'année 1667, et qu'il y resta jusqu'à la paix signée à Lisbonne entre les deux couronnes espagnole et portugaise le 13 février 1668. Il y a à cela quelque probabilité. Nous devons avouer néanmoins que nous n'avons trouvé nulle part la moindre trace de ce voyage. Au mois d'août de cette dernière année, Chouppes étoit à

Loches, où il produisoit, avec son frère Pierre, ses titres de noblesse devant l'intendant de justice en Touraine, Anjou et Maine, Voysin de La Noiraye; mais il n'y a pas là de difficulté. Les troupes françoises que le maréchal de Schomberg avoit commandées au service des rois don Alphonse et don Pèdre, ramenées en France par l'escadre de Gabaret, avoient en effet débarqué à la Rochelle le 15 juin.

Chouppes épousa dans la même ville de Loches Marie Le Breton, fille d'Énoch Le Breton, seigneur de Chanceaux, et veuve de Charles de Pierre-Buffière, seigneur du Prunget. Le contrat fut passé devant le notaire Chevreau. En quelle année? probablement vers 1655 ou 1656. Dans tous les cas il étoit marié certainement en 1657, puisque sa fille Marie mourut en 1697, âgée de quarante ans environ, est-il dit dans l'acte de son décès. Adrien Le Breton, grand-père de Marie, avoit eu pour femme Marie Goyer, sœur de Catherine, et par conséquent belle-sœur de René de Chouppes; en sorte que le marquis de Chouppes étoit cousin germain d'Énoch Le Breton, son beau-père.

Il est permis de croire qu'il s'habitua en Touraine après son mariage. Au moins en 1662, le 20 mai, il acheta de la dame de La Courville la terre et seigneurie du Fau; et le 12 juin suivant, il rendit foi et hommage au roi, de qui le Fau relevoit directement à cause du château de Loches. Cette terre avoit pour lui une valeur particulière par deux raisons : l'une est que la mère d'Adrien Le Breton, la bisaïeule de Marie, appartenoit à la maison qui en avoit porté le nom; elle s'appeloit Catherine Du Fau. L'autre raison est que le Fau étoit le fief dominant de la seigneurie de Chanceaux, domaine patrimonial des Le Breton.

Marie Le Breton avoit été élevée dans le protestantisme. Elle abjura ses erreurs en 1678 entre les mains de l'archevêque de Tours. Voici en effet ce que nous lisons dans la *Gazette* sous la date de cette ville le 25 avril : « Hier matin, dame Marie Le Breton de Chanceaux, veuve de messire Émard de Chouppes, lieutenant de roi de Roussillon, gouverneur de Belle-Isle, lieutenant général, fit abjuration de l'hérésie de Calvin dans notre église métropolitaine, entre les mains de notre archevêque, qui avoit pris un soin particulier de l'instruire des vérités de notre religion. La demoiselle de Foncelle, sa nièce, fit aussi abjuration. » Le marquis de Chouppes étoit donc mort au mois d'avril de cette année 1678. La *Biographie universelle* dit qu'il mourut en 1677; mais d'Hozier a ajouté de sa main à l'article de Marie Le Breton (*dossier Le Breton, au dépôt des titres*) qu'elle étoit veuve en 1673. Cette date nous paroît beaucoup préférable en ce qu'elle explique mieux la brusque interruption des *Mémoires* qui, écrits pendant les loisirs que la disgrâce avoit faits au marquis, peut-être même après 1670, n'ont, croyons-nous, jamais été terminés.

Toujours est-il que l'acte de décès ne se trouve pas dans les registres de la paroisse du Fau. C'étoit pourtant au château que le marquis faisoit alors sa résidence ordinaire. Sa femme y est morte. Elle fut inhumée, le 16 mars 1697, dans le chœur de l'église paroissiale par le ministère de Gilles Maultrot, prieur et curé de Dolus, à la prière et du consentement de M. Pallu, curé du Fau. Quatre mois après, le 22 juillet, le corps de Marie de Chouppes fut déposé à côté de celui de sa mère dans le chœur de la même église par Quentin Sebaud, curé d'Azay. Elle étoit morte sans alliance.

Outre cette fille, qui paroît avoir été l'aînée de ses enfants, le marquis de Chouppes avoit laissé deux fils : Aymar III et Pierre.

Aymar rendit foi et hommage au roi pour sa terre du Fau le 15 novembre 1695. Il venoit d'atteindre sa majorité. Il étoit donc né vers 1670. Il épousa en 1701 Marie-Anne Bothereau d'Aulnières, veuve de Jacques Du Vigneau, seigneur des Voryes. Deux filles naquirent de ce mariage : Marie-

Madeleine, baptisée dans l'église du Fau le 12 janvier 1703, et Marie-Anne. Le parrain de la première fut Jean-Christophe de Quinemont, chevalier, seigneur de Varennes; la marraine, Marie-Madeleine Rochet, femme de messire Honorat de Baraudin, seigneur des Bournais, lieutenant de roi des villes et château de Loches et Beaulieu. Marie-Anne Bothereau avoit eu de son premier mariage un fils, Gaspard-François Du Vigneau, qui habitoit avec elle le Fau en 1703.

Nous ne savons rien de Pierre de Chouppes, si ce n'est qu'il vivoit encore en 1699. On peut croire qu'il n'étoit pas marié. Il prenoit le nom de chevalier de Chouppes.

En 1710, Aymar III de Chouppes vendit la terre du Fau à un gentilhomme saintongeois, M. de Reignac, qui la fit ériger en marquisat et lui donna son nom. Ainsi que nous l'avons dit déjà, la paroisse du Fau est la commune de Reignac aujourd'hui. Elle fait partie du canton de Loches dans le département d'Indre-et-Loire.

Au commencement de ce siècle, la maison de Chouppes étoit encore représentée par Charles-René de Chouppes, chevalier de Saint-Louis, mort en 1802 à l'âge de quatre-vingt-dix ans. De ses deux fils, l'un, qui commandoit une petite division dans l'armée vendéenne, avoit été tué au mois de décembre 1793; l'autre, appelé le chevalier de Chouppes, officier aux dragons de Monsieur, avoit émigré et étoit mort de maladie en 1792. Nous ne savons pas s'ils appartenoient à la descendance directe du marquis.

Les *Mémoires* de Navailles et de Chouppes n'ont pas été compris dans les grandes collections publiées par Petitot et Michaud. Nous ne connoissons pas de manière d'expliquer cet injuste dédain. Les *Mémoires* de Navailles, il est vrai, ne sont pas autre chose que ce qu'on appelle aujourd'hui une autobiographie; mais par cela même ils méritoient plus d'attention qu'on n'a voulu leur en accorder. Ils ont en effet un caractère propre qui les distingue de tous les écrits du même genre et de la même époque; et il faudroit les classer tout à fait à part s'ils ne se rapprochoient pas de ceux de Chouppes par quelques côtés. Navailles ne raconte que ses actions personnelles; encore a-t-il pris soin d'écarter certains souvenirs de sa jeunesse que permet de soupçonner la médisance impitoyable de Tallemant des Réaux. Malgré cela ses récits abondent en traits de mœurs qui ont jailli de sa plume, sans, pour ainsi parler, qu'il y songeât. Par exemple, quand il a pris soin de nous apprendre qu'avec une pension de mille écus qu'il recevoit du roi, et une autre de même somme que lui faisoit son père, il dépensoit tous les ans de huit à dix mille écus, il ne pensoit guère qu'il nous laissoit un excellent témoignage de ce que coûtoient à la jeune noblesse les services de guerre et les devoirs de cour. S'il se défend d'avoir recherché pour son fils unique l'alliance de Mlle d'Alègre, tandis que Colbert la demandoit pour le marquis de Seignelay, ce n'est pas certes avec l'intention de montrer à quelles déférences les plus grands seigneurs se tenoient pour obligés envers les ministres.

Puis ce n'est pas une personnalité sans valeur et par conséquent sans attrait que celle de ce cadet de Gascogne qui s'élève par degrés aux plus hautes dignités de l'armée et de l'État. Assurément Navailles n'étoit pas un homme de génie. Sa fortune ne s'explique bien ni par de grandes actions ni par des aventures singulières. Si elle se justifie, c'est par la vertu. Puisque dans l'enquête solennelle à laquelle l'histoire soumet les personnages célèbres, il a jugé à propos de déposer pour lui-même, il y a justice et il peut y avoir profit à l'entendre. Aussi bien sa déposition est simple et sincère. Il ne l'a altérée par aucune habileté de composition ni par aucun artifice de style.

D'ailleurs il a joué son rôle dans des événements sur lesquels s'exerce encore la controverse historique. Ne citons ici que la Fronde et le siége de Candie. C'est assez pour donner une idée avantageuse de l'intérêt qui s'attache à ses *Mémoires*.

La Fronde tient également une grande place dans les *Mémoires* de Chouppes. L'auteur s'étend avec complaisance sur la part qu'il a prise à la guerre de Guyenne; et ses récits ne sauroient être négligés sans dommage. Ils présentent particulièrement au sujet de l'accommodement du prince de Conti des explications qu'on ne sauroit trouver ailleurs. Le marquis de Chouppes a en outre reçu dans la conjuration de Cinq-Mars quelques confidences de Louis XIII, du duc de Bouillon et du favori lui-même. Il a commandé l'artillerie du prince de Condé dans les trois journées de Fribourg. Ami du maréchal de La Meilleraye, il a connu les premières et plus secrètes intrigues de la cour sous la régence d'Anne d'Autriche; et il a assisté au travail qu'accomplissoit avec mystère l'ambition du cardinal Mazarin. Sur tous ces points il est curieux; et nous le croyons digne de foi. Il a en effet la sincérité et la simplicité de Navailles, si ce n'est que sa parole est plus abondante et son style plus prolixe.

Nous avons dit déjà que ses *Mémoires* s'interrompent brusquement à la date de 1663. Est-ce que l'auteur ne les a point terminés? ou bien y en a-t-il une partie qui a été perdue, sans espoir de la recouvrer jamais? Duport Du Tertre n'avoit pas désespéré d'en découvrir la suite ; c'est son expression. Il n'avoit pas osé toutefois la promettre au public. M. Baucher Filleau s'est cru en droit d'affirmer par sa propre expérience que toutes les recherches qui pourroient être tentées ne produiroient aucun résultat, sans pourtant se prononcer sur le point de savoir si les *Mémoires* ont été achevés ou non. Nous penserions volontiers, pour nous, qu'ils ne l'ont pas été. Le marquis de Chouppes n'a certainement commencé à les écrire qu'après la naissance de ses deux fils, c'est-à-dire vers 1670; et la mort sans doute l'a surpris dans son travail.

C'est en 1753, chez Duchesne, libraire à Paris, que Duport Du Tertre a publié pour la première fois les *Mémoires* du marquis de Chouppes. Où en avoit-il trouvé le manuscrit? Il ne le dit pas. Apparemment il l'avoit reçu de la famille, à laquelle il appartenoit par alliance. Nous sommes d'avis que la copie qui lui a été remise, provenoit des archives du château de Chouppes; et notre raison, c'est que deux ans après Ménard a donné, dans les preuves de son *Histoire de Nîmes*, plusieurs lettres qui figurent parmi les pièces justificatives à la suite des *Mémoires* et qu'il dit les avoir tirées de ces archives. Il est aisé de comprendre que l'œuvre du marquis ait été déposée, peut-être même en original, dans le château qui étoit le berceau de sa famille et la demeure du chef de sa maison.

Malheureusement Duport Du Tertre n'a jugé à propos ni de s'expliquer sur la provenance du manuscrit, ni, comme nous l'avons dit, de combler les lacunes laissées dans les *Mémoires* du marquis de Chouppes. Nous en sommes donc réduit aux conjectures. Il a pourtant eu à sa disposition des documents qu'il n'a pas employés; car il dit dans une note sur la mission que Chouppes remplit au commencement de 1660 en Portugal : « M. le marquis de Chouppes fut envoyé dans une autre occasion ambassadeur à Lisbonne; » à moins que ce ne soit une allusion au voyage de 1667. Toujours est-il que Duport Du Tertre a publié les *Mémoires* avec beaucoup de négligence. Il a, par exemple, mal lu un grand nombre de noms propres et non moins mal classé les lettres qui forment l'appendice sous le titre de pièces justificatives. Nous avons rétabli les uns et mis les autres en meilleur ordre.

Il y a deux éditions simultanées des *Mémoires* de Navailles; l'une à Paris, chez la veuve Barbin; l'autre à Amsterdam, chez Jean Malherbe, toutes deux de 1701. Elles sont intitulées : *Mémoires du duc de Navailles et de La Valette, pair et maréchal de France et gouverneur de monseigneur le duc de Chartres.* Le texte est absolument le même dans toutes les deux. Nous ne savons en vérité si elles se distinguent par quelques fautes d'impression; mais ni le format, ni le caractère, ni la justification ne sont semblables. Ce sont bien réellement deux éditions différentes. Le privilége de celle de Paris est du 25 avril 1700; l'achevé d'imprimer du 31 janvier 1701. L'approbation signée d'Hozier porte la date du 16 avril 1700. Nous avons ajouté à la nôtre cinq lettres de Navailles, que nous avons empruntées à la *Correspondance de Louis XIV*, publiée par le P. Griffet.

MOREAU

22 mars 1861.

MÉMOIRES

DE M. LE MARQUIS

DE CHOUPPES

LIEUTENANT GÉNÉRAL DES ARMÉES DU ROI.

Si j'entreprends d'écrire mon histoire, ce n'est pas que j'aie la sotte vanité de vouloir que le public s'occupe des différents événements qui ont partagé une vie assez agitée. C'est encore moins pour faire l'apologie de toutes mes démarches, ni pour me faire honneur des actions ou des conseils d'autrui. Je veux me rendre compte à moi-même de ce que j'ai fait et de ce que j'ai vu depuis que je suis dans le monde ; car je ne prétends raconter que les faits dont j'ai été ou témoin ou acteur. Je ne me propose d'autre objet dans ce travail, que de remplir quelques moments vides, dans la solitude où je suis maintenant retiré, et de laisser cet écrit à mes enfants comme un gage de ma tendresse. Heureux si n'y trouvant que peu de vertus à imiter, ils savent du moins profiter de mes fautes!

Ma maison est une des plus anciennes du Poitou. Il paroît par les titres que je conserve dans mes archives, que depuis plus de six cents ans mes ancêtres ont pris la qualité de chevaliers, et qu'ils ont donné leur nom au bourg de Chouppes[1]. Ils ont presque tous suivi la profession des armes; et quelques-uns s'y sont assez distingués, pour avoir pu faire une assez brillante fortune, s'ils ne s'étoient trouvés engagés dans le parti contraire à la religion dominante.

A peine avois-je treize ans que mon père[2] me fit entrer dans les pages de la petite écurie[3] de Louis XIII. J'y entrai en 1625; je fus assez heureux pour que le roi me distinguât de mes camarades; je reçus dès lors des marques particulières de sa bienveillance. En 1628, Sa Majesté voulut que je quittasse les pages pour servir en qualité de volontaire dans son régiment aux gardes.

---

1. Dans le Saumurois, en Poitou, diocèse de Poitiers, parlement de Paris, intendance de Tours, élection de Richelieu; aujourd'hui canton de Monts-sur-Quesnes, arrondissement de Loudun, département de la Vienne.

2. Réné de Chouppes, écuyer, seigneur du Boys de Fouquerye, Nantilly, la Roche de Chizay et Chouppes, gentilhomme ordinaire de la maison du roi, lieutenant de la compagnie d'hommes d'armes du duc de Rouannois, marié le 4 juillet 1606 à Catherine Goyer, fille de François II Goyer, seigneur de Pourpry, Busserel et la Championnière, conseiller de la chambre des comptes.

3. La petite écurie se composoit des chevaux dont le roi se servoit ordinairement. Elle étoit sous la direction du premier écuyer. Il y avoit vingt et un pages, dont deux pour la vénerie.

J'y demeurai deux ans ; et je me trouvai au siége de la Rochelle[1], aux barricades de Suze[2], au siége de Privas[3] et autres prises de places sur ceux de la religion prétendue réformée en Languedoc, à la prise de Pignerol en Piémont[4], au combat de Veillane[5], où je fus dangereusement blessé, et au secours de Cazal[6].

La paix étant faite, le roi me retira du régiment aux gardes, et me donna une cornette de chevau-légers dans la compagnie de La Frezelière[7]. Je servis sept ans dans la cavalerie, pendant lesquels je me trouvai en plusieurs occasions, tant en Lorraine qu'en Allemagne, entre autres à la défaite de Colloredo[8], où je commandois la cavalerie françoise ; et même je fis prisonnier Colloredo, qui commandoit la cavalerie de l'empereur, composée de deux mille chevaux.

Le cardinal de Richelieu[9] qui étoit de ma province et qui connoissoit ma maison et ma personne, voulut m'attirer à lui ; ce qu'il fit après la prise de Corbie[10].

---

1. La prise de la Rochelle est du 22 octobre 1628.
2. Forcées par le roi en personne le 6 mars 1629.
3. Privas se rendit au roi le 27 mai 1629.
4. 1630. Le siége ne dura que deux jours.
5. Le 10 juillet 1630.
6. 1630.
7. Isaac Frézeau ou Frézel, marquis de La Frézelière, seigneur d'Amaillou et de la Founeau, maréchal de camp, capitaine d'une compagnie d'ordonnance, colonel du régiment de Touraine, tué le 28 juin 1639 en montant à l'assaut de Hesdin.
8. Le 17 mars 1636. Colloredo fut battu et fait prisonnier par le marquis de La Force.
9. Armand du Plessis, cardinal de Richelieu.
10. Sur la Somme, à l'endroit où elle reçoit la petite rivière de l'Ancre. C'étoit une place forte dans l'Amiénois en Picardie, avec

Nous nous rendîmes maîtres de cette place le 14 novembre 1636.

Le premier usage que le cardinal fit de ma bonne volonté fut de me donner pour aide de camp au grand maître[1], qui alloit commander une armée en Flandre la campagne prochaine. Je me trouvai avec lui aux siéges de Landrecies et de la Capelle[2].

La campagne étant finie, je revins à la cour auprès du cardinal. Le printemps d'après, les maréchaux de Châtillon[3] et de La Force[4], qui commandoient l'armée du roi en Flandre, allèrent assiéger Saint-Omer; mais le prince Thomas[5] et Piccolomini[6] y ayant mené un secours considérable, nos généraux furent obligés de lever le siége[7].

Le cardinal de Richelieu m'envoya vers eux, leur porter les ordres du roi pour donner la bataille. Il ne le leur fut pas possible. Les ennemis s'étoient postés si avantageusement aux environs de Saint-Omer que

---

titre de comté, diocèse d'Amiens, parlement de Paris, intendance de Picardie; aujourd'hui chef-lieu de canton, arrondissement d'Amiens, département de la Somme.

1. Charles de La Porte, marquis de La Meilleraye, grand maître de l'artillerie; depuis duc et maréchal de France, mort en 1646.

2. 1637. C'étoit le cardinal de La Valette qui commandoit l'armée. La Capelle fut prise le 9 juillet.

3. Gaspard de Coligny, duc et maréchal de Châtillon, mort en 1646.

4. Jacques Nompar de Caumont, duc et maréchal de La Force, mort en 1675.

5. Thomas-François de Savoie, alors général au service de l'Espagne.

6. Octave Piccolomini, feld maréchal de l'empire en 1648.

7. Le 15 juillet 1638.

l'on n'auroit pu en venir à un combat sans exposer notre armée à une perte certaine.

Je retournai donc rendre compte au cardinal de ma commission. Je le trouvai à Saint-Quentin[1] avec le roi, qui avoit fait assiéger le Catelet par l'armée que commandoit M. du Hallier[2]. Je servis à ce siége en qualité d'aide de camp.

Pendant le siége de Hesdin[3], je fus l'homme du roi; j'eus tout le secret de ces deux entreprises; et je portois journellement les volontés de Sa Majesté au général qui commandoit l'armée[4].

A mesure que la confiance du cardinal de Richelieu pour moi augmentoit, mon zèle pour le service de Sa Majesté devenoit plus ingénieux. Le roi avoit pris la résolution de faire le siége d'Arras. Ce projet étoit aussi difficile dans l'exécution qu'important pour l'intérêt de Sa Majesté. Les obstacles qui s'y opposoient, parurent même si forts qu'on étoit sur le point d'en abandonner le dessein. Le cardinal de Richelieu m'en parla. Je lui demandai la permission de dresser un plan de la manière dont je croyois qu'on pouvoit attaquer cette place. Je lui dis que les difficultés qu'on y trouvoit, ne venoient que du défaut des projets

---

1. Peu de temps auparavant, le comte de Soissons avoit fait munir Saint-Quentin, qui paroissoit menacé par les Espagnols; et la cour s'étoit rendue dans cette ville pour suivre de près les événements.

2. François de Vitry, comte du Hallier, depuis maréchal de L'Hôpital. Il prit le Catelet le 14 septembre 1638, mort en 1660.

3. Cette place se rendit le 30 juin 1639 au roi en personne.

4. C'étoit La Meilleraye, à qui le roi remit sur la brèche le bâton de maréchal de France.

qu'on s'étoit formés jusqu'alors ; je m'engageai à faire voir non-seulement que l'entreprise étoit possible, mais même qu'elle étoit facile. Il me dit d'y penser et de lui en parler le lendemain. Je fus chez lui dès qu'il fut éveillé ; je lui proposai mon plan dans toute son étendue ; et je l'ébranlai beaucoup si je ne le convainquis pas tout à fait.

Il me renvoya chercher l'après-dînée, et m'ordonna de venir proposer mes vues dans le conseil. J'y déduisis mes raisons d'une manière si plausible, que, malgré l'opposition de quelques personnes ou mal intentionnées ou jalouses, le siége fut résolu conformément aux idées que j'avois proposées. Je fus chargé de tous les ordres du roi pendant toute la durée de ce siége ; et il eut le succès que tout le monde sait[1].

Depuis cette épreuve, je devins un homme nécessaire. Je fus chargé de porter tous les ordres secrets pour les siéges d'Aire et de Bapaume[2]. Cet emploi m'exposoit à des périls continuels, surtout pendant le siége de cette dernière place. Il n'y avoit pas de jour que je ne fusse obligé de passer au travers des troupes ennemies pour l'exécution des ordres dont j'étois chargé. Je m'en tirai d'abord assez heureusement ; enfin, je fus découvert ; les Espagnols furent avertis de ma marche. Ils postèrent sur mon passage

1. Arras, assiégé par les trois maréchaux de Châtillon, de Chaulnes et de La Meilleraye, fut pris le 10 août 1640. On sait que ce siége est resté longtemps célèbre par les combats qui furent livrés pour jeter du secours dans la place et pour l'empêcher.

2. Ils furent dirigés tous deux par le maréchal de La Meilleraye. Aire se rendit le 27 juillet, et Bapaume le 18 septembre 1641.

une troupe de Cravattes qui fondit sur moi dans le moment que je m'y attendois le moins. Je ne songeai plus qu'à leur vendre ma vie chèrement, et peut-être leur aurois-je échappé; mais mon cheval s'étant abattu sous moi, je fus fait prisonnier.

Don Francisque de Mello commandoit l'armée ennemie. Il me traita avec beaucoup de franchise et d'honnêteté. Le lendemain du jour que j'eus été pris, il m'envoya le capitaine de ses gardes avec un trompette, pour me dire que je n'étois point prisonnier; que le trompette qu'il m'envoyoit seroit à mes ordres; que si je voulois demeurer dans l'armée, j'y recevrois toutes sortes de bons traitements, et que si je voulois m'en retourner, le trompette avoit ordre de me conduire où j'ordonnerois.

Je reçus cette nouvelle avec la joie qu'on peut imaginer. Je priai le capitaine des gardes de témoigner à don Francisque combien j'étois sensible à un procédé si généreux et de lui dire que, puisqu'il me faisoit la grâce de me permettre de me retirer où je voudrois, je le priois de trouver bon que je m'en retournasse auprès du roi.

Quelques heures après qu'il fut sorti, je vis entrer dans ma chambre l'écuyer de don Francisque, qui me dit qu'il avoit fait amener par ordre de son maître, douze de ses plus beaux chevaux, et qu'il me prioit de prendre celui que je trouverois le plus à mon gré. Je fus un peu embarrassé de cette nouvelle politesse; je ne croyois pas qu'il me convînt d'accepter un présent; mais je craignois de désobliger don

Francisque par un refus. Je pris le parti de prier l'écuyer de diré à don Francisque que je n'avois pas d'expressions pour lui témoigner ma reconnoissance; mais que je trouvois ses chevaux trop beaux pour vouloir mener le train que je m'étois proposé d'aller.

Dès que don Francisque fut levé, j'allai lui marquer ma sensibilité. Il me confirma tout ce que son capitaine des gardes m'avoit dit de sa part; il ajouta que, comme il me falloit un cheval pour m'en retourner, et qu'il connoissoit que le mien me seroit plus agréable qu'un autre, il l'avoit envoyé chercher au quartier des Cravattes. Il ne me fut pas possible de refuser une pareille offre. Ainsi, mon cheval m'ayant été rendu, je pris congé du général espagnol. Il remarqua dans ce moment que j'étois sans épée, les prisonniers de guerre étant toujours désarmés; il me ceignit la sienne, me força de l'accepter; après quoi nous nous séparâmes très-contents l'un de l'autre, moi de sa générosité, lui de ma reconnoissance.

A peine étois-je à une lieue de Béthune[1] que je trouvai un trompette du roi, que Sa Majesté et M. le cardinal envoyoient à don Francisque pour demander de mes nouvelles, ne sachant si j'étois mort ou prisonnier. Je ramenai ce trompette; et je me hâtai de porter moi-même de mes nouvelles. Je trouvai le roi et M. le cardinal à Amiens. La joie que Son Éminence eut la bonté de me témoigner en me voyant,

---

1. Ville forte avec château en Artois, près de la Bierre ou Lave, diocèse d'Arras, parlement de Paris, intendance de Lille; aujourd'hui chef-lieu d'arrondissement, département du Nord.

eût été capable de me consoler d'une plus grande disgrâce. Il me dit entre autres que c'étoit de son propre mouvement que le roi avoit envoyé le trompette que j'avois rencontré.

Il fut ensuite question de la manière dont j'avois été traité par don Francisque. Je lui en fis le récit. M. le cardinal me dit qu'il ne falloit pas demeurer en reste avec lui, et que, puisqu'il étoit si honnête, il falloit l'être encore davantage. Il demanda à M. de Noyers[1], qui étoit présent, où étoit le duc de Croy, général de la cavalerie espagnole, qui avoit été fait prisonnier dans un combat devant Lille. M. de Noyers lui ayant rappelé qu'il étoit prisonnier dans la citadelle d'Amiens, il l'envoya chercher sur-le-champ; et, après avoir pris l'ordre du roi, il lui rendit la liberté.

M. le cardinal me mena chez le roi. Sa Majesté témoigna la surprise la plus obligeante du monde en me voyant; il eut la bonté de me confirmer ce que m'avoit déjà dit M. le cardinal de son inquiétude sur mon sort, et de l'attention qu'il avoit eue d'envoyer un de ses trompettes pour en être instruit; il me fit raconter de quelle manière j'avois été pris et traité par don Francisque. Je lui en fis le détail; et comme je lui disois avec combien de politesse ce général m'avoit fait présent de son épée, le roi, qui avoit la repartie prompte, quoiqu'il eût un peu de peine à parler, m'interrompit et me dit: « Il t'a donné son

---

1. François Sublet de Noyers, secrétaire d'État de la guerre, mort le 29 octobre 1645.

épée, parce qu'il savoit bien que tu t'en servirois mieux que lui. »

Sa Majesté me demanda ensuite si don Francisque ne m'avoit point parlé de la prison de Saint-Preuil[1] et ce qu'il en pensoit. Je répondis que nous en avions fort raisonné; que don Francisque m'avoit dit qu'il avoit bien cru que Sa Majesté n'approuveroit pas son procédé; mais que comme la punition qui en avoit été faite, suffisoit pour le faire connoître à tout le monde et pour la satisfaction de Sa Majesté catholique, il supplioit le roi de vouloir lui pardonner. Le roi me répartit que Saint-Preuil n'en seroit pas quitte pour une prison; qu'il lui feroit couper la tête; qu'il étoit incapable de se corriger; qu'il l'avoit toujours reconnu pour un homme sans jugement et incapable de tout; que M. le cardinal l'avoit gâté; mais que maintenant il étoit bien revenu sur son compte, et que si jusqu'ici il avoit abusé des bontés qu'on avoit eues pour lui, on le mettroit en situation de ne s'en plus moquer.

La campagne étant finie, le roi revint à Paris, où je le suivis; il n'y fut pas longtemps. Il partit bientôt pour le voyage de Roussillon[2]. M. le cardinal m'ayant

1. François de Jussac, baron de Saint-Preuil, gouverneur d'Arras, décapité à Amiens le 9 novembre 1641. Il avoit rencontré la garnison espagnole de Bapaume, après la prise de cette place, et l'avoit battue, quoiqu'elle fût accompagnée d'un trompette du maréchal de La Meilleraye. Ce fut plûtot l'occasion que la cause de son jugement.

2. Ce voyage, on le sait, eut un double résultat : la découverte de la conjuration de Cinq-Mars et la conquête du Roussillon. L'armée étoit commandée par le maréchal de La Meilleraye.

fait dire par M. de Noyers de le suivre, j'eus l'honneur d'accompagner le roi dans ce voyage. M. le cardinal me dit en partant qu'il vouloit me marier au retour avec une des filles de Garnier[1]; en effet, je sais que le marquis de Sourdis[2] l'ayant demandée pour Locmaria[3], son parent, M. le cardinal lui répondit qu'elle m'étoit destinée.

Ce fut dans ce voyage qu'arriva l'affaire de M. de Cinq-Mars[4]. Quoiqu'il sût que j'étois dans les intérêt de M. le cardinal, il ne laissoit pas de me témoigner de l'estime et de la confiance. Il se trouva mal à Narbonne lorsque le roi y arriva. Je fus chez lui; et, l'ayant trouvé au lit, je demeurai assez longtemps dans sa ruelle à causer sur des choses indifférentes. Insensiblement, et de propos en propos, la conversation se tourna sur le maréchal de La Meilleraye. « Monsieur de Chouppes, me dit-il, faites-moi justice de lui, vous qui êtes de ses bons amis; il ne me salue point; et il s'est allé offrir à M. le chancelier[5] contre

---

1. Mathieu Garnier, trésorier des parties casuelles, « un des principaux piliers de la maltote, » dit le *Catalogue des partisans*. Il avoit deux filles, Madeleine qui épousa Jacques Mangot, sieur d'Orgères, et fut plus tard la femme de Molé de Champlâtreux, fils aîné du premier président Molé; et Suzanne, qui devint comtesse de Brancas.

2. Charles d'Escoubleau, marquis de Sourdis, gouverneur d'Orléans et du pays orléanais.

3. Louis-François du Parc, marquis de Locmaria, mort lieutenant général en 1709. Il avoit été guidon des gendarmes de Richelieu en 1635, brigadier de cavalerie en 1688, maréchal de camp en 1693, et lieutenant général en 1702.

4. Henri de Ruzé d'Effiat, marquis de Cinq-Mars, grand écuyer de France.

5. Pierre Séguier, chancelier de France, mort le 28 janvier 1672.

moi. Qu'entre M. le cardinal et moi, il préfère les intérêts de M. le cardinal, je ne le trouve pas étrange; mais qu'il se déclare encore pour le chancelier, je ne le puis souffrir, étant ce que nous sommes. » Je répliquai qu'il ne devoit pas condamner le maréchal de La Meilleraye sans savoir ses raisons; que celui-ci s'étoit trouvé dans une situation à ne pouvoir s'empêcher d'en user comme il avoit fait, sans rompre avec M. le cardinal, et que l'origine de tout ce procédé venoit de ce que M. le chancelier étant allé à Saint-Germain remercier le roi d'une abbaye, Sa Majesté le reçut fort mal; que, comme il n'y avoit que lui avec le roi lorsque cela se passa, et qu'on savoit qu'il n'étoit pas ami du chancelier, on avoit été persuadé que c'étoit à ses bons offices que M. le chancelier étoit redevable de ce désagrément; que ce magistrat, en sortant de chez le roi, étoit venu chez M. le cardinal lui conter son aventure; sur quoi M. le cardinal lui répondit en présence des maréchaux de la Meilleraye et de Brézé[1], et MM. de Chavigny[2] et de Noyers, qu'il prenoit pour lui le mauvais traitement qu'il avoit reçu du roi; que c'étoit un tour de M. de Cinq-Mars, et qu'il regarderoit comme ses ennemis tous ceux qui ne s'iroient pas offrir à M. le chancelier contre M. de Cinq-Mars. J'ajoutai que M. de La Meilleraye avoit bien compris

---

1. Urbain de Maillé, marquis de Brézé, maréchal de France, mort en 1650.

2. Léon Le Bouthillier, comte de Chavigny, secrétaire d'État, mort en 1652.

que le discours s'adressoit à lui, et qu'il s'étoit par là trouvé dans la nécessité d'aller s'offrir à M. le chancelier, ne voulant pas rompre avec M. le cardinal. Je finis par dire que s'il se plaignoit que le maréchal de La Meilleraye lui refusoit le salut, le maréchal, de son côté, faisoit les mêmes plaintes; mais qu'étant ce qu'ils étoient, et pour ôter tout prétexte de brouillerie, il devoit se mettre bien avec M. le cardinal et se réunir tous dans les mêmes intérêts; qu'il y étoit même, en quelque sorte, obligé par reconnoissance, vu que M. le cardinal avoit été cause de l'avancement de M. son père[1], et qu'il l'avoit mis dans le poste où il étoit auprès du roi.

Il convint de ce que je disois; mais il se plaignit que depuis le cardinal avoit voulu le déshonorer, en l'empêchant d'être nommé maréchal de camp au siége d'Arras. Je l'assurai que l'unique raison qui avoit porté M. le cardinal à s'opposer qu'il fût maréchal de camp à ce siége, c'est qu'il avoit été piqué qu'on eût demandé cette grâce au roi sans sa participation; mais que, pour lui donner l'exclusion, il ne l'avoit point attaqué du côté du courage; je dis que le cardinal avoit seulement représenté au roi que M. de Cinq-Mars étoit encore trop jeune pour un pareil emploi et n'avoit pas assez d'expérience. J'ajoutai que j'étois convaincu que s'il avoit pris le même soin de s'entretenir avec M. le cardinal que

1. Antoine Coefﬁer, marquis d'Efﬁat, maréchal de France, surintendant des ﬁnances, mort le 27 juillet 1632.

dans les commencements, Son Éminence, bien loin de lui nuire, auroit contribué à son avancement, et que le remède à tout cela étoit de se raccommoder avec lui.

Mon discours le jeta pendant quelques moments dans une rêverie assez profonde; puis revenant tout d'un coup à lui : « Vous connaissez M. le cardinal, me dit-il; il n'y a pas de retour avec lui; il ne pardonne jamais. » Je fis ce qui dépendoit de moi pour lui ôter cette opinion; mais ce fut, je pense, assez inutilement.

J'allai trouver de là le maréchal de La Meilleraye à qui je racontai ma conversation avec M. de Cinq-Mars. Il fut sur-le-champ en rendre compte à M. le cardinal. Son Éminence m'envoya chercher aussitôt; le cardinal voulut en apprendre tout le détail de moi-même. Sur ce que je lui dis qu'on étoit dans la persuasion qu'il ne pardonnoit jamais, il m'ordonna de retourner chez M. de Cinq-Mars, de tâcher de faire tomber la conversation sur le même sujet, et de l'assurer que, s'il vouloit vivre avec lui comme autrefois et oublier sincèrement tout ce qui s'étoit passé, de sa part il en feroit autant, et qu'il s'offroit d'en donner à M. de Cinq-Mars toutes les sûretés qu'il pourroit raisonnablement exiger.

Dès le lendemain, je retournai chez M. de Cinq-Mars. Je ne cherchai point d'autre prétexte à ma visite que la conversation que j'avois eue avec M. le maréchal de La Meilleraye; je lui avouai ensuite que j'avois vu M. le cardinal; que je le trouvois dans des dispositions fort avantageuses pour lui; qu'il seroit charmé de se réconcilier; qu'il convenoit de lui avoir rendu de mauvais services, mais qu'il y avoit été porté par les sujets de plaintes qu'il lui avoit donnés; qu'il falloit de part et d'autre oublier le passé. Il me répéta encore que M. le cardinal ne pardonnoit jamais. Je lui offris, de la part de M. le cardinal, toutes les sûretés qu'il exigeroit, pourvu que, de son côté, il en fît autant pour ôter à l'avenir tout sujet de méfiance. A ce discours, il se tourna de l'autre côté de son lit (car il étoit encore couché), et me dit en faisant un grand soupir : « Ah! monsieur de Chouppes, il n'est plus temps. » Je fus rendre compte sur-le-champ à M. le cardinal de ma visite. Il me parut surpris de la réponse; et il jugea dès lors que cette affaire étoit plus sérieuse qu'elle ne le paroissoit au dehors.

Le roi demeura à Narbonne. Le maréchal de La Meilleraye fut chargé d'aller faire le siége de Collioure; je l'y accompagnai en qualité d'aide de camp. En arrivant à Argirais, petit bourg à une lieue de Collioure, nous apprîmes que le marquis de Mortaigne en étoit sorti avec un corps de quatre mille hommes, et qu'il s'étoit retranché sur les hauteurs, pour nous empêcher de faire les approches de la place. Le maréchal de La Meilleraye, sans s'arrêter à Argirais, marcha droit au marquis de Mortaigne, le battit et le repoussa jusque dans Collioure, où il l'assiégea.

Je me trouvai à ce combat, et je fus chargé d'en

aller porter la nouvelle au roi, à Narbonne. Sa Majesté me renvoya à l'armée; j'y demeurai tant que le siége dura. Lorsque la capitulation fut faite[1], j'en fus rendre compte au roi, qui me renvoya porter au maréchal l'ordre d'aller investir Perpignan. Je fus chargé de lui dire que Sa Majesté vouloit y venir en personne, et qu'elle lui ordonnoit de lui faire son quartier; ce qui ayant été exécuté, le roi y arriva deux jours après et y demeura deux mois, après lesquels, étant tombé malade, il fut contraint de s'en retourner à Narbonne, comme nous le dirons bientôt. Je demeurai à l'armée tant que le siége dura[2], à la réserve néanmoins des voyages que je faisois pour aller rendre compte à M. le cardinal, qui étoit demeuré malade à Tarascon[3], de ce qui se passoit au siége.

Pendant le séjour que le roi fit à Perpignan, la cabale de M. le Grand n'oublia rien pour profiter de la conjoncture et pour ruiner les affaires du cardinal pendant son absence. Je me trouvois, au milieu de toutes ces intrigues, dans une situation fort singulière. Mon attachement aux intérêts et à la personne de M. le cardinal étoit connu de tout le monde; cependant j'étois à merveille avec les principaux

---

1. Collioure se rendit le 15 avril 1642.

2. Il dura trois mois. Perpignan fut enfin pris le 6 septembre par les maréchaux de Schomberg et de La Meilleraye.

3. Au pays de Foix, sur la rivière de Foix, diocèse de Pamiers, parlement de Toulouse, intendance de Roussillon; aujourd'hui chef-lieu de canton, arrondissement de Foix, département de l'Ariége.

chefs de la faction; ils s'ouvroient même à moi sur bien des choses. Un jour entre autres, M. de Mortemart[1], premier gentilhomme de la chambre, qui étoit pour lors d'année, et que l'on croyoit fort avant dans les intérêts de la cabale, me confia que M. Cinq-Mars n'étoit pas si bien avec le roi qu'on se le persuadoit. Il me pria d'en parler de sa part à M. le cardinal et de lui dire que, quoiqu'il ne le crût pas son serviteur, il l'étoit néanmoins et lui donnoit avis que lorsque le roi étoit couché et qu'il avoit renvoyé tout le monde, M. de Cinq-Mars demeuroit deux ou trois heures dans la garde-robe, pour faire croire à tout le monde qu'il étoit renfermé avec le roi[2].

Je détachai dans le même temps de la cabale un autre homme, qu'il étoit assez important à M. le cardinal d'avoir dans ses intérêts; c'est de Tréville[3], lieutenant des mousquetaires, dont je veux parler. Un jour que nous nous entretenions des affaires de M. le Grand, il me témoigna qu'il n'approuvoit pas son procédé; il ajouta qu'en son particulier il se trouvoit bien malheureux de ce que M. le cardinal lui étoit toujours contraire et empêchoit le roi de lui faire du bien; il se plaignit, entre autres choses,

1. Gabriel de Rochechouart, marquis, puis duc de Mortemart, mort le 24 décembre 1675.
2. Dans Tallemant des Réaux, le roi lui-même raconte à Fabert que Cinq-Mars restoit dans la garde-robe à lire l'*Arioste*, « pour qu'on pensât, dit-il, qu'il m'entretenoit encore. » *Historiette* du cardinal de Richelieu, t. II, p. 64, édition de M. Paulin Paris.
3. Henry-Joseph de Peyre, comte de Troisville.

que depuis un an le cardinal avoit détourné le roi de donner l'abbaye de Montiraudé[1] à son frère[2]. Je répondis qu'il pouvoit se faire qu'il y eût du malentendu entre eux, que j'étois persuadé que s'il vouloit être des amis de M. le cardinal, celui-ci feroit mieux que cela pour lui ; que je croyois même que s'il avoit envie du gouvernement de Perpignan, Son Éminence se porteroit avec plaisir à le lui faire donner. Il me répliqua qu'il avoit toujours été serviteur de M. le cardinal, qu'il s'estimeroit heureux de pouvoir le lui témoigner, et que quoiqu'il vît M. de Cinq-Mars, il n'étoit point dans ses intérêts et n'approuvoit pas sa conduite ; mais que le voyant dans les bonnes grâces de son maître, il ne pouvoit pas s'empêcher de le voir.

Nous nous entretînmes plusieurs fois sur le même sujet pendant les deux mois que le roi demeura à Perpignan. Nous nous donnions des rendez-vous secrets pour éloigner les soupçons. Il voulut me donner le temps d'approfondir ses vrais sentiments : lorsque je crus être suffisamment assuré de sa sin-

---

1. Montierender, en Champagne, mieux écrit Montier-en-Der. C'étoit, en effet, une abbaye de l'ordre de Saint-Benoît et de la congrégation de Saint-Vannes, bâtie dans la forêt de Der, sur la petite rivière de Voire, diocèse et intendance de Châlons, parlement de Paris. L'abbé jouissoit d'un revenu de vingt-cinq mille livres et étoit seigneur d'un grand nombre de paroisses. Aujourd'hui Montierender est un chef-lieu de canton de l'arrondissement de Vassy, département de la Haute-Marne.

2. N'étoit-ce pas plutôt son neveu, Jean-Armand de Peyre de Troisville, qui étoit en effet abbé de Montierender en 1659, et mourut dans cette abbaye au mois de novembre 1700, plus que septuagénaire ?

cérité, je donnai avis au maréchal de La Meilleraye de ce qui s'étoit passé entre nous. J'en écrivis en même temps à M. Desnoyers. Ils ne pouvoient se persuader que les dispositions de Tréville fussent telles que je les représentois. Ils voulurent en conférer avec le comte de Charost[1], capitaine des gardes du corps. Le résultat de la conférence fut que je donnerois rendez-vous à Tréville dans un lieu où le comte de Charost pourroit être caché et entendre notre conversation. Je convins donc avec Tréville que le jour de la Pentecôte nous nous trouverions dans la chambre du roi pendant que Sa Majesté seroit à vêpres, pour raisonner à fond sur les affaires courantes.

Le jour arrivé, tout le monde suivit le roi à vêpres; Tréville et moi demeurâmes seuls dans la chambre de Sa Majesté. Le comte de Charost s'étoit caché dans la garde-robe, qui n'étoit séparée de la chambre que par une simple tapisserie; de façon, qu'élevant ma voix à dessein, Tréville en fit de même; et le comte de Charost entendit facilement tout ce que nous disions.

Après l'avoir insensiblement engagé à me redire tout ce qu'il m'avoit dit plusieurs fois touchant M. le cardinal, je lui proposai de parler dans le même goût à M. le maréchal de La Meilleraye. Il en fit d'abord quelque difficulté; je lui représentai que si les discours qu'il me tenoit, étoient sincères, comme

1. Louis de Béthune, comte de Charost, puis duc du même nom en 1672, mort le 20 mars 1681.

je n'en doutois pas, la connoissance qu'il donneroit au maréchal de ses sentiments, ne pouvoit produire qu'un bon effet pour lui. Il convint de le faire, pourvu qu'il pût lui parler sans donner de soupçons à M. le Grand. Je lui fis voir que rien n'étoit plus facile; qu'il n'y avoit pour cela qu'à convenir d'un jour qu'il seroit chez les Beaumont[1]; que le maréchal se trouveroit chez M. Desnoyers, qui demeuroit tout auprès, et qu'en sortant en même temps ils pourroient se rencontrer comme par hasard sur le chemin qui conduisoit au logis du roi.

La chose ayant été ainsi arrêtée et ayant pris l'heure à laquelle le maréchal pouvoit se trouver chez M. Desnoyers, j'en avertis Tréville. Nous fûmes ensemble chez les Beaumont. Comme nous étions là tous deux seuls à attendre l'heure que le maréchal sortiroit de chez M. Desnoyers, les Beaumont, La Salle[2], Henlis[3] et Boiceleau[4], tous de la cabale de M. de Cinq-Mars, entrèrent. Ils furent fort surpris de nous trouver ensemble; et ils m'ont dit depuis que lorsque nous fûmes sortis, ils se deman-

1. L'un étoit Charles Chassepot, seigneur de Beaumont, maître d'hôtel ordinaire du roi et maître des comptes en la chambre de Paris, mort le 14 janvier 1691. Et comme, à en juger par le langage de Chouppes, on peut croire qu'ils étoient frères, l'autre devoit être Antoine Chassepot de Beaumont, président en la cour des aydes, mort en décembre 1704. Ce dernier étoit premier écuyer tranchant du roi.

2. Louis Caillebot de La Salle, mort lieutenant général.

3. Ne faut-il pas lire Genlis? Ce seroit alors Florimond Brulart, marquis de Genlis, mort en 1653, pendant le siège de Sainte-Menehould, où il servoit en qualité de maréchal de camp.

4. N. Ragnier de Droué, sieur de Boisseleau.

doient les uns aux autres : est-ce Tréville qui est gagné ou Chouppes ?

Le maréchal sortit bientôt après; et Tréville l'ayant joint, lui confirma tout ce qu'il m'avoit dit, et l'assura qu'il seroit serviteur de M. le cardinal contre M. le Grand et contre tout autre, à l'exception du roi, sachant bien que M. le cardinal ne lui manqueroit jamais de fidélité, ni de reconnoissance.

Le maréchal, assuré par la bouche même de Tréville de ses sentiments, jugea à propos que je fusse trouver M. le cardinal pour lui rendre compte de ses dispositions et de celles du marquis de Mortemart, qui m'avoit confirmé dans plusieurs entretiens ce qu'il m'avoit dit dans la conversation que j'ai rapportée plus haut.

Je trouvai le cardinal à Tarascon, où ses incommodités le retenoient encore; je l'informai de l'état des choses; il m'en parut satisfait, et approuva la conduite que nous avions tenue. Il me dit qu'il falloit faire donner le gouvernement de Perpignan à Tréville, et l'abbaye de Montiraudé à son frère[1]; qu'à l'égard de M. de Mortemart, il ne l'avoit jamais cru de ses amis; mais puisqu'il s'étoit trompé dans le jugement qu'il avoit fait de ses sentiments, il lui

---

1. Elle ne lui fut pas donnée pourtant; car nous trouvons dans la *Gallia christiana* que l'abbé de Montierender étoit Antoine de Guillon ou d'Éguillon, en 1643, et en 1645, Jacques ou François Rancher, fils d'Antoine Rancher, sieur de La Foucaudière. C'est seulement en 1659 qu'on rencontre Jean-Armand de Peyre de Troisville.

feroit donner le gouvernement de Touraine¹, qui étoit vacant, et le serviroit dans toutes les occasions ; il me chargea de l'en assurer, et m'ordonna de retourner à l'armée informer le maréchal de La Meilleraye de ses résolutions ; ce que je fis ; et je ne manquai pas d'apprendre au marquis de Mortemart et à Tréville les bonnes intentions de Son Éminence.

Huit jours après, le roi tomba malade et se retira à Narbonne. Quelques jours après son départ, M. Desnoyers, qui étoit demeuré au camp, reçut le traité que M. le duc d'Orléans², M. de Bouillon³ et M. de Cinq-Mars avoient fait avec le roi d'Espagne. Aussitôt il envoya prier M. le maréchal de La Meilleraye et moi de nous rendre chez lui. Je me trouvois chez le maréchal lorsque l'homme de M. Desnoyers arriva. M. le duc d'Anguien⁴ y étoit aussi. Nous lui demandâmes permission de le quitter ; et après l'avoir obtenue, M. le maréchal de La Meilleraye et moi montâmes à cheval et allâmes au grand galop trouver M. Desnoyers. Il nous montra le traité d'Espagne qu'il venoit de recevoir⁵. J'en fus pénétré de dou-

---

1. Le gouverneur de Touraine étoit Henri II, prince de Condé. Tout au plus a-t-il pu être question de la charge de grand bailli et de lieutenant général qui appartenoit à Cinq-Mars depuis 1628 ; mais ce fut Pierre Le Voyer d'Argenson qui l'obtint.

2. Gaston Jean-Baptiste, duc d'Orléans, frère du roi.

3. Frédéric-Maurice de La Tour-d'Auvergne, duc de Bouillon, mort en 1652.

4. Louis II de Bourbon, duc d'Enghien, le grand Condé.

5. Il avoit été conclu à Madrid le 13 mars 1642, et signé par le comte d'Olivarès pour le roi d'Espagne, et par Fontrailles pour le duc d'Orléans. Philippe IV devoit fournir douze mille hommes de pied et cinq mille chevaux, munir la place de Sedan et en payer la gar-

leur par l'inclination naturelle que j'avois pour M. le Grand. On convint qu'il falloit l'envoyer à M. le cardinal, à Tarascon, par la voie la plus sûre et la plus prompte. M. Desnoyers vouloit que je me chargeasse de la commission. J'y sentois beaucoup de répugnance; car, quoique je fusse bien éloigné d'approuver la conduite de M. le Grand, quoique je fusse même persuadé qu'il méritoit une punition exemplaire, je me faisois une délicatesse de me charger de la conviction d'un crime capital contre un homme que j'avois aimé; je représentai donc que j'étois un homme connu pour être attaché à M. le cardinal; que lorsqu'on me verroit partir dans les circonstances où l'on étoit, avec tant de précipitation, et passer à Narbonne sans voir le roi, il étoit à craindre que cela ne donnât des soupçons assez violents de la vérité pour me faire arrêter et dévaliser sur la route; qu'il valoit bien mieux se servir d'un homme fidèle et inconnu. Mes raisons furent approuvées; et on jeta les yeux sur Ratabon[1], secrétaire et homme de confiance de M. Desnoyers.

Il arriva à Tarascon sans contre-temps : le cardinal Mazarin[2] et Chavigny étoient auprès du cardi-

---

nison. Il donnoit au duc d'Orléans quatre cent mille écus pour lever des troupes en France, et cent vingt mille écus de pension. Les pensions du duc de Bouillon et de Cinq-Mars étoient de quarante mille écus pour chacun.

1. N. de Ratabon, plus tard contrôleur des bâtiments du roi, mourut le 20 août 1693 à Gênes, où il étoit envoyé extraordinaire.
2. Jules Mazarin.

nal de Richelieu. Celui-ci dépêcha aussitôt Chavigny au roi pour lui porter le traité. Sa Majesté ordonna dans le moment d'arrêter M. de Cinq-Mars; ce qui fut exécuté bien à propos; car, soit qu'il eût quelque avis de ce qui se passoit, soit que le crime, qui n'est jamais sans inquiétude, ne soit jamais sans soupçon, il fut sur le point de se sauver pendant la nuit; mais ayant perdu du temps à balancer, il fut arrêté à la pointe du jour [1].

Dès qu'on eut rendu compte au roi, Sa Majesté dépêcha au maréchal de La Meilleraye pour lui en donner avis et lui ordonner de faire de nouveau prêter le serment de fidélité à tous les capitaines du régiment de Cinq-Mars, et de les faire ensuite passer en Catalogne, dans l'armée du maréchal de La Motte. On lui avoit en même temps envoyé un autre ordre. C'étoit de faire arrêter Ruvigny [2], accusé d'être de la cabale de M. le Grand; mais le maréchal ne jugea pas à propos de le faire; et il me pria d'aller trouver le roi pour lui expliquer les motifs de sa conduite.

Le roi étoit parti de Narbonne lorsque j'y arrivai. Je ne le joignis qu'à Ardres [3]; je trouvai qu'il s'em-

---

1. Le 13 juin. On connoît le mot de Fontrailles, qu'impatientoient les hésitations de Cinq-Mars : « Pour vous, monsieur, vous serez encore d'assez belle taille quand on vous aura ôté la tête de dessus les épaules; mais en vérité je suis trop petit pour cela. »

2. Henry Massuès, sieur, puis marquis de Ruvigny.

3. Saint-Pé d'Ardet, canton de Saint-Bertrand, arrondissement de Saint-Gaudens, département de la Haute-Garonne.

barquoit pour aller à Monfrain[1]. J'entrai dans son bateau pour m'acquitter de ma commission. Il me parut d'une tristesse morne, soit qu'elle fût un effet naturel de son indisposition, soit qu'elle vînt de la peine qu'il sentoit de l'infidélité de son favori, ou peut-être de la nécessité de le sacrifier. Il m'écouta sans répondre un seul mot. Lorsque j'eus cessé de parler, il me demanda s'il y avoit quelque capitaine du régiment de Cinq-Mars qui eût refusé de prêter le serment, et qui eût quitté son service. Je lui dis qu'il y en avoit trois; il me demanda leurs noms; je les lui appris; ensuite il retomba dans la rêverie profonde dont je l'avois tiré; et il arriva à Frontignan[2] sans avoir proféré un seul mot. Il n'y avoit dans son bateau que le comte de Charost, capitaine des gardes du corps, le marquis de Mortemart, les deux Beaumont et moi; le reste de ses gens suivoient dans d'autres bateaux.

Étant arrivés à Frontignan, Sa Majesté me commanda d'aller trouver M. le cardinal de Richelieu à Tarascon, de lui rendre compte de ce qui s'étoit passé à l'armée et de lui dire que dès qu'elle seroit à Monfrain, elle iroit le voir à Tarascon.

1. En Languedoc, entre le Rhône et le Gardon, avec le titre de marquisat, diocèse d'Usez, parlement de Toulouse, intendance du Languedoc; aujourd'hui canton d'Aramon, arrondissement de Nîmes, département du Gard.
2. Bourg, en Languedoc, sur le bord de l'étang de Maguelonne, diocèse de Montpellier, parlement de Toulouse, intendance du Languedoc; aujourd'hui chef-lieu de canton, arrondissement de Montpellier, département de l'Hérault.

Je partis et j'y trouvai le cardinal qui m'y attendoit avec impatience. Nous parlâmes fort de l'affaire de M. de Cinq-Mars; il me raconta entre autres une circonstance de la prise de M. de Bouillon que je marquerai ici, parce que je ne l'ai vue rapportée nulle part.

Un lieutenant des gardes de M. de Bouillon, qui se trouva à Narbonne dans le temps que M. de Cinq-Mars fut arrêté, sachant sans doute que son maître étoit impliqué dans la même affaire, partit de Narbonne dans le moment, pour aller donner avis de ce qui se passoit à M. de Bouillon, qui étoit dans l'armée d'Italie. Le hasard fit que son chemin l'obligea de passer par Monfrain, où M. le cardinal de Richelieu et M. de Turenne[1] prenoient les eaux. Il vit M. de Turenne en passant et lui apprit la prison de M. de Cinq-Mars, sans l'instruire de l'intérêt que M. son frère avoit à ce revers; il feignit même de l'aller trouver sous un autre prétexte. M. de Turenne, ne se doutant de rien, courut chez M. le cardinal lui apprendre que M. de Cinq-Mars étoit arrêté. Le cardinal, qui n'en avoit encore rien su, étonné que M. de Turenne eût reçu une pareille nouvelle avant lui, voulut savoir par quelle voie il l'avoit apprise; M. de Turenne lui dit tout simplement qu'il l'avoit sue par un lieutenant des gardes de M. de Bouillon, qui venoit de Narbonne et alloit joindre son maître en Italie. M. le cardinal soupçonna dans le moment le vrai motif de la diligence de cet homme;

---

1. Henry de La Tour d'Auvergne, vicomte de Turenne.

il n'en témoigna rien à M. de Turenne; mais dès qu'il fut sorti, le cardinal dépêcha son courrier Saladin après le lieutenant des gardes de M. de Bouillon, et lui donna tous les ordres nécessaires pour le faire arrêter prisonnier partout où il le trouveroit; ce qui fut fait en Dauphiné, et ce qui donna moyen à Castelan[1], qui avoit été dépêché dans le même instant en Italie pour faire arrêter M. de Bouillon, d'y arriver avant qu'il eût reçu aucun avis de ce qui se passoit. Je tiens ce fait de la propre bouche du cardinal.

Le roi apprit à Monfrain que M. de Bouillon avoit été arrêté[2]. Il en partit pour venir trouver M. le cardinal à Tarascon. Il y trouva l'abbé de La Rivière[3], qui y étoit venu de la part de M. le duc d'Orléans. Le mécontentement que le roi avoit du maître, rejaillit sur le domestique; l'abbé fut très-mal reçu de Sa Majesté. Le roi se retira ensuite tête à tête avec

---

1. Il étoit maréchal de camp. Il avoit pris part, en 1637, à l'expédition contre les îles Saint-Honorat et Sainte-Marguerite, où il s'étoit fort distingué. Il appartenoit depuis 1641 à l'armée d'Italie, que commandoit le duc de Bouillon. Il fut tué au mois de septembre 1644 à l'attaque des forts du môle de Tarragone. L'aîné de ses fils reçut alors de la reine régente, Anne d'Autriche, le gouvernement de la ville et de la citadelle d'Antibes, qu'il laissoit vacant par sa mort; le second, un bénéfice de quatre mille livres; et sa veuve, une pension de trois mille.

2. Le 23 mars, au milieu de son armée. On dit alors, en forme de proverbe :

..... C'est monsieur de Bouillon
Qui, s'il commande, rien ne bouge.

(*Les Courriers burlesques de la Fronde*, P. Jannet, 1857. Bibliothèque elzévirienne.)

3. Louis Barbier, abbé de La Rivière, depuis évêque de Langres, favori du duc d'Orléans.

M. le cardinal. Celui-ci, après une heure de conférence, me fit appeler et m'ordonna d'aller trouver de sa part M. de Turenne qui, après avoir pris les eaux à Monfrain, était retourné à l'armée devant Perpignan, et me chargea de lui marquer le déplaisir que Sa Majesté avoit d'avoir été obligée de faire arrêter M. de Bouillon. J'avois ordre de dire à M. de Turenne que le roi croyoit avoir autant de sujet de se louer de lui, qu'il en avoit de se plaindre de M. de Bouillon, et que dans peu de temps il recevroit des marques de la satisfaction qu'il avoit de ses services.

Je partis sur-le-champ pour l'armée. Je trouvai M. de Turenne dans sa tente, où il donnoit à dîner au maréchal de La Meilleraye, au prince de Marsillac[1], au marquis de Noirmoutiers[2], au baron de Palluau[3] et à quelques autres. Personne ne savoit que M. de Bouillon fût du traité, encore moins qu'il fût prisonnier.

Je ne crus pas devoir lui apprendre devant tant de témoins une nouvelle si affligeante. Je pris M. de La Meilleraye en particulier ; je lui dis le sujet de mon voyage ; et je le priai d'emmener toutes les personnes qui étoient chez M. de Turenne, pour me donner le moyen de lui parler en particulier ; ce qu'il fit. Alors

1. François VI, prince de Marsillac, puis duc de La Rochefoucault.
2. Louis de La Trémouille, marquis de Noirmoutiers, un des héros de la Fronde.
3. Philippe de Clérambault, comte de Palluau, depuis maréchal de Clérambault, gouverneur et bailli de Berry en 1661, mort le 24 juillet 1665.

je m'avançai vers M. de Turenne; je lui fis mon compliment de la part du roi ; il le reçut avec beaucoup de respect, mais en même temps avec une surprise et une douleur si vives, qu'il lui fut impossible de me le cacher. Il avoit le cœur si serré, qu'il ne pouvoit parler. Je crus qu'il valoit mieux le laisser seul que de chercher à le consoler par de vains discours.

Je retournai chez lui le lendemain avant de partir pour m'en revenir auprès du roi ; il me témoigna bien de la reconnoissance de la bonté que le roi lui témoignoit, et me pria de lui dire qu'il le supplioit très-humblement de sauver la vie à son frère; qu'il prît, pour s'assurer de lui, toutes les sûretés qu'il estimeroit nécessaires ; qu'il ne demandoit que sa vie. Il me pria aussi de solliciter de sa part M. le cardinal de vouloir intercéder pour M. de Bouillon auprès du roi et engager Sa Majesté à lui sauver la vie; que c'étoit l'unique grâce qu'il demandoit pour son frère ; ce qu'il me répéta je ne sais combien de fois dans la conversation.

Je partis pour revenir à la cour. Je ne la trouvai plus à Tarascon. Le roi avoit repris la route de Paris et y retournoit en droiture. Je trouvai M. le cardinal à Lyon. Mlle de Bouillon[1], le comte de Roussi[2], le

---

1. Charlotte de La Tour, dernière fille de Henry de La Tour, vicomte de Turenne, et d'Isabelle de Nassau; morte sans alliance en 1662.

2. François de La Rochefoucault, comte de Royé et de Roucy, qui avoit épousé Julienne-Catherine de La Tour, morte en octobre 1638.

comte de Duras¹ et le marquis de La Moussaye², tous beaux-frères de M. de Bouillon, y étoient venus pour solliciter sa liberté. Le roi l'avoit fait conduire à Lyon avec MM. de Cinq-Mars et de Thou, et y avoit envoyé M. le chancelier et des commissaires pour leur faire leur procès.

J'allai voir M. le cardinal, à qui je dis de quelle manière M. de Turenne avoit pris la disgrâce de M. son frère; je lui répétai tous les discours qu'il m'avoit tenus à ce sujet. M. le cardinal m'ordonna d'aller trouver Mlle de Bouillon et tous ses beaux-frères, de leur apprendre quelle étoit la façon de penser de M. de Turenne sur l'affaire de M. de Bouillon, et de leur faire entendre qu'il ne demandoit que sa vie et sa liberté. Les propositions de ceux-ci n'étoient pas à beaucoup près si pleines de modération; et M. le cardinal vouloit ralentir la vivacité de leurs instances en leur faisant connoître que les personnes les plus sensées de leur maison pensoient qu'après un si grand crime, il convenoit de recevoir grâce et non de donner la loi.

Je fus chez Mlle de Bouillon, où je trouvai tous ses beaux-frères. Après les premières civilités, je leur fis le détail de mon voyage auprès de M. de Turenne, et ne manquai pas de leur dire qu'il ne m'avoit chargé de demander autre chose au roi pour M. son

---

1. Guy Aldonce de Durfort, marquis de Duras et de Lorge, marié à Élisabeth de La Tour, morte le 1ᵉʳ décembre 1625.

2. Amaury de Goyon, marquis de La Moussaye, marié à Henriette-Catherine de La Tour.

frère que sa vie et sa liberté. Mlle de Bouillon se récria fort à ce discours, disant qu'il valoit mieux mourir que d'être déshonoré ; qu'elle sentoit bien où l'on en vouloit venir, et qu'on avoit dessein de faire acheter la liberté à son frère par la perte de Sedan ; que dès qu'il n'auroit plus cette place, il seroit sans honneur et sans considération dans le monde ; que si on s'obstinoit à exiger de lui une condition si dure et si humiliante, il ne devoit pas hésiter de préférer la grandeur de sa maison à sa propre vie ; que s'il avoit la lâcheté de sacrifier un si grand intérêt à la conservation d'un bien qu'un homme de sa sorte doit savoir prodiguer lorsque sa gloire le demande, il deviendroit l'opprobre de sa famille et se couvriroit d'une honte éternelle. Elle me tint beaucoup d'autres discours dans le même goût. Je fis tout ce qui dépendit de moi, pour l'amener à des sentiments plus raisonnables ; mais ce fut sans succès. Ses beaux-frères, qui n'agissoient que par elle, me parurent bien plus occupés de leurs intérêts que de ceux de M. de Bouillon ; je me retirai donc pour aller rendre compte à M. le cardinal de notre conversation.

Il me parut fort choqué de leur manière de penser ; il me dit que s'ils ne changeoient de discours, il feroit couper la tête à M. de Bouillon. Il voulut encore que j'allasse à Pierre-Ancize[1] voir M. de Bouillon, lui faire le détail de mon voyage auprès de M. de Turenne, et l'assurer qu'il ne lui restoit

---

1. Château et prison dans la ville de Lyon, où le duc de Bouillon étoit détenu.

d'autre moyen de sauver sa vie que de donner Sedan. J'eus bien moins de peine à le persuader que sa sœur et ses beaux-frères; je le trouvai si étonné et si abattu que j'en fus surpris. Je m'attendois qu'un homme de sa naissance et de son courage, capable de former un projet si hardi et si périlleux, soutiendroit avec constance un revers auquel il auroit dû être plus préparé. Je ne trouvai rien moins que cela. Il étoit si frappé de la crainte de mourir, que non-seulement il auroit donné Sedan, mais tout ce qu'il possédoit pour se tirer de cette affaire. Il me retint plus de deux heures pour me faire le détail de toute cette malheureuse intrigue. Il se plaignit amèrement de M. de Thou[1]; il me dit que c'étoit lui qui l'avoit embarqué; qu'il l'avoit été trouver trois fois, l'hiver d'auparavant, à Turenne, pour l'engager dans cette maudite affaire, à laquelle il avoit toujours eu beaucoup de répugnance, et que ce n'étoit qu'à force d'importunités qu'il avoit arraché son consentement[2].

M. le cardinal de Richelieu ne fut pas plus tôt instruit des dispositions de M. de Bouillon, qu'il lui envoya M. le cardinal Mazarin, avec qui il convint de donner Sedan pour sa liberté[3].

---

1. François-Auguste de Thou, conseiller au parlement de Paris.
2. On a voulu récuser ce témoignage de Chouppes en disant qu'il étoit isolé; mais on avoit oublié la soixante-dixième lettre d'Alexandre de Campion, adressée à de Thou lui-même. (Voir les *Mémoires de Henri de Campion*. Paris, P. Jannet, 1857, Bibliothèque elzévirienne.)
3. Mais en 1651 il reçut un dédommagement considérable. Le roi lui donna, pour une partie du duché de Bouillon et pour Sedan et Raucourt, les duchés-pairies d'Albret et de Château-Thierry, les comtés d'Auvergne, d'Évreux, etc.

Dès que le traité fut arrêté, le cardinal de Richelieu partit de Lyon, et m'y laissa avec M. le cardinal Mazarin jusqu'à l'exécution de MM. de Cinq-Mars et de Thou. Il chargea M. le cardinal Mazarin de prendre toutes les dépêches nécessaires pour aller ensuite prendre possession de Sedan au nom du roi; il fut en même temps arrêté que jusqu'à ce que cela fût fait, M. de Bouillon demeureroit en prison; quant à moi, j'eus ordre d'aller à l'armée devant Perpignan pour les raisons que je dirai bientôt.

Cependant le procès de MM. de Cinq-Mars et de Thou s'acheva. Ils furent condamnés à perdre la tête. Environ l'heure à laquelle l'exécution devoit se faire[1], M. le cardinal Mazarin vint me prendre dans son carrosse pour nous aller promener hors la ville pendant que l'exécution se feroit. M. de Cinq-Mars étant sur l'échafaud, reconnut mon valet de chambre dans la foule; il le fit appeler, lui demanda si j'étois là, disant qu'il eût bien voulu me parler; il le chargea de me dire qu'il mouroit mon serviteur, et qu'il me prioit de dire au maréchal de La Meilleraye qu'il mouroit le sien. Je regrettai sensiblement la perte de M. de Cinq-Mars, et fus infiniment touché du malheur dans lequel il étoit tombé. Outre l'amitié, j'ose même dire la confiance qu'il m'avoit toujours témoignée, quoiqu'il n'ignorât pas mes engagements avec M. le cardinal de Richelieu, il étoit d'un caractère si aimable et il avoit tant de grandes qualités, qu'on

---

1. Le 12 septembre.

ne pouvoit s'empêcher de le plaindre et de désirer qu'il eût été plus raisonnable.

Je reviens au motif qui engagea M. le cardinal de Richelieu à me donner ordre de me rendre à l'armée. Il y avoit quelque temps que l'intelligence entre Son Éminence et le maréchal de La Meilleraye n'étoit pas fort grande. Des gens mal intentionnés et ennemis l'un de l'autre fomentoient la division par de faux rapports; et, ce qui n'arrive que trop souvent, l'un et l'autre y ajoutoient beaucoup plus de foi qu'il n'eût convenu. Le cardinal me chargea donc d'aller dire au maréchal que s'il manquoit de prendre Perpignan, il lui feroit couper le cou, puisqu'il n'avoit pas voulu obéir aux ordres qu'il lui avoit envoyés. « Je veux qu'il sache, dit-il, que j'ai pouvoir du roi de donner à tous ses généraux, quels qu'ils puissent être, tous les ordres que je jugerai à propos; et afin que le maréchal n'en prétende cause d'ignorance, voici mes pouvoirs que vous montrerez au maréchal. » Le cardinal ajouta que si M. de La Meilleraye prenoit Perpignan, qui étoit ce qui pouvoit lui arriver de plus heureux, il lui ordonnoit de ne point partir de l'armée, pour quelque raison que ce pût être, qu'il n'eût mis dans la place des vivres pour trois ans et toutes sortes de munitions.

J'arrivai à l'armée; et j'appris au maréchal de La Meilleraye quelles étoient les dispositions du cardinal de Richelieu sur son compte; je me servis de tous les droits que me donnoient sur lui l'amitié et la confiance, pour le porter à une soumission entière aux volontés du cardinal, ne voyant rien de plus capable de le ramener. Heureusement, deux jours après mon arrivée, Perpignan se rendit[1]. Je partis aussitôt pour en porter la nouvelle au cardinal. J'arrivai encore à Paris le même jour que Son Éminence, qui étoit venue à très-petites journées à cause de son incommodité[2], au lieu que j'étois venu en poste, comme je faisois toujours, pour faire plus de diligence.

La nouvelle de la prise de Perpignan fit beaucoup de plaisir au roi; et il me parut qu'elle avoit un peu rétabli le maréchal de La Meilleraye dans l'esprit du cardinal, qui, étant d'ailleurs très-content d'être de retour à Paris, me reçut avec plus de bonté et me parla avec encore plus d'amitié et de franchise qu'il n'avoit fait de sa vie. Il me dit, entre autres choses, que dans son voyage et dans son affaire avec M. de Cinq-Mars, il avoit reconnu ses vrais amis; qu'il y avoit bien des gens sur lesquels il ne comptoit pas qui l'avoient très-bien servi, et d'autres qu'il croyoit tout à fait dans ses intérêts, qui l'avoient abandonné; qu'il alloit travailler à mettre ses amis en état de ne rien craindre; que pour lui, il serviroit toute sa vie

---

1. Il est difficile d'accorder cette phrase avec ce que Chouppes dit plus haut de sa présence à Lyon au moment de l'exécution de Cinq-Mars; l'exécution ayant eu lieu le 12 septembre et la reddition de Perpignan le 6. On peut pourtant supposer que, chargé de porter à Richelieu la nouvelle de la capitulation, il repassa par Lyon pour suivre la route du cardinal.

2. Le septième volume des *Variétés historiques et littéraires*, Paris, P. Jannet, 1857, Bibliothèque elzévirienne, contient un curieux épisode de ce voyage de Richelieu. C'est le passage du cardinal à Viviers.

le roi et l'État, si Sa Majesté l'en jugeoit digne ; mais qu'il étoit résolu de ne jamais mettre le pied chez le roi. Je lui dis qu'il lui seroit difficile d'exécuter une pareille résolution, vu la passion qu'il avoit pour le service de Sa Majesté; il me répondit qu'il ne pouvoit servir le roi que de ses conseils; que Sa Majesté pouvoit les venir prendre ou les lui envoyer demander; mais qu'il ne pouvoit plus se fier au roi, puisqu'il avoit consenti à sa mort, et qu'il avoit su la résolution qu'on avoit prise de le faire massacrer dans le moment qu'il entreroit chez Sa Majesté. Il me dit encore qu'il ne vouloit jamais d'accommodement avec tous ceux qui avoient trempé dans ce complot, comme Tréville, Tilladet[1], La Salle et beaucoup d'autres, et que quoique Tréville parût revenu, il ne pouvoit plus s'y fier; qu'il étoit présentement en état de faire faire au roi tout ce qu'il voudroit et qu'il n'en perdroit pas l'occasion. Il me retint plus de deux heures à ne m'entretenir que de cette affaire; il me parut prodigieusement aigri, soit que l'état déplorable de sa santé contribuât à lui ulcérer l'esprit, soit que le moment de faiblesse de cette âme si grande et si ferme fût arrivé, et qu'il eût été excessivement frappé de la grandeur du péril auquel il venoit d'échapper. Il finit par me dire personnellement des choses qui me donnèrent de grandes espérances, et qui vraisemblablement m'eussent procuré de grands établis-

---

1. Jean-Baptiste Cassagnet, marquis de Tilladet, mort lieutenant général des armées, et lieutenant général du roi au gouvernement d'Artois.

sements, si je n'avois pas eu le malheur de le perdre trop tôt.

Huit ou dix jours après cette conversation, il apprit que le maréchal de La Meilleraye, sans aucun égard pour les ordres que je lui avais portés, étoit parti de Perpignan pour venir à Bourbon[1], sans en avoir demandé la permission. Cette nouvelle réveilla toute l'indignation que la prise de Perpignan avoit suspendue. Le cardinal m'envoya chercher; il m'en fit des plaintes si vives et si pleines d'aigreur, que je crus que ce seroit manquer à un homme pour qui j'avois l'attachement le plus tendre, dans une occasion essentielle, si je n'allois moi-même le trouver pour l'instruire du mauvais effet qu'avoit produit son départ de l'armée, et savoir les raisons qui l'avoient obligé d'en user de la sorte. Je partis donc pour Bourbon en poste. J'appris au maréchal dans quel état j'avois laissé ses affaires et combien on étoit mécontent de sa conduite. Mon zèle pour ses intérêts rendit cette conversation assez vive de ma part; mais il me désarma en me disant que M. le cardinal ne lui avoit point fait faire une défense absolue de quitter l'armée sans congé, mais seulement de revenir jusqu'à ce qu'il eût pourvu Perpignan de vivres pour trois ans et de munitions de toute espèce; il m'assura que cela avoit été fait avant son départ avec la

---

1. Bourbon-l'Archambault, ville avec titre de duché en Bourbonnois, diocèse de Bourges, parlement de Paris, intendance de Moulins; aujourd'hui chef-lieu de canton, arrondissement de Moulins, département de l'Allier.

plus scrupuleuse exactitude, et finit en disant qu'ayant exactement obéi aux ordres qui lui avoient été donnés, et que sa présence n'étant plus nécessaire à l'armée, il avoit cru pouvoir sans crime venir prendre des eaux nécessaires au rétablissement de sa santé.

L'impatience où j'étois de le justifier, m'obligea de le quitter après avoir passé vingt-quatre heures avec lui. Je fis tout ce qui fut en moi pour que ses raisons ne perdissent rien de leur force en passant par ma bouche; le cardinal me parut un peu radouci par mes raisons; cependant, le maréchal, ayant voulu lui rendre compte lui-même de sa conduite, et étant venu dans ce dessein à Paris au retour des eaux, il en fut très-mal reçu. M. de La Meilleraye, piqué jusqu'au vif, m'en fit ses plaintes et me dit qu'il étoit résolu de se retirer de la cour et de ne voir le cardinal de sa vie. Je m'opposai fortement à ce dessein; je lui représentai qu'en se brouillant avec le cardinal, il donneroit un avantage infini à ses ennemis, qui ne manqueroient pas de lui reprocher, et avec quelque fondement, d'avoir manqué sans raison à son bienfaiteur; je lui dis que les grâces que M. le cardinal lui avoit faites n'étoient ignorées de personne; que ses raisons de mécontentement n'étoient connues de qui que ce fût; que presque tout le monde penseroit que la manière dont il avoit été reçu, ne devoit pas le porter à une pareille extrémité, d'autant plus qu'il s'étoit un peu attiré ce mauvais traitement par sa hauteur et son indépendance, et qu'ainsi il falloit dissimuler son chagrin de manière que personne ne pût le pénétrer, et vivre avec M. le cardinal comme à son ordinaire. Après bien des altercations, le maréchal, qui avoit un bon esprit et le cœur droit, sentit que je lui donnois un conseil sage; il me promit de le suivre; ce qui demeura cependant sans effet, parce que le cardinal étant mort un mois après[1], il n'eut pas le temps de se raccommoder avec lui, de manière que le hasard fit que ce qu'il m'avoit dit dans sa colère, qu'il ne verroit le cardinal de sa vie, ne se trouva que trop vrai.

Après la mort du cardinal, le roi le traita si bien, que cela n'aida pas peu à le consoler de sa perte. Il lui donna le gouvernement de Bretagne, vacant par la mort du cardinal, et le déclara son lieutenant général dans sa grande armée pour la campagne suivante. Sa Majesté eut aussi la bonté de me dire qu'elle vouloit que je continuasse mes services comme j'avois fait jusqu'alors, et que je fusse entre lui et le maréchal de La Meilleraye dans ses armées, comme j'avois été entre lui et le cardinal de Richelieu. Mais toutes les marques de sa bonne volonté et tous ses projets n'eurent aucun effet; car il mourut trois mois après. Ce fut une grande perte pour moi. J'avois, à la vérité, infiniment perdu par la mort du cardinal de Richelieu; cependant j'avois la consolation de savoir que le roi connoissoit mes services; et je pouvois espérer que me faisant l'honneur de me témoigner bien des bontés, j'ose même dire de la confiance dans

---

1. Le cardinal de Richelieu mourut à Paris, dans son palais, le 4 décembre 1642, âgé de cinquante-huit ans.

les occasions, les soins et les peines que je m'étois donnés jusqu'alors ne demeureroient pas sans récompense. Mais un moment renversa tous mes projets les plus flatteurs; et je me vis contraint d'entrer dans une carrière toute nouvelle. La maladie du roi fut longue; et comme longtemps avant sa mort il passoit pour certain qu'il n'en reviendroit pas, le maréchal de La Meilleraye se trouva fort embarrassé; d'un côté il étoit pressé de partir pour aller en Champagne assembler l'armée; d'un autre côté, il jugeoit bien que la mort du roi arrivant, cela apporteroit du changement dans les affaires; et il avoit de la peine à s'éloigner dans de pareilles conjonctures. Il m'en parla; je lui conseillai de se servir de cette occasion pour faire sa cour à la reine; je lui représentai que vraisemblablement toute l'autorité du gouvernement alloit passer entre ses mains; qu'elle se trouvoit dans des circonstances où elle avoit besoin d'amis pour se soutenir contre les cabales qui ne manqueroient pas de se former; qu'elle seroit bien plus sensible aux avances qu'on lui feroit dans un moment si critique, qu'aux services les plus importants qu'on lui rendroit lorsque son autorité seroit affermie. Le maréchal goûta mes raisons; il fut sur-le-champ chez la reine et voulut que je l'y accompagnasse; il lui dit que le roi lui avoit commandé d'aller assembler l'armée, et que quoique Sa Majesté fût dans un état qui devoit tout faire appréhender, il ne pouvoit cependant pas se dispenser de lui obéir et de partir; qu'il venoit la supplier de l'honorer de ses ordres et de lui prescrire ce qu'il auroit à faire en cas que Dieu disposât du roi; et il ajouta que si elle le trouvoit bon, je demeurerois auprès d'elle pour recevoir ses ordres et les lui faire savoir.

La reine approuva fort ce procédé du maréchal; elle lui en témoigna bien de la reconnoissance et m'ordonna de demeurer auprès d'elle. Le maréchal, ayant pris congé de la reine, partit pour l'armée.

Louis XIII mourut huit jours après[1]; je fus faire mon compliment à la reine comme toute la France. Elle m'ordonna de la venir trouver à Paris le surlendemain. C'étoit le jour qu'elle avoit résolu de mener le roi au parlement, pour y faire casser le testament de Louis XIII.

Le même jour, le cardinal Mazarin m'envoya prier de l'aller voir. Le feu roi l'avoit nommé premier ministre dans son testament; mais la reine, à qui le même testament ôtoit l'entier pouvoir de la régence, avoit résolu de le faire casser; par là, le cardinal Mazarin se voyoit frustré d'une place qui depuis longtemps étoit l'objet de tous ses désirs. La reine lui témoignoit beaucoup de confiance; mais son crédit n'étoit pas à beaucoup près aussi établi qu'il le fut dans la suite. Il avoit même pour lors un concurrent qui lui faisoit ombrage; c'étoit l'évêque de Beauvois[2]. Le cardinal avoit à craindre que la reine, devenue maîtresse absolue, ne voulût point de pre-

---

1. Le 14 mai 1643, jour de l'Ascension.
2. Augustin Potier, mort en juin 1650 dans son château de Bresle.

mier ministre, ou que son choix ne tombât pas sur lui ; cette crainte lui paroissoit d'autant plus fondée, qu'il n'ignoroit pas que la reine s'étoit prise d'aversion contre tous ceux que le feu roi avoit nommés pour être du conseil de régence. Enfin, il y avoit une grande différence pour lui d'avoir la place de premier ministre en vertu du testament de Louis XIII ou de la tenir de la reine régente, dont la volonté pouvoit changer. Toutes ces réflexions l'avoient mis dans une grande agitation d'esprit et lui avoient fait prendre la résolution de se retirer ; il n'avoit pas fait mystère de son dessein ; et comme c'est l'usage de courir après la faveur et d'abandonner ceux à qui la fortune semble avoir tourné le dos, tous ses amis l'avoient quitté. Dans cet état, il regarda comme une consolation de pouvoir s'entretenir à cœur ouvert avec moi. J'avois pris quelques liaisons avec lui sous le ministère du cardinal de Richelieu. Il avoit été témoin des bontés et de la confiance que ce grand homme avoit en moi ; cela lui avoit persuadé que je n'étois pas sans mérite, et l'avoit engagé à avoir pour moi des sentiments favorables.

Je le trouvai seul. Il donnoit ordre à ses affaires et faisoit emballer ses meubles. Je lui marquai la surprise et le chagrin que j'avois de le trouver dans une pareille occupation. Il me dit qu'il avoit bien attendu ces sentiments de mon amitié, mais que j'étois trop de ses amis pour ne pas approuver les raisons qui l'avoient obligé de prendre ce parti. Il me fit ensuite le détail de l'état présent de ses affaires, tel que je l'ai marqué plus haut. Je répondis que j'étois convaincu que la reine ne le laisseroit pas partir; qu'elle lui donneroit certainement toute sorte de satisfaction; qu'il n'y avoit personne en France capable de le remplacer; que l'évêque de Beauvois n'avoit point les talents nécessaires pour gouverner un État, et surtout dans une conjoncture où la France avoit à soutenir une guerre très-vive contre l'Espagne; que j'avois lieu de croire que si la reine désiroit que le testament du feu roi fût cassé, ce n'étoit que parce qu'elle trouvoit qu'il ne lui laissoit qu'un pouvoir limité; que le premier usage qu'elle feroit du pouvoir absolu, seroit de confirmer le choix que le feu roi avoit fait de lui pour la place de premier ministre, et qu'il ne me paroissoit pas vraisemblable que ce fût un motif de disgrâce d'avoir été mis dans le conseil par le feu roi; qu'il étoit plus raisonnable de penser que la reine étoit seulement bien aise que ceux qui en seroient, lui en eussent l'obligation. « Je connois assez l'esprit de la reine, me répliqua-t-il, pour croire que j'aurois autant de part à la faveur de cette princesse que ceux qui paroissent dans ce moment les plus accrédités, si j'avois la lâcheté de faire les bassesses auxquelles on voudroit me réduire; mais si j'ai à demeurer en France, je veux que ce soit de la belle manière et qu'on me prie de rester. » Il ajouta que ce même matin l'abbé de La Rivière étoit venu le trouver de la part de M. le duc d'Orléans pour lui offrir sa protection et lui dire que, s'il le désiroit, il parleroit à la reine de ses intérêts, et qu'il ne doutoit pas qu'elle ne fît grande attention aux choses qu'il lui demanderoit; qu'il avoit répondu qu'il étoit pénétré des bontés que Son Altesse Royale lui témoignoit en cette occasion; mais que la France ne lui étant pas plus nécessaire que ses services ne l'étoient à la France, il ne croyoit pas être obligé de mendier les occasions de la servir; que la condition de cardinal était assez considérable à Rome pour n'avoir pas besoin de solliciter de l'emploi et d'employer pour cela un aussi grand prince que M. le duc d'Orléans.

Ce que je lui avois prédit, arriva. La reine étant revenue du parlement, où elle avoit fait tout ce qu'elle avoit voulu, lui envoya dès le même jour l'évêque de Beauvois pour lui offrir de sa part dans le conseil la place que le feu roi lui avoit donnée et qui convenoit à sa dignité. Cela l'obligea d'aller sur-le-champ chez la reine. Elle lui confirma tout ce qu'elle lui avoit fait dire, et ajouta que si elle avoit désiré de faire quelque changement dans le conseil, ce n'avoit été que pour y faire entrer l'évêque de Beauvois qu'elle en croyoit plus capable, mais qu'assurément il s'accommoderoit bien avec lui. Elle accompagna ce discours de mille choses flatteuses. Ils eurent ensuite une longue conférence ensemble, dans laquelle ils convinrent de tous leurs faits. Ainsi le cardinal Mazarin demeura, comme je le lui avois annoncé. Si j'avois pu prévoir la puissance absolue avec laquelle il a gouverné depuis l'esprit de la reine, j'aurois peut-être pris dans les commencements des mesures qui ne m'auroient pas été inutiles dans la suite; car je puis dire qu'il avoit quelque considération pour moi et qu'il recherchoit même mon amitié; cependant je n'en ai tiré presque aucun fruit. Il n'étoit pas d'une humeur bienfaisante; et la mienne n'a jamais été de me donner autant de soin pour l'avancement de ma fortune que pour celle de mes amis. Après cette petite digression, qui contient des particularités assez curieuses pour que je me flatte que mon lecteur me la pardonnera sans peine, je reprends la suite de mon discours.

J'allai trouver la reine à Paris, comme elle me l'avoit ordonné. Elle me chargea de mander au maréchal de La Meilleraye qu'il n'avoit qu'à revenir à la cour ou aller où bon lui sembleroit; qu'elle avoit disposé de toutes les troupes qui composoient son armée. Elle ne me donna que ce seul ordre pour le maréchal, qui le trouva bien sec.

Je dépêchai sur-le-champ à M. de La Meilleraye un courrier qui le rencontra à Troyes. Dès qu'il eut lu mes lettres, il en partit pour aller à Bourbon, dans le dessein de passer en Bretagne, sans revenir à la cour. Il voyoit bien qu'on l'avoit perdu dans l'esprit de la reine. Il étoit persuadé que le cardinal Mazarin et M. de Chavigny n'étoient pas de ses amis. M. de Vendôme[1] et Mme de Chevreuse[2], qui

---

1. César, duc de Vendôme, fils légitimé de Henri IV et de Gabrielle d'Estrées.
2. Marie de Rohan Montbazon, veuve du connétable de Luynes et femme de Claude de Lorraine, duc de Chevreuse.

étoit toute-puissante chez la reine, étoient ouvertement déclarés contre lui. Ces considérations l'avoient engagé à prendre des liaisons avec M. le Prince[1] et M. de Longueville[2]. En partant de Paris, il m'avoit recommandé de me confier entièrement à ces deux princes pour tout ce qui le concerneroit et de suivre leurs conseils préférablement à tout. Je les voyois donc toutes les fois que l'occasion l'exigeoit; mais ayant remarqué, dans quelques-unes des conférences que nous eûmes ensemble, qu'il y avoit peu de bonne foi dans leur procédé, et qu'ils étoient bien plus occupés de leur intérêt particulier que des avantages du maréchal, je fus un peu plus sur la réserve et ne me confiai à eux que de la bonne sorte.

Je vérifiai bientôt après que mes soupçons n'étoient pas mal fondés. M. le cardinal Mazarin m'envoya un matin son maître de chambre[3] pour me prier d'aller chez lui. Il commença par exiger de moi un secret inviolable sur ce qu'il avoit à me dire. Après que je lui en eus donné ma parole, il me dit que l'estime particulière qu'il avoit pour moi l'obligeoit de m'avertir que M. le Prince et M. de Longueville rapportoient à la reine tout ce que je leur disois de la part du maréchal de La Meilleraye; qu'ils l'avoient entre autres choses assurée qu'il vouloit se défaire de sa charge de grand maître de l'artillerie entre les mains de M. le duc de Longueville et après

---

1. Henri II de Bourbon, prince de Condé.
2. Henri II d'Orléans, duc de Longueville.
3. L'abbé de Palluau, frère du maréchal de Clérambault.

cela se retirer au Port-Louis¹ et y attendre un temps plus favorable pour lui à la cour. J'assurai fort le cardinal que je ne leur avois de ma vie parlé de ce projet et que le maréchal n'y avoit jamais pensé; ce qui étoit vrai. Le cardinal me raconta encore bien d'autres discours qu'ils avoient tenus à la reine, du maréchal, en plein conseil, dans l'espérance, sans doute, de le perdre sans ressource et de profiter de sa dépouille.

Quelque soupçon que j'eusse déjà eu de la sincérité de ces deux princes, je ne laissai pas d'être surpris et embarrassé de la conduite que je devois tenir. Le maréchal m'avoit recommandé une confiance parfaite pour les princes et une grande défiance du cardinal; et si ce que celui-ci me disoit étoit vrai, il falloit que je fisse précisément tout le contraire. S'il eût été question de mon affaire propre, mon parti auroit été bientôt pris; mais j'agissois pour le maréchal; et je trouvois de grands inconvénients à prendre sur moi de suivre une route tout opposée à celle qu'il m'avoit tracée. Le cardinal s'aperçut de mon embarras et m'aida à en sortir; car comme je raisonnois avec lui sur ce qu'il venoit de me dire, sans lui laisser néanmoins apercevoir que j'eusse la moindre défiance de sa sincérité et que je lui eusse marqué la difficulté que je trouvois dans la situation

---

1. En Bretagne, à l'embouchure de la rivière du Blavet, diocèse de Vannes, parlement et intendance de Rennes; aujourd'hui chef-lieu de canton, arrondissement de Lorient, département du Morbihan.

où j'étois de changer ma manière d'agir avec les princes, il me conseilla d'en user avec eux comme à mon ordinaire, et de leur donner même, s'il se pouvoit, de plus grandes apparences, afin que, ne se doutant de rien, ils ne prissent pas d'autres mesures. Il me répéta encore qu'ils ne témoignoient au maréchal de l'amitié que pour le tromper et en tirer leurs avantages auprès de la reine, à qui ils faisoient entendre qu'ils étoient maîtres de son esprit et lui feroient faire tout ce qu'ils voudroient. Nous convînmes que j'irois trouver le maréchal pour le mettre au fait de toutes ces choses, qui n'étoient pas d'une nature à pouvoir être écrites, et pour lui dire que s'il vouloit être des amis du cardinal, celui-ci le serviroit de tout son pouvoir et le mettroit aussi bien dans l'esprit de la reine qu'il avoit jamais été dans l'esprit du cardinal de Richelieu et celui du feu roi; qu'il eût seulement patience; qu'il ne prît croyance en qui que ce soit, pas même en sa femme, mais seulement en ce que je lui dirois de la part de Son Éminence, l'assurant que dans un mois il seroit assez puissant sur l'esprit de la reine pour le faire revenir à la cour avec toutes sortes d'avantages.

La franchise avec laquelle le cardinal me parloit, la sincérité que j'avois toujours remarquée dans ses procédés à mon égard, et plus encore que tout cela, la persuasion où j'étois que son intérêt autant que celui du maréchal exigeoit qu'ils fussent amis, me faisoient prendre sans peine créance en ce qu'il me disoit. Ainsi, dès que je l'eus quitté, je dépêchai un courrier au maréchal, qui étoit toujours à Bourbon, pour lui demander un rendez-vous où je pusse l'entretenir secrètement, ne pouvant pas lui mander les choses que j'avois à lui dire. Il me pria de me rendre incessamment à la Charité[1]; je partis aussitôt et l'y trouvai déjà arrivé.

Dès que j'eus mis pied à terre, nous nous enfermâmes dans une chambre; nous couchâmes même ensemble pour pouvoir nous entretenir plus à notre aise. Toute la nuit se passa en contestations. Il étoit si entêté de M. le Prince et de M. de Longueville, qu'il ne pouvoit pas se persuader qu'ils se moquassent de lui et qu'ils fussent capables de le sacrifier à leurs intérêts propres. Il regardoit, au contraire, les avances que lui faisoit le cardinal Mazarin, comme des piéges. Il se persuadoit que le seul but de toutes ses caresses étoit de l'attirer à Paris pour le faire arrêter et mettre à la Bastille. Ce ne fut pas sans peine que je lui ôtai toutes ces idées de l'esprit; elles avoient fait une si profonde impression sur lui, que rien ne le persuadoit. Je lui représentois que ce seroit sur la parole du cardinal Mazarin qu'il viendroit à Paris; que non-seulement cette Éminence ne pouvoit avoir aucun intérêt à le faire arrêter au mépris de la parole donnée, mais que par un procédé si rempli de mauvaise foi il se perdroit de ré-

---

1. La Charité-sur-Loire, en Nivernois, diocèse d'Auxerre, parlement de Paris, intendance de Bourges; aujourd'hui chef-lieu d'arrondissement, département de la Nièvre.

putation; qu'il n'y avoit aucune apparence qu'un homme qui aspiroit à la place de premier ministre voulût débuter par une trahison si noire à une personne de son rang. « Ce n'est pas, ajoutai-je, que je ne sois bien persuadé que si le cardinal avoit remarqué que vous eussiez été perdu sans ressource dans l'esprit de la reine, il n'auroit certainement pas pris vos intérêts contre elle; mais je ne suis pas moins convaincu que, dans ce cas, il n'auroit pas voulu servir d'instrument à la plus effroyable de toutes les perfidies; et il est bien plus vraisemblable qu'alors il auroit laissé agir la reine, sans s'opposer à sa volonté, mais en même temps sans s'y prêter d'une manière si préjudiciable à son honneur. Faites réflexion, lui disois-je encore, qu'il est de l'intérêt de M. le cardinal d'en bien agir à votre égard, et qu'il est avantageux pour l'un et pour l'autre que vous soyez amis; il va être premier ministre; il est étranger, sans parents dans le royaume; il a besoin de s'y faire des amis considérables; et vous qui n'avez jamais eu d'autre appui à la cour que le feu roi et le cardinal de Richelieu, qui vous ont manqué presque à la fois, vous qui êtes très-mal dans l'esprit de la reine, quelle occasion plus favorable pouvez-vous espérer de vous réconcilier avec elle? Vous n'avez pas recherché l'amitié du cardinal Mazarin; il fait toutes les avances; il sera d'autant plus disposé à s'unir avec vous et à prendre confiance en vous, qu'il ne vous reste plus aucune autre liaison. » Je lui fis ensuite considérer les suites qu'auroit vraisemblablement un refus de sa part; je lui remontrai que le cardinal Mazarin, blessé du peu de cas qu'il témoignerait faire de son amitié, achèveroit d'aigrir l'esprit de la reine, qui n'y étoit déjà que trop disposé; qu'on le pousseroit peut-être au point de perdre la liberté ou du moins les grands établissements qu'il avoit dans le royaume, s'il étoit obligé d'en sortir pour éviter la persécution; que ce qui pourroit lui arriver de mieux, seroit d'en être quitte pour avoir à essuyer chaque jour des désagréments et des mortifications nouvelles. Enfin, mon zèle donna tant de force à mon discours, que je vins à bout de persuader au maréchal qu'il ne pouvoit prendre un meilleur parti. Il se rendit donc, et me remit entièrement ses intérêts pour agir comme je le jugerois à propos, tant avec M. le cardinal Mazarin qu'avec M. le Prince et M. de Longueville.

Cela étant arrêté, le maréchal de La Meilleraye s'en retourna à Bourbon; et je revins à la cour assurer M. le cardinal Mazarin de la parfaite reconnaissance de M. de La Meilleraye; et je dis à Son Éminence que le maréchal étoit son serviteur, et que j'étois chargé de lui en donner telles assurances qu'il jugeroit à propos.

Le compliment du maréchal et moi fûmes parfaitement bien reçus. Le cardinal m'ordonna de venir le trouver tous les jours à l'issue du conseil; ce que j'exécutai régulièrement. Il me racontoit tout ce qui s'étoit dit pour ou contre le maréchal dans le conseil. Cela dura plus de quinze jours, au bout desquels il me dit qu'il étoit assez bien dans l'esprit de la reine pour faire revenir le maréchal de La Meilleraye à la cour; que cette princesse lui avoit donné sa parole de le bien recevoir et de le bien traiter; qu'il n'y avoit point de temps à perdre pour le faire venir; qu'il me prioit d'aller moi-même le chercher; mais qu'il exigeoit le secret indistinctement, même à l'égard de la maréchale de La Meilleraye[1], qui étoit pour lors à Paris, à qui il me recommanda fort de n'en rien dire; ce que je fis.

Je me rendis en grande diligence auprès du maréchal, qui étoit toujours à Bourbon. MM. de Turenne et de Ruvigny y arrivèrent deux heures après. Ils alloient servir en Italie; et comme Bourbon n'étoit pas bien éloigné de leur route, ils avoient voulu profiter de l'occasion pour voir le maréchal; ou (ce qui me paroît encore plus vraisemblable) ils avoient dessein de faire quelques tentatives pour l'engager dans des intérêts opposés à ceux du cardinal. M. de La Meilleraye, ayant su leur arrivée, ne voulut pas qu'ils fussent instruits de la mienne. Il me fit passer dans une chambre qui touchoit à la sienne. Il voulut cependant que j'entendisse tout ce qui se diroit dans la conversation; ce qui ne me fut pas bien difficile, parce qu'il y avoit dans la chambre où j'étois, une porte qui donnoit dans la ruelle de celle où le maréchal reçut ces messieurs. Il me fit mettre der-

1. Marie de Cossé-Brissac, morte en 1710 à l'âge de quatre-vingt-neuf ans. Elle étoit la seconde femme du maréchal.

rière la porte et fit placer MM. de Turenne et de Ruvigny dans la ruelle, de sorte que je ne perdis pas un mot de tout ce qui fut dit.

Après les premiers discours de politesse, la conversation tourna sur les affaires publiques, et en particulier sur celles du maréchal. Ces messieurs n'oublièrent rien pour lui persuader tout le contraire de ce que je lui avois dit. Ils lui assurèrent qu'il n'y avoit aucune sûreté à la cour pour lui; que si on pouvoit se saisir de sa personne, on étoit résolu de le mettre à la Bastille; que le cardinal Mazarin ne battoit que d'une aile; que M. de Beaufort[1] et l'évêque de Beauvois étoient maîtres de l'esprit de la reine, et que c'étoient M. le Prince et M. le duc de Longueville qui décidoient de tout dans le conseil; ils lui contèrent cent particularités pour confirmer tous ces discours. Cette conversation, qui m'impatientoit fort, dura plus de trois heures; enfin, le maréchal les ayant menés promener, je sortis du lieu où j'étois, pour aller dans une chambre qui m'avoit été préparée; j'y soupai seul tandis que le maréchal soupoit avec MM. de Turenne et de Ruvigny.

Dès que ceux-ci se furent retirés, M. de La Meilleraye vint me trouver dans la chambre où j'étois. Nous nous mîmes à raisonner sur tout ce que ces messieurs lui avoient dit. Quoiqu'il n'y eût pas un mot de vrai dans ce qu'ils venoient de lui conter,

---

1. François de Vendôme, duc de Beaufort, disparu dans l'expédition de Candie, en 1669.

leurs discours ne laissoient pas de faire quelque impression sur son esprit. Néanmoins, la confiance qu'il avoit en moi, et l'assurance parfaite qu'il avoit de ma sincère amitié, l'engagèrent à préférer mon avis, qui fut de laisser partir MM. de Turenne et de Ruvigny, puis de partir sans dire autre chose sinon qu'il alloit à Orléans, pour laisser douter s'il alloit à Paris ou à Nantes, puisque dans ces deux cas il falloit qu'il passât également par Orléans.

Dès que MM. de Turenne et de Ruvigny furent partis, nous partîmes aussi. Le maréchal reçut à la Ferté-Senneterre[1] un courrier de la maréchale de La Meilleraye, qui lui donnoit avis que j'étois parti de la cour sans rien dire; ce qui lui faisoit soupçonner que j'étois allé le trouver pour le faire revenir; mais elle lui mandoit que s'il prenoit ce parti, on le mettroit certainement à la Bastille.

Cette lettre le mit dans une grande perplexité. Nous nous enfermâmes dans une chambre, où nous passâmes la nuit dans des contestations bien plus vives encore que celles que nous avions eues la première fois à la Charité. Il ne me fut plus possible de le déterminer à venir à la cour. J'eus bien de la peine à l'empêcher d'aller à Orléans s'embarquer pour Nantes. Pour moi, qui étois convaincu qu'une pareille démarche alloit achever de le perdre sans

---

1. Ou la Ferté-Nabert, sur le Cousson, dans l'Orléanois propre, diocèse et intendance d'Orléans, parlement de Paris; aujourd'hui la Ferté Saint-Aignan, canton de Meung-sur-Beuvron, arrondissement de Romorantin, département de Loir-et-Cher.

ressource, je lui parlai si vivement pour l'en dissuader et il recevoit si mal ce que je lui disois, que nous en vînmes presque aux dernières extrémités. Il étoit si en colère de mes contradictions qu'il en pleuroit de rage.

Je lui disois, pour le rassurer contre la terreur panique qu'on lui donnoit, qu'ayant dans les plaines de Beauce cent cinquante maîtres à ses ordres, tous gentilhommes de ses amis, ou ses gardes ou domestiques bien armés et bien affectionnés, il pouvoit marcher jusqu'aux portes de Paris sans rien craindre; qu'il n'avoit qu'à passer la Loire à Gergeau[1], venir prendre la grande route à Artenay[2], et que quand nous serions là, je prendrois la poste pour aller m'éclaircir avec le cardinal. Je lui fis entendre qu'en venant très-lentement, je ne jugeois pas qu'un homme de sa sorte, accompagné comme il l'étoit, pût être arrêté dans la campagne, le roi n'ayant d'autres troupes à portée que sa maison, qui étoit toute logée à Paris. Je lui représentai d'ailleurs qu'étant à la cour en état d'examiner jusqu'aux moindres mouvements, je veillerois si bien qu'ils ne pourroient monter à cheval sans que j'en fusse averti,

---

1. Ville sur la rive gauche de la Loire, dans l'Orléanois propre, diocèse et intendance d'Orléans, parlement de Paris; aujourd'hui chef-lieu de canton, arrondissement d'Orléans, département du Loiret.

2. Dans l'Orléanois propre, sur la route royale de Paris à Bordeaux, diocèse et intendance d'Orléans, parlement de Paris; aujourd'hui chef-lieu de canton, arrondissement d'Orléans, département du Loiret.

et qu'à la première nouvelle j'enverrois par différents endroits lui en donner avis, de sorte qu'il seroit impossible qu'on vînt à bout de l'arrêter.

Je réussis enfin à lui faire goûter mes raisons. Nous partîmes de la Ferté-Senneterre et vînmes droit à Artenay, sans passer par Orléans. Nous n'y fûmes pas plus tôt arrivés, que je pris la poste pour la cour. Je rencontrai Bar[1] à Angerville[2], qui venoit par la même route chercher le maréchal de La Meilleraye de la part du cardinal Mazarin. Il étoit chargé d'une dépêche de Son Éminence pour le maréchal et d'une autre pour moi. Il nous donnoit avis que la maréchale de La Meilleraye étoit venue lui dire qu'on l'avoit avertie que j'étois allé trouver son mari de la part de M. le cardinal pour le faire venir à la cour, où la reine avoit dessein de le faire arrêter; qu'il avoit répondu à la maréchale qu'il n'avoit aucune connoissance de tout cela et qu'il ne croyoit pas que la reine eût cette intention. Il ajoutoit qu'ayant bien jugé que la maréchale n'auroit pas manqué d'envoyer un courrier à M. de La Meilleraye pour lui faire part des avis qu'on lui avoit donnés, il avoit jugé nécessaire de lui dépêcher Bar pour le prier de

---

1. Guy de Bar. Il avoit toute la confiance du cardinal Mazarin, qui le chargea de la garde des princes à Vincennes, à Marcoussis et au Havre, en 1650 et 1651. Il mourut en 1695, lieutenant général et grand bailli de Picardie.

2. En Beauce, dans le gouvernement général de l'Orléanois, diocèse et intendance d'Orléans, parlement de Paris; aujourd'hui canton de Méréville, arrondissement d'Étampes, département de Seine-et-Oise.

ne point ajouter foi à tous les mauvais bruits et de ne donner créance qu'à ce que je lui avois dit de sa part. Il ajoutoit très-obligeamment pour moi que la même estime qui avoit fait qu'il avoit pris toute confiance en moi dans cette affaire, l'auroit empêché de se servir de moi si on avoit eu dessein de le tromper; que la reine et lui faisoient trop de cas de ma personne pour me mettre à un pareil usage; qu'il lui conseilloit de venir le plus vite qu'il lui seroit possible; que la reine étoit en volonté de le bien recevoir. Il lui mandoit encore de venir d'abord au Palais-Royal, qu'il prît ses mesures pour arriver dans le temps que la reine sortiroit du conseil et qu'il le fît avertir dès qu'il seroit arrivé.

Des assurances si précises calmèrent toutes les inquiétudes et dissipèrent jusqu'à l'ombre du soupçon. Je n'eus guère moins de joie de cette dépêche que le maréchal, parce que cela justifioit tous les conseils que je lui avois donnés jusqu'alors, et le parti que je l'avois comme forcé de prendre.

J'étois revenu sur mes pas avec Bar, de sorte que nous nous en retournâmes tous ensemble. Nous arrivâmes au Palais-Royal dans le moment que le conseil finissoit. Dès que nous fûmes dans la chambre de la reine, je dis à l'huissier du cabinet d'avertir Son Éminence le cardinal de l'arrivée du maréchal. Le cardinal sortit aussitôt; il vint prendre M. de La Meilleraye et le mena saluer la reine en plein conseil. Elle le reçut si bien qu'il en fut enchanté. Tout le monde fut fort surpris de le voir; mais surtout

M. le duc d'Orléans, M. le Prince et M. le duc de Longueville ; ces deux derniers venant d'assurer la reine, à l'entrée du conseil, que le maréchal s'étoit embarqué à Orléans et s'en alloit en diligence se renfermer dans le château de Nantes[1], par où il étoit aisé à la reine de juger qu'ils étoient mal informés ou mal intentionnés.

Le maréchal, après avoir salué le roi et M. le cardinal, se retira à l'arsenal[2], où je l'accompagnai. La maréchale fut on ne peut plus surprise de le voir. Il lui raconta de quelle manière les choses s'étaient passées ; il ajouta qu'il n'eût pas voulu pour cent mille écus n'avoir pas suivi le conseil que je lui avois donné ; et, en me sautant au cou, il me témoigna l'obligation qu'il m'en avoit.

Le lendemain il alla rendre ses respects à la reine, à M. le duc d'Orléans et à M. le Prince. J'allai au lever de M. le cardinal. Il me témoigna bien de la satisfaction de l'arrivée du maréchal et me dit qu'il falloit achever l'entière réconciliation entre la reine et lui ; qu'il avoit un démêlé avec le prince de Guéménée[3], frère de Mme de Chevreuse ; que la reine aimoit fort ; que le maréchal devoit craindre cette dame et qu'il feroit plaisir à la reine d'accommoder cette affaire ; qu'il lui conseilloit de sacrifier quelque

---

1. Dont il avoit le gouvernement et où plus tard il garda si mal le cardinal de Retz.

2. C'étoit la résidence du grand maître de l'artillerie.

3. Louis VII de Rohan, prince de Guéménée, duc de Montbazon après la mort de son père ; mort le 10 février 1667.

argent pour cela. J'en parlai au maréchal, qui me répondit qu'il ne devoit rien à M. de Guéménée; que feu le cardinal de Richelieu avoit acheté le gouvernement de Nantes de M. de Montbazon[1] et qu'il l'avoit bien payé; qu'après la mort de M. le cardinal le feu roi lui avoit donné ce même gouvernement, sans que le prince de Guéménée eût fait la moindre démarche pour s'y opposer ou la plus légère instance pour avoir un dédommagement. « Maintenant, ajouta-t-il, parce que Louis XIII n'est plus et que la duchesse de Chevreuse est bien auprès de la reine, le prince de Guéménée dit qu'il a la survivance de M. de Montbazon, son père, qui n'est pas mort[2]; il est question de savoir si M. de Montbazon a pu vendre à M. le cardinal de Richelieu et si, après la mort de celui-ci, le roi a pu me donner ce gouvernement. » Le maréchal me pria ensuite de dire ces raisons à M. le cardinal, mais de l'assurer en même temps qu'il feroit tout ce qu'il lui conseilleroit en cette occasion comme en toute autre. Il me laissa le maître de ménager cette affaire comme pour moi et me promit de donner tout l'argent dont je conviendrois avec M. le cardinal.

J'allai dans le moment chez Son Éminence; je lui expliquai toutes les raisons de M. de La Meilleraye; et comme le cardinal ne vouloit pas laisser traîner cette affaire, il me mena chez la reine. Elle voulut

---

1. Hercule de Rohan, duc de Montbazon, père du prince de Guéménée.
2. Il ne mourut en effet que le 16 octobre 1654.

que je la misse au fait. Après avoir entendu les raisons du maréchal, elle me dit qu'il lui feroit plaisir d'accommoder cette affaire avec madame de Chevreuse. Je répondis que le maréchal feroit tout ce que Sa Majesté voudroit, qu'elle n'avoit qu'à ordonner. La reine parla tout bas pendant quelques moments au cardinal Mazarin; puis elle me dit que le maréchal lui feroit plaisir de donner cinquante mille écus au prince de Guéménée pour toutes ses prétentions. J'assurai Sa Majesté qu'il le feroit; mais je représentai à la reine que comme il ne s'agissoit que d'une survivance pour le prince de Guéménée, je la suppliois très-humblement, au nom du maréchal, de lui accorder cette même survivance pour le marquis de La Meilleraye[1], son fils; ce que Sa Majesté m'accorda de la meilleure grâce du monde.

J'allai sur-le-champ rendre compte au maréchal de ce qui s'étoit passé. Il convint de tout et me pria d'achever l'ouvrage que j'avois commencé, et de prendre à l'heure même cinquante mille écus, de les porter à Mme la princesse de Guéménée[2], de retirer la démission de son mari de la survivance de la charge de lieutenant de roi et de gouverneur de Nantes et du pays nantois, et de demander un *récépissé* des cinquante mille écus; ce que je fis, et je

1. Armand-Charles de La Porte, marquis de La Meilleraye. Il étoit fils de la première femme du maréchal, Marie d'Effiat. Ce fut lui qui épousa la célèbre Hortense Mancini et devint duc de Mazarin. Il mourut le 9 novembre 1713.

2. Anne de Rohan, fille de Pierre de Rohan et de Madeleine de Rieux; elle étoit cousine germaine de son mari.

portai le tout au maréchal. J'allai ensuite rendre compte au cardinal de ce qui s'étoit passé. Il me mena chez la reine, à qui j'en fis le détail. Elle me parut fort contente du procédé du maréchal, de manière que cette affaire fut terminée au gré de toutes les parties.

Le maréchal de La Meilleraye étant libre de tous ces soins, me pressa d'accepter le commandement de l'artillerie en qualité de lieutenant général. Il y avoit longtemps qu'il m'avoit fait cette offre; mais le feu roi et M. le cardinal de Richelieu, voulant que je fusse toujours auprès d'eux pour se servir de moi dans des emplois de confiance, n'avoient pas voulu que j'acceptasse celui-là. Les circonstances étant changées, j'acceptai cet emploi avec l'agrément de la reine et de M. le cardinal de Mazarin.

La première occasion où je fis les fonctions de ma nouvelle charge, fut le siége de Thionville[1]. J'y commandai l'artillerie sous les ordres de M. le duc d'Enghien. La place s'étant rendue, il alla en Allemagne mener un secours au maréchal de Guébriant[2]; je le suivis; et delà nous revînmes à la cour ensemble.

L'année d'après, M. le duc d'Orléans eut le commandement de l'armée de Flandre. Il alla faire le siége de Graveline[3]. J'y devois commander l'artil-

---

1. Qui fut pris le 10 août 1643.
2. Jean-Baptiste de Budes, comte de Guébriant, blessé mortellement au siége de Rothweil, qu'il prit le 19 novembre 1643.
3. Et prit cette place le 28 juillet 1644. Il avoit sous lui les maréchaux de La Meilleraye et de Gassion.

lerie; mais je fus obligé de prendre le commandement de celle de Champagne, à l'occasion que je vais dire. M. le duc d'Enghien avoit fort souhaité de servir dans l'armée de Flandre en qualité de lieutenant général; mais M. le duc d'Orléans s'y étant opposé, on donna à M. le duc d'Enghien le commandement de celle de Champagne; et la lieutenance générale de celle de Flandre fut donnée à M. le maréchal de La Meilleraye. M. le duc d'Enghien fut piqué jusqu'au vif de cette préférence et chercha tous les moyens possibles de donner au maréchal des marques de son mécontentement. Il en fit bientôt naître l'occasion. Le maréchal de La Meilleraye, comme grand maître de l'artillerie, avoit donné le commandement de celle de l'armée de Champagne au comte de Montmartin[1], homme de mérite, de qualité, et cousin germain de la maréchale de La Meilleraye. C'en étoit assez pour le rendre désagréable à M. le duc d'Enghien. Ce prince lui fit défendre de mettre le pied dans son armée et lui fit dire qu'il vouloit que Saint-Martin[2], que le maréchal de La Meilleraye avoit nommé pour

---

1. N. Le Groing, vicomte de Montmartin. Sa mère, Claude d'Alègre, étoit sœur de Gaspard d'Alègre, qui avoit épousé Marie Coeffier, devenue après sa séparation la première femme du maréchal de La Meilleraye.

2. Saint-Martin de Grave, alors lieutenant de l'artillerie. Il servit en cette qualité à la bataille de Nordlingen, en 1645, et fut blessé en 1646 au siége de Mardick. On le retrouve en 1652 dans l'armée des princes, en Guyenne. Rentré en grâce après la paix de Bordeaux, il reçut de la reine un diamant d'un grand prix pour ses services au siége de Stenay, en 1654. Il mourut en 1658 devant Mortara, lieutenant général de l'artillerie.

commander l'artillerie sous les ordres du comte de Montmartin, la commandât en chef.

Le comte de Montmartin, ne jugeant pas à propos de tirer au court bâton avec M. le duc d'Enghien, vint trouver le maréchal de La Meilleraye et lui rendit sa commission. Ce procédé du comte de Montmartin surprit et fâcha beaucoup le maréchal. Il se trouvoit dans un grand embarras. Il ne pouvoit dissimuler l'entreprise de M. le duc d'Enghien sans laisser perdre un des plus grands droits de sa charge. Les généraux ont bien droit de donner aux officiers d'artillerie de leur armée tous les ordres qu'ils jugent nécessaires pour le service du roi; mais le choix des officiers d'artillerie qui doivent servir dans chaque armée, appartient au grand maître; et les généraux sont obligés de se servir de ceux qui leur sont donnés. D'un autre côté le maréchal, ayant éprouvé que le comte de Montmartin, chargé du commandement, n'avoit pas eu la force de soutenir ses droits, n'osoit espérer de trouver aucun officier qui voulût se charger de cette commission et qui consentît à se faire de gaieté de cœur une affaire avec M. le duc d'Enghien. Le maréchal m'en parla et me demanda conseil; je fus d'avis qu'il falloit absolument qu'il soutînt en cette occasion les droits de sa charge; qu'il n'y avoit pour cela qu'à donner sa commission à un homme qui eût de la tête et de la vigueur et qui sût se faire obéir; que ce n'étoit point à M. le duc d'Enghien à régler les rangs des officiers d'artillerie; que c'étoit au commandant à recevoir ses ordres et à les faire exécuter par tous ceux qui étoient sous sa charge, et que Saint-Martin n'étant qu'en second, il devoit obéir comme un autre à celui qui seroit nommé pour commander, et que M. le duc d'Enghien ne pouvoit ni l'en dispenser, ni l'en empêcher. Le maréchal me confia alors l'embarras où il étoit de trouver un officier capable du commandement et qui voulût s'en charger à ces conditions. Je m'offris à lui; il me répondit qu'il ne vouloit point me commettre avec M. le duc d'Enghien, qui étoit un grand prince, jeune et violent. « Je le crois trop généreux, répliquai-je, pour ne pas rendre justice à un gentilhomme qui servira bien le roi et qui fera sa charge avec honneur sous ses ordres; je croirois même lui faire injure, si je pensois qu'en faisant bien, j'eusse quelque chose à craindre de lui. » Le maréchal, charmé de pouvoir sortir d'embarras, m'embrassa de tout son cœur et me fit sur-le-champ expédier ma commission.

La chose étant ainsi arrêtée, j'allai trouver le cardinal Mazarin pour le prévenir sur notre arrangement. Je fus bien aise de le mettre au fait, afin que si l'on me faisoit quelque tracasserie, il fut en état de juger plus sainement. Il entra dans mes intérêts avec bonté, et me dit qu'il étoit étonné que j'eusse accepté cette commission qui allait infailliblement me compromettre avec M. le duc d'Enghien, qui étoit fort fâché à ce sujet contre le maréchal de La Meilleraye. Je lui dis que c'étoit cela même qui me l'avoit fait accepter; que j'avois trop d'amitié pour le maréchal pour ne pas lui aider de tout mon pouvoir à conserver les droits de sa charge, que je croyois être assez capable de mon emploi pour que M. le duc d'Enghien eût lieu d'être content de mes services et que cela étant, je n'en devois point craindre d'insulte. Son Éminence me dit que c'étoit une affaire de grande conséquence pour le maréchal et qu'il devoit m'avoir une très-grande obligation de m'être prêté à un emploi que peu de gens auroient osé accepter.

Je me rendis ensuite à l'armée, qui étoit en Lorraine. Dès que j'y fus arrivé, j'allai saluer M. le duc d'Enghien. Il me reçut froidement; mais il ne me dit rien de fâcheux. En sortant de chez lui, je me rendis au parc de l'artillerie pour prendre possession de mon emploi. J'ordonnai pour le lendemain matin la revue de tous les officiers et des chevaux de l'artillerie; ce qui fut exécuté comme je l'avois ordonné. Saint-Martin s'y trouva comme les autres.

Quelques heures après, je fus averti qu'on alloit tenir le conseil de guerre. Je me rendis au logis de M. le duc d'Enghien, où le conseil se tenoit; et j'y entrai suivant le droit de ma charge. Lorsqu'il fut question de prendre place, Mauvilliers[1], lieutenant des chevau-légers de M. le duc d'Enghien et maréchal de bataille, me contesta la préséance, prétendant qu'en cette dernière qualité il devoit avoir le pas devant le commandant de l'artillerie. Jamais

1. La *Gazette* l'appelle Mauvilly. Il fut tué à la bataille de Fribourg en 1644.

pareille difficulté n'avoit été formée; aussi le maréchal de Castelnau[1], qui étoit maréchal de bataille comme Mauvilliers, ne fit pas de pareilles contestations. Je jugeai bien que c'étoit M. le duc d'Enghien qui donnoit lieu à cette tracasserie; je m'adressai cependant à lui-même et je le suppliai très-humblement de vouloir décider, et l'assurai que je ne voulois d'autre juge que lui. Il me répondit qu'il ne se mêleroit point de cette affaire; je le priai de ne pas trouver mauvais que, puisqu'il ne vouloit pas décider, j'envoyasse un courrier à la cour pour demander un règlement; il me dit qu'il le vouloit bien, mais que Mauvilliers en feroit de même; je répondis que rien n'étoit si juste. Je dépêchai sur-le-champ un courrier à M. le cardinal Mazarin; et M. le duc dépêcha de son côté à M. le Prince pour le prier de soutenir dans le conseil les intérêts de Mauvilliers. M. le Prince parla dans le conseil avec beaucoup de vivacité pour Mauvilliers en présence du roi, de la reine et de M. le duc d'Orléans. M. le cardinal Mazarin voulut bien être mon avocat. Il fut jugé que toutes les préséances, tant au conseil de guerre qu'aux logements et autres lieux, seroient données aux commandants de l'artillerie sur les maréchaux de bataille, la règle étant à l'armée que les lieutenants d'artillerie ont rang comme le dernier maréchal de camp. M. le cardinal me renvoya cette décision par mon courrier. Je la portai sur-le-champ

---

1. Jacques, marquis de Castelnau-Mauvissière, blessé mortellement au siége de Dunkerque en 1658.

à M. le duc d'Enghien, qui la reçut avec un air très-sérieux, sans me répondre un seul mot. Depuis ce temps on ne me fit plus de contestations. Un jour seulement, le comte de Tournon[1], maréchal de camp, voulut se mêler de quelque détail de l'artillerie; je m'y opposai très-vivement; je l'assurai que je ne souffrirois point qu'un autre fît ma charge; et je lui dis avec un peu d'aigreur que s'il ne se le tenoit pas pour dit, je ne le trouverois pas bon. Le marquis de Jarsé[2], qui étoit présent, se mit entre nous deux, nous raccommoda et nous fit embrasser.

En ce temps-là M. le duc d'Enghien reçut ordre de marcher en Allemagne avec son armée pour y joindre celle de M. de Turenne, pour aller ensemble secourir Fribourg, que l'armée bavaroise venoit d'assiéger. Nous étions pour lors aux environs de Metz. Pour faire plus de diligence, M. le duc d'Enghien ordonna à toute l'armée de laisser son bagage à Metz. Il voulut aussi que j'y laissasse toute l'artillerie, à l'exception de quatre cents chevaux qu'il m'ordonna de mener haut le pied avec ce qu'il falloit d'officiers d'artillerie pour un jour de bataille. Il laissa la conduite de l'armée à Palluau et à Marsin[3], maréchaux de camp; il leur marqua les jour-

---

1. Juste-Henry, comte de Tournon et de Roussillon, sénéchal d'Auvergne et bailli du Vivarais. Il fut tué, le 14 mars de cette année, au siége de Philisbourg.
2. Réné du Plessis de La Roche-Pichemer, marquis de Jarzay, capitaine des gardes du duc d'Orléans, mort en 1692.
3. Jean-Gaspard-Ferdinand, comte de Marsin ou Marchin, mort en 1673.

nées qu'ils devoient faire, et leur donna rendez-vous à Brissac; il prit les devants pour s'y rendre et mena avec lui le maréchal de Gramont[1], Espenan[2], le comte de Tournon et moi.

Nous trouvâmes à Brissac M. de Turenne, M. le duc d'Aumont[3], le général Rose[4] et d'Herlac[5], qui, étant avertis de l'arrivée de M. le duc d'Enghien, se rendirent aussitôt auprès de lui. La ville de Fribourg avoit été prise par les ennemis[6]. On tint conseil de guerre pour savoir ce qu'il y avoit à faire dans ces circonstances. M. de Turenne et M. d'Aumont, qui devoient mieux connaître que personne les forces des ennemis et la situation de leur camp, furent d'avis de marcher d'abord aux ennemis et de les combattre. Ils assuroient que leur camp n'étoit point retranché, qu'ils n'avoient que six mille chevaux et dix mille hommes d'infanterie, épuisés par les fatigues du siége qu'ils venoient de faire, au lieu

---

1. Antoine II de Gramont, alors maréchal de Guiche, depuis maréchal et duc de Gramont, mort le 12 juillet 1678.

2. Roger de Bossort, comte d'Espenan, maréchal de camp. Il fut fait gouverneur de Philisbourg, la même année, après la prise de la place par le duc d'Enghien, et mourut de maladie à Paris, le 17 mars 1646.

3. Chouppes, un peu plus loin l'appellera mieux le marquis d'Aumont. C'étoit en effet Charles, marquis d'Aumont, qui fut blessé à mort devant Landau, peu après les combats de Fribourg, ainsi qu'on le verra tout à l'heure. Le premier duc de cette maison fut son frère puîné, Antoine, marquis de Villequier, maréchal d'Aumont, mort en 1669.

4. Raynold de Rose, lieutenant général.

5. Louis d'Erlach, lieutenant général, gouverneur de Brisach, mort en 1650.

6. Le 28 juillet 1644.

que les armées de M. le duc d'Enghien et de M. de Turenne étant réunies, nous nous trouverions dix mille chevaux et douze mille hommes de pied. Cet avis fut approuvé dans le conseil. M. le duc d'Enghien, qui ne respiroit que les occasions de se signaler, fut charmé qu'il eût prévalu. Ainsi on ne songea plus qu'à se préparer à la bataille.

En attendant que les troupes fussent arrivées, il m'ordonna d'aller dans les magasins de Brissac préparer tout ce qui me seroit nécessaire pour l'artillerie. Je fus trouver M. d'Herlac, gouverneur de la place, qui me mena dans les magasins. Je les trouvai très-bien fournis de toutes sortes de munitions. J'en dressai un équipage fort leste composé de quarante pièces de canon; et je préparai tout pour quand l'armée passeroit.

Elle arriva deux jours après et alla camper à deux lieues de Brissac. M. le duc d'Enghien s'y rendit. Il fit distribuer du vin à tous les soldats; et ayant fait prendre les munitions de guerre nécessaires, il partit pendant la nuit pour se trouver à la pointe du jour en présence des ennemis. M. de Turenne en fit autant. Ils se trouvèrent l'un et l'autre, à huit heures du matin, en présence des ennemis. Lorsque M. le duc d'Enghien eut un peu examiné leur camp, il fut très-surpris de le trouver dans un état tout différent de celui dans lequel M. de Turenne l'avoit représenté au conseil de guerre. Il étoit retranché par une bonne ligne bien palissadée et défendu par plusieurs redoutes et un petit fort de cinq demi-bastions, sur lequel il y avoit une batterie de six canons¹. M. le duc d'Enghien, avant de commencer son attaque, envoya chercher M. de Turenne pour lui faire ses plaintes. Celui-ci, qui avoit assuré qu'il étoit venu sur la hauteur avec mille chevaux deux jours auparavant et qu'il n'y avoit aucun retranchement au camp des ennemis, se trouva un peu embarrassé; il n'y avoit pas d'apparence que le fort eût pu être construit en si peu de temps. Tous les officiers généraux, tels que MM. de Gramont, de Palluau, d'Espenan, Marsin et le comte de Tournon, reconnurent sans peine que M. de Turenne avoit voulu embarquer M. le duc d'Enghien dans une affaire épineuse. Je fis le même jugement; je crois que ce prince ne fut pas le dernier à s'en apercevoir². Cependant les choses se trouvant si avancées qu'il n'étoit plus possible de revenir sur ses pas, M. le duc d'Enghien prit le parti d'assembler le conseil de guerre pour délibérer par quel endroit il convenoit de faire l'attaque. Le maréchal de Turenne se trouva au conseil. Tout le monde fut d'avis que l'attaque

---

1. « Le lendemain, 25 d'août, les nôtres marchèrent droit au camp de l'ennemi, qu'ils trouvèrent retranché, palissadé et fortifié de bonnes redoutes et forts, situé sur une montagne remplie de bois que l'ennemi avoit coupé pour en rendre l'accès plus difficile. » *Gazette* extraord. du 19 août 1644.

2. La *Gazette* ne dit rien de cet incident. Elle ne le laisse même pas soupçonner : « Le maréchal de Turenne fut trouver le duc d'Enghien à Brisach le 31 juillet, où il fut résolu que le lendemain de grand matin le duc iroit au camp du maréchal de Turenne, pour aller de là reconnoître celui de l'ennemi, duquel toutefois on ne put avoir grande connoissance, étant posté en lieu où il étoit bien difficile d'en voir les particularités, à moins que d'y marcher avec toute l'armée. »

n'étoit point praticable par le côté qui faisoit face à notre camp; mais quand il fut question de déterminer précisément par quel endroit on devoit attaquer, le conseil se partagea en je ne sais combien d'avis. Enfin, le sieur d'Herlac, gouverneur de Brissac, proposa à M. le duc d'Enghien d'aller faire son attaque du côté du val Saint-Pierre. Il répondoit de la victoire si on suivoit cet avis. L'expérience du sieur d'Herlac et la connoissance parfaite qu'il avoit du pays, donnoient un grand poids à son sentiment; aussi tout le conseil revint à ce dernier avis, à l'exception du sieur d'Espenan, premier maréchal de camp, en qui M. le duc d'Enghien avoit beaucoup de confiance, quoiqu'on ait toujours cru qu'il étoit bien plus affectionné à M. de Turenne qu'à ce prince. En effet, comme il n'avoit aucune bonne raison à opposer, il commença à dire en plein conseil qu'il y alloit de la gloire de M. le duc d'Enghien de se rendre à l'avis proposé; qu'il seroit honteux au prince d'être venu si près des ennemis sans les combattre, et que tous ceux qui étoient serviteurs de Son Altesse ne devoient pas balancer à lui conseiller de donner bataille présentement, sans chercher des détours et des retardements.

Il n'en falloit pas tant dire à un prince tel que M. le duc d'Enghien pour lui faire prendre la résolution de combattre. La bataille fut donc résolue. Le maréchal de Turenne en eut bien de la joie. Il fut arrêté que les deux armées ensemble commenceroient l'attaque à trois heures après midi; et afin que les deux armées donnassent précisément au même instant, M. le duc d'Enghien monta deux montres sur la même heure; il en donna une à M. de Turenne et garda l'autre; après quoi ils se séparèrent pour aller chacun de leur côté préparer leurs armées au combat. En attendant l'heure, il ordonna à d'Espenan, qui conduisoit l'avant-garde, de disposer son attaque; et à moi de faire avancer l'artillerie et de la faire poster dans les lieux les plus avantageux que je pourrois trouver. Cela n'étoit pas aisé. Le camp des ennemis étoit très-avantageusement placé. Ils occupoient toutes les hauteurs par leurs redoutes et leurs lignes; cela n'empêcha pas de poster l'artillerie de façon qu'elle servoit bien.

L'heure étant venue, les attaques commencèrent avec une égale vigueur de part et d'autre. Mais les retranchements des ennemis étoient si bons, que quoique M. d'Espenan fît tout ce qu'on pouvoit attendre d'un homme de son courage, il ne put les forcer. On combattit jusqu'à l'entrée de la nuit, avec perte de beaucoup de gens. M. d'Espenan prit le parti, non pas de se retirer, mais de couler le long de la ligne pour chercher un passage plus favorable. M. le duc d'Enghien, plein de feu et d'impatience, voyant que la victoire étoit trop longtemps indécise, se laissa tellement emporter par son courage, qu'il voulut aller lui-même avec tous ses officiers généraux et volontaires fondre à cheval sur la ligne. Le maréchal de Gramont, qui l'y vit résolu, se jeta à la bride de son cheval et l'en empêcha, en lui disant que puisqu'il étoit déterminé à donner lui-même, il falloit y aller dans les règles; il représenta au prince que la cavalerie ne pouvant pas aller jusque-là, encore moins attaquer les lignes, il falloit que Son Altesse descendît de cheval, se mît à la tête d'un bataillon et que tous les officiers généraux en fissent autant : il n'y a pas d'autre moyen pour vaincre, dit M. de Gramont. Le duc d'Enghien approuva fort ce conseil. Aussitôt il se mit à la tête du régiment de Mazarin infanterie, le maréchal de Gramont à la tête de celui de Conti, tous les officiers généraux prirent chacun leur poste. Je pris le mien auprès du prince, qui alla attaquer une redoute. Le maréchal de Gramont en alla attaquer une autre. L'exemple de M. le duc d'Enghien, qui, dans cette occasion, étoit autant exposé que le moindre soldat, inspira un courage extraordinaire aux troupes. Les redoutes furent attaquées avec toute la valeur imaginable; elles se défendirent avec tant d'opiniâtreté, qu'on ne put s'en rendre maître que de vive force et après qu'il y eut eu plus de quatorze cents hommes des ennemis tués dans chacune[1].

---

[1]. « Cette attaque fut des plus rudes et longtemps soutenue des ennemis avec grande vigueur. Alors le duc d'Enghien.... sur le rapport que le sieur de Mauvilly et le comte de Châtelus lui firent que ce poste se pouvoit forcer, mit le pied à terre et l'épée à la main, et se tenant à la tête des régiments de Conty et de Mazarin, incitoit par son exemple un chacun à faire comme lui. Il commanda au comte de Tournon de détacher des mousquetaires pour

Il étoit nuit close lorsque les redoutes furent emportées. M. le duc d'Enghien m'ordonna de faire venir du canon et de dresser promptement une batterie contre le fort avant que le jour fût venu, parce que sans cela il n'y auroit pas moyen de tenir dans les redoutes, à cause que le canon du fort extermineroit tout ce qui paroîtroit. J'exécutai cet ordre avec toute la diligence possible; après quoi, comme il n'étoit pas encore jour, j'envoyai un sergent et dix mousquetaires de la garde du canon reconnoître le fort. Le sergent me rapporta qu'il étoit abandonné. Je lui ordonnai d'y retourner et de n'en point sortir; et je lui dis que je serois à lui dans un instant. En même temps je commandai un capitaine avec cinquante mousquetaires et les menai dans le fort, où je les laissai pour le garder. J'allai aussitôt trouver M. le duc d'Enghien pour lui rendre compte de ce que j'avois fait. Je le trouvai dans une des redoutes avec le maréchal de Gramont; ils étoient enveloppés dans leurs manteaux et dormoient sur les corps morts; je les réveillai pour leur apprendre que nous étions maîtres du fort et que j'y avois mis une garde de cinquante mousquetaires. Cette nou-

---

commencer l'attaque, et de se mettre à la tête du bataillon pour forcer ces redoutes; suivi en cette action du maréchal de Guiche et du sieur de Marsin, des sieurs de Mauvilly, de La Moussaye, etc., et de tous ses gentilshommes domestiques, lesquels donnant dans la redoute que Conty attaquoit, elle fut aussitôt emportée, et dans le même temps que le marquis de Castelnau-Mauvissière, avec le régiment du cardinal Mazarin, se rendoit maître de la prochaine. » *Gazette.*

velle fit tant de plaisir à M. le duc d'Enghien, qu'il voulut monter sur-le-champ à cheval et venir au fort[1].

A peine y étoit-il arrivé, que le jour commença à paroître. L'on découvrit qu'il n'y avoit plus de troupes dans le camp des ennemis; ce qui fit juger qu'ils s'étoient retirés pendant la nuit. M. le duc d'Enghien m'ordonna d'aller en diligence faire abattre les lignes, pour qu'on fît passer l'armée et l'artillerie dans le camp des ennemis; il envoya en même temps dire au maréchal de Turenne d'en faire autant de son côté et de l'y venir joindre avec son armée.

Toute la journée, qui étoit un jeudi, fut employée à ce travail. On ne fut pas longtemps sans avoir des nouvelles des ennemis. On apprit qu'ils étoient retirés derrière Fribourg, d'où ils avoient tiré un retranchement qui venoit joindre un fort de leur circonvallation qu'ils n'avoient pas abandonné. M. le duc d'Enghien et MM. les maréchaux de Turenne et de Gramont ne pouvoient pas se persuader que les ennemis pussent avoir fait ce retranchement dans une nuit. Il fut résolu qu'on les iroit attaquer. M. le duc d'Enghien mit son armée en bataille, le vendredi matin à la pointe du jour. Il détacha le général

---

1. « Les redoutes ainsi forcées, les nôtres poussèrent les ennemis jusques au fort où ils avoient leur canon, sur la croupe de la montagne, laquelle ne fut point attaquée à cause de l'obscurité de la nuit....; de sorte qu'on se contenta de garnir les postes gagnés.... le matin du lendemain 4, à la pointe du jour, le comte de Tournon ayant envoyé reconnoître le fort, le trouva abandonné. » *Gazette.*

Roubat[1], avec mille chevaux, et l'Eschelle[2], maréchal de bataille, avec mille mousquetaires, et m'ordonna d'envoyer le commandant de l'artillerie, des officiers et quatre pièces de canon avec le général Roubat.

Le général, suivant les ordres de M. le duc d'Enghien, prit la droite de l'armée et s'en alla tout de suite au fort de la ligne. Il avoit ordre de ne la point attaquer, qu'il n'entendît que l'armée avoit commencé son attaque; car il ne pouvoit pas la voir, attendu que le terrain qui se trouvoit entre deux, étoit couvert de bois de haute futaie. Le duc d'Enghien fit ensuite ses arrangements pour l'ordre de bataille. Espenan commandoit la première colonne d'infanterie, le comte de Tournon la seconde; le prince divisa sa cavalerie en deux brigades, commandées par Palluau et Marsin. L'artillerie, composée de quarante pièces de canon, fut partagée en plusieurs batteries. Je les commandois toutes, me trouvant aux lieux où je croyois être le plus nécessaire. Toutes ces troupes étoient soutenues par l'armée des Allemands, commandée par M. le maréchal de Turenne.

1. Ailleurs on lira *Taubat*. Nous n'avons rien trouvé ni pour l'un ni pour l'autre nom. Peut-être est-ce Henry-Gaston de Foix, baron de Rabat, vicomte de Massat, mestre de camp d'un régiment de son nom, en 1640. Il étoit mort en 1672. La baronnie de Rabat fut érigée en comté pendant la minorité de Louis XIV.

2. Il étoit en 1637 aide de camp du duc de Candale et colonel d'un régiment de cavalerie liégeoise en 1639. Il fut tué dans cette seconde journée de Fribourg. En considération de sa mort, sa veuve reçut une pension du roi.

Nous nous trouvâmes en présence des ennemis au lever du soleil. Il arriva que, par un malentendu, le combat commença par où il ne devoit pas commencer. Ceux qui devoient faire l'attaque les premiers, ne la firent pas; et ceux qui ne devoient pas la faire, la firent où il ne falloit pas[1], de manière que l'on y fut repoussé avec beaucoup de perte. M. le duc d'Enghien, ne pouvant pas être partout, ne voyoit pas ce qui se passoit à sa droite; j'étois obligé par ma charge de parcourir toutes les attaques où il y avoit du canon. J'arrivai à celle du général Toubat, qui commandoit la droite. Je le trouvai dans un grand désordre; il s'étoit retiré à la tête de sa cavalerie. L'infanterie, après avoir été battue à plate couture, s'étoit retirée aussi. L'Eschelle, qui la commandoit, avoit été tué. Plusieurs autres officiers eurent le même sort; il y en avoit quantité de blessés. Ceux qui commandoient la batterie, n'avoient pas été plus heureux. Plusieurs furent tués; le commandant avoit eu le bras cassé; et deux pièces de canon étoient démontées. Je pris le parti de demeurer en cet endroit pour tâcher de remédier au désordre; et cependant j'envoyai en diligence donner avis à M. le duc d'Enghien de ce qui se passoit. Il y vint aussitôt à toute

---

1. « Tandis qu'on se disposoit à cette attaque, quelques-uns de nos gens s'avancèrent contre les ordres qui leur avoient été donnés de ne rien engager, et attaquèrent une redoute que les ennemis avoient au pied de la côte, qu'ils abandonnèrent; mais ils firent d'en haut une si grande décharge qu'elle fit croire à ceux qui étoient à la tête de l'attaque de main droite, que c'étoit le signal de donner partout. » *Gazette.*

bride avec le maréchal de Gramont. Il fit avancer des troupes fraîches. J'envoyai chercher du canon et d'autres officiers. Ensuite M. le duc d'Enghien fit recommencer l'attaque. Elle se fit avec beaucoup de vigueur de la part de nos troupes; mais elle fut soutenue par les ennemis avec tant de courage, qu'après six heures de combat, il ne nous fut pas possible de forcer la palissade. Nous y perdîmes beaucoup de monde et surtout beaucoup d'officiers et de volontaires. M. le duc d'Enghien y reçut même plusieurs coups sur ses armes et sur son cheval. Son courage sembloit croître dans les périls et les mauvais succès. L'inutilité de la première attaque, loin de le rebuter, le détermina à en tenter une seconde plus bas. Il m'ordonna de le suivre et y fit marcher en même temps les troupes qui n'avoient pas encore combattu. Mauvilliers, maréchal de bataille, commença l'attaque avec toute la vigueur possible. J'allai poster le canon en présence de M. le duc d'Enghien. Dans le temps que nous travaillions à faire dresser la batterie, le chevalier de Chabot[1] vint dire à Son Altesse que Mauvilliers avoit été tué. Sur cette nouvelle, le prince me laissa pour faire agir l'artillerie et partit aussitôt pour commander au marquis de Castelnau-Mauvissière, maréchal de bataille, d'aller prendre la place de Mauvilliers. Le marquis s'avança avec des troupes de renfort; mais, quoiqu'il fît son devoir en homme de courage, ayant combattu avec beaucoup

---

1. Henry de Chabot, sieur de Saint-Aulaye, depuis duc de Rohan par sa femme, la célèbre Marguerite.

de valeur jusqu'à la nuit, il ne put venir à bout de forcer les lignes.

M. le duc d'Enghien nous envoya chercher, les maréchaux de Turenne, de Gramont et moi, pour délibérer sur le parti qu'il y avoit à prendre. Après avoir bien considéré l'état des choses et surtout la grande perte d'hommes que nous venions de faire, entre lesquels se trouvoit un très-grand nombre d'officiers, nous convînmes tous qu'il ne nous restoit d'autre parti à prendre que celui de nous retirer[1]. La difficulté étoit de le faire. Nous étions on ne peut plus près des ennemis; nous avions huit ou dix pièces de canon démontées; il falloit les mettre sur de nouveaux affûts ou les abandonner. M. le duc d'Enghien ne pouvoit se résoudre à les abandonner; on ne pouvoit les changer d'affûts sans faire un grand bruit, qui découvriroit infailliblement aux ennemis la résolution que nous avions prise de nous retirer. Il me pria de trouver un moyen pour retirer son canon. Je lui proposai d'envoyer dans les endroits où étoient les canons démontés, plusieurs trompettes et tambours pour empêcher par leur moyen que les ennemis n'entendissent le bruit que feroient les ouvriers de l'artillerie en montant et démontant les canons. M. le duc d'Enghien approuva cet expédient. Il

---

1. « L'attaque dura jusqu'à la nuit; laquelle étant venue et voyant lors qu'on ne pouvoit passer cet abatis de bois duquel les ennemis avoient en plusieurs lieux fait des palissades d'une forme et d'une structure presque impossible à rompre ni à surmonter, on jugea qu'il étoit à propos de se retirer. » *Gazette.*

m'en envoya bon nombre et me promit de ne point partir à la tête des troupes qu'il ne me vît de retour. J'allai travailler à retirer mes canons. J'y fus fort aidé par les généraux Toubat et Rose, qui avoient été commandés avec quatre mille chevaux pour m'aider dans cette opération. Ils firent mettre pied à terre à cinq cents cavaliers et me les donnèrent pour faire retirer le canon à bras, dans les lieux où les chevaux ne pouvoient aller commodément; avec ce secours, je retirai mon artillerie et j'arrivai une heure avant le jour dans la plaine au pied de la montagne, où je trouvai à la tête de l'armée M. le duc d'Enghien qui m'attendoit; il me témoigna une grande joie de ravoir son canon; après quoi il s'en retourna dans le lieu d'où il étoit décampé le vendredi matin. Il y demeura tout le samedi occupé à faire conduire à Brissac tous les blessés sur des brancards ou des charrettes. J'y fis aussi conduire par son ordre tous les canons le même jour.

Cela étant fait, on tint conseil de guerre. Il fut résolu qu'on traverseroit la montagne Noire pour aller tomber dans la vallée Saint-Pierre, par où le général Herlac avoit été d'avis dans le premier conseil qu'on attaquât les ennemis[1].

La chose étant ainsi résolue, M. le duc d'Enghien commanda mille chevaux avec le général Rose, et mille mousquetaires avec le marquis de Castelnau-

---

1. « L'artillerie commandée par les sieurs de Chouppes et d'Oguane a été fort bien exécutée. » C'est tout l'éloge que contient de l'artillerie et de son chef la relation de la *Gazette*.

Mauvissière, pour aller ensemble à l'avance se saisir du passage de Saint-Pierre.

Deux heures après, M. le duc d'Enghien, accompagné des maréchaux de Turenne et de Gramont, partit avec toute son armée et arriva à soleil levé sur le haut de la montagne de Saint-Pierre. Il aperçut au pied de la montagne le général Rose et le marquis de Castelnau qui escarmouchoient avec les ennemis; ceux-ci étoient dans la vallée Saint-Pierre avec toute leur armée, bagages et canons. L'avant-garde de notre armée étoit à la portée du mousquet de celle des ennemis. M. le duc d'Enghien étoit au comble de la joie. Il se flattoit de combattre cette armée et de la défaire; mais le général Mercy[1], qui la commandoit, étoit trop habile pour lui donner ce plaisir. Il se trouvoit dans une situation fort périlleuse. Engagé dans un grand défilé, il n'y avoit pour en sortir que le passage Saint-Pierre, qui lui étoit disputé par le général Rose; il avoit outre cela, en flanc, les armées de M. le duc d'Enghien et de M. de Turenne. Toute son artillerie et son bagage étoient entre son avant-garde et son arrière-garde; ce qui le mettoit hors d'état de joindre son armée. Dans cet état, il entreprit de faire sa retraite; et ce qu'il y a de plus singulier et de plus glorieux pour lui, c'est qu'il en vint à bout presque sans perte. Voici comme la chose s'exécuta : il prit le parti de pousser le général Rose, il le battit; passa le défilé

---

1. François de Mercy, blessé mortellement, l'année suivante, à la bataille de Nordlingue, le 3 août, et mort le lendemain.

avec son avant-garde, qu'il mit en bataille de l'autre côté du défilé, à mesure qu'elle y arrivoit, pour faire tête à notre armée s'il étoit poursuivi ; ce que nous ne pouvions plus faire qu'en essuyant tout le désavantage du défilé. En même temps il envoya à toute son artillerie et bagages, ordre de dételer, de sauver les chevaux et d'abandonner le canon et le bagage ; et il ordonna à l'arrière-garde de tourner tout court du côté du fort de Graves et de l'y attendre, sans s'amuser à vouloir sauver l'artillerie et les bagages.

M. le duc d'Enghien, de son côté, faisoit avancer ses troupes en diligence, mais malheureusement elles ne pouvoient arriver que par un défilé : ainsi elles marchoient beaucoup plus lentement qu'elles n'auroient fait dans une autre situation. A mesure qu'elles arrivoient, le prince les faisoit mettre en bataille au pied de la montagne, derrière le général Rose. Il se saisit de l'entrée du défilé par lequel le général Mercy avoit passé avec l'avant-garde ; comme il ignoroit les ordres que ce général avoit donnés à son arrière-garde, il se flattoit qu'elle ne pouvoit lui échapper ; et il fut très-surpris lorsqu'il vit qu'elle abandonnoit l'artillerie et les bagages, et qu'au lieu de prendre la même route que son général, elle tournoit du côté de Graves.

Mercy ayant appris que son arrière-garde avoit reçu ses ordres et qu'elle avoit commencé à partir, se mit en marche de son côté avec son avant-garde en fort bon ordre, après avoir abandonné son artillerie et ses bagages.

M. le duc d'Enghien se mit en état de le suivre ; il prit avec lui les maréchaux de Turenne et de Gramont et dix mille chevaux ; mais le général ennemi se retira en si bon ordre et faisoit si bonne contenance, que pendant trois lieues qu'il fut poursuivi il ne put être enfoncé[1]. Ainsi il se retira à Graves et y trouva son arrière-garde, commandée par Rochambert. Il ne perdit en cette occasion, outre l'artillerie et le bagage, qu'environ trois cents hommes, qui furent tués dans les escarmouches de la retraite[2].

M. le duc d'Enghien étant arrivé sur les hauteurs de Graves, vit que l'armée des ennemis s'étoit rejointe, de sorte que désespérant de pouvoir les combattre, il assembla le conseil de guerre pour examiner ce qu'il y avoit à faire. Le maréchal de Turenne, M. d'Aumont et quelques autres proposèrent d'aller assiéger Fribourg. M. le duc d'Enghien n'en fut pas d'avis. Il disoit que, suivant toutes les apparences, les ennemis l'auroient laissée munie de toutes les choses nécessaires pour la bien

---

1. « Le grand défilé auquel les nôtres étoient toujours obligés, et la belle marche où les ennemis se rencontroient, empêchèrent le duc d'Enghien de les pouvoir joindre, bien qu'ils fussent suivis par toutes les troupes, trois grandes lieues d'Allemagne. Après laquelle longue traite faite en telle diligence, notre infanterie n'en pouvant plus, le maréchal de Turenne suivit encore les ennemis, deux grandes lieues, avec toute la cavalerie, sans les pouvoir approcher ; aimant mieux abandonner, comme ils firent, à la merci des nôtres le peu qu'ils avoient pu faire passer de chariots, et leurs hommes plus fatigués qui payoient pour les autres. » *Gazette*.

2. Les trois journées de Fribourg portent les dates des 3, 5 et 9 août 1644.

défendre, que son armée y avoit déjà demeuré trois mois pendant les grandes chaleurs, et que pour peu qu'elle y trouvât de résistance, elle y périroit infailliblement. Ce prince proposa ensuite le siége de Philisbourg, représentant que ce projet, qui paroissoit d'abord difficile à exécuter à cause que Philisbourg étoit éloignée de soixante lieues, réussiroit par cette même raison plus aisément, parce que les ennemis, vivant à cet égard sans soupçons, ne prendroient aucune précaution; « ainsi, disoit M. le duc d'Enghien, quoique la place soit bonne, il sera facile de s'en rendre maître dès qu'elle ne sera défendue que par la garnison ordinaire; » ce prince ajoutoit que les ennemis, aussi bien que lui, avoient perdu beaucoup de monde; qu'ils venoient outre cela de perdre leur artillerie et leurs bagages; qu'ils ne pourroient réparer cette perte qu'en Bavière, qui étoit bien éloignée de Philisbourg. « Mon plan, continua-t-il, est de faire embarquer à Brissac, sur le Rhin, toute l'artillerie, les munitions et outils nécessaires; d'envoyer l'intendant de l'armée à Strasbourg acheter des farines pour qu'on y fasse du pain de munition; de faire venir de Metz tous les bagages de l'armée que nous y avons laissés, l'artillerie qui y est restée, les troupes même qui s'y trouvent actuellement; et en même temps je ferois marcher en diligence l'armée vers Philisbourg, afin que toutes les choses nécessaires au siége y puissent arriver ensemble, avant que les ennemis en aient aucune connoissance. »

Ce projet fut unanimement approuvé. Ainsi, M. le duc d'Enghien, sans perdre de temps, m'ordonna d'aller à Brissac prendre des bateaux pour construire un pont, de faire charger dans les bateaux douze pièces de canons de batterie et toute l'artillerie que je jugerois nécessaire pour le siége, et de la faire partir le jour qu'il me marqua, pour que tout cela pût arriver selon son projet. Il ordonna aussi au comte de Tournon, maréchal de camp, de venir avec moi à Brissac voir les officiers et soldats blessés, et de faire mettre dans des bateaux tous ceux qui seroient en état de s'embarquer pour venir joindre l'armée à Philisbourg.

Nous partîmes donc, le comte de Tournon et moi; nous prîmes cinq cents chevaux et cinq cents mousquetaires pour nous escorter; et nous menâmes à Brissac l'artillerie et les munitions qui avoient été prises au combat du val Saint-Pierre. Nous exécutâmes les ordres que nous avions reçus; et tout étant prêt, nous embarquâmes les cinq cents mousquetaires que nous avions amenés, et nous mîmes aussi dans les bateaux l'artillerie et les munitions; après quoi nous retournâmes avec nos cinq cents chevaux joindre l'armée de M. le duc d'Enghien à Rhinsfeld sur le Rhin. Elle demeura quinze jours en marche sans faire de séjour. Les bateaux arrivèrent à Philisbourg le même jour que nous. Je les mis sur-le-champ en œuvre; et je m'en servis pour la construction d'un pont. Le même jour les armées de M. le duc d'Enghien et de M. le maréchal de Turenne ouvrirent la tranchée chacune de leur côté.

Philisbourg étoit une fort bonne place; il y avoit sur les remparts cent cinquante pièces de batterie; je ne laissai cependant pas de me rendre maître du canon de la place du côté de l'attaque, de manière que le gouverneur fut obligé de capituler le douzième jour de tranchée ouverte[1].

M. le duc d'Enghien envoya ensuite le marquis d'Aumont assiéger Landal[2]. Il eut la gloire de réussir dans son entreprise; mais il lui en coûta cher; car ayant été blessé durant le siége, il mourut quelques jours après la prise de la place. Le duc d'Enghien s'avança jusqu'à Vormes et à Mayence[3]; il s'en rendit maître et y mit garnison françoise; après quoi il revint joindre son armée à Philisbourg. Il remit entre les mains du maréchal de Turenne toutes les places qu'il venoit de prendre, pour y faire hiverner l'armée allemande, commandée par le maréchal; et comme la saison étoit déjà fort avancée, il reprit avec son armée le chemin de France. Il revint par Metz. Il mit son armée en quartier de rafraîchissement dans la Lorraine et revint en poste à la cour. J'eus l'honneur de l'accompagner aussi bien que le maréchal de Gramont, Palluau, La Moussaye et Piennes[4]. La cour

1. Le 9 septembre 1644.
2. Landau.
3. Mayence ouvrit ses portes le 17 septembre; Worms s'étoit rendu quelques jours auparavant.
4. Antoine de Brouilly, marquis de Piennes, mort en décembre

étoit à Fontainebleau : le prince fut parfaitement bien reçu de Leurs Majestés ; il leur présenta tous ceux qui l'avoient accompagné et fit valoir leurs services ; il vit ensuite M. le cardinal, et il eut la bonté de lui parler de moi en particulier d'une manière à me faire juger qu'il n'en étoit pas mécontent.

Huit jours après, M. le cardinal Mazarin m'envoya chercher pour me communiquer un dessein qu'il avoit fort à cœur ; c'étoit le siége de Roses. Il exigea de moi un grand secret, fondé sur ce que cette place étant située sur la mer, il falloit l'assiéger en même temps par mer et par terre ; ce qui seroit très-difficile à exécuter, à moins qu'elle ne se trouvât investie avant que les ennemis eussent appris qu'on avoit formé le projet de l'assiéger. Il me dit que j'étois destiné à commander l'artillerie à ce siége. Il me chargea de faire tous les préparatifs nécessaires, mais le plus secrètement qu'il seroit possible et sous d'autres prétextes pour ne point donner de soupçons aux ennemis. Je promis à M. le cardinal de suivre exactement tout ce qu'il me prescrivoit ; mais je le priai de trouver bon que je communiquasse l'ouverture qu'il venoit de me faire au maréchal de La Meilleraye, mon supérieur et mon ami, qui auroit lieu d'être blessé si dans la place où il étoit, une pareille entreprise se fût faite sans qu'il en eût connoissance, et qui, vu nos an-

1677 chevalier des ordres du roi, lieutenant général et gouverneur de Pignerol.

ciennes liaisons, me pardonneroit encore moins qu'à tout autre de lui en avoir fait un mystère et d'avoir en quelque façon concouru à lui donner ce désagrément. M. le cardinal me défendit, de la part du roi, de lui en parler; il me dit que si on en faisoit un mystère au maréchal, ce n'étoit pas faute de confiance en lui; mais que l'affaire ne pouvant réussir que par le secret, le roi n'avoit absolument voulu mettre dans la confidence que quatre personnes absolument nécessaires pour l'exécution de ce projet; savoir, le comte du Plessis-Pralin[1], lieutenant général, qui devoit commander l'armée de terre; le commandeur des Gouttes[2], qui devoit commander l'armée navale; M. de Faber[3], qui devoit y servir en qualité de maréchal de camp, et moi qui devois y commander l'artillerie et faire tous les préparatifs nécessaires pour le siége; M. le cardinal ajouta qu'il se chargeoit d'envoyer à Roses toutes les troupes, les vaisseaux, les galères, les officiers généraux et les vivres nécessaires, et de me faire fournir tout l'argent qu'il faudroit, tant pour les achats que j'aurois à faire, que pour les voitures et les travaux du siége.

1. César de Choiseul, comte du Plessis-Praslin, depuis maréchal de France. Il gagna son bâton précisément par la prise de Roses.
2. Il commandoit en 1637 l'escadre qui soutenoit le comte d'Harcourt dans son expédition contre les îles de Saint-Honorat et de Sainte-Marguerite. Il eut part au bombardement d'Alger en 1683; il montoit le vaisseau *l'Étoile*. Il mourut à Moulins le 11 décembre 1688, âgé de quatre-vingt-quatre ans.
3. Abraham Fabert, plus tard maréchal de France.

Ce fut au mois de janvier de l'année 1645 que cette résolution fut prise. Comme il me falloit du temps pour faire mes préparatifs, je ne perdis pas un moment. J'envoyai à Marseille faire une partie de mes achats; je fis monter à Lyon quinze pièces de canon; j'y fis acheter deux cents milliers de poudre et des balles, et de la mèche à proportion. Je fis faire en Bourgogne huit mille boulets, dix mille grenades, cinq cents bombes et dix mille outils à pionniers. M. le cardinal Mazarin me fit toucher cent mille écus pour tout cela.

Après avoir ainsi préparé toutes choses, je m'embarquai à Châlon pour me rendre à Lyon par la Saône. Je fis embarquer sur le Rhône toutes mes munitions; je m'y embarquai aussi et les conduisis jusqu'à Arles, où je fis venir toutes celles que j'avois fait acheter à Marseille; j'envoyai ensuite le tout par le canal en rade près Narbonne. Je m'y rendis en même temps; et j'y trouvai tous les officiers d'artillerie qui m'étoient nécessaires. J'y achevai tous mes préparatifs et pris toutes les mesures nécessaires pour que l'ouverture de la tranchée pût se faire en même temps que l'armée arriveroit devant Roses. Pour cela, je fis embarquer sur plus de soixante barques toute mon artillerie et mes munitions; et je donnai ordre à celui qui commandoit l'équipage, de ménager si bien les choses qu'il n'arrivât au cap de Quiers, qui est à une lieue de Roses, que le jour précis que je lui marquai, qui étoit le même que l'armée de terre devoit arriver devant la place.

J'avois eu soin de faire courir le bruit à Narbonne que tous ces préparatifs se faisoient pour l'armée de Catalogne, commandée par le comte d'Harcourt[1].

Le comte du Plessis et M. Faber arrivèrent devant Roses vers le 15 de mars avec toutes les troupes nécessaires pour le siége. On les avoit fait venir d'Italie; ils furent très-contents de trouver tous les préparatifs faits. Nous tînmes conseil de guerre; il fut arrêté qu'il falloit sans perdre de temps faire avancer nos troupes à Figuières, comme si nous avions eu dessein d'aller joindre l'armée de Catalogne. Nous empêchâmes par ce moyen qu'on ne pénétrât notre véritable dessein.

M. de Faber, en qualité de maréchal de camp, fut chargé de la conduite des troupes qui alloient à Figuières, avec ordre d'aller de là investir Roses; ce qu'il ne put exécuter, parce que étant arrivé à la Jontière, par où il étoit nécessairement obligé de passer, et où l'on trouve deux chemins pour aller à Figuières, l'un par la montagne et l'autre par la plaine, il fit marcher son infanterie par la montagne et prit le chemin de la plaine avec sa cavalerie; il rencontra la cavalerie de Roses, qui le battit et le prit prisonnier[2].

1. Henry de Lorraine, comte d'Harcourt, mort le 25 juillet 1666.

2. La *Gazette* du 8 avril 1645 raconte cet événement ainsi qu'il suit : « *Barcelone, le 22 mai :* on a ici avis que le sieur Fabert étant tombé naguère en une embuscade que quelques soldats de la garnison de Roses lui avoient dressée, entre la Jonquiera et l'Hostelnau, a été fait prisonnier et mené en ladite ville, après s'être courageu-

J'étois demeuré avec le comte du Plessis-Pralin. Nous fûmes surpris et affligés de ce contretemps; nous ne laissâmes cependant pas de continuer notre marche; nous allâmes camper ce jour-là à Castillon; et nous arrivâmes le lendemain matin devant Roses. Nous employâmes toute la journée à prendre nos quartiers et à escarmoucher très-vivement avec la garnison ennemie, qui étoit composée de trois mille hommes de pied et de cinq cents chevaux. Nous fûmes fort incommodés par l'artillerie de la place, dans laquelle il y avoit plus de deux cents pièces de fonte. Les quartiers étant pris, on ne perdit point de temps pour faire l'ouverture de la tranchée; ce qui fut facile par la ponctualité avec laquelle les ordres que j'avois donnés à Narbonne avoient été exécutés; car à peine étions-nous arrivés

sement défendu et avoir tué le chef de l'embuscade avec quelques autres Castillans. »

Nous lisons à ce sujet dans l'*Histoire du maréchal de Fabert*, S. I., 1698, in-12. « Comme il vit que les ennemis marchoient à lui par un défilé, il dit au commandant de son escorte de s'avancer sur le bord de ce défilé pour y charger les ennemis qui, ne pouvant passer ni à droite ni à gauche, ne pouvoient pas manquer d'être renversés les uns sur les autres. Pour lui, ayant attendu les mêmes ennemis qui s'approchoient, et tourné la tête pour voir si son escorte s'avançoit, il vit qu'elle prenoit la fuite parce qu'aucun ne voulut tenir ferme, de sorte qu'il demeura seul avec un aide de camp et trois hommes qui étoient de sa suite. Dans cette extrémité, il marcha droit au commandant et le tua d'un coup de pistolet. Il fut vigoureusement secondé par son aide de camp; mais comme la partie n'étoit pas égale, ils furent bientôt enveloppés, de sorte que M. de Fabert alloit être tué, si ce même aide de camp n'avoit crié que c'étoit un officier général. Ainsi le désir que les ennemis avoient de profiter de sa rançon, lui sauva la vie. Il fut mené prisonnier à Roses, » d'où il sortit sans rançon après la prise de la place.

devant la place que je fus au cap de Quiers; j'y trouvai toutes mes barques arrivées. Je fis décharger les choses les plus nécessaires pour commencer le siége; ce qui se fit avec tant de diligence que, trois jours après notre arrivée, on ouvrit la tranchée; et le jour même qu'elle fut ouverte je fis mettre en batterie neuf pièces de canon, qui le lendemain furent en état de tirer sur la place. Mais comme les assiégés nous opposèrent plus de cinquante pièces de canon, la journée ne se passa pas à notre avantage. Notre batterie fut rasée par le canon des ennemis; nous eûmes cinq pièces démontées, quatorze commissaires d'artillerie et vingt canonniers tués. Le comte du Plessis fut fort étonné de voir notre artillerie si maltraitée; mais ayant reconnu que le défaut venoit de ce que notre batterie étoit trop éloignée de la place, je le priai de faire pousser la tranchée cinq cents pas en avant, afin que j'y pusse faire porter une batterie. Cela fut exécuté sur-le-champ; et dans la même nuit j'y fis loger dix pièces de canon sur une même ligne, qui commencèrent à tirer à la pointe du jour. Les ennemis furent très-étonnés de se voir battus de si près; cette manœuvre réussit si bien que pendant tout le reste du siége nous eûmes sur les ennemis le même avantage qu'ils avoient eu sur nous le premier jour. Il y eut même cela de singulier qu'ils ne purent jamais venir à bout de démonter une seule de nos pièces de canon. Ces heureux commencements furent bientôt traversés par un de ces événements que la prudence la plus attentive ne peut prévoir et auquel l'habileté la plus expérimentée ne peut apporter de remède.

Deux jours après la construction de la batterie dont je viens de parler, il survint une pluie si abondante et si continuelle pendant quatre jours de suite, que les travaux et le camp furent presque entièrement submergés. La garde qui étoit dans une redoute à la tête de la tranchée, fut noyée, sans qu'il en échappât un seul homme, de manière que nous fûmes contraints d'abandonner la tranchée et le canon. Le désordre fut si grand que les soldats, n'ayant pas de hutte dans le camp qui pût résister à la violence de la pluie et de l'inondation, furent obligés d'aller se réfugier dans les cassines des montagnes voisines; et il ne resta presque dans le camp que les seuls officiers.

Cet événement jeta M. du Plessis-Pralin dans un grand embarras. Il assembla le conseil de guerre. Il étoit composé de MM. de Vaubecour[1], de La Trousse[2], du marquis d'Uxelles[3], de Navailles[4],

---

1. Nicolas de Haussonville, comte de Vaubecourt, mort à Paris, en 1678, lieutenant général des armées, lieutenant général pour le roi au gouvernement de Metz et de Verdun, gouverneur de Châlons.

2. N. Le Hardy, marquis de La Trousse, mestre de camp du régiment de la marine en 1643, maréchal de camp en 1644. Il fut tué pendant le siège le 14 mai.

3. Louis Châlon du Blé, marquis d'Huxelles, lieutenant général des armées, lieutenant général pour le roi au gouvernement de Bourgogne, gouverneur des ville et citadelle de Châlon-sur-Saône, blessé mortellement au siége de Gravelines, dans la nuit du 8 au 9 août 1658.

4. Philippe de Montault Bénac, comte, puis duc de Noailles et maréchal de France, gouverneur du duc de Chartres, mort en 1705.

Saint-Mégrin[1], Courtail[2] et moi. Les avis furent partagés; la pluralité opinoit à lever le siége. Ils disoient qu'il n'étoit pas possible de le continuer, qu'il n'y avoit pas cinq cents soldats dans le camp avec les officiers, et que la garnison ennemie étant composée de plus de trois mille hommes de pied et de cinq cents chevaux, nous serions bien heureux si nous pouvions nous retirer sans être taillés en pièces.

La Trousse, Saint-Mégrin et moi, qui étions d'un avis contraire, nous répondîmes que les soldats n'ayant quitté le camp qu'à l'occasion du débordement des eaux, ils reviendroient dès qu'elles seroient écoulées; que jusqu'alors nous n'avions rien à craindre de la part de la garnison ennemie; que l'inondation qui avoit suspendu nos travaux et qui se répandoit tout autour de la place, étoit une barrière qui nous mettoit hors d'insulte, puisqu'ils ne pouvoient, tant que ce déluge dureroit, venir dans nos tranchées ni dans le camp.

Ces raisons, quoique bonnes, ne persuadèrent point ceux des officiers généraux qui avoient été d'avis de lever le siége; et comme de leur côté ils ne purent venir à bout de nous faire goûter une résolution qui nous paroissoit aussi déshonorante pour

---

1. Jacques Estuer de La Vauguyon, marquis de Saint-Mégrin, tué en 1652 au combat du faubourg Saint-Antoine.
2. Courteilles dans la *Gazette*. Il étoit maréchal de bataille. Il fut tué pendant le siége. On le trouve en 1644 lieutenant colonel du régiment d'Harcourt.

l'armée que contraire au service du roi, toute la matinée se passa en contestations; le conseil de guerre se sépara sans rien conclure et fut remis à l'après-dîner. Cependant La Trousse, Saint-Mégrin et moi, voyant que la pluralité n'étoit pas pour nous, et craignant avec raison de nous voir obligés de céder au torrent si nous ne prenions des voies efficaces pour empêcher la levée du siége, nous prîmes le parti de dépêcher, au sortir du conseil de guerre, un courrier au comte d'Harcourt pour lui donner avis de ce qui se passoit et le prier de venir en diligence. On jugera aisément que nous ne mîmes pas le comte de Pralin de notre secret.

J'avois été surpris et fâché que Vaubecourt, notre premier maréchal de camp, bon officier et mon ami particulier, eût donné les mains au projet de la levée du siége. Je fus le voir dès que notre courrier fut parti; et je n'oubliai rien pour lui faire changer d'avis; mais il me répondit que, quoiqu'il fût persuadé qu'il eût mieux valu ne point lever le siége, cependant il étoit dans le principe qu'il convenoit encore mieux de prendre un mauvais parti en suivant l'avis de son général que de s'opiniâtrer à en soutenir un bon en suivant ses idées particulières. Ces maximes m'étoient toutes nouvelles. J'avois toujours imaginé que le service du roi étoit préférable à toute autre considération; que les généraux les plus habiles pouvoient quelquefois prendre un mauvais parti; que quand cela arrivoit, un honnête homme, loin de les applaudir, leur devoit parler avec franchise et liberté; que ce seroit aller contre les intentions et le service du roi d'en user autrement, puisqu'il n'avoit donné voix de délibération dans le conseil de guerre à ces officiers généraux qu'afin que toutes les lumières étant pour ainsi dire mises en commun on se déterminât dans les occurrences avec plus de maturité et plus d'utilité pour son service. Je dis tout cela à mon ami sans pouvoir rien gagner sur son esprit. Le comte du Plessis fit rassembler le conseil de guerre. Les pluies continuoient toujours. Notre armée navale avoit été obligée de lever l'ancre, après avoir vu périr deux galères. Ces deux circonstances donnoient un nouveau poids aux raisons de ceux qui étoient pour la levée du siége. Nonobstant cela, nous persistâmes toujours dans notre premier avis, persuadés que notre armée navale reviendroit dès que le temps seroit plus calme. Nous sentions bien d'ailleurs qu'il n'étoit pas possible de jeter du secours dans la place, plus par mer que par terre. Cependant, comme le comte du Plessis étoit le maître et que la pluralité de voix étoit pour lui, la levée du siége fut résolue malgré nos oppositions, et, en conséquence, il m'ordonna de faire enterrer les canons, de faire rassembler les poudres pour y mettre le feu et de faire en même temps brûler tous les outils et les affûts.

Je n'avois garde de me charger de l'exécution d'un pareil ordre. Je répondis au comte du Plessis que j'étois prêt à remettre le commandement de l'artillerie à qui il jugeroit à propos, mais que je ne me prêterois jamais à une pareille manœuvre tant que je conserverois quelque autorité. Il me répondit qu'il avoit autant de douleur que moi de se voir contraint à prendre ce parti; mais qu'il se rendoit à la pluralité des voix. Je répliquai qu'il n'y avoit aucune considération qui dût le déterminer, en pareil cas, contre son honneur, celui de l'armée et le service du roi; qu'il étoit le maître de ne pas suivre la pluralité et qu'il ne devoit pas balancer à le faire. Je lui représentai qu'il avoit tout lieu de craindre qu'une pareille démarche ne le perdît sans ressource dans l'esprit du cardinal Mazarin et que ce ministre, qui avoit formé le projet du siége de Rozes et qui en désiroit passionnément le succès, ne lui pardonneroit de la vie de l'avoir abandonné sans nécessité. « Si M. le cardinal Mazarin, me répliqua-t-il, étoit ici en personne, je suis persuadé qu'il approuveroit qu'on levât le siége, pour peu qu'il considérât l'état des choses et l'extrémité à laquelle nous nous trouvons réduits. — Vous aurez beau dire, repartis-je; vous aurez de la peine à persuader qu'une armée puisse être défaite par la pluie et qu'un général se trouve obligé de lever un siége, brûler ses poudres et enterrer ses canons sans avoir vu l'ennemi. — Nous sommes bien heureux, me dit-il, de ne l'avoir pas vu dans l'état où nous sommes. Si nous avions été attaqués, nous étions bien sûrs d'être battus à plate couture. — Plût à Dieu, répliquai-je un peu ému, que cela fût arrivé; notre honneur du moins seroit à couvert. Dans ces sortes d'occasions on n'est pas obligé de répondre du succès, au lieu qu'on est responsable au roi, au public et à la postérité d'une mauvaise manœuvre. » Cette altercation aboutit à obtenir que l'exécution de l'ordre qu'il m'avoit donné, seroit suspendue; ainsi le conseil finit sans rien conclure.

La Trousse, Saint-Mégrin et moi n'oublions rien pour tirer les choses en longueur et donner par là le moyen et le temps au comte d'Harcourt d'arriver comme nous l'en avions prié. Il arriva enfin le troisième jour. Nous avions si bien fait par nos menées qu'il n'y avoit encore rien de conclu. Il vint mettre pied à terre dans ma tente. Je l'informai de l'état des choses; après quoi il s'en alla chez le comte du Plessis-Pralin, où il fit venir tous les officiers généraux, et tint le conseil de guerre. Nous expliquâmes nos raisons de part et d'autre; il nous écouta avec grande attention; il voulut ensuite voir la situation du camp et de la place avant de dire son avis. Après avoir bien considéré toutes choses, il revint dans le conseil et dit tout haut qu'il étoit de l'avis des sieurs de Saint-Maigrin, la Trousse et Chouppès; que la ville de Roses, l'honneur des armes du roi et le service de Sa Majesté méritoient bien qu'on hasardât quelque chose; qu'il voyoit bien que la continuation du siége n'étoit pas sans péril, mais qu'il falloit donner quelque chose à la fortune. Étant revenu à cet avis, il fut résolu que l'on continueroit le siége; et par un effet de bonne fortune le vent changea en même temps. Je me rappelle que ce fut le Vendredi

Saint de l'année 1645 que les pluies cessèrent[1]. Les eaux s'écoulèrent pendant le reste du jour et le lendemain; tous nos soldats revinrent le jour de Pâques, de manière que nous fûmes en état ce jour-là de reprendre nos tranchées, nos redoutes et nos canons, de remettre toutes choses dans le même état où elles étoient avant l'inondation. Notre armée navale, qui s'étoit retirée, revint investir la place du côté de la mer; après quoi le comte d'Harcourt s'en retourna à Barcelone, fort content de la résolution qu'il nous avoit fait prendre.

On ne songea plus qu'à pousser le siége avec vigueur. La garnison ennemie nous incommoda fort par les sorties continuelles qu'elle faisoit; néanmoins la place fut obligée de capituler après soixante jours de tranchée ouverte[2].

Pendant que nous étions occupés devant Rozes, M. le cardinal Mazarin faisoit toutes ses dispositions pour l'armée de Flandres, qui devoit être commandée par M. le duc d'Orléans. Le prince m'avoit demandé pour y commander l'artillerie. Cela obligea M. le cardinal à me dépêcher un courrier pour me faire revenir; heureusement qu'il n'arriva que dans

---

1. La *Gazette* dit au contraire que la pluie commença dans la soirée du 13 avril, veille du Vendredi Saint, et qu'elle continua jusqu'au 17 avec tant de force que « plus de la moitié de l'armée, tant de cavalerie que d'infanterie, abandonna le camp. » Les Espagnols tentèrent une sortie le 15; mais ils furent repoussés. La *Gazette* ne dit pas un mot du voyage du comte d'Harcourt, qui, suivant elle, ne parut au camp qu'avant l'ouverture de la tranchée. *Extraordinaire* du 12 mai 1645.

2. Le 31 mai 1645.

le temps que Rozes capituloit; de sorte que je portai à Leurs Majestés la nouvelle de la prise de cette place.

Je ne fus pas plutôt arrivé à la cour que M. le cardinal me fit partir en poste pour aller prendre le commandement de l'artillerie de l'armée de Flandres en qualité de lieutenant général. Nous prîmes dans cette campagne le fort de Mardik[1], les villes de Bourbourg[2], de Béthune[3], d'Armentières[4], Saint-Venant, Menin et Lens.

L'hiver étant venu, M. le duc d'Orléans revint à la cour et laissa les maréchaux de Gassion et de Rantzau pour établir les quartiers d'hiver en Flandres. Je revins aussi à la cour après avoir congédié mon artillerie. M. le duc d'Orléans avoit eu la bonté de témoigner à Leurs Majestés et à M. le cardinal beaucoup de satisfaction de mes services; ainsi je fus parfaitement bien reçu.

En 1646, M. le duc d'Orléans continua de prendre le commandement de l'armée comme l'année précédente. Le maréchal de La Meilleraye, qui vivoit toujours avec moi comme à l'ordinaire, c'est-à-dire avec de grandes démonstrations d'amitié, me témoigna beaucoup de joie de la confiance que M. le duc

---

1. Le 10 juillet.
2. Le 9 août.
3. Le 30 août. Saint-Venant et Menin furent pris le même jour.
4. Après la prise de Béthune, le duc d'Orléans retourna à la cour; et les maréchaux de Gassion et de Rantzau, qui commandoient sous lui, s'emparèrent d'Armentières et de Lens dans le mois de septembre.

d'Orléans avoit en moi. Cependant il avoit résolu de faire donner mon emploi au comte de Cossé[1], son beau-frère. Il en fit la proposition à M. le duc d'Orléans et à M. le cardinal sans m'en rien dire; mais il ne put obtenir leur consentement.

Quelques jours après il revint à la charge; et pour parvenir plus aisément à son but, il se renferma à demander que le comte de Cossé et moi commandassions conjointement; il fit plus, car quoiqu'il ne m'eût parlé de rien, il ne laissa pas de faire entendre que c'étoit de concert avec moi qu'il proposoit cet arrangement. M. le duc d'Orléans et M. le cardinal agréèrent la proposition, à condition néanmoins que j'en serois content, et non autrement. Ce fut par M. le cardinal Mazarin que j'appris toutes ces menées. Je fus fort choqué de la proposition; mais je le fus encore davantage de la manière dont le maréchal s'y étoit pris pour la faire réussir. Je la trouvois si pleine de mauvaise foi, si contraire à l'amitié qu'il me devoit, et si éloignée de la franchise avec laquelle il en avoit toujours usé avec moi, que cette seule considération m'avoit déterminé à rejeter ce partage. Je suppliai donc Son Éminence de me permettre de ne point accepter cet emploi. Je fus ensuite chez le maréchal; je le trouvai avec le comte de Cossé. Dès qu'il m'aperçut, il me prit par la main

---

[1]. Timoléon, comte de Cossé et de Châteaugiron, grand pannetier de France en 1661, après la mort de son frère Louis de Cossé, duc de Brissac, lieutenant général, gouverneur de Mézières, mort le 15 février 1675.

et me dit : « Voilà un camarade que je vous donne; je vous prie d'être toujours aussi bons amis que vous l'avez été jusqu'ici. » Je lui répondis que je ferois toujours tout ce qui dépendroit de moi pour mériter l'amitié du comte de Cossé; qu'en toute autre occasion je regarderois comme un honneur de l'avoir pour camarade; mais qu'en celle-ci la chose n'étoit pas possible, parce que j'étois déterminé à ne plus servir dans l'artillerie. A ce discours, le maréchal s'emporta extrêmement contre moi; et comme de mon côté j'étois infiniment mécontent de lui, je ne fus guère plus modéré. Après quelques discours fort vifs de part et d'autre, je le quittai assez brusquement et allai trouver M. le duc d'Orléans pour le supplier de me permettre de ne plus servir dans l'artillerie. Ce discours lui ayant fait soupçonner une partie de la vérité, il voulut savoir comment s'étoit passée la conversation que j'avois eue avec le maréchal; je lui en rendis compte. Il me dit qu'il falloit accommoder cette affaire et qu'on n'avoit agréé la proposition du maréchal qu'à condition que j'y consentirois.

J'allai ensuite trouver M. le cardinal; il me dit que le maréchal venoit de le quitter; qu'il lui avoit fait le détail de tout ce qui s'étoit passé entre nous, et qu'il l'avoit renvoyé à M. le duc d'Orléans; qu'après qu'il l'auroit vu, il faudroit accommoder cette affaire et la traiter comme un démêlé entre amant et maîtresse. L'accommodement ne fut cependant pas si facile à faire que se l'étoit imaginé M. le cardinal. Je ne voulus jamais consentir à servir dans l'artillerie, à moins que je n'en eusse seul le commandement; de son côté, le maréchal s'opiniâtra à vouloir que le comte de Cossé partageât le commandement avec moi. M. le duc d'Orléans tint ferme et ne voulut jamais le lui accorder, à moins que je n'y donnasse mon consentement. Le maréchal, ne voulant pas en avoir le démenti, supplia M. le duc d'Orléans de lui permettre d'aller faire sa charge en personne ; ce prince lui répondit qu'il en étoit le maître, mais que ce seroit à condition qu'il serviroit toute la campagne et que, s'il quittoit, j'irois prendre sa place.

Cette réponse mit le maréchal dans une grande colère; cependant il fut obligé d'en passer par là; et comme le temps pressoit pour se rendre à l'armée, M. le duc d'Orléans ne voulut point partir que le maréchal ne partît avec lui. Je demeurai à Compiègne, où la cour étoit pour lors. La maréchale de La Meilleraye étoit fort chagrine de voir son mari réduit à faire simplement dans l'armée sa charge de général de l'artillerie sous les maréchaux de Gramont, de Gassion[1] et de Rantzau[2], après les avoir commandés en qualité de général. Elle supplia la reine d'avoir égard à ses services et aux emplois qu'il avoit eus, et de vouloir bien lui ordonner de revenir. La reine lui répondit que cela ne se pouvoit que par

1. Jean de Gassion, maréchal de France, blessé mortellement devant Lens, le 28 septembre 1647.
2. Josias, comte de Rantzau, maréchal de France, mort en 1650.

mon moyen; que M. le duc d'Orléans ne consentiroit jamais au retour de son mari, à moins que je n'allasse prendre sa place; qu'elle m'alloit envoyer chercher pour me sonder là-dessus. Je me rendis aussitôt à ses ordres ; je trouvai chez elle le cardinal Mazarin, qui me dit que la reine désiroit que j'allasse à l'armée pour en faire revenir le maréchal; qu'elle en avoit donné sa parole à la maréchale; que Sa Majesté l'avoit chargé de me dire qu'elle m'ordonnoit de partir incessamment et que je lui ferois plaisir de ne former sur cela aucune difficulté. Il n'étoit pas possible de m'en défendre; je répondis donc que j'étois prêt à obéir; qu'il n'étoit pas nécessaire que la reine usât de son autorité pour m'y obliger; que je regarderois toute ma vie comme une loi sacrée la plus légère marque de sa volonté. Sa Majesté me témoigna beaucoup de satisfaction de mon procédé et m'ordonna de partir le plus tôt que je pourrois. Je ne lui demandai que le temps d'aller à Paris pour faire partir mon équipage.

La maréchale de La Meilleraye, ayant su par la reine ce qui avoit été fait, vint chez moi avec Mlle de Cossé[1], sa sœur, pour me prier de me rendre incessamment à l'armée, me disant que si son mari y demeuroit plus longtemps dans l'emploi et dans l'état où il étoit, il y mourroit de chagrin. Nous eûmes ensuite un grand éclaircissement sur tout ce qui s'étoit passé; après quoi nous nous séparâmes ; et je

---

1. Anne-Ursule de Cossé, depuis marquise de La Porte-Vezins.

partis pour Paris. Je n'y demeurai que deux jours. Je revins à la cour pour recevoir les ordres de Leurs Majestés et du cardinal; ensuite je me rendis à l'armée, que je trouvai devant Courtrai.

Dès que j'y fus arrivé, je présentai à M. le duc d'Orléans les lettres de la reine et de M. le cardinal. Le prince me reçut avec bonté et me témoigna qu'il étoit bien aise de me voir. Il me dit que le maréchal de La Meilleraye étoit malade ou qu'il feignoit de l'être, sans doute pour établir dans sa charge M. de Cossé, son beau-frère; mais que cette feinte étoit inutile et que jamais il ne confieroit à M. de Cossé ni le service du roi, ni son honneur; qu'au reste, puisque j'étois arrivé, le maréchal pouvoit s'en aller quand il lui plairoit.

Au sortir de chez Monsieur, j'allai voir le maréchal de La Meilleraye, que je trouvai effectivement au lit; je lui remis les lettres de la reine, du cardinal et de la maréchale, son épouse; il les lut à l'heure même et me dit, après les avoir lues : « Vous êtes donc ici, monsieur, pour faire ma charge ? » Je lui répondis que j'étois venu par ordre de la reine, sans savoir ce que l'on désiroit que je fisse. Je lui dis de plus que M. le cardinal et Mme de La Meilleraye m'avoient instamment prié de partir. « Eh bien, dit-il, monsieur, puisque tout le monde veut que vous fassiez ma charge, il faut vous la céder. »

Aussitôt, je me retirai. Le maréchal envoya sur-le-champ le capitaine de ses gardes trouver l'abbé de La Rivière pour le prier de demander son congé à

M. le duc d'Orléans et pour lui faire agréer qu'il établît dans sa place M. de Cossé, son beau-frère. L'abbé de La Rivière lui fit dire qu'il étoit inutile de parler à Monsieur en faveur de M. de Cossé; mais que pour son congé, il le lui donneroit sans peine, sachant que j'étois venu.

Le maréchal reçut cette réponse à son coucher; et le lendemain, quoique malade, il partit sans prendre congé de personne. Ayant appris qu'il devoit partir, je me rendis chez lui pour recevoir ses ordres. Je le trouvai qui montoit à cheval. Il ne me répondit rien sur ce que je lui dis, sinon que j'étois le maître de faire ce que je voudrois.

Dès que le maréchal fut parti, j'allai en donner avis à M. le duc d'Orléans, qui m'ordonna d'aller prendre possession du commandement de l'artillerie; ce que je fis; et dès l'heure même, je fis porter mes tentes dans le parc où étoit campé M. de Cossé, que le maréchal avoit laissé à sa place. M. de La Meilleraye avoit ordonné à tous les officiers d'obéir à son beau-frère comme à lui; ce qu'ayant appris, j'ordonnai la revue pour le lendemain, tant pour tous les officiers que pour les chevaux. Je m'y trouvai en personne avec le contrôleur général de l'artillerie. Le comte de Cossé ne s'y trouva pas, non plus que quelques commissaires et quelques officiers attachés à ses intérêts. Je ne laissai pas de faire la revue; je cassai tous ceux qui s'étoient absentés, et mis à leur place ceux que le maréchal avoit aussi cassés, les croyant dans mes intérêts.

La revue finie, le comte de Cossé me vint trouver pour se plaindre de ce qu'on l'avoit faite sans sa participation; je lui dis qu'il devoit en être averti comme les autres et que son absence n'étoit point pour moi une raison de ne la pas faire. Il me demanda le rétablissement des commissaires et des officiers que j'avois cassés. Je lui répondis que j'avois employé sur l'état tous ceux qui s'étoient trouvés à la revue, et que je ne connaissois pas ceux dont il me parloit; qu'au reste, j'en avois mis d'autres qui serviroient bien le roi, et que je savois n'avoir été révoqués que parce qu'ils avoient toujours servi sous moi. Ces discours furent accompagnés de quelques autres assez aigres et assez piquants. Je finis par lui dire que je saurois bien me faire obéir et que l'on n'emploieroit sur l'état de l'artillerie que ceux que j'avois nommés. Tout ceci se disoit en présence de MM. de Termes[1] et de Pardaillan[2], du comte d'Antin[3] et du marquis de Jarzay, qui avoient accompagné M. de Cossé et qui furent ensemble se plaindre à M. le duc d'Orléans de mon procédé.

Ce prince m'envoya chercher; je lui rendis compte de ce que j'avois fait; il en fut très-content et m'ordonna de dresser un corps d'artillerie et d'officiers pour la brigade du maréchal de Gassion et d'en

---

1. César-Auguste de Pardaillan de Gondrin, marquis de Termes, premier gentilhomme de la chambre du duc d'Orléans.
2. Peut-être Roger de Pardaillan, mort à la guerre sans alliance.
3. Roger-Hector de Pardaillan de Gondrin, marquis d'Antin, chevalier d'honneur de la duchesse d'Orléans, sénéchal et gouverneur de Bigorre, mort avant 1661.

donner le commandement au comte de Cossé. Il m'ordonna de rester auprès de sa personne et au comte de Cossé de se tenir auprès du maréchal de Gassion, à condition que quand l'armée seroit jointe devant une place, toute l'artillerie se réuniroit sous mon commandement.

Après la prise de Courtray[1], M. le duc d'Orléans, M. le Prince et leurs armées y laissèrent leurs bagages et marchèrent droit au canal de Bruges pour joindre le prince d'Orange[2], qui étoit campé de l'autre côté du canal, ayant en tête l'armée de l'archiduc[3], du duc de Lorraine[4] et toutes les forces de Flandre.

M. le duc d'Orléans trouva, en arrivant dans la plaine de Bruges, l'armée de l'archiduc en bataille; ce qui faisoit juger que les ennemis avoient dessein de se battre; mais, comme l'armée de M. le duc d'Orléans ne marchoit que par un défilé, la tête de son avant-garde, que menoit M. le prince, n'arriva que le soir à l'entrée de la plaine de Bruges; de sorte que tout ce qu'on put faire la nuit, ce fut de mettre l'armée en bataille. Mais l'archiduc, qui n'avoit pas dessein de combattre, employa de son côté toute la nuit à se retirer sous Bruges.

Monsieur et M. le Prince, ayant passé tout ce

1. Le 22 juin 1646.
2. Frédéric-Auguste, prince d'Orange, stathouder des Pays-Bas, mort en 1647.
3. Ferdinand d'Autriche, appelé le Cardinal-infant, gouverneur général des Pays-Bas espagnols.
4. Charles IV, duc de Lorraine.

temps à faire défiler l'armée et à la mettre en bataille, furent bien surpris le lendemain de ne plus trouver les ennemis. Ils marchèrent le long de cette plaine jusqu'au canal, où ils campèrent, et envoyèrent en donner avis au prince d'Orange qui les vint trouver. Ils eurent ensemble une longue conférence ; et l'armée demeura trois jours dans la même position. Mais comme on n'avoit pas mené de bagages, on eut beaucoup à souffrir ; car on manquoit généralement de tout. Comme l'artillerie me donnoit la commodité de mener bien des choses, j'avois fait apporter une tente où je logeai M. le marquis de Marmontier[1].

Monsieur et M. le Prince, qui n'avoient que leur carrosse pour se mettre à l'abri de la chaleur, qui étoit excessive, ayant aperçu le pavillon de ma tente, demandèrent à qui elle étoit ; ayant su qu'elle étoit à moi, ils y vinrent. Trouvant les lits tendus, ils s'y couchèrent ; ce fut à nous à chercher parti ailleurs et à donner à manger à tous les volontaires.

Monsieur, ayant tenu conseil avec le prince d'Orange, s'en retourna à Courtray prendre ses bagages, et delà marcha droit à Bruges, qu'il assiégea d'un côté tandis que M. le Prince l'assiégea de l'autre. La tranchée fut donc ouverte des deux côtés en un même jour. M. le Prince, ayant passé toute la nuit à son attaque, vint le matin au lever de Monsieur

---

1. Le marquis de Noirmoutier.

lui rendre compte de ce qu'il avoit fait. Il y apprit que le maréchal de Rantzau s'étoit logé dans le faubourg de la place du côté de l'attaque de Monsieur, sans avoir fait de tranchée pour y aller. Cela parut impossible à M. le Prince, ce faubourg étant absolument à découvert. Comme je me trouvois alors dans la chambre de Monsieur et que j'avois été la nuit à l'attaque du maréchal de Rantzau, je dis à M. le Prince ce qui avoit obligé le maréchal de prendre le faubourg avant de faire une tranchée. C'est qu'en effet il ne lui avoit pas été possible d'en faire, attendu que tout le terrain n'étoit qu'un marais plein d'eau et qu'il n'y avoit qu'un chemin de six toises pavé et de quinze cents pas de long, qui aboutissoit à un pont-levis à l'entrée du faubourg, dont étant une fois maître, le maréchal prétendoit la nuit suivante y faire un chemin. J'ajoutai qu'il avoit fait porter du pain pour y pouvoir demeurer tout le jour, sans que personne y allât; que le soir, en relevant la garde, il y feroit mener douze pièces de canon; après quoi il feroit faire une tranchée avec des gabions le long de ce grand chemin.

Ce que je venois de dire à M. le Prince, lui donna la curiosité d'aller voir par lui-même ce qui en étoit. Il me pria de l'y accompagner; ce que je fis. Je le menai à une hauteur qui étoit à l'entrée de ce grand chemin, d'où l'on découvroit le faubourg et la place.

M. le Prince ordonna aux officiers et aux volontaires qui le suivoient, et même à son capitaine des gardes[1] de ne pas quitter la hauteur où je l'avois mené; et mettant pied à terre, il dit au comte de Laval[2] et à moi d'en faire autant et de le suivre. Cette résolution nous surprit fort, ne pouvant nous imaginer que M. le Prince voulût se commettre si évidemment, ce chemin étant vu de toute la place et enfilé de plusieurs pièces de canon qui faisoient un feu continuel. De plus, il étoit facile aux assiégés de juger que c'étoit un homme de considération, le voyant escorté de plus de cent chevaux, outre que son habit étoit fort éclatant, étant couleur de feu en broderie d'or et d'argent. Aussi nous ne fûmes pas plutôt dans ce chemin que nous fûmes salués de trois volées de canon, qui heureusement ne nous firent aucun mal. Comme nous continuions notre chemin vers le faubourg, le canon redoubla sept ou huit fois; et à l'entrée du faubourg les ennemis saluèrent du mousquet M. le Prince comme ils l'avoient déjà salué du canon. En arrivant au pont, où il y avoit un mauvais pas, le marquis de Genlis, qui étoit en garde avec sa compagnie[3], ayant reconnu M. le Prince, sortit de son corps de garde pour lui donner la main; dans l'instant même, cet officier reçut un

---

1. Il s'appeloit de La Roque, dans l'*Apothéose de madame la duchesse de Longueville, princesse du sang*, S. l., 1651, in-4, il est tantôt du nombre des gentilshommes qui « tiennent le rang de Télamon, père d'Ajax, » et tantôt parmi ceux qui « représentent la valeur de Mars. »

2. Guy de Laval-Boisdauphin, comte de Laval, tué devant Dunkerque, le 18 octobre de cette année 1646.

3. Il étoit capitaine aux gardes.

coup de mousquet dans le bras. Cela n'empêcha pas M. le Prince de continuer son chemin. Il entra dans le faubourg, qu'il visita; il examina aussi le chemin pavé; après quoi il s'en retourna. On nous fit les mêmes honneurs en retournant; c'est-à-dire que nous courûmes les mêmes dangers, les mousquets et les canons ne cessant pas de nous incommoder. M. le Prince, à son retour, alla rendre compte à M. le duc d'Orléans de ce qu'il avoit vu, ne désapprouvant pas ce que le maréchal de Rantzau avoit fait.

Dès le soir même, les ennemis capitulèrent[1]; et étant entré dans la place pour faire les inventaires des munitions de guerre, le gouverneur me reconnut à mon habit pour être un de ceux qui avoient été ce jour-là faire la visite du faubourg. Il me demanda qui étoient les autres; je lui répondis que c'étoit M. le Prince. Il fut extrêmement surpris de voir qu'il s'exposât à des dangers si évidents.

Bergues étant pris, on alla assiéger Mardic; mais on eut bien de la peine à y faire consentir M. le duc d'Orléans. L'abbé de La Rivière, qui en craignoit l'événement, l'en dissuadoit. Cette place étoit forte, bien fournie de toutes sortes de munitions. Outre cela, l'armée des ennemis, qui étoit à Dunkerque, pouvoit journellement lui donner du secours, puisque nous n'avions pas d'armée navale pour l'en empêcher. Mais comme nous ne pouvions rien faire

---

1. Le 1er août 1646.

que nous n'eussions pris Mardic, cela obligea M. le Prince et le maréchal de Gassion d'entreprendre ce siége ; et pour y faire consentir l'abbé de La Rivière, M. le Prince me pria de lui parler et de l'engager à y faire consentir M. le duc d'Orléans. J'obéis ; et je gagnai l'abbé de La Rivière, qui avoit de la confiance en moi. Nous fîmes le siége, qui fut opiniâtre et qui dura vingt-cinq jours de tranchée ouverte, pendant lesquels les ennemis firent plusieurs sorties, où il y eut bien des gens tués. M. le Prince lui-même y courut grand risque et y fut blessé d'une grenade ; M. de Nemours[1] y reçut aussi une blessure ; M. du Terrail[2], maréchal de camp, le marquis de Temine[3], les comtes de Fleix[4] et de La Roche-Guyon[5] y furent tués, aussi bien que plusieurs autres personnes de marque.

Ce siége étoit d'autant plus rude que les ennemis se rafraîchissoient quand ils vouloient. Cela n'empêcha pas que la place ne fût prise en vingt-cinq jours[6].

---

1. Henry de Savoie duc de Nemours, tué en duel par le duc de Beaufort, son beau-frère, le 30 juillet 1652.

2. Jean de Comboursier, seigneur du Terrail, lieutenant général pour le roi au gouvernement de la Basse-Auvergne. Il fut tué le 23 août. Après lui, la terre du Terrail passa dans la maison d'Estaing.

3. Pons-Charles de Lauzières, marquis de Thémines, mestre de camp du régiment de Navarre en 1643, maréchal de camp par brevet du 1er mai 1646, tué le 14 août, dans une sortie des ennemis.

4. Jean-Baptiste Gaston de Foix, comte de Fleix, tué le 13 août.

5. Henry-Roger du Plessis, comte de La Roche-Guyon, marquis de Montfort.

6. Mardick se rendit le 24 août 1646.

Après quoi M. le duc d'Orléans s'en retourna à la cour, et laissa le commandement de toute l'armée à M. le Prince, qui n'étoit point encore tout à fait guéri de sa blessure.

L'envie qu'il avoit de faire quelque chose, l'obligea de se mettre en état de passer le canal neuf sous Furnes, où étoit le marquis de Caracène avec toute l'armée d'Espagne. Il passa en effet le canal sans que ce marquis pût l'empêcher. M. le Prince le contraignit de se retirer à Nieuport avec une partie de son armée, l'autre partie étant restée à Dunkerque.

M. le Prince, voyant qu'il ne pouvoit rien faire de mieux, se jeta sur Furnes, qu'il prit en peu de temps[1]. La facilité qu'il y trouva, lui fit naître la pensée d'assiéger Dunkerque. Pour cet effet il fit assembler le conseil de guerre, qui fut composé d'un grand nombre d'officiers; tous ceux des deux armées s'y trouvèrent; il y en eut peu de l'avis de M. le Prince. Ceux mêmes qui lui étoient les plus attachés, ne connoissant pas ses intentions, ne savoient quel parti prendre. Il obligea tout le monde de mettre son avis par écrit. Il ne s'en trouva que très-peu qui opinèrent pour le siége, parmi lesquels étoient les maréchaux de Gassion, de Rantzau, la Ferté-Imbos[2], Marmoutier[3] et moi. Du sentiment

---

1. Le 7 septembre.
2. Jacques d'Étampes, marquis de La Ferté-Imbaut, maréchal de France en 1653.
3. Noirmoutiers.

opposé étoient Villequier[1], Palluau[2], Marsin, Châtillon[3], La Moussaye, Laval, le chevalier de Chabot et Saint-Martin. M. le Prince ayant fait signer l'avis de chacun, dit le sien, qui étoit de faire le siége sous le bon plaisir du roi.

En même temps il envoya La Moussaye en cour porter les avis différents et savoir si on agréeroit ce projet. La cour répondit qu'on s'en remettroit entièrement à lui, lui témoignant néanmoins qu'on seroit charmé qu'il fît le siége. M. le cardinal Mazarin écrivit à tous ceux qui avoient été de l'avis de M. le Prince, et m'écrivit à moi particulièrement pour s'informer en quel état étoit l'artillerie, parce qu'il ne vouloit pas que l'on manquât de rien pour cette entreprise.

Aussitôt que M. le Prince eut la réponse de la cour, il alla investir Dunkerque, où par avance j'avois fait faire des magasins de toutes les choses dont on pourroit avoir affaire pendant un pareil siége, qui fut poussé avec tant de vivacité qu'il ne dura que onze jours de tranchée ouverte[4].

Après la prise de Dunkerque, M. le Prince alla mener un convoi à Courtray; et à son retour il trouva l'armée ennemie sur le bord de la rivière

---

1. Antoine d'Aumont, marquis de Villequier, depuis maréchal et duc d'Aumont.
2. Philippe de Clérambault, comte de Palluau, plus tard maréchal de Clérambault. Mort en avril 1665.
3. Gaspard IV de Coligny, duc de Châtillon, tué devant Charenton en 1649.
4. Dunkerque fut pris le 7 octobre.

du Lis. Il y demeura toute la nuit en bataille; mais les ennemis prirent encore le parti de se retirer, ne jugeant pas à propos de combattre.

M. le Prince, croyant qu'ils s'étoient retirés, fit marcher son armée et vint au bourg de Ouarlevit avec presque tous les officiers de l'armée; il me fit l'honneur de déjeuner chez moi; mais il ne remarqua point que, n'ayant pas mis de gardes sur le pont de la rivière du Lis, qui étoit près de la maison où j'étois, les ennemis y pourroient passer. En effet, pendant que nous déjeunions, il s'avança un parti de cinq cents chevaux, dont les coureurs étoient déjà dans le village, et se mettoient en bataille devant ma maison, lorsque l'on en donna avis à M. le Prince. Il quitta bien vite la table. Ce qu'il y avoit de plus embarrassant, c'est que les chevaux et les hommes étoient dispersés dans le bourg. Le maréchal d'Aumont, qui étoit dans ce temps-là M. de Villequier, quelques autres officiers et moi, qui avions nos gens, nous montâmes à cheval, chargeâmes si vigoureusement les coureurs que nous les contraignîmes de repasser le pont. Nous fîmes douze ou quinze prisonniers, parmi lesquels étoit le commandant. Nous gardâmes le pont jusqu'à ce que M. le Prince, étant monté à cheval, y vînt et le fît rompre. Le seul inconvénient de cette aventure fut que M. le Prince perdit son déjeuner. Lorsqu'il fut arrivé à Armentière, il vint à la cour, où je le suivis.

En 1647, M. le cardinal Mazarin m'envoya de la

part du roi traiter avec le duc de Modène[1] pour le
détacher des intérêts de l'Espagne et le mettre dans
ceux de la France. J'eus bien de la peine à y réussir, malgré les avantages que l'on faisoit envisager à
ce prince; tous ces délais furent cause qu'on ne fit
pas cette année de grands progrès, car le traité n'étant
conclu que dans le mois de septembre, les troupes du
roi, qui étoient à Piombine sous le commandement
de M. d'Estrades[2], avec ordre de ne marcher que
lorsque je le lui manderois, ne le purent faire que
dans le mois de novembre, qu'elles vinrent rejoindre
les troupes du duc de Modène à Galletane pour aller
ensemble passer le Pô et entrer dans le Crémonois.

Mais le marquis de Caracène, qui commandoit
l'armée, ayant su la jonction des troupes de France
et de Modène, vint les devancer sur le bord du Pô;
nous y demeurâmes en présence huit jours entiers
sans pouvoir passer, le canon des ennemis nous empêchant de faire des ponts et des bateaux. Cette
difficulté obligea M. d'Estrades à se servir du conseil que je lui donnois, qui étoit de prendre ses bateaux le soir, d'y embarquer deux mille mousquetaires, quatre petites pièces de canon, cinq cents
outils à pionniers et les autres munitions nécessaires,
et le lendemain, sur le déclin du jour, de faire descendre ces bateaux, à l'embouchure de la rivière,

---

1. François Ier d'Este, duc de Modène et de Reggio. Mort le 14 octobre 1658.
2. Godefroy, comte d'Estrades, depuis maréchal de France. Mort le 16 février 1686.

dans le Pô, où ces deux rivières se joignent, d'y faire ensuite un ancre avec une gros bois que j'avois été reconnoître.

Tout cela s'exécuta avec promptitude. Dès que les bateaux furent au lieu que j'avois remarqué, je fis descendre les deux mille mousquetaires avec les canons et les outils; je fis travailler en diligence et renvoyai les bateaux de l'autre côté de la rivière pour faire passer l'armée à mesure qu'elle arriveroit. Moyennant cela, M. le duc de Modène, M. d'Estrades et toute l'armée passèrent sans le moindre obstacle. Comme les ennemis ne s'aperçurent pas de notre manœuvre et qu'ils étoient alors assez éloignés de nous, j'eus tout le temps de me retrancher; de sorte que lorsqu'ils se présentèrent sur les huit ou neuf heures du matin, je les fis saluer de mon canon et de toute ma mousqueterie, ce qui les obligea de s'en retourner. Dès que toute l'armée fut passée, on marcha vers l'ennemi, que l'on suivit jusqu'à Crémone, où le prince Thomas devoit se joindre au duc de Modène avec l'armée de Piémont pour assiéger la place. Mais il se trouva des difficultés qui firent échouer ce projet. Aucun de ces deux princes ne vouloit obéir à l'autre. Ainsi le prince Thomas ne passa point le Pô; et le duc de Modène, qui ne pouvoit pas seul assiéger Crémone, fut contraint de se retirer à Cazal-Major, où M. de Navailles le vint joindre avec mille chevaux. Mais ce renfort n'étant pas suffisant pour assiéger la ville et d'ailleurs la saison étant fort avancée, le duc de Modène prit la résolution de prendre ses quartiers dans Cazal-Major et dans Riverolle, où MM. d'Estrades et de Navailles devoient commander. Pour moi qui n'avois point d'emploi dans l'armée, je vins à la cour rendre compte à M. le cardinal de tout ce que j'avois fait.

Au mois de mars de l'année 1648, M. le cardinal me renvoya en Italie pour servir de maréchal de camp et commander l'artillerie dans l'armée du duc de Modène. A mon arrivée, je trouvai M. d'Estrades dans le dessein de s'en revenir. Je repris sa place dans Cazal-Major, où je fis préparer toute l'artillerie nécessaire pour la campagne.

Le roi ayant nommé M. le maréchal du Plessis pour commander l'armée sous le duc de Modène, on m'envoya chercher dès qu'ils furent réunis; et on m'ordonna d'acheter des chevaux, des bœufs et tout ce qui étoit nécessaire pour l'artillerie. M. de Navailles étoit demeuré dans Cazal-Major. Le marquis de Caracène en étant informé, marcha avec toute son armée et vint se loger entre Bresel et Cazal-Major pour lui ôter les vivres; ce qu'il fit en effet. La triste situation où se trouvoit M. de Navailles, obligea le duc de Modène et le maréchal du Plessis de se rendre à Bresel avec toutes leurs troupes pour tenter le passage du Pô et joindre M. de Navailles. Mais ils y trouvèrent de grandes difficultés, parce que, d'un côté, le marquis de Caracène étoit plus fort que les troupes qui étoient à Bresel, et qu'il empêchoit de passer le Pô; et d'un autre côté, le duc de Parme ne vouloit pas laisser passer nos troupes en armes sur ses États. Dans l'embarras où nous nous trouvions alors, je fis réflexion que la rivière qui passoit à Bresel, étoit un bras du Pô; que par conséquent on pouvoit embarquer les troupes dans des bateaux et les faire remonter avec des cordes jusque dans la grande rivière, d'où il étoit facile de les faire descendre à Cazal sans que le marquis de Caracène pût s'y opposer.

Je proposai la chose au duc de Modène et au maréchal du Plessis, qui l'approuvèrent ainsi que tous les autres officiers; il n'y eut que le chevalier de Clairville[1] qui me dit en plein conseil que cela ne se pouvoit; mais je lui dis que je ne m'en rapporterois pas à lui et que j'irois moi-même reconnoître si le canal étoit navigable. Ce que je fis. Je pris un bateau avec des mousquetaires et de bons bateliers pour sonder la rivière. J'allai jusque dans la grande rivière; et ayant reconnu qu'il y avoit assez d'eau, je m'en revins en diligence pour faire embarquer les troupes. Sitôt que M. le duc de Modène et le maréchal du Plessis furent embarqués, ils firent mettre vingt hommes à terre pour tirer chaque bateau, si bien que nous arrivâmes à Cazal-Major à minuit.

Le marquis de Caracène en sut bientôt la nouvelle; ce qui l'obligea de se retirer en diligence. Je fus le premier à annoncer à M. de Navailles la nouvelle de sa délivrance; je le trouvai couché; il

---

1. Louis-Nicolas, chevalier de Clerville, célèbre ingénieur. Mort en décembre 1677.

se leva sur-le-champ et détacha un parti à M. le duc de Modène et au maréchal du Plessis pour leur apprendre le départ des ennemis.

M. le duc de Modène resta quelques jours à Cazal, et puis s'en retourna dans ses États. Pendant son absence, le maréchal du Plessis donna les ordres nécessaires à l'armée pour se tenir prête à marcher au premier jour. Le duc de Modène l'ayant rejoint, ils marchèrent droit au marquis de Caracène, qui étoit allé se poster sur une petite rivière[1] entre Crémone et Cazal-Major, où il s'étoit retranché. Ils l'y attaquèrent, forcèrent son retranchement, prirent son canon, le mirent en déroute et le contraignirent de se retirer[2].

En cette attaque, quoique tout l'avantage fût de notre côté, nous perdîmes bien du monde, entre autres le fils du maréchal du Plessis[3]. J'y reçus un coup de fusil qui me perça le pied.

La nuit, qui survint, favorisa la retraite du marquis de Caracène. Quelques jours après, on alla assiéger Crémone. Mais après trois mois de tranchée ouverte, on fut contraint de lever le siége par la mauvaise intelligence qui étoit entre les officiers[4].

---

1. L'Oglio, un des affluents du Pô.
2. C'est la bataille de Crémone qui fut livrée le 29 juin 1648. La *Gazette* dit que « le sieur de Chouppes y fut légèrement blessé, y servant à son ordinaire fort glorieusement. » *Extraordinaire* du 15 juillet 1648.
3. César de Choiseul, chevalier de Malte et abbé de Saint-Sauveur-de-Redon.
4. Le 6 octobre 1648.

La saison étant fort avancée, je me disposai à retourner en France; mais, étant sur mon départ, il arriva un courrier qui m'apporta un ordre du roi de demeurer auprès du duc de Modène pour y commander les troupes sous son autorité; le même courrier apporta aussi un congé au maréchal du Plessis pour s'en retourner à la cour. Tous les maréchaux de camp qui ne voudroient pas servir sous mes ordres, eurent aussi permission de partir. Il n'y eut que M. de Ferron[1] qui demeura. Le marquis d'Uxelles, de Laval et Mousserolles s'en allèrent avec le maréchal du Plessis. Aussitôt que ce dernier fut parti, je pris le commandement de l'armée sous l'autorité du duc de Modène. Je la trouvai si fatiguée et d'ailleurs la saison étoit si avancée, que je proposai au duc de mettre les troupes en quartier d'hiver. Il suivit mon conseil. Au mois de janvier de l'année 1649, je reçus un courrier de M. le cardinal Mazarin, qui me donnoit avis des désordres de Paris. Il me mandoit que le roi avoit quitté sa capitale[2]; que cela le mettoit dans l'impuissance de secourir le duc de Modène, et qu'il falloit déterminer celui-ci à faire son accommodement avec l'Espagne, en lui exposant l'impossibilité où étoit la France de lui donner du secours dans les circonstances fâcheuses où se trouvoit pour lors le royaume. Heureusement les Espagnols, dans le dessein qu'ils avoient sur Cazal, furent

1. Est-ce Jacques III Ferron de La Ferronaye, seigneur de Petit-Bourg, commandant du château de Vincennes, mort en 1670 ?
2. Dans la nuit du 5 au 6 janvier 1649.

bien aises de ménager le duc de Modène; ainsi cela facilita sa paix, qui fut faite dans le mois de février suivant. Ayant reçu ordre en même temps de conduire l'armée en Provence, je me mis en marche et fis embarquer l'infanterie à Lerissay, sur les États du grand-duc; et je marchai avec la cavalerie par la Gratagnane. J'en donnai avis au résident de France qui étoit à Gênes, afin qu'il demandât passage pour quinze cents chevaux; mais MM. de Gênes voulant profiter des désordres de Paris, et d'ailleurs étant sollicités par l'ambassadeur d'Espagne, ils refusèrent le passage et se mirent sous les armes pour m'empêcher de continuer ma route, supposé que j'en eusse dessein. De sorte qu'arrivant sur leurs frontières sans argent et presque sans pain, je me trouvai fort embarrassé et dans la nécessité d'aller moi-même à Gênes demander le passage de la part du roi; mais j'eus beau employer auprès du doge les prières et les menaces, je ne pus rien obtenir. Le dessein des Génois étoit de ruiner notre armée pour faire plaisir aux Espagnols. Enfin, après un mois de séjour dans cette Gratagnane, il arriva un courrier de France qui apporta la nouvelle de la paix[1]. Cette nouvelle radoucit un peu les Génois; ils m'accordèrent enfin la permission qu'ils m'avoient si opiniâtrément refusée, mais à condition que les troupes ne passeroient qu'en neuf brigades, et une par jour, et qu'elles ne pourroient séjourner sur

---

1. La paix de Paris qui, signée à Ruel le 11 mars, fut confirmée à Saint-Germain le 30.

leurs États pour s'attendre les unes et les autres ; ne pouvant obtenir davantage, je fus contraint d'accepter tout ce qu'ils voulurent.

Arrivé à Gênes, je reçus un courrier du roi qui m'apportoit un ordre d'aller en Piémont joindre le prince Thomas, au lieu de venir en Provence. Mais comme il falloit passer sur les États de Milan, et que par le traité que j'avois fait avec ceux de Gênes, je ne pouvois passer que deux cents chevaux à la fois, j'en donnai avis au prince Thomas, afin qu'il envoyât au-devant de moi pour garder le lieu par où je voulois passer, parce que le marquis de Caracène sachant le traité que j'avois fait avec les Génois, il lui étoit fort facile d'empêcher ce passage à deux cents chevaux. Le prince Thomas me manda de marcher tout droit par la route de Savone, et qu'il tiendroit le chemin libre.

Sur cet ordre, je marchai toujours ; et étant arrivé au passage, qui étoit un lieu couvert, je trouvai deux mille mousquetaires qui me chargèrent par la tête et par la queue, et si brusquement, que je me trouvai fort embarrassé. Néanmoins nous leur passâmes sur le ventre, avec quelque perte de part et d'autre. Je ne jugeai pas à propos de quitter le passage que je n'eusse d'autres forces ; de sorte que je résolus de camper et d'attendre les brigades qui me suivoient.

En même temps je donnai avis au prince Thomas de mon retardement ; et aussitôt que toutes mes troupes furent arrivées, je l'allai joindre au Mont-

Cenis, en Piémont. Il me dit qu'il m'attendoit avec impatience pour s'en aller aux eaux et pour me laisser le commandement des troupes de Piémont et de celles qu'il avoit amenées de Lombardie. J'eus ordre de m'opposer au marquis de Caracène, qui avoit dessein d'assiéger Cazal; cela m'obligea après le départ du prince Thomas d'aller me loger dans le Mont-Ferrat, pour être près de Cazal et pour être à portée d'envoyer pour la garde des dehors mille hommes d'extraordinaires, que je faisois relever tous les quatre jours. J'étois prêt aussi à me jeter dans la ville avec toute l'armée, en cas que le marquis de Caracène la voulût assiéger. Ce qu'il ne fit pourtant pas, quelque envie qu'il en témoignât. Ce fut ainsi que se passa la campagne.

Lorsqu'elle fut finie et que les troupes furent en quartier d'hiver, je reçus mon congé pour m'en revenir à la cour, où je ne fus pas plutôt arrivé que j'eus ordre de prendre six mille hommes de l'armée de Flandre et de les mener à M. d'Épernon[1], qui étoit devant Bordeaux. J'y arrivai vers Noël et j'y trouvai M. le maréchal du Plessis, qui étoit là de la part du roi pour tâcher de faire l'accommodement entre les habitants de Bordeaux et M. d'Épernon. Sa négociation réussit[2]; de sorte que M. d'Épernon n'ayant plus besoin de troupes, on m'ordonna de les

---

1. Bernard de Nogaret de La Valette, duc d'Épernon. Mort le 25 juillet 1661.

2. Le 26 décembre 1649. *Articles accordés par le roi et la reine régente, sa mère, sur les présents mouvements de la ville de Bordeaux.* S. l. n. d., in-4.

mener en quartier d'hiver dans le Périgord. Dès que j'y fus arrivé, je reçus la nouvelle de la prison de MM. les Princes[1] et en même temps un ordre d'aller trouver le roi et de laisser les troupes à M. d'Épernon.

Je me rendis donc auprès du roi, que je trouvai à Dijon[2]. Je fus au siége de Bellegarde[3] et je suivis Sa Majesté jusqu'à son retour à Paris[4]. Le roi ayant pris la résolution d'aller à Bordeaux[5], M. le cardinal Mazarin m'ordonna de le suivre pour servir de maréchal de camp dans l'armée que commandoit le maréchal de La Meilleraye contre ceux de Bordeaux, qui s'étoient déclarés pour MM. les Princes. J'y arrivai sur la fin du mois d'août de l'année 1650.

Lorsque je fus à Livourne, la reine et M. le cardinal ayant appris que le chevalier de La Vallette[6] avoit été tué dans l'île Saint-Georges, ils m'envoyèrent ordre de partir aussitôt pour commander les troupes à la place du chevalier. Sitôt que l'île Saint-Georges fut prise[7], je revins trouver le roi pour voir ce qu'il y

1. Ils furent arrêtés le 18 janvier 1650.
2. Parti de Paris le 5 mars, le roi étoit arrivé à Dijon le 16.
3. Bellegarde, assiégée le 9 avril, se rendit le 18.
4. Le roi rentra dans Paris le 25 avril.
5. Il se mit en route le 4 juillet.
6. Jean-Louis, chevalier de La Valette, fils naturel du duc d'Épernon.
7. Chouppes, on l'a vu plus haut, dit qu'il n'est arrivé de l'armée que « vers la fin du mois d'août. » Or l'île de Saint-Georges fut prise par les Bordelois avant le 12 : *Relation de tout ce qui s'est fait et passé en la ville de Bordeaux et province de Guyenne, et la réponse faite par le roi aux députés dudit parlement et ville de Bordeaux, depuis l'arrivée desdits députés en la ville de Libourne le 3 août* 1650

auroit à faire. On résolut d'aller attaquer le faubourg Saint-Surin, où étoient logés MM. de Bouillon et de La Rochefoucault[1] avec les troupes de M. le Prince.

On partagea l'armée en deux. Une de ces divisions étoit commandée par M. le maréchal de La Meilleraye et l'autre par M. de Palluau. M. le cardinal ordonna au premier de se trouver avec son armée, à huit heures du matin, le cinquième de septembre de l'année 1650, à la tête du faubourg de Saint-Surin; mais il n'y trouva pas l'armée de M. de Palluau. Cependant M. de Saint-Mégrin, qui commandoit l'avant-garde de l'armée du maréchal de La Meilleraye, voyant que les ennemis étoient sortis hors de Saint-Surin, il les repoussa; mais de manière qu'il se trouva engagé. Le maréchal de La Meilleraye, arrivant sur ces entrefaites, en fut fort irrité, croyant ne pouvoir plus se dispenser d'attaquer Saint-Surin.

Sur cela, il assembla le conseil de guerre pour voir ce qu'il y auroit à faire, et il s'adressa à moi pour me demander mon avis. Je lui dis que dans la circonstance où il se trouvoit, il devoit faire l'attaque et que, ne sachant point quand M. de Palluau arriveroit, il périroit plus de monde en escarmouchant avec les ennemis qu'on n'en perdroit en les attaquant. J'ajoutai que si nous nous retirions, c'étoit le moyen

---

jusques au 12 dudit mois, ensemble la prise de l'île Saint-Georges, etc. Paris, Guillaume Sassier. S. d., in-4. Il est clair qu'il y a dans le récit de Chouppes une erreur : ou il n'a pas assisté à la prise de l'île; ou sa présence dans l'armée est antérieure à la fin du mois d'août. Probablement il faut lire : « Vers la fin du mois de juillet.»

1. François VI, duc de La Rochefoucault. Mort le 17 mars 1680.

d'encourager les ennemis et que cette manœuvre produiroit un effet tout contraire sur nos soldats; qu'ainsi mon avis étoit d'attaquer le faubourg, d'autant que j'avois reconnu qu'il n'étoit retranché que par la tête. Le maréchal consulta ensuite Roquelaure[1] et Saint-Mégrin, qui furent de mon sentiment: Ce fut aussi celui de M. de La Meilleraye; mais il dit qu'il n'étoit point en état de mettre l'armée en bataille, à cause de son indisposition; sur quoi je lui répondis que je commanderois l'aile gauche; M. de Saint-Mégrin se chargeroit de la droite. Cette proposition fut acceptée; et nous ne tardâmes pas à attaquer le faubourg où étoient les ducs de Bouillon et de La Rochefoucault, qui se défendirent très-bien. Le combat dura cinq ou six heures; mais à la fin ils furent forcés et les ducs contraints de se sauver dans Bordeaux et d'abandonner tous leurs gens, qui furent pris ou tués[2]. Cette action ne se passa point sans perte du côté du roi : il demeura huit cents hommes sur la place. Je fus assez malheureux pour recevoir un coup de mousquet qui me cassa le bras à quatre doigts de l'épaule. Je demeurai sur la place; on crut longtemps que je n'en réchapperois pas; et en voici la preuve, c'est que M. le cardinal Mazarin, qui me vint visiter de la part du roi et de la reine, m'offrit tous

1. Gaston-Jean-Baptiste, marquis puis duc de Roquelaure. Mort le 4 mars 1683.
2. *Relation des dernières nouvelles du siége de la ville de Bordeaux, avec la prise et conservation du faubourg Saint-Surin et état de l'armée du roi, avec le nombre des blessés et prisonniers.* Paris, Martin Berlay, 1650, in-4.

les services imaginables et ne s'en souvint que quand il me vit en état d'accepter les grâces qu'il m'avoit offertes.

La paix étant faite ensuite¹, le roi s'en alla²; et je demeurai à Bordeaux; je me fis porter du camp dans mon lit, où je restai trois mois dans la même situation. Lorsque ma blessure commençoit à se guérir, M. le cardinal m'envoya visiter et m'écrivit de me faire transporter à Paris si j'étois en état de soutenir le voyage. J'obéis; et malgré ma foiblesse j'allai voir le roi, la reine et Son Éminence, qui me reçurent aussi bien que je pouvois le désirer.

Quelque temps après que je fus arrivé, M. le cardinal fut contraint de partir³. Comme j'étois encore trop foible pour le suivre et que ma plaie n'étoit même pas encore fermée, je fus réduit à me contenter de prendre congé. Il me témoigna du déplaisir de ce que je ne pouvois l'accompagner et me donna toutes sortes de marques d'amitié et d'estime. Il commanda à M. Le Tellier⁴ d'avoir soin de mes intérêts comme des siens propres, et cela en des termes très-obligeants.

M. Le Tellier me dit qu'il falloit un peu laisser passer tous ces désordres et que dans huit jours je

---

1. Le 1ᵉʳ octobre : *Déclaration du roi accordée pour la pacification des troubles de Bordeaux, du* 1ᵉʳ *octobre* 1650 *à Bourg, sur la mer*. Paris, par les imprimeurs et libraires ordinaires du roi, 1650, in-4.
2. Le 25 octobre.
3. Le cardinal Mazarin sortit de Paris le 6 février 1651.
4. Michel Le Tellier, secrétaire d'État de la guerre, depuis chancelier de France. Mort en 1685.

l'allasse trouver ; qu'il feroit ce que le cardinal lui avoit ordonné, qui étoit de me donner une ordonnance de cent mille livres ; c'étoit le remboursement d'une pareille somme que j'avois avancée pour le service du roi dans l'armée de Lombardie pendant le siége de Crémone, tant pour l'artillerie que pour avoir ramené l'armée de Lombardie en Piémont et payé ses étapes sur les États de Gênes, où elle auroit péri sans cela, les Génois nous faisant payer jusqu'à l'attache des chevaux aux arbres. Après avoir avancé tout ce que j'avois, je vendis jusqu'à ma vaisselle d'argent ; j'empruntai de tous les officiers de l'armée, à qui j'avois été obligé de payer le capital et les intérêts. M. Le Tellier, à qui j'avois le malheur de ne pas plaire, oublia bientôt ce qu'il m'avoit promis. Au bout des huit jours, j'allai trouver ce ministre pour savoir s'il avoit eu la bonté de penser à moi ; mais il me fit entendre que je ne devois pas compter qu'il le fît jamais. Cela m'obligea d'en parler à la reine et d'envoyer à Sedan trouver M. le cardinal pour lui faire mes plaintes. Il en écrivit à la reine et à M. Le Tellier ; Sa Majesté lui en parla ; mais tout cela ne servit de rien.

Je demeurai en cet état à la cour jusqu'en 1651 que M. le Prince étant hors de prison[1] et se trouvant au conseil de M. le duc d'Orléans, on y prit la résolution de réformer des troupes pour rétablir celles de M. le Prince. La première chose que pro-

---

1. Il en étoit sorti le 13 février 1651.

posa M. Le Tellier, ce fut de casser mon régiment ; sur quoi M. le Prince répondit qu'après les longs services que j'avois rendus, même assez récemment, puisque je venois d'être blessé, on devoit plutôt me donner un régiment que me faire perdre celui que j'avois. Tout cela me fut rapporté par M. de Fremon, secrétaire des commandements de M. le duc d'Orléans.

Huit jours après M. le Prince, ne me voyant point chez lui, demanda de mes nouvelles ; on lui dit que je ne sortois point encore à cause de ma blessure ; il envoya le marquis de Jarzay me visiter et m'offrit son crédit et tout ce qui dépendoit de lui. M. de Marsin me vint dire aussi la même chose de la part de Son Altesse. Cela m'obligea, dès que je fus en état de pouvoir m'habiller, de me faire porter chez M. le Prince, qui me reçut avec une bonté et des caresses extraordinaires, me disant qu'il n'avoit pas tenu à lui qu'il ne m'eût donné des marques de sa bonne volonté, quoique l'attachement que je continuois d'avoir pour M. le cardinal lui en dût avoir ôté l'envie ; mais qu'à présent les choses en étoient à un point que je ne devois pas espérer qu'il revînt jamais en France, qu'ainsi il m'offroit sa protection et ses services, et qu'il savoit bien que je ne lui manquerois pas si je lui promettois mon amitié.

Je reçus toutes ces offres avec le respect et la reconnoissance que je devois, sans aucun engagement. M. le Prince continua de me faire souvent visiter par MM. de Marsin, de Jarzay et de Gaucour[1]; et lorsque je le voyois il me traitoit toujours avec une distinction particulière.

Le printemps étant venu, je fus obligé d'aller aux bains pour ma blessure; comme je m'en revenois, j'appris que M. le Prince s'étoit retiré de la cour[2]. Je rencontrai ensuite un valet de pied qu'il m'avoit dépêché de Bourges, avec une lettre par laquelle il me prioit de l'aller trouver à Bordeaux[3]; c'étoit mon chemin pour m'en revenir chez moi. Je ne manquai pas d'aller lui présenter mes devoirs; mais cette visite me fut bien fatale; car il me sut si bien tourner que je ne pus m'empêcher de m'engager avec lui sur les assurances qu'il me donna, que son traité seroit bientôt conclu et qu'il ne l'achèveroit pas sans faire mes conditions avantageuses. Ce qui me porta le plus à cela, c'est que je considérai que M. Le Tellier, devenu tout-puissant depuis l'absence du cardinal, m'étant contraire, je le trouverois toujours sur mon chemin, et que je ne pourrois rien espérer da la cour si Son Éminence ne revenoit point, à moins d'avoir quelque puissant protecteur; que si au contraire M. le cardinal revenoit, je serois libre, dès qu'il ren-

1. Joseph, comte de Gaucourt. Il signa en 1652, avec le duc d'Orléans et le comte de Fiesque, les *Articles et Conditions dont Son Altesse Royale et Monsieur le Prince sont convenus pour l'expulsion du cardinal Mazarin hors du royaume en conséquence des déclarations du roi et des arrêts des parlements de France intervenus sur icelles*. Paris, 1652, in-4.

2. Le 6 juillet 1652.

3. Le prince de Condé étoit parti de Saint-Maur le 13 septembre pour se rendre à Bordeaux.

treroit dans le royaume, de l'aller trouver, en déclarant mon dessein à M. le Prince.

Mais qu'il est difficile de se tirer d'un mauvais pas quand on s'y est embarrassé! Je m'étois réservé la liberté de rejoindre M. le cardinal dès qu'il seroit de retour en France; il m'en écrivit, me fit parler, disant à tout le monde qu'on en avoit mal agi à mon égard. Cependant, malgré tout cela, les choses s'arrangèrent de façon que je ne crus pas devoir quitter M. le Prince. Il avoit envoyé M. de La Rochefoucault et M. le prince de Tarente[1] assiéger Cognac, qu'ils croyoient prendre. M. le Prince m'ayant demandé mon avis, je lui dis que je n'approuvois pas cette entreprise pour des raisons qu'il seroit trop long de détailler; les ayant goûtées, il partit dès le lendemain de Bordeaux et moi avec lui; il alla mettre pied à terre dans la tranchée, où il me commanda de demeurer; et après l'avoir visitée, il alla de l'autre côté de la ville, d'où il reconnut le comte d'Harcourt qui venoit secourir la place. Aussitôt il m'envoya le marquis de Jarzay m'en avertir et me dire que je fisse retirer le canon, et sitôt que je verrois entrer le comte d'Harcourt dans la ville, que je quittasse la tranchée.

A peine m'eut-il donné ces ordres par le marquis de Jarzay qu'il me renvoya le marquis de Fortz[2] me

1. Henri-Charles de La Trémouille, prince de Tarente. On a de lui des *Mémoires* qu'a publiés le P. Griffet.
2. François Poussart, marquis de Fors et du Vigean, maréchal de camp, lieutenant général pour le roi en l'évêché de Metz, et gouverneur de Sainte-Ménéhould, mort assassiné en 1668 ou 1669

dire que je me retirasse en diligence et qu'il m'envoyoit des chevaux pour emporter le canon, et pour favoriser ma retraite; qu'il m'attendoit sur la hauteur avec toute l'armée, d'où il ne partiroit pas qu'il ne me vît arriver.

Ce ne fut pas sans peine que je me tirai avec mon canon de cette tranchée[1] parmi l'embarras des soldats et de la cavalerie. Heureusement pour moi M. le comte d'Harcourt ne sortit point de la ville; aussi j'eus le temps d'aller joindre M. le Prince, qui m'attendoit avec une grande impatience. L'ayant joint, il me laissa le commandement de son arrière-garde avec ordre de ne point partir de ce lieu qu'il ne fût plus de minuit; pour lui, il se retira avec son avant-garde, menant avec lui les ducs de Nemours, de La Rochefoucault, le prince de Tarente et tous les volontaires à trois lieues de là, où il me donna rendez-vous. J'arrivai au lieu prescrit dès la pointe du jour sans avoir couru aucun risque, le comte d'Harcourt ne m'ayant pas poursuivi. M. le Prince, voyant son arrière-garde rafraîchie, s'en alla loger auprès de Barbezieux[2] et le lendemain à Saintes, où il ap-

---

par La Broue, sieur de Vareilles, qui fut exécuté pour ce crime le 9 avril 1669.

1. Le *Véritable journal de ce qui s'est passé pendant le siége de Cognac, et comme quoi il a été levé en présence de Monsieur le Prince le 15 novembre* 1651. Paris, par les imprimeurs et libraires ordinaires du roi, 1651, in-4.

2. Ville fortifiée, avec un bon château, en Saintonge, diocèse et élection de Saintes, parlement de Bordeaux, intendance de la Rochelle; aujourd'hui chef-lieu d'arrondissement, département de la Charente-Inférieure.

prit que le comte d'Harcourt étoit allé à la Rochelle.

En conséquence, M. le Prince me commanda de prendre deux régiments d'infanterie et quatre de cavalerie et de m'aller loger à Tonnécharante[1] et d'y faire faire en diligence un pont de bateaux. Après avoir exécuté ses ordres, je lui en donnai avis ; sur quoi il me fit avancer avec ma cavalerie, à trois lieues de cette ville, sur le chemin de la Rochelle. Pour lui, il vint avec les ducs de Nemours, de La Rochefoucault, le prince de Tarente et le reste de son armée coucher à Tonnécharante.

Il apprit à son arrivée que le comte d'Harcourt avoit pris les tours de la Rochelle[2]; ce qui lui fit changer de dessein. Il m'envoya dire de bien prendre garde à moi, parce qu'il savoit que le comte d'Harcourt étoit sorti de la Rochelle et qu'il venoit m'attaquer. Sur cet avis, je détachai deux partis du côté de la Rochelle et donnai ordre aux deux régiments de cavalerie que j'avois, de monter à cheval. J'envoyai les bagages à Tonnécharante ; je laissai quatre régiments en bataille et en emmenai deux à une

---

1. Port et château sur la Charente, dans la Saintonge, avec titre de principauté, diocèse de Saintes, parlement et intendance de Bordeaux, élection de Saint-Jean-d'Angély ; aujourd'hui chef-lieu de canton, arrondissement de Rochefort, département de la Charente-Inférieure.

2. La première fut prise le 15 novembre 1651 ; la troisième ne le fut que le 27. *Relation véritable de ce qui s'est passé à la prise de la tour de Saint-Nicolas, à la Rochelle, par l'armée du roi, commandée par M. le comte d'Harcourt.* Paris, par les imprimeurs et libraires ordinaires du roi, 1651, in-4.

demi-lieue de là sur une hauteur d'où l'on découvroit une grande étendue de pays du côté de la Rochelle.

M. le Prince arriva sur ces entrefaites; et voyant les partis que j'avois envoyés escarmoucher avec les ennemis, il me commanda de détacher, pour les secourir, un capitaine avec cinquante maîtres. Je lui répondis que je ne croyois pas que cela fût nécessaire; que c'étoit nous engager dans un combat, d'autant qu'il paroissoit dans la plaine dix-huit escadrons de l'armée du comte d'Harcourt. M. le Prince me dit que ces escadrons ne nous en vouloient pas; sur quoi je pris le parti d'obéir.

A peine mon renfort eut-il joint les partis que j'avois détachés, que les ennemis les poussèrent vigoureusement. M. le Prince se retira avec sa suite à Tonnécharante et prit en passant les quatre régiments que j'y avois laissés.

Avant son départ, je lui demandai ce qu'il y avoit à faire; il me dit de m'en tirer comme je pourrois; sur quoi je pris les régiments de Richelieu et celui du Doignon et m'en allai droit aux ennemis. Je fis une belle décharge; nous tuâmes ou blessâmes un grand nombre d'ennemis. Parmi les blessés étoit M. le marquis de Créquy [1]; et le comte de Jonzac [2] fut fait prisonnier.

1. François de Créquy, marquis de Marines, maréchal de France en 1668, mort le 4 février 1687.
2. Léon de Sainte-Maure, comte de Jonzac, lieutenant général pour le roi au gouvernement des provinces de Saintonge et Angoumois, gouverneur de la ville et château de Cognac, mort le 23 juin 1671.

Deux raisons m'engagèrent à faire cette décharge: la première fut d'arrêter les ennemis et de donner le temps à M. le Prince de se retirer; et la seconde est que je jugeai qu'il y avoit moins de péril à combattre qu'à fuir. En effet, le succès fut conforme à mon projet; car M. le Prince se retira heureusement; et je ne perdis dans cette action que cinquante hommes; encore lui envoyai-je un plus grand nombre de prisonniers. Il fut très-surpris de me revoir, me croyant mort ou prisonnier[1]. Il tenoit conseil de guerre pour savoir s'il devoit se battre ou se retirer.

Après quelques raisonnements, M. le Prince dit qu'il ne vouloit point combattre; sur quoi je lui répondis que s'il vouloit se retirer, le plus tôt seroit le mieux. Il m'ordonna d'aller en diligence à Tonnécharante et de faire passer tous les bagages sur le pont; ce qui fut bientôt exécuté. En même temps je fis défiler les troupes, si bien qu'à la pointe du jour l'armée étoit passée. M. le Prince commanda à M. le marquis de Jarzay, qui étoit de jour, de faire démolir le pont composé de barques hollandoises. Elles furent charmées de cet ordre qui leur donnoit la liberté de se retirer; mais elles ne furent pas loin. On n'avoit pas prévu que la marée descendoit; de sorte que les barques qui faisoient le pont, et les planches

---

1. *Relation véritable de la défaite de cinq cents chevaux de l'armée de Monsieur le Prince, lui présent, et de la prise de Tonné-Charente, par M. le comte d'Harcourt.* Paris, par les imprimeurs et libraires ordinaires du roi, 1651, in-4.

qu'on avoit jetées, ne furent pas à une lieue de là que le montant les força d'y rester.

M. le comte d'Harcourt ayant suivi M. le Prince jusqu'à Tonnécharante, apprit qu'il avoit passé la rivière et qu'il avoit rompu le pont; mais on lui dit en même temps que les barques dont ce pont étoit composé, étoient à une lieue de là; de sorte qu'il les renvoya querir et commanda en même temps un pont qui fut bientôt fait.

Sur l'assurance que je donnai à M. le Prince que le pont étoit rompu et que les barques étoient parties, il envoya toutes ses troupes dans des quartiers de rafraîchissement; lui-même alla à la Bergerie avec MM. de La Rochefoucault, le prince de Tarente et bien des volontaires et des officiers, ayant seulement laissé un corps de garde sur le bord de l'eau.

Comme nous étions tous fatigués des deux nuits précédentes que nous avions passées sans dormir, nous ne tardâmes pas à nous coucher, comptant bien nous dédommager par un sommeil tranquille de nos dernières fatigues. Mais nous fûmes bientôt réveillés, le corps de garde que M. le Prince avoit laissé sur le bord de l'eau, lui ayant envoyé dire que M. le comte d'Harcourt avoit fait un pont et passoit la rivière. Cela le surprit fort. Tout ce qu'il put faire alors, fut de se lever vite et de monter à cheval avec tous ceux qui l'accompagnoient, d'aller droit au passage de la rivière qu'on lui avoit indiqué, où il trouva déjà quelques escadrons du comte d'Harcourt qui avoient passé.

N'ayant point d'autre parti à prendre, il forma deux escadrons de ceux qui étoient avec lui, se mit à la tête d'un des deux et, l'épée à la main, s'en alla droit aux ennemis qui repassèrent le pont.

M. le Prince me commanda d'aller au-devant de ses troupes et de son canon, et de les emmener; pendant ce temps-là, il laissa au bout du pont ses deux escadrons, tandis qu'avec les principaux de ceux qui l'accompagnoient, il alla dans une maison voisine tenir conseil de guerre.

A mon arrivée, j'entrai aussi au conseil, où l'on n'avoit encore rien résolu. Je dis à M. le Prince que tout étoit arrivé; il en parut fort aise et me dit qu'il étoit là pour voir ce qu'il y avoit à faire. Il me demanda mon avis; je lui dis que je ne croyois pas qu'il y eût deux partis à prendre et qu'il falloit camper là; cela surprit tous ces messieurs, attendu la saison qui étoit déjà avancée. On m'objecta l'incommodité et la rigueur du temps. Je répondis que j'y avois pensé et que je ne voyois pas d'autre parti à prendre, n'ayant de retraite que Saintes, qui étoit à huit grandes lieues de là; que si nous sortions, le comte d'Harcourt ne manqueroit pas de nous suivre; si, au contraire, on campoit, cela l'empêcheroit de passer la rivière et donneroit le temps à Marsin de le joindre avec les troupes de Catalogne; qu'alors il seroit en état de tenir la campagne devant le comte d'Harcourt.

M. le Prince goûta mon avis et résolut de le suivre; je lui dis qu'il n'y avoit pas de temps à perdre, que le soleil baissoit et qu'il falloit faire le campement.

M. le Prince monta à cheval avec toute la compagnie. Je lui dis que j'avois remarqué l'endroit où il falloit camper; qu'il y avoit neuf maisons au bout de la digue qui conduisoit au pont; qu'il en falloit prendre quelques-unes pour loger les bataillons d'infanterie et partager les autres entre la gendarmerie et la cavalerie; que dans cet endroit les ennemis ne pouvoient venir à eux que quatre à quatre, parce que la rivière étoit débordée et qu'il ne leur restoit pour se mettre en bataille d'autre terrain que la digue, qui étoit fort étroite.

M. le Prince alla loger avec tous les officiers à une lieue de là; et avant de partir, il ordonna qu'il vînt tous les jours au camp un lieutenant général, un maréchal de camp et un maréchal de bataille; et afin que les soldats ne quittassent point le camp sous prétexte d'aller chercher des vivres, il me chargea du soin de leur subsistance. Je pris donc tous les villages à cinq ou six lieues à la ronde et les taxai selon leur portée à fournir le pain de munition, le vin et la viande.

Cet ordre dura près de deux mois[1]. Enfin M. Marsin arriva avec Baltazar[2] et avec les troupes de Cata-

1. Le camp dont parle Chouppes, fut établi à la Bergerie au plus tôt dans les derniers jours de novembre; il ne dura donc pas près de deux mois, puisque le prince de Condé en partit le 13 décembre.
2. On lui doit l'*Histoire de la guerre de Guyenne, commencée vers la fin de septembre* 1651, *et continuée jusqu'en* 1653. Cologne, Corn. Egmont, 1694, in-12, et Paris, P. Jannet, 1858, Bibliothèque elzévirienne.

logne et de la Haute-Guyenne. M. le Prince, se sentant alors assez fort pour tenir la campagne, nous ordonna, à Marsin et à moi, d'aller choisir un champ de bataille à une lieue derrière lui, résolu d'y attendre le comte d'Harcourt et de le combattre, persuadé que ce comte ne manqueroit pas de passer la rivière dès qu'on lui en laisseroit la liberté.

M. de Marsin et moi ayant exécuté dès le jour même les ordres du prince, il ordonna que toute l'armée fût prête à minuit pour aller prendre le campement que nous avions choisi; ce qui fut exécuté avec tant de diligence que toute l'armée étoit dans le camp à la pointe du jour. M. de Baltazar resta avec cent chevaux sur le bord de la rivière pour examiner la contenance du comte d'Harcourt. Celui-ci ne passa pas la rivière; il se contenta d'envoyer un parti de cent chevaux harceler M. le Prince. M. Baltazar rencontra ce parti, le battit et fit le commandant prisonnier.

M. le Prince demeura dans son camp le reste du jour, croyant que le comte d'Harcourt le suivroit; mais voyant qu'il n'avoit point passé la rivière, il s'en alla à la Rochecourbon avec plusieurs seigneurs et m'envoya avec toutes les troupes loger dans le bourg de Saint-Sauveur[1]. M. Baltazar commandoit

---

1. Peut-être faut-il lire Saint-Sauvant, en Saintonge, sur la petite rivière du Corau, aujourd'hui canton de Burie, arrondissement de Saintes, département de la Charente-Inférieure. En tous cas, il n'y a pas de Saint-Sauveur dont la situation réponde à ce passage de Chouppes. Quant à la Rochecourbon, nous n'avons rien trouvé qui y ressemblât.

sous moi la cavalerie, le chevalier de Roquelaure[1] l'infanterie et Saint-Martin l'artillerie. M. le Prince, qui me faisoit l'honneur d'avoir de la confiance en moi, avoit emmené avec lui tous les seigneurs pour me laisser le commandement de toute l'armée.

Je demeurai huit jours dans le même endroit; et M. le Prince, pendant tout ce temps-là, ne sortit point de Rochecourbon, où il apprit que M. de Bellegarde[2], qui commandoit pour lui dans la Haute-Guyenne, avoit été battu par M. de Saint-Luc[3]; ce qui obligea le prince de m'envoyer le comte de Fiesque[4] pour me proposer d'aller dans la Haute-Guyenne remplacer M. de Bellegarde, qu'il vouloit rappeler; je répondis à M. de Fiesque que je n'avois pas d'autre volonté que celle de M. le Prince.

Le lendemain, M. de Marsin vint me trouver de la part de M. le Prince et me témoigna le plaisir que je lui faisois d'accepter l'emploi de la Haute-Guyenne, sous les ordres de M. le prince de Conti.

En même temps M. le Prince fit faire mes expéditions; et après qu'il m'eut donné ses ordres, il me fit partir. Je trouvai M. le prince de Conti à Agen; et de là j'allai joindre le reste de l'armée de M. de

---

1. Antoine de Roquelaure, chevalier de Malte.
2. Jean-Antoine de Pardaillan de Gondrin, d'abord marquis de Montespan, puis duc de Bellegarde, grand maitre de la garde-robe, lieutenant général en Guyenne, mort le 21 mars 1687, âgé de quatre-vingt-cinq ans.
3. François d'Espinay, marquis de Saint-Luc, lieutenant général pour le roi en Guyenne.
4. Charles-Léon, comte de Fiesque.

Bellegarde qui étoit à Valence sur la Garonne[1]. Je lui présentai les ordres de M. le Prince ; et je pris en conséquence le commandement de l'armée, qui étoit fort délabrée.

Sur ces entrefaites, ayant appris que M. de Saint-Luc, qui commandoit les troupes du roi, avoit assiégé la ville de Lozerte[2], j'envoyai à Agen supplier M. le prince de Conti de m'envoyer en diligence des munitions de guerre ; ce qu'il fit. Aussitôt, j'allai au secours de la ville assiégée. Les ennemis, me voyant approcher, se retirèrent. Je profitai de leur départ pour jeter dans la ville tous les rafraîchissements et les secours dont elle avoit besoin.

Ensuite, pour tâcher d'attirer M. de Saint-Luc et pour venger M. de Bellegarde, j'allai assiéger Codecoste[3], qui étoit le lieu où ce dernier avoit été battu après avoir été contraint de lever le siége. Mon dessein étoit de combattre M. de Saint-Luc ou de m'emparer de la place, s'il ne m'en empêchoit pas. Je me rendis maître de la ville ; et ensuite j'allai prendre des quartiers le long de la rivière pour rafraîchir un peu mes

---

1. Ville dans l'Agénois, sur la rive septentrionale de la Garonne, diocèse et élection d'Agen, parlement et intendance de Bordeaux ; aujourd'hui Valence-d'Agen, chef-lieu de canton, arrondissement de Moissac, département de Tarn-et-Garonne.

2. Lauzerte en Quercy, diocèse et élection de Cahors, parlement de Toulouse, intendance de Montauban ; aujourd'hui chef-lieu de canton, arrondissement de Moissac.

3. Caudecôte, bourg au pays de Lomagne, en Gascogne, diocèse de Lectoure, parlement de Toulouse, intendance d'Auch ; aujourd'hui canton d'Astaffort, arrondissement d'Agen, département de Lot-et-Garonne.

troupes, que je partageai en différents endroits. Tous mes quartiers étant à deux lieues de moi sur la rivière, qui n'étoit point guéable, j'appris que M. de Saint-Luc étoit dans le dessein de me venir attaquer; ce qui m'obligea de resserrer mes quartiers et de les réduire à deux; je fis rompre tous les ponts qui étoient sur la rivière de Nert, dans le dessein d'en défendre le passage.

Je donnai avis à M. le prince de Conti de la disposition où j'étois, de ma résolution et de la marche de M. de Saint-Luc, qui vint quatre jours après camper devant Stafford[1] avec toute son armée; jugeant que c'étoit pour m'attaquer le lendemain, je fis dire à M. le prince de Conti que s'il vouloit être de la partie, il n'avoit qu'à monter à cheval. Au lieu d'accepter la proposition, il me manda de quitter la rivière de Nert et de me retirer avec toutes mes troupes à la Plume[2], petite ville à deux lieues de là.

Je renvoyai le gentilhomme qui m'apportoit cet ordre, avec de La Langevinière, lieutenant-colonel de mon régiment, pour représenter à M. le prince de Conti les raisons que j'avois de ne pas faire ce qu'il m'ordonnoit, chargeant de plus Langevinière de lui dire, en cas qu'il persistât dans sa résolution, que

---

1. Astaffort, ville et juridiction dans le Condomois, diocèse et élection de Condom, parlement et intendance de Bordeaux; aujourd'hui chef-lieu de canton, arrondissement d'Agen, département de Lot-et-Garonne.
2. Ville, chef-lieu de la vicomté de Brullois, au pays de Lomagne, diocèse de Lectoure, parlement de Toulouse, intendance d'Auch; aujourd'hui chef-lieu de canton, arrondissement d'Agen.

je le suppliois de me permettre de protester contre cette conduite ; et j'ajoutai qu'il n'y avoit que des gens malintentionnés ou ignorants qui pouvoient lui donner de semblables conseils.

Aussitôt que Langevinière eut dit à M. le prince de Conti ce que je l'avois chargé de lui représenter, il assembla son conseil et déclara qu'il voyoit bien qu'il m'avoit envoyé des ordres qu'il n'étoit pas à propos de suivre, puisque je ne les approuvois pas. « Je vais, dit-il, monter à cheval pour aller joindre M. de Chouppes ; » ce qu'il fit au grand regret de ces messieurs, qui furent obligés de le suivre et de quitter le bal où ils étoient.

Ils arrivèrent à Stafford au point du jour. M. de Saint-Luc, dans ce moment-là même, faisoit avancer son armée en bon ordre. M. le prince de Conti eut le plaisir de la voir. Je craignois que son grand courage ne lui fît faire quelque chose de préjudiciable à son service et à celui de M. le Prince ; ainsi je pris la liberté de lui dire qu'il étoit question de battre l'ennemi et non pas de se mettre au hasard d'être battu. « Je sens bien, me répondit-il avec bonté, que je ne suis pas capable de commander dans une action ; je me décharge de tout sur vous ; et je vous prie de me marquer le lieu où vous voulez que je demeure, sans avoir égard ni à ma naissance ni à ma qualité de commandant ; enfin je remets mon honneur entre vos mains ; et s'il m'arrive d'y faire quelque chose de contraire ; je m'en prendrai à vous. »

Après ce discours, il se mit à la tête des gendarmes, quelque chose que je pusse lui dire pour l'engager à conserver le commandement qu'il vouloit me donner. Tous les messieurs qui l'avoient accompagné, se rangèrent auprès de sa personne; et je fis par ses ordres la conduite de l'armée; elle demeura toute la journée en présence de celle de M. de Saint-Luc, qui se contenta de faire de légères escarmouches sans oser enfoncer.

La nuit étant survenue, il se retira à une lieue de là, où il campa. De mon côté, je fis poser les armes et rafraîchir les troupes jusqu'au lendemain, me tenant toujours sur mes gardes. Le jour commençant à paroître, M. de Saint-Luc mit son armée en bataille. J'en fis autant; mais une heure après, j'appris qu'il avoit tourné ses pas du côté de la Miradous[1]. Je le suivis avec cent chevaux pour connoître sa marche. L'ayant vu camper à Miradous, je revins aussitôt en rendre compte à M. le prince de Conti; il me demanda ce qu'il y avoit à faire. Je lui répondis qu'il étoit à propos d'envoyer en diligence à M. le Prince pour le prier de nous envoyer quatre cents chevaux de renfort; et je l'assurai qu'avec ce secours on déferoit M. de Saint-Luc. Il fit partir sur-le-champ le sieur Guionnet[2] pour aller proposer la chose à M. le Prince et pour lui rendre compte de

---

1. Ville au pays de Lomagne, en Gascogne, diocèse de Lectoure, parlement de Toulouse, intendance d'Auch, élection de Lomagne; aujourd'hui chef-lieu de canton, arrondissement de Lectoure, département du Gers.
2. Conseiller au parlement de Bordeaux et commissaire pour la levée des tailles dans le haut pays.

ce qui s'étoit passé à l'entrevue des deux armées et du poste qu'occupoit actuellement M. de Saint-Luc, et pour lui faire savoir aussi que je ne trouvois aucune difficulté à battre les ennemis avec ce secours.

Le sieur Guionnet ayant fait ce rapport à M. le Prince, celui-ci approuva le dessein de M. le prince de Conti et envoya sur-le-champ lui dire qu'il alloit lui-même venir avec les quatre cents chevaux, voulant absolument être de la partie. Il me demanda d'aller au-devant de lui jusqu'à Bourret[1], passage de la rivière de Garonne, pour conférer ensemble et pour prendre des mesures qui cachassent sa marche à M. de Saint-Luc.

Lorsque nous fûmes instruits du dessein de M. le Prince, je partis aussitôt pour aller au-devant de lui. Je le trouvai au passage de la Garonne qui faisoit défiler ses troupes. Il me reçut avec beaucoup de bonté; et m'ayant tiré à l'écart, il voulut se mettre au fait de tout et savoir où étoit M. de Saint-Luc; je lui dis qu'il se tenoit toujours dans son camp de Miradous avec les officiers généraux; que sa cavalerie, formée de neuf régiments, étoit campée dans trois ou quatre villages à la portée du canon, et que son infanterie, composée des régiments de Cham-

---

1. Bourg au pays de Rivière-Verdun, en Gascogne, à un kilomètre de la Garonne, diocèse de Montauban, parlement de Toulouse, intendance d'Auch; aujourd'hui canton de Verdun-sur-Garonne, arrondissement de Castel-Sarrazin, département de Tarn-et-Garonne.

pagne, de Lorraine, d'Auvergne et de Montauban, étoit à la porte de Miradous.

Sur cela, M. le Prince forma son projet et prit la résolution d'aller à Clairac[1], ne voulant pas s'approcher de plus près de M. de Saint-Luc, de peur de lui donner connoissance de sa marche ; il m'ordonna de le faire savoir à M. le prince de Conti, afin que ce dernier s'y rendît ; ce que je fis aussitôt. Ensuite j'accompagnai M. le Prince à Clairac, où M. le prince de Conti ne tarda point à se rendre.

Il y fut arrêté que M. le Prince prendroit des troupes de M. le prince de Conti et partiroit le soir de Clairac pour être à minuit précis devant Miradous ; que M. le prince de Conti, avec lequel je serois, s'y rendroit à la même heure avec le reste de l'armée : pour être plus sûr d'y arriver en même temps, M. le Prince monta deux montres à la même heure, en garda une et donna l'autre à M. le prince de Conti, qui s'en retourna à Stafford et disposa toutes choses pour le départ.

L'on partit si à propos, qu'on arriva à la même heure ; et l'on se rencontra entre Miradous et le quartier de la cavalerie de M. Saint-Luc ; de sorte que le quartier qu'il avoit pris pour sa cavalerie, fut le champ de bataille.

La cavalerie ennemie, informée de la marche de

---

1. Clairac ou Clérac, dans l'Agénois, en Guyenne, sur la rivière de Drot, diocèse d'Agen, parlement et intendance de Bordeaux ; aujourd'hui canton de Tonneins, arrondissement de Marmande, département de Lot-et-Garonne.

M. le Prince, monta à cheval; et voulant se rendre à leur champ de bataille, ils y trouvèrent les princes qui les reçurent à grands coups d'épée; si bien que toute la cavalerie fut défaite sans que nous eussions couru le moindre danger. Les fuyards portèrent à M. de Saint-Luc la nouvelle de leur défaite. Il fit mettre son infanterie en bataille. Comme il n'étoit point encore jour, on ne pouvoit pas voir par où il falloit attaquer cette infanterie, qui étoit très-bien postée.

Lorsqu'il fit plus clair, on s'aperçut qu'elle étoit campée sur une hauteur plantée de vignes et environnée de grands fossés; du côté qu'il falloit que M. le Prince les attaquât, il y avoit un grand chemin relevé de deux grands fossés.

M. le Prince, en escarmouchant, s'en approcha à la portée du pistolet; et ayant reconnu le poste et la contenance des ennemis, il assembla son conseil, qui étoit composé de M. le prince de Conti, de M. le duc de La Rochefoucault, de M. de Valansày[1], de Jarzay, de Guittau[2] et moi. Il nous demanda comment il falloit attaquer les ennemis, notre infanterie ne pouvant aller à eux que par un défilé dans lequel il y avoit à passer deux fossés et un grand chemin qui étoient soutenus de toute leur infanterie. Il est vrai que M. le Prince avoit une bonne cavalerie, et que les ennemis n'en avoient plus; et c'est ce qui le

1. Dominique d'Étampes, marquis de Valençay, mort en 1691.
2. Guillaume de Puechpeyrou-Comminges, comte de Guitaut, lieutenant des chevau-légers du prince de Condé.

portoit à les vouloir attaquer. Les avis furent partagés ; les uns étoient pour l'attaque, les autres y trouvoient de grandes difficultés. Pour moi je fus d'avis d'envoyer à l'heure même prendre à Agen deux pièces de canon, qui pouvoient nous être rendues dans six heures ; et je dis que les ennemis ne pouvoient faire que de deux choses l'une, ou de s'en aller ou de demeurer. « S'ils s'en vont, disois-je, nous tenant en bataille comme nous sommes, nous tomberons sur eux lorsqu'ils quitteront leurs postes, et nous les battrons infailliblement. Si, au contraire, ils prennent le parti de demeurer, le canon étant venu, il nous sera facile de les charger et de rompre leurs bataillons ; si on s'opiniâtre à les attaquer dans l'état où ils sont actuellement, le succès est fort douteux, quelque bonne que soit notre cavalerie. »

M. le Prince ayant écouté mes raisons, fut de mon avis ; et à l'heure même le sieur de Saint-Martin, commandant de l'artillerie, eut ordre d'aller prendre à Agen deux pièces de canon.

Cependant M. le Prince fit approcher ses troupes de celles des ennemis le plus près qu'il put et passa le reste du jour à escarmoucher.

Le soir étant venu, le canon n'étant point encore arrivé, M. le Prince assembla tous ses officiers généraux et leur dit qu'il falloit que chacun prît son poste pour être prêt à charger l'ennemi ; lui-même se plaça à la droite, me gardant avec lui, et envoya à la gauche M. le prince de Conti avec MM. de La Rochefoucault et de Valencé. Après cet arrangement il demanda à manger, et commanda aux officiers d'aller chacun dans son poste, me chargeant d'envoyer reconnoître ce que faisoient les ennemis. Je m'y transportai moi-même et je pris un escadron pour m'accompagner. J'allai jusqu'à la garde avancée, d'où je découvris que les ennemis étoient en bataille et défiloient. J'envoyai mon aide de camp en avertir M. le Prince; et je restai avec mon escadron pour observer les ennemis. Je ne fus pas long-temps seul. M. le Prince arriva bientôt à la tête des troupes; et voulant charger l'ennemi sans attendre que j'eusse envoyé cinquante chevaux devant lui, il s'en fâcha, me demanda si je voulois lui apprendre son métier, et me dit que quand l'ennemi fuyoit, il n'y avoit plus d'ordre à observer. Il passa le premier; tout ce que je pus faire, ce fut de le suivre; mais nous n'allâmes pas loin; car à vingt pas nous trouvâmes dans un fossé un détachement du régiment de Champagne qui fit sa décharge. Le cheval de M. le Prince fut tué. Cela n'empêcha pas qu'on ne suivît les ennemis. Je me mis à la tête des troupes pendant que M. le Prince prenoit un autre cheval. Je les suivis jusqu'au delà des vignes, où ils se remirent en bataille. Le défilé étoit fort étroit; je ne pouvois former mes escadrons. M. le Prince me demanda d'abord quels escadrons étoient ceux qu'il voyoit vis-à-vis; je lui répondis que c'étoient ceux des ennemis, et qu'il n'y avoit que les trois que je lui fis voir, qui fussent des nôtres. En même temps, je les pris et chargeai les ennemis, que je renversai sur leur infanterie, qui ne put se remettre en défense ; ainsi chacun ne pensa plus qu'à se sauver[1].

Le régiment de Champagne, qui étoit en bataille devant la porte de Miradous, se retira dans la ville ; et le reste des troupes se rendit à Lectoure[2], à six lieues de là, sous les ordres de M. de Saint-Luc. M. le Prince, en poursuivant les ennemis, apprit à une lieue de Miradous, que le régiment de Champagne s'étoit jeté dans cette ville. Il me commanda de retourner au champ de bataille, d'y prendre le régiment de Montmorency, d'aller investir Miradous et de l'y attendre.

Je me trouvai devant cette ville deux heures avant le jour, et M. le Prince y arriva au soleil levé, après avoir suivi quatre grandes lieues M. de Saint-Luc, qui s'étoit retiré dans Lectoure, avec vingt-cinq ou trente chevaux, ayant abandonné toute son infanterie et perdu presque toute sa cavalerie.

MM. les Princes et les autres officiers descendirent chez moi. Je m'étois logé à la porte de Miradous. On y tint conseil sur ce qu'il y avoit à faire ;

1. Cette affaire eut lieu le 22 février 1651. Les frondeurs se hâtèrent à Paris de célébrer la victoire du prince de Condé ; ils se hâtèrent trop ; car la fin, on le sait, ne répondit pas au commencement. On ne compte pas dans les *Mazarinades* moins de six pièces relatives au combat de Miradoux. Nous n'en indiquerons ici qu'une seule : *La Véritable relation de la défaite de l'armée de M. le marquis de Saint-Luc par les troupes de MM. les Princes, envoyée par M. le prince de Conti à Son Altesse Royale*. Paris, veuve J. Guillemot, 1652, in-4.

2. Ville capitale de la Lomagne, en Gascogne, avec château et évêché, sur le Gers, parlement de Toulouse, intendance d'Auch ; aujourd'hui chef-lieu d'arrondissement, département du Gers.

après plusieurs délibérations, les uns furent d'avis d'attaquer le régiment de Champagne dans Miradous et de faire pour cela mettre pied à terre à la cavalerie, parce qu'on n'avoit pas assez d'infanterie ; les autres disoient qu'il n'étoit pas sûr que la cavalerie, mettant pied à terre, pût forcer deux mille hommes bien aguerris, braves, et la plupart officiers. M. le Prince prit la parole et dit :

« Je ne veux point hasarder ma cavalerie ; je suis sûr d'avoir ces gens-là sans rien risquer. Je vais donner ordre au sieur de Marsin, qui est à Bergerac avec toute l'armée, d'observer le comte d'Harcourt et de l'empêcher de passer la rivière de Dordonne. Supposé que M. d'Harcourt veuille remonter jusqu'à la source de cette rivière, j'ordonnerai qu'on le laisse aller tranquillement, parce qu'il aura alors plus de trente lieues de chemin à faire, tandis que Marsin, qui n'en aura pas plus de dix, fera avancer notre armée en diligence. Cependant il faut prendre nos quartiers de manière qu'il ne puisse rien entrer dans Miradous ; par ce moyen, les ennemis manqueront de tout, et seront bientôt à notre discrétion. »

Le conseil approuva ce projet. M. le Prince envoya ses ordres en conséquence au sieur de Marsin ; et il me chargea de faire les quartiers aux environs de Miradous pour empêcher qu'il entrât des provisions dans la ville et afin de pourvoir à la subsistance de nos troupes.

J'eus ordre aussi d'aller choisir un champ de bataille en cas que le comte d'Harcourt eût dessein de nous livrer combat; ensuite M. le Prince dit à toute l'assemblée que le comte d'Harcourt ne pouvoit passer la Dordogne devant Marsin qu'en remontant jusqu'à la source de la rivière et que par conséquent M. d'Harcourt seroit obligé de faire plus de quarante lieues tandis que Marsin n'en avoit que dix à faire pour le joindre; qu'ainsi il étoit en état de battre le comte d'Harcourt, comme il avoit battu Saint-Luc et qu'il ne vouloit point accorder d'autre capitulation à MM. de Champagne que de les faire prisonniers de guerre.

Cela ferma la bouche aux députés que ce régiment avoit envoyés, qui demandoient à sortir avec armes et bagages, promettant qu'ils ne serviroient point contre M. le Prince et qu'ils demanderoient au roi d'être employés en Flandre, en Italie ou en Catalogne; ce que M. le Prince ne voulut point leur accorder.

Pendant ce temps-là, M. le comte d'Harcourt marcha à la source de la Dordogne, et le sieur de Marsin, n'exécutant pas les ordres de M. le Prince, le vint seulement trouver avec le sieur de Baltazar et sa cavalerie légère, et encore avec si peu de diligence, quoiqu'il n'eût que dix lieues à faire, qu'il n'arriva auprès de M. le Prince que lorsque le comte d'Harcourt eut passé la Garonne et eut fait plus de quarante lieues de chemin.

Comme M. le Prince s'étoit reposé sur moi du soin d'arranger tout ce qui seroit nécessaire pour livrer bataille en cas que le comte d'Harcourt vînt nous attaquer, dès que je fus instruit de sa marche je pris cent chevaux et me rendis à Avilla[1]. Aussitôt que je fus arrivé, je vis paroître M. le comte d'Harcourt avec quarante ou cinquante escadrons; je retournai en donner avis à M. le Prince. Je le trouvai chez moi déjà instruit de ce que je venois lui apprendre.

M. le Prince me demanda d'abord si je savois que le comte d'Harcourt venoit; je lui dis que je venois de le voir à Avilla, mais que toutes ses troupes n'avoient pas encore passé la Garonne et que cette opération demandoit une journée entière; sur quoi M. le Prince me dit de faire retirer son canon des batteries. Comme je ne savois pas son dessein, je lui représentai que le canon pouvoit se tirer des batteries en plein jour; il me répondit que ce n'étoit pas pour aller au champ de bataille, mais pour se retirer promptement, parce que Marsin n'étoit pas venu avec l'armée. Comme je témoignois mon étonnement de ce qu'on ne lui avoit pas obéi, Marsin prit la parole et dit qu'il n'avoit pas cru que Son Altesse eût résolu de donner bataille et qu'il n'avoit emmené que la cavalerie, pensant que ce n'étoit que pour se retirer. Je lui répliquai que l'ordre qu'il avoit reçu, étoit de marcher avec toute l'armée et le canon. M. le Prince, voyant que nous nous échauf-

---

1. Ville avec titre de vicomté au pays de Lomagne, diocèse de Lectoure, parlement de Toulouse, intendance d'Auch, élection de Lomagne; aujourd'hui chef-lieu de canton, arrondissement de Moissac, département de Tarn-et-Garonne. Son nom est Auvillars.

fions, nous dit : « Messieurs, c'est mon affaire. Si j'avois seulement le régiment de Bordeaux, je ne m'en irois pas; mais il n'y a plus de remède; il faut partir[1]. » Il me donna ordre de tenir l'armée en bataille dès la pointe du jour pour marcher du côté de Stafford, voulant prendre ses quartiers sur la rivière de Vert pour attendre son armée qu'il alloit envoyer chercher.

Il ne fut plus question alors que de mettre l'armée en bataille; ce qui fut fait au temps marqué. Tout étant prêt, M. le Prince me dit de marcher à la tête et d'aller droit à Stafford pour y prendre mon quartier et pour loger son armée le long de la rivière de Vert; ce que j'exécutai. Guittau, qui étoit avec moi, me voyant chagrin de la retraite de M. le Prince, dont Marsin étoit l'unique cause, nous entrâmes en conversation là-dessus. Je lui dis qu'il étoit bien fâcheux, après la résolution que M. le Prince avoit prise d'attendre le comte d'Harcourt et de le combattre, d'être obligé de se retirer, et cela par l'explication que Marsin avoit jugé à propos de donner aux ordres de Son Altesse. « Mais, ajoutai-je, il me vient une pensée à l'esprit : il faudroit que M. le Prince fît croire à tout le monde que cette retraite ne se fait point par la crainte de l'arrivée du comte

1. Le prince de Condé leva le siége de Miradoux le 27 février. Les frondeurs durent enfin l'avouer après beaucoup d'hésitations; mais ils s'efforcèrent d'atténuer la gravité de cet échec. *Relation de tout ce qui s'est fait et passé dans la levée du siège de Miradoux par M. le Prince*. Jouxte la copie imprimée à Bordeaux. Paris, veuve Marette, 1652, in-4.

d'Harcourt, mais plutôt dans le dessein de tromper l'ennemi. On répandra le bruit que le roi est à Poitiers[1] pour aller à Saumur; que le duc de Rohan[2] s'est déclaré pour les Princes; que MM. de Nemours et de Beaufort[3] se sont joints; qu'ils marchent droit à Angers, dont le maréchal d'Hocquincourt[4] est allé faire le siége[5]; que tout cela obligeoit M. le Prince de faire venir son armée en diligence à Agen et d'embarquer toute l'infanterie, le canon et le bagage de l'armée; qu'en deux fois vingt-quatre heures tout arriveroit à Bordeaux, et que M. le Prince faisoit marcher la cavalerie le long de la Garonne pour se rendre dans la capitale de la Guyenne. Alors, disois-je, le comte d'Harcourt, qui n'avoit en vue que Miradous, seroit bien étonné, en y arrivant, d'apprendre que M. le Prince seroit à Bordeaux avec toute son armée; sur cela M. le comte d'Harcourt n'auroit que deux partis à prendre, ou de suivre M. le Prince, ce qu'il ne pourroit faire sans ordre du roi, ou de demeurer à Miradous, ce qui donneroit lieu à M. le Prince d'exécuter ce que je croyois qu'il devoit faire en pareille occasion; c'est-à-dire qu'après s'être rendu à Bordeaux avec

---

1. Le roi avoit été en effet à Poitiers. Il y avoit même reçu le cardinal Mazarin le 28 janvier; mais il n'y étoit plus. Il en étoit parti le 6 février pour se rendre à Saumur.
2. Henry de Chabot.
3. François de Vendôme, duc de Beaufort.
4. Charles de Monchy, marquis et maréchal d'Hocquincourt, mort en 1658.
5. Angers, assiégé le 3 février, avoit capitulé le 27.

toute son armée et après avoir laissé à Agen un homme capable de défendre la place, il falloit aller au parlement pour lui apprendre la retraite du roi à Saumur, la déclaration du duc de Rohan pour les Princes, le siége d'Angers par le maréchal d'Hocquincourt et la jonction des ducs de Nemours et de Beaufort; ensuite le Prince se rendroit à Saumur, et passant par la Saintonge, comme c'est son chemin, il prendroit le prince de Tarente qu'il y avoit laissé; lorsqu'il auroit mis de bonnes garnisons dans ces places, il pourroit s'avancer vers le roi avec six mille hommes d'infanterie et trois mille cinq cents chevaux et y donner rendez-vous aux ducs de Nemours et de Beaufort en leur marquant un jour fixé pour se joindre. Étant joints une fois, ils composeroient ensemble une armée de vingt-cinq mille hommes. Le roi n'en ayant pour lors que trois mille et le maréchal d'Hocquincourt quatre mille, M. le Prince pourroit se dire maître de tout.

« A l'égard du comte d'Harcourt il falloit le compter pour rien, parce que s'il prenoit le parti de suivre M. le Prince, il seroit obligé de faire cent lieues, tandis que M. le Prince n'en feroit que trente; le comte d'Harcourt n'ayant pas le passage des rivières, il faudroit par conséquent qu'il prît le chemin par où il étoit venu; que c'étoit un grand cercle à faire et que, de plus, il ne pourroit l'entreprendre sans avoir reçu du roi un ordre qui ne pouvoit lui être envoyé qu'après qu'on auroit su le dessein de M. le Prince. »

Tout cela se disoit entre Guittau et moi par manière de conversation; mais il me dit qu'il falloit en parler à Son Altesse. Je lui répondis que M. le Prince n'étoit point homme à prendre des avis de personne et qu'il savoit mieux que qui que ce soit ce qu'il y avoit à faire; qu'il croiroit peut-être que ce seroit pour en tirer des avantages, quoique je ne regardasse en cela que son intérêt et la gloire de son parti.

Pendant cette conversation, M. de La Rochefoucault arriva qui nous demanda d'abord sur quoi nous en étions; Guittau lui répondit que nous parlions de la retraite de M. le Prince, dont j'étois fâché, et qu'il m'étoit venu à ce sujet une idée qui méritoit qu'on y fît attention. Là-dessus Guittau rapporta tout ce que je venois de lui dire. M. de La Rochefoucault goûta mon projet et dit qu'il falloit le communiquer à M. le Prince. Je m'en défendis encore par les mêmes raisons que j'avois déjà alléguées à Guittau; mais M. le Prince arriva sur ces entrefaites en nous disant : « Je ne doute pas que vous ne parliez de mes affaires. » M. de La Rochefoucault lui avoua que cela étoit vrai et lui compta tout ce que nous venions de lui dire. M. le Prince convint que c'étoit un beau et grand dessein. « Je vais, dit-il, en faire part à mon compère Marsin. » Il nous quitta et l'alla trouver. Une heure après, il nous vint rejoindre avec Marsin qui approuvoit fort cette entreprise; mais il représentoit en même temps qu'il y avoit bien à risquer, parce que le comte d'Harcourt demeurant en Guyenne, il en seroit le maître. Comme c'étoit moi qui avois proposé la chose, je me crus obligé de repartir, de sorte que je dis à M. le Prince que c'étoit le plus grand avantage qui pût lui arriver, parce que cela lui donneroit lieu, étant dans le cœur du royaume, à la tête de vingt-cinq mille hommes, de se rendre maître de la personne du roi, Sa Majesté n'ayant que six ou sept mille hommes pour toutes forces; j'ajoutai que le comte d'Harcourt, demeurant en Guyenne, il ne pouvoit faire autre chose que prendre quelques places dont on se remettroit aisément en possession. Sur cela Marsin repartit qu'Agen étant une grande ville que l'éloignement de M. le Prince pourroit effrayer, elle pourroit se rendre. « Cela pourroit arriver, répondis-je; mais en tout cas ce ne seroit pas la perte de la Guyenne, puisque nous avons bien vu Bordeaux soutenir un siége en présence du roi, quoique les Princes fussent prisonniers, d'ailleurs on ne seroit point alarmé de voir le comte d'Harcourt dans Agen quand on verroit paroître M. le Prince à la tête de vingt-cinq mille hommes devant Saumur, où étoit le roi avec six ou sept mille hommes. » M. le Prince, voyant que nous nous échauffions, prit la parole et dit qu'il ne vouloit point hasarder la Guyenne et qu'il alloit mander aux ducs de Nemours et de Beaufort de marcher droit où seroit le roi, et que lui il alloit prendre ses quartiers sur la rivière de Vert pour y assembler les troupes et ensuite attaquer le comte d'Harcourt en quelque lieu qu'il fût.

Sur cela je ne dis plus rien, voyant bien que ma proposition n'avoit point été agréée par M. Marsin; ainsi je marchai jusqu'à Stafford. Je reçus ordre de faire les quartiers de manière que le comte d'Harcourt ne pût passer la rivière sans qu'on s'en aperçût. M. le Prince avec M. de la Rochefoucault, Marsin et la moitié de son infanterie furent placés à Stafford; et je pris mon logement à Clairac avec le reste de l'infanterie. M. de Baltazar demeura à Rommis[1] avec la cavalerie légère. On lui recommanda de faire bonne garde et d'envoyer jour et nuit des partis dans tous les endroits par où l'ennemi pourroit passer. La Plume fut le quartier des gendarmes que commandoit Valencé; et je logeai dans le Pergan[2], autre petite ville dans la plaine, le corps des gardes que commandoit de Roche[3], capitaine des gardes de M. le Prince. Tous ces quartiers étant ainsi arrangés et M. le Prince les ayant approuvés, il envoya chacun dans le sien.

Trois jours après, Marsin étant allé voir Baltazar, celui-ci lui représenta qu'il étoit mal logé, et qu'il y avoit un quartier à une lieue de là où il seroit très-bien. Marsin, ne considérant pas que l'on avoit fait ces arrangements pour notre conservation plutôt

---

1. Larromieu, canton et arrondissement de Condom, département du Gers.
2. Preignan, dans l'Armagnac, en Gascogne, près de la rive droite du Gers, diocèse, élection et intendance d'Auch, parlement de Toulouse; aujourd'hui canton et arrondissement d'Auch, département du Gers.
3. Desroches.

que pour se procurer du plaisir et des commodités, délogea Baltazar sans en avertir ni M. le Prince ni qui que ce soit. Ainsi le passage de la rivière de Vert se trouva si libre, que M. le comte d'Harcourt, qui étoit venu prendre son quartier à Florence et qui croyoit que Son Altesse étoit délogée, passa la rivière et marcha droit sur Stafford pour suivre le Prince.

M. d'Harcourt, en arrivant au Pergan, fut fort surpris d'y trouver les gardes de M. le Prince[1], qui étoient au nombre de huit cents chevaux. Cela l'obligea de s'y arrêter, n'ayant avec lui que vingt escadrons, le reste de son armée venant après. Son Altesse, sachant ce qui se passoit, vint avec tous les officiers généraux pour reconnoître l'ennemi. Le prince, surpris de voir M. d'Harcourt, se tourna vers moi, et comme je témoignois mon étonnement : « Ne savez-vous pas, me dit-il, que Marsin a fait déloger Baltazar, parce que celui-ci ne se trouvoit pas bien dans son quartier ? — J'ignorois tout cela, répondis-je, et si j'en eusse été instruit, j'aurois averti Son Altesse de prendre ses précautions pour mettre sa personne en sûreté. » M. le Prince, voyant que ce discours attaquoit la conduite de Marsin, dit que c'étoit une chose faite, que cela ne regardoit que lui et qu'il n'y avoit plus d'autre parti à prendre que de se bien battre; pour cet effet, il me com-

---

1. Le 5 mars 1652. C'étoient les gardes de tous les généraux. Ils se rendirent à discrétion, après que le prince de Condé, poussé par le comte d'Harcourt, se fut retiré vers Agen.

manda d'aller choisir un champ de bataille le plus avantageux que je pourrois et d'arranger les troupes à mesure qu'elles arriveroient.

A peine eus-je exécuté cet ordre, que M. de La Rochefoucauld arriva au grand galop pour me dire de la part de M. le Prince qu'il n'y avoit plus rien à faire que de se retirer comme l'on pourroit, parce que l'armée du comte d'Harcourt étant arrivée et s'étant mise en bataille entre la Plume et Stafford, nos troupes ne se pourroient plus joindre. Je dis à M. de La Rochefoucauld qu'il falloit avertir M. le Prince que la retraite étoit périlleuse du côté d'Agen, n'y ayant que deux bateaux à Bourret, et que s'il vouloit passer sur le pont de Stafford la rivière de Vert et ensuite rompre le pont, cela donneroit le temps à M. le Prince de se retirer en quelque endroit où il n'auroit rien à craindre de la part des ennemis.

Le duc de La Rochefoucauld en alla aussitôt avertir Son Altesse; et cependant je mis les troupes en marche pour aller d'un côté ou de l'autre; ce qui ne fut pas plutôt fait, que M. le Prince arriva accompagné du duc de La Rochefoucauld, de Marsin et de plusieurs autres. Il me dit en leur présence qu'il n'y avoit plus d'autre mesure à prendre que de se sauver comme l'on pourroit; il m'ordonna de commander deux cents hommes du régiment de Condé pour conduire son artillerie à Stafford, de me mettre à la tête de son infanterie et de me rendre à Bourret; ce que j'exécutai.

Une demi-heure après la nuit fermée, M. le Prince

arriva à la tête de son infanterie et me dit que le comte d'Harcourt étant en bataille entre la Plume et le Pergan, il ne falloit pas attendre que nos troupes nous pussent joindre, mais qu'il falloit marcher en diligence, afin d'être à Agen avant qu'il fît jour. Tous ceux qui l'accompagnoient, voyant le péril où il se trouvoit, lui dirent que sa présence étoit nécessaire à Agen; que dans un désordre comme celui où l'on étoit, il y avoit lieu de craindre qu'une grande ville comme celle-là ne prît l'épouvante et qu'au lieu d'y trouver du soulagement, elle ne se déclarât contre lui.

Le prince allégua plusieurs raisons pour n'y point aller; mais on lui en opposa tant d'autres, qu'il ne put s'en défendre; et jugeant à propos d'emmener avec lui tous ceux qui l'accompagnoient, il me laissa seul avec le commandement de son infanterie, m'assurant que la première chose qu'il feroit dès son arrivée à Agen, ce seroit de m'envoyer le plus de bateaux qu'il pourroit. Il partit ensuite et me laissa avec l'infanterie, que je fis marcher vers Bourret le plus vite qu'il me fut possible.

En y arrivant, je trouvai que M. le Prince avoit pensé à moi en envoyant des bateaux. Je ne perdis point de temps; je fis passer mon infanterie, la rangeant en bataille à mesure qu'elle arrivoit. A la pointe du jour, il ne restoit plus que deux cents mousquetaires et moi à passer, lorsque je vis paroître vingt escadrons de l'armée du comte d'Harcourt; je m'embarquai au plus vite avec le reste de mes troupes; on eut le temps de prendre un de mes capitaines et quelques soldats.

Après avoir retiré tous mes bateaux, et mon infanterie étant en ordre de bataille le long de l'eau, je leur fis faire leur décharge sur ces escadrons ; nous nous mîmes ensuite en marche, tambour battant, enseigne déployée ; et à la vue du comte d'Harcourt nous prîmes la route d'Agen.

M. le Prince attendoit avec impatience son infanterie ; et il eut bien de la joie de nous voir arriver. Il fallut lui conter comment tout s'étoit passé. M. le Prince, à ce récit, s'écria qu'il s'étonnoit que le comte d'Harcourt n'en eût pas fait davantage. Sur quoi, je pris la liberté de lui dire qu'il ne devoit pas en être surpris, parce que M. le comte d'Harcourt savoit bien qu'il avoit affaire à M. le Prince, qui étoit incapable de se laisser prendre en plein midi. J'ajoutai plusieurs autres choses dans lesquelles Marsin, se croyant attaqué, prit la parole : mais M. le Prince, voyant la disposition où nous étions tous les deux, nous interrompit ; et disant que c'étoit lui qui y perdoit le plus et le seul que cela regardoit, il ordonna à Marsin d'aller au port Sainte-Marie pour recevoir Baltazar avec sa cavalerie légère et Valencé avec les corps de la gendarmerie. Toutes ces troupes devoient loger à Esguillon[1]. Le port de Sainte-Marie

1. Aiguillon, ville avec titre de duché-pairie, en Agénois, au confluent du Lot et de la Garonne, sur la rive droite de cette dernière, diocèse d'Agen, parlement et intendance de Bordeaux ; aujourd'hui canton de Port-Sainte-Marie, arrondissement d'Agen, département de Lot-et-Garonne.

fut le lieu qu'on m'assigna et à toute l'infanterie. M. le Prince demeura à Agen avec MM. de La Rochefoucauld, de Marcillac, Gondrin[1] et plusieurs autres.

Tout le jour se passa à prendre nos quartiers; le lendemain M. le Prince nous manda, Marsin, Valencé, Baltazar et moi pour savoir en quel état étoient les troupes : nous nous rendîmes tous à Agen, où chacun fit son rapport; la perte de tous les corps de gardes se trouva monter au nombre de sept ou huit cents hommes qui avoient tous été faits prisonniers.

Outre cela, les régiments de cavalerie de Gondrin et de Montespan, étant à un quartier séparé de Baltazar, se rendirent au port d'Etgenou, où ayant rencontré le comte d'Harcourt, ils furent entièrement défaits à la vue de M. le Prince, sans qu'il fût possible de les secourir, la rivière étant entre deux. On y prit aussi tous les chevaux d'artillerie de M. le Prince. Le comte d'Harcourt, ayant fait attaquer en même temps Stafford, où Son Altesse avoit laissé plus de deux cents hommes de son régiment, ils furent pris aussi bien que son canon. Voilà toute la perte que fit M. le Prince dans cette journée; il se consola néanmoins en voyant qu'il lui restoit encore trois mille cinq cents chevaux et cinq mille hommes d'infanterie de bonnes troupes.

M. le Prince étant à Agen, assembla le conseil de guerre et voulut employer la force et la violence contre cette ville, dont l'affection des habitants l'a-

---

1. Jean-Antoine de Pardaillan de Gondrin, le même que Chouppes plus haut appelle de Bellegarde.

voit rendu maître. Personne n'approuva sa résolution ; pour moi, je pris la liberté de lui dire qu'une grande ville comme Agen ne se laisseroit point maîtriser par deux ou trois régiments et que pour y réussir, il faudroit une armée entière.

Marsin, prenant la parole, dit que si Son Altesse vouloit, qu'il s'en rendroit maître avec le seul régiment de Conti, par le moyen des intelligences qu'il avoit dans la ville. Sur cela, chacun prit le parti de se taire et se retira à son quartier.

M. le Prince dépêcha un courrier à M. le prince de Conti pour le faire venir à Agen avec le président de Violle[1]. Ils s'y rendirent et passèrent au port Sainte-Marie, où je les vis ; je leur dis que M. le Prince les avoit envoyé chercher sur la proposition que Marsin lui avoit faite de se rendre maître de la ville d'Agen. J'ajoutai que si M. le Prince suivoit ce conseil, il en auroit dans la suite du chagrin ; qu'au reste la chose n'étoit pas si facile qu'il se l'imaginoit.

Ils continuèrent ensuite leur route. A deux heures de nuit, je reçus ordre de M. le Prince de lui envoyer le régiment de Conti ; cela fut ponctuellement exécuté. A l'ouverture de la porte, Marsin, qui en avoit gagné le capitaine, dit au commandant d'entrer dans la place en ordre de bataille, de s'avancer de la sorte jusqu'à la maison de ville et de se saisir des avenues. Le régiment n'eut pas fait mille

---

1. Pierre Viole, président aux enquêtes du parlement de Paris. Il fut compris dans l'arrêt de 1654 contre le prince de Condé et ses adhérents.

pas, que les habitants sonnèrent le tocsin, prirent les armes et firent partout des barricades.

MM. les princes, entendant ce vacarme, en furent très-étonnés; et ne voyant pas d'autre parti à prendre que de renvoyer le régiment qui avoit déjà été fort maltraité, le duc de La Rochefoucauld fut chargé de le faire sortir.

Cependant MM. les princes allèrent à la maison de ville, où tout le peuple étoit assemblé; et on fit des excuses aux habitants. Voilà quel fut le succès d'une entreprise aussi injuste que mal concertée. Marsin étoit l'inventeur de ce beau projet.

Il n'y avoit que quelques jours qu'on s'étoit trouvé heureux d'avoir Agen pour retraite; le comte d'Harcourt n'étoit encore qu'à la Plume, c'est-à-dire à deux lieues de nous; n'étoit-ce pas manquer de jugement que de vouloir, dans une circonstance aussi critique, hasarder une démarche semblable? M. le Prince étoit tellement prévenu en faveur de Marsin, qu'il préféroit ses avis à ceux de tout son conseil et même à ses propres sentiments : voilà ce qui ruina ses affaires en Guyenne.

Marsin étoit brave homme, mais incapable d'un bon conseil, étant presque toujours pris de vin[1].

Tout étant calmé, M. le Prince manda le duc de La Rochefoucauld, Marsin, le président de Violle et moi, et nous dit : « J'ai reçu de Paris des nouvelles

---

1. On peut lire à ce sujet une anecdote que Mme de La Guette raconte, p. 141, de ses *Mémoires*; édition de la bibliothèque Elzévirienne.

qui m'obligent d'aller dans cette ville; je laisse toutes les affaires de Guyenne entre les mains de M. le prince de Conti. Je vous recommande, ajouta-t-il en parlant à Marsin et à moi, d'agir de concert dans tout ce qui concerne mon service; et je regarderai comme bien fait tout ce que vous ferez. » Il partit le lendemain[1], lui septième[2]; son chemin étant de passer par mon quartier, j'allai l'y attendre; et je l'accompagnai jusqu'à Bergerac, où il me répéta tout ce qu'il avoit déjà dit à Marsin et à moi; ce prince me témoigna en particulier beaucoup de confiance et de bonté.

Trois jours après le départ de M. le Prince, la ville d'Agen, se souvenant de ce qu'il avoit eu envie de lui faire et oubliant ce qu'elle lui devoit, envoya chercher le comte d'Harcourt qui, n'étant pas encore bien éloigné, revint bien vite; de sorte que M. le prince de Conti et Marsin, qui étoient dans la ville et qui furent avertis qu'on alloit livrer Agen à M. d'Harcourt, furent obligés de partir à minuit et de venir avec toute l'armée à mon quartier, où je reçus M. le prince de Conti et toute sa suite.

Cette nouvelle me fut confirmée peu après par un parti à qui j'avois fait passer la rivière de Garonne, et qui rencontra M. le comte d'Harcourt qui marchoit droit à Agen.

Cela obligea M. le prince de Conti de faire déloger

---

1. Le dimanche des Rameaux, 24 mars 1652.
2. Les six autres étaient le duc de La Rochefoucauld et son fils, le prince de Marsillac, Gaspard de Chavagnac, Guitaut, Bercènes, capitaine des gardes du duc de La Rochefoucauld, et Gourville.

son armée, voyant que le comte d'Harcourt, étant une fois maître de la ville d'Agen, il le seroit bientôt de toute la rivière de la Garonne. Il prit son quartier avec Marsin et toute sa cavalerie à Clairac, et m'envoya avec toute l'infanterie à Tonnins[1], opposant par là une petite rivière à l'armée du comte d'Harcourt; mais il fut bien surpris en arrivant à Clairac d'apprendre que le comte étoit déjà à Agen, et que les habitants de Clairac alloient, à l'imitation de ceux d'Agen, le prier de les prendre sous sa protection. Cela le fit tourner du côté de Tonnins, où j'étois avec l'infanterie. Il y tint conseil de guerre avec Jarzay, Marsin, Lusignan[2] et moi; il fut résolu que M. le prince de Conti ne pouvant tenir la campagne, s'en iroit à Bordeaux, et que Marsin iroit à Marmande[3] avec toute l'armée. Pour moi, qui avois eu quelque démêlé avec Marsin pour

---

1. Tonneins, dans l'Agénois, sur la Garonne, diocèse et élection d'Agen, parlement et intendance de Bordeaux; aujourd'hui chef-lieu de canton, arrondissement de Marmande, département de Lot-et-Garonne.

2. Le marquis de Lusignan avoit été un des généraux de l'armée de Bordeaux en 1649 et en 1650. Un pamphlet de 1652 lui donne le commandement de l'armée du prince de Conti, qui marchoit au secours de Villeneuve-d'Agen. Un autre est intitulé : *Prise de la ville et du château de Langon par quelques troupes de M. le Prince, sous la conduite de M. le marquis de Lusignan, lieutenant général dans l'armée de Son Altesse*, sur un imprimé à Bordeaux. Paris, Nicolas Vivenay, 1652, in-4.

3. Ville dans l'Agénois, en Guyenne, sur la rive droite de la Garonne, diocèse et élection d'Agen, parlement de Bordeaux; aujourd'hui chef-lieu d'arrondissement, département de Lot-et-Garonne. Le prince de Condé y avoit mis garnison quelques jours avant son départ de la Guyenne.

le commandement de l'armée, je me retirai à Bordeaux avec M. le prince de Conti, où nous trouvâmes Mme de Longueville[1] et M. le duc d'Anguien[2].

Me voyant sans occupation, je pris la résolution d'aller à Paris, où j'arrivai deux jours après le combat de Saint-Antoine[3]. M. le Prince m'ayant fait l'honneur de m'inviter à souper, me raconta tout ce qui s'étoit passé dans cette occasion; il me parut très-mécontent de la conduite de Tavannes[4] et de Clinchant[5], qui n'auroient point combattu s'ils avoient su leur métier.

Il me dit qu'étant allé le jour précédent à Saint-Cloud, Tavannes et Clinchant lui avoient donné avis que les maréchaux de Turenne et de La Ferté[6] avoient fait un pont sur la Seine, et que le dernier avoit déjà passé en conséquence. Aussitôt M. le Prince fit repasser son armée sur le pont de Saint-Cloud pour aller prendre l'armée de M. de Turenne par derrière; mais il fut très-surpris d'apprendre que l'armée des deux maréchaux n'avoit point en-

---

1. Anne-Geneviève de Bourbon Condé, seconde femme de Henri II d'Orléans, duc de Longueville.
2. Henri-Jules de Bourbon Condé, duc d'Enghien, puis prince de Condé.
3. 2 juillet 1652.
4. Jacques de Saulx, comte de Tavannes. Voir ses *Mémoires*. Paris, P. Janet, 1858, bibliothèque Elzévirienne.
5. Bernardin de Bourqueville, baron de Clinchamp. Il commandoit les troupes espagnoles que le duc de Nemours avoit amenées de Flandre.
6. Henry de La Ferté-Nabert, marquis de Saint-Nectaire, connu sous le nom de maréchal de La Ferté-Senneterre, mort en 1681, le 27 septembre.

core passé la rivière, et même que le pont n'étoit pas encore achevé.

Cette nouvelle lui fit changer de dessein, ne voulant pas combattre deux armées; mais étant dans le bois de Boulogne, il crut qu'il n'y avoit pas d'autre parti à prendre que d'aller s'emparer du poste de Charenton[1] et de marcher droit à la porte Saint-Honoré. Étant arrivé au soleil couchant au cours la Reine, et n'y pouvant passer la nuit, il commanda à Tavannes et à Clinchant de marcher le plus vite qu'ils pourroient le long des fossés de la ville pour gagner le faubourg Saint-Antoine; et il leur dit qu'il iroit en passant voir M. le duc d'Orléans, et qu'il se trouveroit à leur passage ou à la porte du Temple ou à celle Saint-Martin; mais il fut bien surpris, en arrivant à minuit à l'une de ces portes, d'apprendre qu'on n'avoit encore rien vu passer. Il se fit accompagner de MM. de Nemours, de Beaufort, de La Rochefoucauld et de plusieurs autres; mais au lieu d'aller au faubourg Saint-Antoine, il retourna au Cours et retrouva son armée dans le même lieu où il l'avoit laissée. Tavannes, Clinchant et le reste de l'armée dormant dans leurs manteaux, il eut de la peine à trouver quelques chevaux qui fussent en état de marcher. Il en rassembla cependant quelques-uns qu'il envoya sur la hauteur de

---

1. Dans l'Ile-de-France, sur la rive droite de la Marne, près du point où cette rivière se jette dans la Seine, diocèse, parlement et intendance de Paris; aujourd'hui chef-lieu de canton, arrondissement de Sceaux, département de la Seine.

Montmartre pour reconnaître les ennemis. Ils ne tardèrent point à revenir lui annoncer qu'on en avoit vu jusqu'aux portes Saint-Denis, et que l'armée étoit en bataille. M. le Prince réveilla tout son monde quand il apprit cette nouvelle; il fit atteler l'artillerie et charger les bagages, et se mit aussitôt en marche. Il n'étoit pas encore à la porte du Temple que les troupes du roi étoient à la Chapelle[1], où il y eut un combat assez considérable; jugeant bien que sa présence seroit nécessaire à son arrière-garde et qu'il ne pourroit aller à Charenton comme il se l'étoit proposé, il commanda à Tavannes, à Clinchant et au comte de Fiesque d'aller avec son avantgarde droit au faubourg Saint-Antoine, et de se barricader, de sorte que les troupes, en arrivant, se pussent défendre. Après leur avoir donné cet ordre, il se mit à la tête de son arrière-garde, accompagné des ducs de Nemours, de Beaufort et de La Rochefoucauld, faisant tête partout à l'armée du roi, qui le suivoit de près; étant sur les hauteurs de Montfaucon, le comte de Fiesque le vint trouver pour lui dire que Tavannes et Clinchant ne pouvoient s'accommoder; que l'un vouloit se loger à Picpus[2], et l'autre depuis l'abbaye Saint-Antoine jusqu'à la porte de la ville; que pendant cette con-

---

1. C'étoit alors un village entre Saint-Denis et Paris, à peu près à égale distance de ces deux villes; c'est aujourd'hui un faubourg de la dernière, sous le nom de La Chapelle-Saint-Denis.

2. Village entre Paris et le bois de Vincennes; aujourd'hui compris dans l'enceinte de la ville, où sa situation primitive est marquée par la rue de Picpus.

testation ils n'avoient encore rien fait. Ce nouveau contre-temps l'obligea de s'y transporter en diligence; et il les trouva dans la disposition de prendre leurs quartiers à Picpus; il les blâma fort, et les ramena dans le faubourg, où il put à peine se barricader, étant très-pressé par l'armée du roi, et obligé de combattre à chaque barricade.

Quoique je ne me sois pas trouvé à cette action, j'ai cru que je la pouvois rapporter, ayant appris de M. le Prince lui-même tout ce que je viens de raconter. Je ne pus m'empêcher de lui dire qu'à la vérité il avoit pris un sage parti lorsqu'on vint lui annoncer que l'armée du roi avoit passé la Seine; mais, ajoutai-je, quand on vous eût dit qu'elle n'étoit point encore passée, je crois qu'il auroit été plus à propos de repasser sur le pont de Saint-Cloud et de marcher droit au faubourg Saint-Victor, et faire un pont de bateaux sur le bastion de l'Arsenal; par là, votre armée eût été en sûreté, quelque chose qu'eût pu faire celle du roi. C'étoit, me répondit-il, ma première idée; mais l'ayant proposé à M. le duc d'Orléans, il me commanda si absolument de n'en rien faire, que je n'y songeai plus [1].

Après ce grand combat, M. le Prince demeura pendant quelque temps sans occupation; il me retint auprès de lui, disant qu'il vouloit me faire servir

---

1. On peut voir à la fin des *Mémoires de Tavannes*, édition de 1858, la *Relation* que Marigny a écrite de ce combat, par ordre du prince de Condé.

de lieutenant général dans son armée; mais, ajouta-t-il, Tavannes m'embarrasse, parce qu'il ne veut servir avec personne, ni obéir à qui que ce soit[1]. Voici cependant ce que j'ai dessein de faire ; je formerai deux corps d'armée, lorsque les troupes que le comte de Fuentes doit envoyer, seront arrivées; Tavannes servira dans l'une et vous dans l'autre. Comme je voyois que cela ne devoit pas sitôt s'exécuter, je lui demandai la permission d'aller faire un tour chez moi ; et pendant cet intervalle M. le Prince étant tombé malade, le roi profita de cette conjoncture pour faire rentrer Paris dans son devoir. Ainsi, ce qu'il put faire, quand il se porta mieux, ce fut de se retirer avec son armée.

Ayant appris cette nouvelle, et ne me croyant pas en sûreté chez moi, je me retirai à Bordeaux auprès du prince de Conti, en attendant les ordres de M. le Prince. Pendant ce temps-là, je fus envoyé auprès de Marsin pour prendre avec lui des arrangements au sujet des quartiers d'hiver. On tint conseil de guerre. Marsin proposa de mettre les troupes en trois corps, l'un dans le pays des Landes de la rivière de Garonne ; un autre entre la Garonne et la Dordogne, et le dernier entre la Dordogne et l'Angoumois. Il alléguoit pour ses raisons qu'il vouloit occuper le plus de pays qu'il pourroit, afin de faire mieux subsister ses troupes.

1. Ce témoignage est curieux. On sait que Tavannes quitta en effet le parti du prince, parce qu'il ne voulut ni obéir au prince de Tarente ni partager le commandement avec lui.

Je fus d'un avis contraire au sien. Je convins qu'il falloit chercher à faire subsister les troupes; mais, disois-je, on doit aussi les conserver; or, de la manière dont on veut s'y prendre, rien ne sera plus facile que d'enlever tous nos quartiers; ainsi, je suis d'avis qu'on ne sépare pas nos troupes et qu'elles aillent prendre leurs logements dans le pays des Landes, le plus avant qu'elles pourront. En poussant M. de Candalle[1], qui est dans ce pays avec son armée, la nôtre étant la plus forte, il sera contraint malgré lui de se retirer; par ce moyen, notre armée pourra subsister deux ou trois mois et reviendra ensuite entre la Dordogne et la Garonne, et enfin dans l'Angoumois. Nous passerons ainsi le quartier d'hiver sans que M. de Candalle puisse rien entreprendre.

Marsin n'approuva point mon sentiment; et voulant s'en tenir au sien, il sépara son armée en trois corps, dont il donna le commandement à M. Baltazar, à Chavagnac[2] et au marquis d'Aubeterre[3], et lui se retira à Bordeaux.

Il reconnut bientôt que mon avis n'avoit pas été le plus mauvais; car M. de Candalle ayant été averti

---

1. Louis-Charles Gaston de Nogaret de La Vallette, duc de Candale, mort à Lyon en 1658. Il commandoit l'armée de terre pendant que le duc de Vendôme avoit le commandement de la flotte devant Bordeaux.
2. François, comte de Chavagnac.
3. Pierre Bouchard d'Esparbez de Lussan, marquis d'Aubeterre, capitaine de cent hommes d'armes d'ordonnance, gouverneur des provinces d'Agénois et de Condomois.

de cette manœuvre, il se retira à Agen, et envoya le chevalier d'Aubeterre[1] avec quelques troupes vers le Mont-de-Marsan pour serrer Baltazar. M. de Candale fit des entreprises sur nos quartiers : il surprit Jarzay, prit Chavagnac prisonnier[2], fit révolter les régiments de cavalerie et d'infanterie de Montpouillan et même celui de Marsin, défit le corps des gendarmes et mon régiment, qui étoit de la brigade du marquis d'Aubeterre. Le comte de Maure[3] fut fait prisonnier; et enfin l'armée de M. le Prince devint à rien, par la faute d'un homme incapable de suivre de bons conseils.

De la Réolle[4] où j'étois allé par ordre de M. le prince de Conti pour le quartier d'hiver, je me rendis à Bordeaux, très-peu content de Marsin. M. le prince de Conti ne l'étoit pas plus que moi. Je fus chargé d'aller trouver le roi d'Espagne pour lui représenter le besoin qu'on avoit d'hommes et d'argent pour faire subsister le parti du Prince[5].

---

1. Léon d'Esparbez de Lussan, chevalier d'Aubeterre, lieutenant général, mort le 27 avril 1707, à l'âge de quatre-vingt-huit ans.

2. Le 23 mars 1653, à Sarlat, dont il étoit le gouverneur, et où eut lieu la révolte des régiments de Montpouillan et de Marsin.

3. Louis de Rochechouart, comte de Maure. Il avoit le commandement de la ville de Libourne. Il fut enlevé par le duc de Saint-Simon, gouverneur de Blaye, pendant qu'il alloit à un rendez-vous.

4. Ville en Guyenne, sur la Garonne, diocèse, parlement et intendance de Bordeaux; aujourd'hui chef-lieu d'arrondissement, département de la Gironde.

5. Ses instructions portoient la date du 15 février 1653. Elles étoient signées du prince de Conty.

Je me prêtai volontiers à ce qu'on exigeoit de moi, étant charmé de rendre ce service à MM. les Princes, qui me donnoient mille témoignages de confiance et de bonté ; de plus, je n'étois pas fâché d'avoir de l'occupation dans une saison où je n'avois rien à faire. Après avoir pris congé de Mme la Princesse[1], de M. le prince de Conti et de Mme de Longueville, je partis et me rendis à Madrid, où je fus très-bien reçu du roi d'Espagne, qui m'ordonna de voir dom Louis de Haro. Ce ministre me dit que si le roi son maître n'avoit pas donné tout l'argent dont on étoit convenu, il ne s'en falloit pas de beaucoup, comme il me le prouveroit par les quittances de Marsin et de Lesnay[2], par une lettre de M. le Prince, qui lui mandoit de mettre ses deniers entre leurs mains ; que de plus le roi d'Espagne avoit une armée navale dans la rivière de Bordeaux ; qu'ainsi il n'avoit manqué à rien, et qu'il alloit me faire voir par les quittances de Marsin et de Lesnay, que Sa Majesté leur avoit donné deux millions deux cent mille livres, qui étoient à peu près la somme dont étoit convenu par le traité.

Voyant les quittances et les pièces justificatives que me montra dom Louis de Haro, je n'avois d'autre ressource que de représenter la nécessité où l'on étoit, en faisant voir qu'il ne restoit plus

---

1. Claire-Clémence de Maillé-Brézé, princesse de Condé.
2. Pierre Lenet, procureur général au parlement de Dijon, puis conseiller d'État. Il étoit l'âme des conseils du prince de Condé. Tout le monde connoit ses *Mémoires*.

d'autres moyens pour soutenir le parti des Princes que d'envoyer de l'argent. Dom Louis de Haro m'assura que Sa Majesté Catholique feroit ce qu'elle pourroit pour assister MM. les Princes; sur quoi je me retirai.

Deux jours après, le roi d'Espagne me manda à l'audience, et me dit qu'il avoit appris de son ministre l'embarras où étoient MM. les Princes; qu'il étoit très-fâché de leur situation présente; que tout ce qu'il pouvoit faire pour le moment présent, étoit de me donner quatre cent mille livres pour leur porter, et qu'il alloit faire embarquer quatre mille Irlandais, qui me suivroient incessamment.

Je reçus ces secours comme je devois, voyant bien que c'étoit un grand effort pour l'Espagne dans l'état où étoient ses affaires. J'eus encore plusieurs conférences avec dom Louis de Haro. Celui-ci m'ayant fait donner la somme promise, je pris congé du roi et de son ministre et me mis en route pour Bordeaux, où j'arrivai heureusement avec quatre cent mille livres.

J'allai rendre compte du succès de mon voyage à M. le prince de Conti, à Mme la Princesse et à Mme de Longueville. Ils furent tous fort étonnés quand je leur appris que Lesnay et Marsin avoient reçu du roi d'Espagne deux millions deux cent mille livres : on ne savoit à quoi cette somme avoit été employée. On dit qu'il falloit en faire rendre compte à ceux qui l'avoient reçue; mais cette résolution ne fut pas de longue durée. Mme de Longueville, après quelques réflexions, y trouva bien des difficultés, parce qu'on n'avoit pas un pouvoir assez étendu de M. le Prince. D'ailleurs on sentoit bien que quand Marsin et Lesnay eussent été coupables, comme on n'en doutoit pas, ils trouveroient encore de la protection auprès de M. le Prince. Ainsi Mme de Longueville dit qu'il ne falloit pas examiner cette affaire de trop près; ce fut aussi mon sentiment; mais voici en même temps tout ce que je proposai : « Il n'y a qu'à assembler un conseil de guerre; dans cette assemblée l'on fera venir le trésorier de l'armée, à qui l'on ordonnera de rendre compte des deniers qu'il a reçus d'Espagne pour M. le Prince. » On goûta cet expédient; deux jours après on assembla tous les officiers qui ne savoient pas quelle affaire on devoit mettre sur le tapis. M. le prince de Conti fit appeler le trésorier de l'armée et lui commanda d'apporter ses états de recette et de dépense. La recette se trouva monter à deux millions deux cent mille livres des deniers d'Espagne, et à onze cent et quelques mille livres des deniers de Bordeaux et des autres villes de la Guyenne; ensuite le trésorier présenta une ordonnance de comptant qui étoit de trois cent mille livres pour affaires secrètes concernant M. le Prince, signé de Marsin et contrôlé par Lesnay. Marsin fut très-étonné de ce coup imprévu; et, se levant, il dit à Leurs Altesses qu'il voyoit bien que le conseil ne se tenoit que pour lui, et qu'il les supplioit de lui permettre de se retirer; ce qu'il fit. De Lesnay le suivit. Mme de Longueville dit qu'elle ne croyoit pas que l'on dût pousser cette affaire sans en donner avis à M. le Prince, qui y étoit le plus intéressé. Chacun en demeura d'accord et on se retira.

Je ne doutai pas que Marsin et Lesnay ne me crussent l'auteur de ce conseil, de sorte que je pris le parti, connoissant leur crédit auprès de M. le Prince, de lui écrire pour lui demander mon congé. Il ne me fit point de réponse; mais il manda à M. le prince de Conti et à Mme de Longueville, qui lui avoient écrit sur le sujet de Marsin et de Lesnay, qu'il se déclaroit pour Marsin envers et contre tous. Cela ne leur plut pas trop. Je leur dis que je les suppliois de me permettre de me retirer, pour me ranger dans mon premier devoir; ils me dirent que non-seulement ils me le permettoient, mais qu'ils me le conseilloient, et qu'ils en feroient autant s'ils le pouvoient. Sur cela j'envoyai à la cour demander un passe-port, qui me fut aussitôt accordé; et je fus envoyé à M. de Candale, qui commandoit l'armée du roi devant Bordeaux.

Pendant ce temps-là je voyois Leurs Altesses à l'ordinaire et très-souvent l'abbé de Conac[1], qui étoit mon ami particulier. M. le prince de Conti, qui mettoit en lui toute confiance, s'étant ouvert à lui au sujet des mécontentements qu'il recevoit de M. son frère, et de l'envie qu'il avoit de quitter son parti, il lui demanda s'il pouvoit se fier à moi.

1. Daniel de Cosnac, depuis archevêque d'Aix. Ses *Mémoires* ont été publiés récemment par la Société de l'histoire de France.

L'abbé lui ayant répondu qu'il le pouvoit, Son Altesse le chargea de me faire venir. Je comptois, quand je fus mandé par le prince, aller prendre congé de lui; ainsi je me rendis à la maison des Jésuites, où Son Altesse étoit alors. Ce lieu étoit tout propre pour s'entretenir avec liberté. L'abbé de Conac s'y étant trouvé, me mena dans la chambre du Prince, qui me dit : « Vous avez tant de probité et d'honneur, que je crois pouvoir me confier en vous et vous consulter sur le dessein que j'ai de quitter le parti de mon frère. Mais je ne sçai si je trouverai toutes mes sûretés du côté de la cour. Je ne demande que celle de ma personne dans le royaume, et la permission de rester dans une de mes terres. » Il me pria de sonder là-dessus la cour; et si je trouvois jour de faire son traité, il dit qu'il me donneroit les pouvoirs nécessaires; qu'il ne demanderoit que la parole du duc de Candale pour sûreté de ce qu'on lui promettroit, comme aussi il le prioit d'être le garant de sa conduite à l'avenir.

Après avoir assuré le prince de mon zèle, de ma fidélité et de ma discrétion, il m'ouvrit entièrement son cœur sur les mécontentements qu'il avoit eus à essuyer de la part de son frère, et sur l'envie qu'il avoit de voir son projet réussir. Il me dit qu'il me prioit encore d'une chose, qui étoit de n'en rien dire à Mme de Longueville, et qu'il ne vouloit pas qu'elle fût comprise dans son traité.

Nous convînmes aussi que pour ne point commettre M. le prince de Conti, je ne parlerois point de lui à la cour; mais que j'écouterois ce qu'on en diroit, et que si je voyois qu'on en parlât en bien, je déclarerois alors que j'étais chargé de faire sa paix, et que j'en avois un pouvoir signé de sa main.

Tout ceci étant résolu, il ne fut plus question que de l'exécuter. Je pris congé de Son Altesse; et je partis le lendemain sans dire adieu à personne. Je fus à Agen trouver M. de Candale, qui me reçut avec bien de la joie; je lui fis les compliments de M. le prince de Conti, comme celui-ci m'en avoit chargé; et après nous être entretenus un peu de temps, je partis pour la cour, qui étoit alors à Saint-Germain[1]. M. de Candale me donna son capitaine des gardes pour m'accompagner. Arrivé à Paris, il prit les devants pour aller avertir M. le cardinal Mazarin de mon retour. Aussitôt Son Éminence me manda de l'aller trouver; nous fûmes plus d'une heure dans son cabinet. Le cardinal me parla d'abord du sujet que j'avois d'être mécontent de M. le Prince, m'exhorta de rentrer dans mon devoir, me disant que j'étois plus en état que jamais de servir le roi; que l'on pourroit, par mon moyen, prendre Bordeaux, et que cela seul seroit capable de faire ma fortune.

Je lui dis que je croyois la chose bien difficile, avec le peu de troupes qui étoient dans le pays. Il me répondit que l'on y avoit bien des intelligences, qu'on entretenoit adroitement. Je lui répliquai

1. En Laye.

qu'elles étoient découvertes¹, et que l'on y avoit remédié. Il me demanda ensuite des nouvelles de M. le prince de Conti et des princesses. « Je sais, dit-il, que M. de Conti et Mme de Longueville ne sont plus bien ensemble. On rendroit un grand service si on pouvoit les désunir, principalement M. le prince de Conti et M. son frère. « Je répondis à Son Éminence que je regardois cette désunion comme impossible, et que si cela arrivoit, la cour étoit sûre alors de s'emparer de Bordeaux, parce que M. le prince de Conti étoit maître de l'armée. « M. le prince de Conti feroit très-bien, répondit le cardinal, de se retirer auprès du roi, qui lui feroit de très-grands avantages. » Je ne répondis rien à cela. Le cardinal me fit ensuite d'autres questions sur les moyens de prendre Bordeaux. Ayant été quelque temps sur cet article, et jugeant par ses discours qu'il souhaitoit attirer M. le prince de Conti dans le parti de la cour, je tirai de ma poche le billet de créance signé Armand de Bourbon. Le cardinal me demanda pourquoi je ne le lui avois pas montré d'abord; « C'est, répondis-je, parce que je n'ai pas voulu commettre le prince; mais si on lui donne des sûretés, on peut assurer le roi de la soumission et de l'obéissance de M. de Conti. » Le cardinal m'embrassa de joie et me

1. Il y avoit eu en effet plusieurs complots royalistes; d'abord celui de Massiot, conseiller au parlement; puis ceux de Chevalier, de Filliot, du P. Ithier. L'agent le plus actif de la cour étoit le P. François Berthod, religieux de l'observance de Saint-François, gardien du couvent de Brioude, prédicateur ordinaire et aumônier du roi.

dit qu'il n'y avoit rien à quoi ce prince ne pût prétendre. « Je vais, ajouta-t-il, dire à la reine ce que je viens d'apprendre. Retournez à Paris, continua-t-il. Leurs Majestés seront demain dans cette ville. Faites-moi demander par l'huissier du cabinet; je vous présenterai au roi et à la reine, à qui vous ferez connoître les dispositions du prince de Conti; et je vous assure d'avance qu'on lui donnera toutes sortes de contentements. »

Je m'en retournai donc à Paris attendre Leurs Majestés et Son Éminence, qui en effet y arrivèrent le lendemain; je ne manquai pas à l'heure marquée de me rendre chez la reine et de faire avertir le cardinal; aussitôt il me vint prendre et me présenta au roi et à la reine, qui me reçurent avec beaucoup de bonté. La reine me fit l'honneur de me dire qu'elle savoit que j'avois été maltraité, qu'elle en avoit été fâchée; mais que Dieu l'avoit permis pour me donner le moyen de servir plus utilement le roi; qu'elle espéroit que je m'emploierois pour le service de Sa Majesté dans toutes les occasions qui se présenteroient; que le roi et elle s'en souviendroient éternellement; que M. le prince de Conti obtiendroit tout ce qu'il voudroit demander, et qu'on lui donneroit toutes les sûretés imaginables.

La reine me fit plusieurs questions sur le roi d'Espagne, son frère, et sur l'infante, sa nièce[1]; après quoi elle me demanda si je trouvois que le roi eût

---

1. Marie-Thérèse d'Autriche, fille de Philippe IV, qui fut plus tard femme de Louis XIV.

beaucoup grandi; et elle le pria de se lever de dessus son siége, voulant qu'il me fît l'honneur de se mesurer avec moi. Contente de ma réponse, cette princesse me dit les choses les plus obligeantes; renvoyant à M. le cardinal ce qui regardoit M. le prince de Conti, elle finit par me dire que si on ne m'avoit pas fait justice, on me la feroit, et que le roi récompenseroit mes services.

Je pris congé de Leurs Majestés. M. le cardinal me commanda de l'aller trouver le lendemain matin. Nous passâmes ensemble toute la matinée; nous conclûmes qu'il falloit me renvoyer en Guyenne servir en qualité de lieutenant général dans l'armée que commandoit M. de Candale; qu'étant là j'aurois des prétextes d'envoyer des trompettes à Bordeaux et d'écrire à M. le prince de Conti pour lui faire savoir le désir qu'avoient Leurs Majestés de le recevoir à leur service; enfin on me laissa le maître de lui dire tout ce que je jugerois à propos.

Comme j'avois dit à Leurs Majestés et à M. le le cardinal que l'abbé de Conac étoit celui qui avoit plus de part dans la confidence de M. le prince de Conti, et qu'il étoit par conséquent nécessaire de faire quelque chose pour cet ecclésiastique, Son Éminence demeura d'accord qu'il falloit lui donner un évêché et me promit qu'il auroit le premier qui seroit vacant. « Pour vous, dit M. le cardinal, qui ne demandez rien, on songera à votre fortune; et Leurs Majestés vous récompenseront au delà de vos espérances. » J'avois lieu de m'y attendre.

Tout étant résolu avec M. le cardinal, je reçus de lui les ordres du roi d'aller en Guyenne pour servir en qualité de lieutenant général dans l'armée de M. de Candale. Je m'y rendis en diligence. Je ne fus pas plutôt arrivé que j'envoyai à Bordeaux un trompette que je chargeai de mes dépêches pour M. le prince de Conti et pour l'abbé de Conac. Ils me firent tous deux réponse.

M. le prince de Conti accepta toutes les propositions de la cour, déclara sur-le-champ son dessein, offrant son crédit aux princesses ses sœurs, au parlement de Bordeaux et aux habitants de cette ville pour faire leur accommodement auprès de Sa Majesté. Cela ne se fit pas sans bruit et sans confusion ; l'armée et la meilleure partie de la ville étoient dans les intérêts du prince de Conti. Les princesses, Marsin et tous ceux qui étoient ennemis de la cour, n'osoient témoigner leur ressentiment, soit par crainte ou par foiblesse. Ainsi le prince de Conti demeura maître de Bordeaux et la réduisit avec toute la Guyenne et le Périgord à l'obéissance du roi.

Le prince envoya aussitôt l'abbé de Conac à M. de Candale pour lui en donner avis. Nous eûmes, l'abbé et moi, une grande conférence avec M. de Candale ; il fut résolut que ce dernier se rendroit à Clermont[1] avec M. de Vendôme pour y recevoir les

---

1. Lormont, bourg et juridiction dans le Bordelais, diocèse, parlement et intendance de Bordeaux ; aujourd'hui canton du Carbon-Blanc, arrondissement de Bordeaux, département de la Gironde.

députés de Bordeaux, tant du parlement que de l'armée, et les envoyés des princesses.

L'abbé de Conac alla porter à M. le prince de Conti le résultat de notre conférence; et le lendemain les députés de Bordeaux et les autres envoyés ne manquèrent pas de se trouver à Clermont, où l'accord se fit comme l'on sait[1]. M. de Candale alla ensuite à Bordeaux saluer M. le prince de Conti et le remmena coucher avec lui à Cadillac[2], où je l'accompagnai et ne le quittai plus, n'ayant point d'affaires à l'armée, où je n'étois venu que pour tirer M. le prince de Conti de Bordeaux et pour faire rentrer cette ville par son moyen sous l'obéissance du roi.

Ayant passé quatre ou cinq jours à Cadillac pour délibérer dans quel lieu M. le prince de Conti iroit demeurer, l'abbé de Conac et moi nous le déterminâmes à aller du côté du Languedoc, afin de l'éloigner de Mme de Longueville et de M. de La Rochefoucauld. Le prince suivit notre conseil; ce qui fit beaucoup de plaisir à M. de Candale. M. le prince de Conti se rendit à Pézenas[3], ville du Languedoc; et moi je partis en même temps pour rendre compte

1. Le traité de paix fut signé à Lormont dans les derniers jours de juillet 1653.
2. Le 2 août. Cadillac, en Guyenne, diocèse, parlement et intendance de Bordeaux; aujourd'hui canton de Saint-André de Cubzac, arrondissement de Blaye, département de la Gironde. Le château appartenoit au duc d'Épernon.
3. Ville en Languedoc, sur la rivière de Peine, diocèse et intendance de Montpellier, parlement de Toulouse; aujourd'hui chef-lieu de canton; arrondissement de Béziers, département de l'Hérault.

à M. le cardinal de tout ce qui s'étoit passé. Il en fut très-content et me le témoigna. Après m'avoir longtemps entretenu, il me demanda si je ne savois point quel parti vouloit prendre M. le prince de Conti. « Il n'y a pas d'apparence, me dit le cardinal, qu'un homme de sa naissance ait envie d'embrasser l'état ecclésiastique; pouvant faire une branche, ainsi que ses prédécesseurs, il devroit songer à se marier, afin d'être indépendant de M. son frère. — Je ne crois pas, répondis-je à Son Éminence, que M. le prince de Conti ait encore pensé à cela, n'ayant eu jusqu'alors d'autres volontés que celles de M. le Prince et de Mme de Longueville, qui sans doute ne lui donnoient pas ces conseils; mais à présent on aura occasion de le faire penser plus sérieusement. »

M. le cardinal me dit qu'il vouloit me raccommoder avec M. Le Tellier, et qu'il falloit que j'oubliasse tous les sujets de mécontentement que je pouvois avoir. « Faites comme moi, ajouta cette Éminence; en arrivant à Poitiers[1], M. Le Tellier se comporta à mon égard comme s'il ne m'avoit jamais connu; je ne lui ai jamais témoigné depuis combien j'avois été sensible à une conduite si extraordinaire. Suivez mon exemple; c'est moi qui vous y exhorte. » M. le cardinal envoya sur-le-champ chercher M. Le Tellier, nous fit embrasser, et dit à l'un et à l'autre qu'il vouloit que nous fussions amis. Tant que Son Éminence a vécu, je n'ai pas eu lieu

---

1. Le 28 janvier 1652, au retour de son premier exil.

de me plaindre de M. Le Tellier. Celui-ci signa l'ordonnance dont j'ai parlé ailleurs, et qui étoit de quatre-vingt-dix mille livres[1]. M. Fouquet[2] m'assigna la moitié de cette somme sur les rentes de la maison de ville de Paris, et vingt mille livres sur la recette des tailles de la généralité de Tours. Je ne touchai qu'une petite partie de l'argent qui m'étoit dû ; quand je demandai qu'on me payât le reste, les ministres me répondirent que c'étoit une vieille dette, et qu'il n'y falloit plus songer.

Après la reddition de Bordeaux, je servis deux années en Catalogne ; j'eus ordre ensuite d'aller en Piémont ; mais ayant appris que le sieur d'Estrades devoit y commander en chef, je ne voulus point obéir à un homme qui n'avoit point de grade supérieur au mien. Je laissai donc au marquis de Duras les troupes dont j'avois la conduite : je pris la poste ; et je me rendis à la cour, qui étoit pour lors à Compiègne. Le cardinal fut fort étonné de me voir, et me dit qu'il avoit compté sur moi dans le dessein que l'on avoit d'attaquer Alexandrie[3]. « Je suis bien fâché, répondis-je à Son Éminence, de ne pouvoir pas me conformer à vos intentions ; mais il ne convient pas que je sois sous les ordres d'un de mes camarades qui est moins ancien que moi dans le service, et de qui je ne pouvois rien apprendre. » Le

---

1. Page 130.

2. Nicolas Fouquet, procureur général au parlement de Paris et surintendant des finances.

3. Ce furent le prince de Conti et le duc de Modène qui firent le siége d'Alexandrie de la Paille. Ils le levèrent le 18 août 1657.

cardinal m'ordonna d'aller trouver M. Le Tellier. Celui-ci me dit que Son Éminence lui avoit commandé de chercher les moyens de m'accommoder avec d'Estrades. Je déclarai nettement que cela n'étoit pas possible, pour les raisons que je viens de rapporter. « N'en parlons plus, me dit M. Le Tellier; je vois que vous avez pris votre parti. »

Je suivis la cour ainsi que plusieurs autres qui, comme moi, ne vouloient point obéir à ces prétendus capitaines généraux[1]. Le roi s'en alla à la Ferté, voulant approcher Montmédy[2] que le maréchal de La Ferté avoit assiégée. M. de Turenne avoit été joindre ce dernier, pensant que M. le Prince vouloit marcher pour secourir la place; mais lorsque M. de Turenne fut arrivé au camp, il envoya son capitaine des gardes trouver M. le cardinal pour lui donner avis de faire lever le siége de Montmédy, disant pour ses raisons qu'il étoit impossible de prendre cette ville; le maréchal de La Ferté fit assurer Son Éminence du contraire. Cette diversité de sentiments embarrassa fort le cardinal, qui ne savoit plus quel parti prendre. Je fus consulté; et je puis dire que mes conseils occasionnèrent la prise de

---

1. En 1656, le cardinal Mazarin avoit donné au marquis d'Huxelles et à Castelnau-Mauvissière le grade de capitaine général, qui n'a jamais eu d'existence bien définie en France, mais qui étoit une sorte d'intermédiaire entre celui de lieutenant général et la dignité de maréchal. Estrade obtint la même faveur en 1657. Ce fut dans les armées une source de difficultés et d'embarras qui obligèrent bientôt à abandonner la création du cardinal.

2. Montmédy fut pris par le roi le 6 août 1657.

Montmédy. Le cardinal, par les ordres duquel s'étoit fait le siége, fut très-content de moi ; il alla trouver la reine, qui étoit à Sedan ; et il me fit partir tout aussitôt pour m'en aller à Toulon, où il avoit des troupes et des vaisseaux qui devoient exécuter une entreprise sur Orbitello. On me chargea de cette expédition. Je sentis tout d'un coup qu'elle ne pourroit réussir. Je le mandai au cardinal, qui goûta mes raisons et renonça à son projet. Je m'en revins à la cour, où je ne demeurai pas longtemps. On m'envoya prendre les troupes qui revenoient de Catalogne pour les mener à Nîmes, où il y avoit eu une espèce de rébellion[1]. Je trouvai les habitants fort soumis aux volontés du roi. Je fis passer les troupes en Provence ; et j'allai trouver le duc de Mer-

---

1. Cette *espèce de rébellion* méritoit d'être racontée moins brièvement : deux partis s'étoient formés à Nîmes pour et contre l'évêque. Le premier s'appeloit de la *grande croix* ; le second, de la *petite croix*. Le 30 novembre 1657, ils procédèrent séparément à l'élection des consuls ; et ils en nommèrent chacun quatre. La *grande croix* fit confirmer ses nominations par le conseil du roi et obtint que le lieutenant général et l'intendant présidassent à l'installation de ses élus ; mais la *petite croix*, qui avoit le plus d'adhérents dans la ville, fit fermer les portes de la maison commune, où elle s'étoit barricadée. Sa résistance devint l'occasion d'une lutte. Deux hommes furent tués, trois autres blessés dangereusement. Alors le lieutenant général et l'intendant se retirèrent, mais pour revenir à la tête d'une petite armée. La *petite croix*, résolue à se défendre, appela les protestants des Cévennes à son secours, et sollicita l'intervention de Cromwell en sa faveur. Cependant un accommodement eut lieu le 11 février 1658 sans qu'on en fût venu aux mains. Chouppes joua un rôle important dans cette affaire. Sa conduite n'eut pas d'abord toute l'approbation de la cour ; mais il parvint enfin à se justifier. Voir à la fin des *Mémoires* les lettres du roi et du cardinal Mazarin au marquis de Chouppes.

cœur[1], qui m'avoit mandé. Je demeurai là tout le reste de l'hiver.

Le printemps étant venu, je reçus ordre du roi de faire passer les troupes en Catalogne; ce que je fis; et je m'en allai en poste trouver le cardinal, qui étoit à Calais. Étant descendu chez M. Le Tellier, le sieur de Besemaux[2] le vint chercher de la part de Son Éminence, et dit à M. Le Tellier, devant moi, que le cardinal étoit fort affligé; qu'il venoit d'apprendre que le comte de Moret[3] et le sieur de Varennes[4], lieutenants généraux, avoient été tués cette nuit-là[5] à Gravelines; que le marquis d'Uxelles[6] étoit blessé à mort et que le maréchal de La Ferté demandoit des lieutenants généraux; qu'à moins de cela il falloit lever le siége. M. Le Tellier me dit que cela me regardoit; je lui répondis que j'étois venu en poste et que je n'étois pas en état de servir. Nous nous en allâmes chez M. le cardinal, qui en

1. Louis de Vendôme, duc de Mercœur, puis cardinal de Vendôme après la mort de sa femme, Laure-Victoire Mancini, nièce de Mazarin. Il étoit gouverneur de Provence.
2. Ou Besmaux, capitaine des gardes du cardinal Mazarin; mort en décembre 1697 gouverneur de la Bastille.
3. Antoine du Bec, comte de Moret, lieutenant général.
4. Mestre de camp du régiment de Champagne en 1639, maréchal de camp et gouverneur de Rethel en 1654, lieutenant général en 1656; il avoit commandé la première ligne de la cavalerie (aile gauche) à la bataille des Dunes, en 1658. Il s'appeloit Roger de Nagu, marquis de Varennes.
5. Du 12 au 13 août 1658.
6. Louis Châlon du Blé, marquis d'Huxelles, gouverneur des ville et citadelle de Châlon-sur-Saône, lieutenant général des armées du roi, et lieutenant général au gouvernement de Bourgogne. Il avoit été blessé dans la nuit du 8 au 9 août.

me voyant me vint embrasser et me témoigna la douleur que lui causoit la mort de ses amis, et la peine où il étoit de trouver tant de lieutenants généraux. Après avoir délibéré pendant plus d'une heure pour savoir ceux qu'il devoit envoyer, et me tâtant toujours sans oser me rien proposer, enfin il me demanda si j'étois dans la disposition de servir. Je répondis que je n'avois point d'équipage pour me mettre en campagne. Le cardinal se doutant bien que c'étoit à cause des capitaines généraux que je ne voulois point partir, dit à M. Le Tellier devant moi qu'il falloit mander au marquis d'Uxelles de se faire apporter à Calais, et ensuite qu'il me donneroit de ses gens et de ses chevaux avec de l'argent; qu'il me falloit aller tout à l'heure au camp de Gravelines; qu'il prendroit le soin d'envoyer à mon attaque les choses nécessaires par les fourgons de la cour. En effet, il en eut grand soin, et bien m'en prit; car le maréchal de La Ferté ne m'aidoit en rien.

Graveline capitula[1]. Les services que je rendis pendant le siége de cette ville, furent cause que M. le cardinal me témoigna beaucoup d'amitié. Comme le maréchal de La Ferté avoit obtenu un congé pour aller aux eaux, Son Éminence voulut me donner le commandement de l'armée pour aller rejoindre celle du maréchal de Turenne; mais étant sans équipage et la campagne étant finie, je priai M. le cardinal

---

1. Le 30 août 1658.

de me laisser jouir de quelque repos. Il m'accorda ce que je lui demandois; et il me mena avec lui à Fontainebleau; le roi me fit l'honneur de me témoigner qu'il étoit fort satisfait de ma conduite....

Quoique Pimantel négociât la paix pendant l'hiver, on ne laissoit pas que de faire des préparatifs pour continuer la guerre; enfin il y eut une suspension d'armes.

M. le cardinal s'en alla à Saint-Jean de Luz[1]. Il me commanda de le suivre et de ne le dire à personne; il me nomma commissaire du roi pour partager l'île des Faisans[2] et pour y construire le bâtiment des conférences avec le baron de Watteville, commissaire de la part du roi d'Espagne. Le partage ayant été fait et le bâtiment achevé, le cardinal et dom Louis de Haro s'assembloient tous les jours en ladite île où ils traitoient tous deux ensemble. Après plusieurs conférences, ils tombèrent d'accord des articles de la paix[3]. Son Éminence nomma le sieur de Montdeverne[4] pour aller en por-

---

1. Ville forte en Gascogne, sur le bord de la mer, à l'embouchure du torrent d'Urducarry, diocèse de Bayonne, parlement de Bordeaux, intendance d'Auch; aujourd'hui chef-lieu de canton, arrondissement de Bayonne, département des Basses-Pyrénées.
2. Dans la rivière de la Bidassoa, où fut discuté, conclu et signé le traité des Pyrénées.
3. Le 7 novembre 1659.
4. La *Gazette*, écrit Mondevergne. Capitaine au régiment de Magalotti en 1642, il étoit en 1648 lieutenant-colonel des dragons de Mazarin. On le retrouve gouverneur de l'île Dauphin (Indes-Orientales) en 1665.

ter la nouvelle à Leurs Majestés portugaises, et pour leur témoigner le déplaisir que le roi de France avoit de n'avoir pu comprendre le Portugal dans le traité. Montdeverne ne voulut pas se charger d'une commission qui lui parut trop périlleuse. Le cardinal jeta alors les yeux sur moi; mais il ne savoit comment s'y prendre pour me proposer ce voyage; il me fit tâter par le sieur Rose[1], son secrétaire. Je reconnus bientôt que celui-ci agissoit par les ordres de son maître. Je ne fis pas semblant de m'en apercevoir; et je dis à Rose que ce n'étoit pas mon intention d'aller à Lisbonne; mais que quand M. le cardinal m'en parleroit et me témoigneroit qu'il y alloit du service du roi, je lui ferois connoître que je n'appréhendois rien lorsqu'il s'agissoit d'obéir à Sa Majesté, et que je l'avois fait voir en plusieurs occasions. Le secrétaire ne manqua pas de rapporter ce que je venois de dire. Aussitôt le cardinal m'envoya chercher et me dit en présence du maréchal de Villeroi[2] et de M. de Lionne[3] qu'il m'avoit fait pressentir par son secrétaire, ne voulant pas me proposer une chose qu'un autre avoit refusée, faisant une grande distinction de Montdeverne à moi. Je lui répondis que pour obéir à Sa Majesté et pour plaire à Son Éminence, j'étois capable de tout en-

1. Toussaint Rose, secrétaire du cardinal Mazarin, puis secrétaire du cabinet de Louis XIV, président de la chambre des comptes en 1661, mort le 6 juillet 1701, à l'âge de quatre-vingts ans.
2. Nicolas de Neuville, duc de Villeroi, maréchal de France et gouverneur du roi, mort le 28 novembre 1685.
3. Hugues de Lionne, secrétaire d'État.

treprendre sans aucune réserve. Le cardinal m'embrassa et me dit qu'il me donneroit une instruction, voulant me persuader qu'il me confioit un emploi de grande conséquence, et où je recevois beaucoup d'honneur. Il ajouta ensuite qu'il feroit ma fortune; je lui fis entendre que je n'en espérois point d'autre que par lui auprès du roi; il me dit que je n'en devois point douter et que je n'avois qu'à me préparer à partir. Il me fit mon équipage et me le régla à quinze personnes; il ne fut point question de chevaux; car l'on n'en mène point dans ce pays-là. Comme je devois traverser l'Espagne, dom Louis de Haro étoit obligé de me fournir un passe-port de Sa Majesté Catholique. Je m'en allai avec le ministre espagnol jusqu'à Madrid; et de là je me rendis en Portugal, où je n'eus pas trop lieu d'être satisfait en arrivant. La populace suivoit dans les rues mon carrosse à coups de pierres. Leurs Majestés portugaises[1] me reçurent assez bien; et après qu'on m'eut donné mes audiences, le peuple se radoucit. Je séjournai un mois à Lisbonne; et je m'en revins à Madrid, où je vis le roi d'Espagne, à qui je fis quelques propositions de la part de Leurs Majestés portugaises; il me renvoya à dom Louis de Haro et à son conseil. J'eus quelques conférences avec les ministres; et j'obtins enfin une audience du roi, qui

---

1. Le roi étoit Alphonse-Henry, qui n'avoit pas encore atteint sa majorité. La reine douairière, Louise-Françoise de Gusman, de l'illustre maison de Medina Sidonia, veuve de Jean VIII, duc de Bragance, exerçoit la régence depuis 1656.

me dit qu'il remettoit à parler de l'affaire du Portugal à son entrevue avec le roi son frère, et qu'il laissoit cette négociation au cardinal et à dom Louis de Haro. Quelque temps après j'eus mon audience de congé; et je m'en revins trouver le roi, qui étoit pour lors en Provence, et qui me témoigna qu'il étoit content de tout ce que j'avois fait à Lisbonne.

M. le cardinal me dit qu'il avoit songé à moi en mon absence, et que le roi m'avoit donné la lieutenance de Roussillon; mais que comme les appointements de cette charge n'étoient point considérables, il m'avoit conservé deux mille écus sur le gouvernement de Montpellier; que le comte de Castres[1], qui en étoit gouverneur, étoit chargé de me payer cette somme. Je n'en ai jamais rien touché.

J'attendois mes provisions, que M. Le Tellier avoit ordre de m'expédier promptement; je voulois ensuite aller chez moi pour avoir de l'argent; car M. le cardinal ne m'avoit donné que mille écus pour faire mon voyage de Portugal; et j'en avois dépensé cinq mille. La cour étoit pour lors à Avignon. Un jour que j'allois voir le cardinal, M. Le Tellier, sortant de sa chambre, s'en vint à moi, me prit par la main et me dit que Son Éminence me commandoit de me tenir prêt à partir pour aller à Candie[2] commander les troupes que le roi y envoyoit. Cela me

---

1. René-Gaspard de La Croix, marquis de Castres, chevalier des ordres du roi, lieutenant général, gouverneur de Montpellier, mort dans cette ville en 1674.

2. 1660.

surprit; car je n'avois point entendu parler d'un tel voyage; d'ailleurs je n'étois guère en état de partir, n'ayant ni argent ni habits, ni gens pour me servir dans le nouvel emploi qu'on me destinoit. Comme il me restoit aussi des affaires à arranger chez moi, je représentai tout cela à M. Le Tellier; et je le priai de demander à M. le cardinal qu'il me fût permis de faire un voyage en mes terres. M. Le Tellier me répondit, comme à son ordinaire, fort brusquement que cela se pouvoit, et qu'il diroit à M. le cardinal que je ne voulois pas partir. Je ne sais pas ce qu'on rapporta à Son Éminence; mais je reconnus bien que ce n'étoit rien d'obligeant pour moi; car M. le cardinal, qui étoit d'une humeur fort douce, et qui auparavant m'avoit fait cent caresses, ne me regarda pas jusqu'à Saint-Jean de Luz[1]. Je ne pus jamais lui parler et même je reconnus que Leurs Majestés, que je voyois tous les jours et qui me faisoient l'honneur de me parler, ne me regardoient plus depuis ce temps-là. M. Le Tellier, à qui on avoit ordonné de m'expédier mes provisions de lieutenant du roi de Roussillon, ne me les voulut point donner; et il dit même à quelques-uns de mes amis que je ne les aurois jamais. Je les obtins cependant par ordre du cardinal, qui, ayant besoin de moi, oublia ou feignit d'oublier tout ce que M. Le Tellier avoit pu lui dire de désavantageux sur mon compte.

1. Où le roi épousa l'infante d'Espagne, Marie-Thérèse, le 9 juin 1660.

PIÈCES JUSTIFICATIVES

PIÈCES JUSTIFICATIVES.

LETTRE DU DUC DE CANDALE A M. LE MARQUIS DE CHOUPPES.

D'Agen, ce 22 avril 1653.

Monsieur,

J'ai reçu une lettre avec celle que vous m'avez écrite de M. le prince de Conti, qui ne me demande qu'une liste de tous les prisonniers qui sont dans l'armée que je commande afin d'être échangés. Je ne doute point que ceux de vos régiments n'y soient; et je vous supplie de croire que je serai très-aise de vous pouvoir témoigner que j'ai toujours bien de l'estime pour vous et que toutes les choses que je pourrai faire sans que cela préjudicie au service du roi, je les ferai, étant de tout mon cœur,

Monsieur,
  Votre très-humble serviteur,
    Le duc de Candale.

LETTRE DE M. LE CARDINAL MAZARIN A M. DE C.

Monsieur,

Vous jugez aisément, par l'affection que j'ai toujours eue pour vous, de la joie que je puis avoir, vous voyant résolu, quoiqu'un peu tard, à rentrer dans votre devoir. Je sais tout ce que vous avez à me dire, M. de Candale m'ayant dépêché ici le chevalier de Mau, qu'on lui renvoya avec toutes les expéditions qu'il a désirées; de sorte qu'il seroit superflu que vous prissiez la peine de venir vers moi, si ce n'est que pour cela; mais si vous ne laissez pas de souhaiter de faire ce voyage, vous le pouvez avec assurance que je vous verrai très-volontiers. Vous avez seulement à considérer qu'il vous seroit bien difficile de paroître en ces quartiers sans que toute la cour s'imagine que c'est pour des négociations et pénètre quelque chose qui pourroit nuire à l'affaire. Il seroit peut-être plus à propos que vous allassiez faire un tour auprès de M. de Candale pour aider à la faire réussir, n'ayant point de doute que votre présence ne fût capable d'y contribuer beaucoup; et ensuite vous pourriez encore mieux vous rendre ici, où je vous confirme derechef que quelque résolution que vous preniez là-dessus, je serai très-aise de vous revoir et de vous assurer plus particulièrement que je suis,

Monsieur,

Votre très-affectionné serviteur,

Le cardinal MAZARIN.

A Saint-Germain en Laye, le 27 juin 1653.

LETTRE DE M. L'ABBÉ DE CONAC A M. DE C.

A Pézenas, le 15 septembre.

Son Altesse vous informe de son départ. Je n'ai rien à vous écrire; car nos affaires sont en vos mains; et nous attendons que vous nous en fassiez savoir le détail. Souvenez-vous que je suis tout à vous et qu'il ne se passe rien de deçà à votre désavantage; au contraire, les choses y sont disposées tout comme vous le pouvez souhaiter; et plût à Dieu que vous fussiez aussi heureux pour moi que je le suis pour vous et que vous m'aimiez autant que je vous aime.

L'abbé DE CONAC.

LETTRE DE M. LE CARDINAL MAZARIN A M. DE C., LIEUTENANT GÉNÉRAL DANS LES ARMÉES DU ROI.

De la Ferre, ce 8 octobre 1654.

J'ai lu avec beaucoup de satisfaction la lettre que vous m'avez écrite; mais j'eusse bien souhaité que vous fussiez arrivé plus tôt à l'armée; et à dire le vrai, il me semble aussi que vous auriez pu faire plus de diligence. J'approuve fort vos raisonnements; et assurément il est tout à fait important, et pour la réputation des armes du roi, et pour le bien de ses affaires en Catalogne, et pour la gloire particulière de M. le prince de Conti de prendre Gironne s'il est possible; et je ne doute point que mondit sieur le prince de Conti ne donne dans cette pensée d'autant plus facilement que son dessein, après Puicerda, seroit de venir à Castillon, qui ne nous pourroit échapper si une fois nous avions Gironne[1]. Il n'y aura donc point de mal d'appuyer fortement cette entreprise lorsque vous trouverez occasion de l'en entretenir. Cependant on n'oubliera rien d'ici pour lui faciliter la chose par toutes les assistances qui sont en notre pouvoir. Je vous prie au reste de m'écrire souvent et de faire un état assuré de mon amitié et de mon estime.

Le cardinal MAZARIN.

LETTRE DU ROI A M. DE C., L'UN DE MES LIEUTENANTS GÉNÉRAUX EN MON ARMÉE DE CATALOGNE, EN L'ABSENCE ET SOUS L'AUTORITÉ DE MON COUSIN LE PRINCE DE CONTI.

A Compiègne, le 3 juin 1655.

M. de C., ayant considéré que vous me servirez utilement en la charge de mon lieutenant général en mon armée de Catalogne, de laquelle j'ai donné le commandement en chef à mon cousin le prince de Conti, j'ai bien voulu vous faire cette lettre pour vous dire que, suivant le pouvoir de ladite charge que je vous ai ci-devant fait expédier, vous ayez à en faire la fonction dans madite armée en l'absence de mondit cousin et sous son autorité en sa présence, vous assurant que les services que vous m'y rendrez, me seront très-agréables; et sur ce je prie Dieu qu'il vous ait, monsieur de C., en sa sainte garde.

LOUIS.
LE TELLIER.

---

1. Puycerda fut pris le 17 octobre de cette année; Castillon ne le fut que le 10 juillet 1665.

LETTRE DE M. LE CARDINAL MAZARIN A M. DE C., LIEUTENANT GÉNÉRAL DANS LES ARMÉES DU ROI.

Au Quesnoi, ce 20 août 1655.

J'ai été bien aise de voir la lettre que vous m'avez écrite de Pézenas, voyant à présent que vous êtes en bonne santé, puisque vous vous mettiez en chemin pour aller en Catalogne. J'espère que nous en recevrons bientôt de bonnes nouvelles. Je ne vous mande pas celles de ces quartiers, parce que vous les saurez toutes par M. de Canaples [1], par qui je vous écris ces lignes. Au surplus, je vous remercie de l'avis que vous me donnez des désordres et des exactions que les gens de guerre ont faits en Guyenne; la chose n'en demeurera pas là très-assurément, n'étant pas juste d'abandonner ainsi le pauvre peuple à leur discrétion; et non-seulement on n'oubliera rien pour y remédier à l'avenir; mais il ne tiendra pas à moi que les coupables ne soient châtiés exemplairement. Conservez-moi toujours votre amitié et faites état de la mienne, qui vous est parfaitement acquise.

Le cardinal MAZARIN.

1. Alphonse de Créquy, comte de Canaples, duc de Lesdiguières en 1704, mort le 5 août 1711. Il servit pendant cette année 1656 en Catalogne, et se distingua au siége de Quiers.

LETTRE DE M. LE CARDINAL MAZARIN A M. DE C., LIEUTENANT
GÉNÉRAL DANS LES ARMÉES DU ROI.

A la Fère, le 13 juin 1656.

Je suis marri que l'augmentation de compagnies dont vous me parlez par votre lettre, ne puisse pas réussir; si elle avoit eu lieu, j'aurois été très-aise de l'emploi que M. votre neveu[1] y auroit trouvé; mais le roi ne la peut accorder sans des conséquences qui seroient très-préjudiciables à son service. Si je puis en autre chose contribuer à vos avantages ou des personnes qui vous appartiennent, je le ferai avec joie, ayant toujours beaucoup d'estime et d'amitié pour vous.

[2] J'ai toutes les envies du monde de vous obliger; mais je ne le puis dans l'affaire dont vous m'avez écrit, le roi ne voulant pas augmenter le régiment de Caderousse, qui est à huit compagnies, Sa Majesté lui en ayant accordé deux de plus en considération de l'instance que M. de Valencé en fit de la part de M. le prince de Conti. Voyez donc ce que je puis faire pour vous servir; si la chose est possible, je m'y emploierai de tout mon cœur.

Le cardinal MAZARIN.

---

1. Chouppes avoit deux neveux, fils de son frère aîné, Pierre, dont nous parlerons plus loin : Réné de Chouppes, seigneur et baron de Chouppes, capitaine de chevau-légers dans le régiment de Richelieu, marié en 1639 à Geneviève de La Mothe-Vialla; et Charles de Chouppes, page du cardinal Mazarin. C'est probablement du premier qu'il s'agit ici.

2. Ceci est écrit de la main du cardinal.

LETTRE DU ROI A M. D. C., L'UN DE MES LIEUTENANTS
GÉNÉRAUX EN MON ARMÉE DE CATALOGNE.

A la Fère, le 26 juin 1656.

M. D. C. ayant résolu pour remédier aux derniers inconvénients qui arrivent et au préjudice que mon service reçoit par la multiplicité des lieutenants généraux en mes armées en égal pouvoir, de les faire commander par le premier et plus ancien d'entre eux sous l'autorité de mon lieutenant général qui en aura le commandement en chef, et en son absence, et sachant que le sieur comte d'Estrades est le plus ancien d'entre ceux de mes lieutenants généraux que j'ai ordonnés pour servir en mon armée de Catalogne durant la campagne de la présente année, je lui donne ordre et pouvoir de prendre le commandement de madite armée en l'absence et sous l'autorité : premièrement, de mon cousin le prince de Conti et puis de mon cousin le duc de Candale, après lesquels et en leur absence j'entends qu'il donne ordre à mes autres lieutenants généraux en madite armée de tout ce qu'ils auront à faire en cette qualité pour mon service; ce que j'ai bien voulu vous faire savoir par cette lettre et vous dire que vous ayez à reconnoître ledit sieur d'Estrades et lui obéir en qualité de mon lieutenant général en l'absence de mesdits cousins et sous leur autorité en leur présence, et que vous serviez en cette sorte alternativement avec mes autres lieutenants généraux en madite armée et rouliez avec eux selon et ainsi qu'il est accoutumé, vous assurant que le service que vous me rendrez dans madite armée, suivant ce qui est en cela ce qui est de ma volonté, et avec votre affection, soin et bonne conduite accoutumée, me sera en particulière considération. Sur ce, je prie Dieu qu'il vous ait, M. D. C., en sa sainte garde.

Louis.
Le Tellier.

LETTRE DE M. LE CARDINAL MAZARIN A M. D. C., LIEUTENANT GÉNÉRAL DANS LES ARMÉES DU ROI..

A Compiègne, le 31 août 1656.

Monsieur,

Bien que ce que vous m'écrivez pour la compagnie de chevau-légers que votre frère [1] a levée soit peu de chose et que je désire de vous donner des marques plus considérables de mon affection et de mon estime en d'autres rencontres, néanmoins, comme Sa Majesté a résolu de ne plus accorder de commission pour de semblables levées, je ne puis vous envoyer celle que vous me demandez pour lui. Cela n'empêchera pas que l'hiver qui vient, je ne fasse mettre la compagnie dans quelque bon corps où elle sera bien traitée. Assurez-vous cependant que je ferai valoir auprès de Sa Majesté le zèle que vous faites paroître l'un et l'autre pour son service et que je suis autant qu'il se peut,

Monsieur,

Votre très-affectionné serviteur,

Le cardinal MAZARIN.

---

1. Pierre de Chouppes, chevalier, seigneur de Basse, cornette d'une compagnie de chevau-légers, puis maréchal de camp, gouverneur de la ville et château de Parthenay et du Gatinois, au pays de Gastine, en Poitou. Sa femme s'appeloit Renée Rabelin.

LETTRE DU ROI A M. D. C., L'UN DE MES LIEUTENANTS GÉNÉRAUX EN MES ARMÉES, AYANT LE COMMANDEMENT DE PARTIE DE MES TROUPES ÉTANT EN QUARTIER D'HIVER EN LANGUEDOC.

A Paris, le 10 décembre 1656.

M. D. C. ayant jugé à propos, pour le soulagement de ma province de Languedoc et pour le bien de mon service, de faire quelques réductions et licenciements d'aucunes des troupes de mon armée de Catalogne, j'ai bien voulu vous adresser avec cette lettre les ordres que j'ai fait expédier pour celles qui sont à retrancher et qui sont logées dans votre département, et vous dire que vous ayez à prendre soin et à tenir la main à ce qu'elles soient réduites, et que les licenciements que j'ordonne, soient exécutés incessamment et en toute diligence soit par telle autre voie que vous aviserez et qui sera la plus prompte; en sorte que les habitants des lieux où celles qui doivent être retranchées, sont logées, ne soient plus chargées de leur logement et subsistance, et que comme ce que les officiers de ces troupes retireroient désormais, iroit à la diminution de ce qui devra être payé aux autres, l'on ne tombe pas dans l'inconvénient d'être obligé de leur rien retrancher.

Que vous teniez la main à ce qu'en faisant ce licenciement, les officiers des corps et compagnies retranchés laissent leurs soldats soit de pied ou de cheval; savoir, pour ceux des corps licenciés, dans les autres corps logés aux mêmes quartiers ou dans les plus voisins, selon que vous verrez pour le mieux; et quant aux autres dans les compagnies des mêmes corps qui seront conservés sur pied, ainsi que vous verrez que je l'ordonne à ceux qui les commandent, par mes dépêches pour mes troupes étant de votre département qui vous seront adressées avec la présente par le sieur de Bezons[1], auquel je me remets de ce que j'y pourrois ajouter, vous recommandant derechef d'y apporter toute la diligence possible et de me rendre compte comme il y aura été satisfait.

Je vous dirai aussi que comme par le moyen de ce retranchement et licenciement, ma province de Languedoc se trouvera beaucoup soulagée, me contentant qu'elle paye deux millions quatre cent mille livres pour le quartier d'hiver entier des troupes qui resteront sur pied, je me promets que les états procéderont incessamment à établir la levée et le payement de cette somme; et en ce cas je mande à mes lieutenants généraux du gouvernement de la province de faire les logements des troupes dans les grandes villes selon que les états le désireront, leur donnant encore quinze jours de temps pour résoudre ce qu'ils ont à faire là-dessus, pendant lesquels j'ordonne que la subsistance soit continuée en vivres et espèces à mes troupes, à condition que le rabais de la valeur d'iceux leur sera fait sur leur quartier d'hiver, même que s'il y en a qui aient fait des compositions en deniers au lieu de prendre des vivres, j'entends que ce qu'ils auront ainsi touché, leur soit pareillement déduit. Que si les états ne prennent une bonne résolution sur cela, conformément à ce que je désire d'eux, je mande à mes lieutenants généraux de faire leur logement et le département de leur payement, en sorte que les gens de guerre le touchent ponctuellement; et je désire qu'en quelque manière que la chose passe, vous continuiez à prendre soin des troupes étant dans votre département et pour les faire vivre en

---

1. Claude-Bazin de Bezons, intendant de justice en Languedoc, puis conseiller d'État, membre de l'Académie françoise, mort à Paris le 20 mars 1684.

bon ordre et qu'elles se rétablissent suivant ce que vous avez vu de mes intentions par mon ordonnance du dixième novembre dernier, laquelle je vous recommande de faire toujours, en ce qui dépendra de vous, observer ponctuellement; et la présente n'étant pour autre fin, je prie Dieu qu'il vous ait, M. D. C., en sa sainte garde.

Louis.
Le Tellier.

LETTRE DU ROI A M. LE MARQUIS DE CHOUPPES, GOUVERNEUR DE BELLE-ISLE.

A Paris, le 16 décembre 1656.

Monsieur de Chouppes, sur l'avis que j'ai reçu que les capitaines et officiers qui ont été ordonnés pour commander les hommes détachés des troupes de mon armée en Catalogne pour tenir garnison pendant l'hiver dans ma ville et place de Rozza, s'en sont retirés pour aller au corps des régiments dont ils sont, j'ai fait expédier une ordonnance portant commandement auxdits officiers de retourner incessamment dans ladite place et de s'y rendre dans quinze jours après la publication d'icelle pour n'en point partir jusqu'à nouvel ordre et congé de moi; et désirant qu'elle soit continuellement exécutée selon l'importance de la chose à mon service et à la conservation de ladite place, j'ai bien voulu vous faire cette lettre pour vous dire que vous ayez à tenir la main à ce qu'elle soit publiée en tous les lieux et logements des troupes dont je vous ai donné le commandement pendant l'hiver, et observée selon sa forme et teneur; vous assurant que le soin que vous en prendrez, me sera très-agréable; et sur ce je prie Dieu qu'il vous ait, monsieur de Chouppes, en sa sainte garde.

Louis.
Le Tellier.

LETTRE DU ROI A M. D. C., L'UN DE MES LIEUTENANTS GÉNÉRAUX EN MES ARMÉES, COMMANDANT PARTIE DE MES TROUPES ÉTANT EN QUARTIER D'HIVER EN LANGUEDOC.

A Paris, le 19 décembre 1656.

M. D. C. ayant eu avis qu'un gentilhomme du pays de Rouergue, nommé Saint-Clément, s'est emparé et détient avec gens en armes le château de Bonnefons audit pays de Rouergue, appartenant au sieur archevêque de Bourges [1], à cause de la dommerie d'Aubrac [2], dont il est titulaire, j'ordonne au sieur de Saint-Luc [3] d'employer les forces nécessaires pour faire sortir ledit Saint-Clément dudit château et de vous demander les gens de guerre dont il aura besoin pour cet effet, comme aussi de demander la route au sieur comte de Bioulles [4] pour les faire marcher en diligence en Languedoc; et je donne ordre au sieur de Saint-Luc de

---

1. Anne de Levis Ventadour, nommé archevêque de Bourges le 4 novembre 1649, mort dans sa ville épiscopale le 15 mars 1662.

2. Ou abbaye de l'ordre de Saint-Augustin et de la réforme de Chancellade; Aubrac, sur la Boralde, diocèse de Rhodez, parlement de Toulouse, intendance de Montauban; aujourd'hui Saint-Chély d'Aubrac, chef-lieu de canton, arrondissement d'Espalion, département de l'Aveyron.

3. Lieutenant général pour le roi en Guyenne. On sait que le Rouergue dépendoit du gouvernement général de cette province.

4. Louis de Cardaillac de Levis, comte de Bioule ou de Bieule, lieutenant général pour le roi au gouvernement de Languedoc, mort en 1666.

vous envoyer la sienne, le nom des troupes en blanc, et de vous marquer le temps auquel il les voudra faire agir, afin qu'elles ne demeurent pas inutilement à la charge du pays; ce que j'ai bien voulu vous faire savoir par cette lettre, et vous dire que mon intention est que vous choisissiez d'entre les troupes qui sont sous votre commandement, celles qui sont les plus proches dudit pays de Rouergue pour les envoyer audit sieur de Saint-Luc au nombre de six ou sept cents hommes qu'il vous pourra demander plus ou moins, soit de cheval ou de pied. Vous recommanderez de faire, en ce qui dépendra de vous, qu'elles vivent dans le bon ordre nécessaire pour leur maintien et pour empêcher qu'elles ne soient aucunement à charge au peuple; et après cette expédition j'entends qu'elles retournent et rentrent en leurs quartiers en Languedoc pour y vivre comme devant leur départ; et la présente n'étant pour autre fin, je prie Dieu qu'il vous ait, M. D. C., en sa sainte garde.

Louis.
Le Tellier.

LETTRE DU ROI A M. D. C., L'UN DE MES LIEUTENANTS GÉNÉRAUX EN MES ARMÉES, COMMANDANT MES TROUPES QUI SONT EN QUARTIER D'HIVER ÈS-DIOCÈSES DE VIVIERS, DU PUY ET MENDES.

A Paris, le 3 janvier 1657.

M. D. C. apercevant de toutes parts que les gens de guerre, tant de cheval que de pied, de mes armées commettent de grands désordres à la campagne et jugeant qu'un des meilleurs moyens d'y remédier est d'empêcher qu'ils ne portent leurs armes à feu, soit dans leurs quartiers, soit ailleurs, si ce n'est quand il leur est commandé, je vous fais cette lettre pour vous dire que vous ayez à obliger chacun, capitaine ou officier commandant chaque compagnie, tant d'infanterie que de cavalerie françoise et étrangère, des troupes dont je vous ai donné le commandement pendant l'hiver, à faire que tous les soldats ou chevau-légers de sa compagnie portent incontinent et sans aucun délai tous leurs mousquets, pistolets, fusils et autres armes à feu au logis du capitaine qui commandera le quartier, lequel sera obligé de les tenir en lieu sûr, sans qu'il lui soit loisible de les rendre ou de les livrer aux soldats ou chevau-légers, si ce n'est lorsqu'il estimera à propos de leur faire faire l'exercice, auquel cas il pourra les leur remettre, à la charge qu'aussitôt après que l'exercice aura été fait, ces armes seront rapportées au logis du capitaine commandant le quartier; et afin de purger l'infanterie de fusils, je désire aussi que vous fassiez que le capitaine qui les aura ainsi tirés des mains des soldats, ne les leur rende plus, ains qu'il les rompe et brise suivant ce qui est porté par mon ordonnance du seizième novembre dernier, et oblige les autres capitaines à fournir des mousquets à ceux qui n'en auront point; le tout à peine de répondre en leur propre et privé nom des désordres que ceux qui sont sous leur charge, commettront avec leurs armes, vous recommandant de me donner avis de la diligence que vous ferez pour l'exécution de ce qui est en cela de ma volonté; et sur ce je prie Dieu qu'il vous ait, M. D. C., en sa sainte garde.

Louis.
Le Tellier.

LETTRE DU CARDINAL MAZARIN A M. D. C., LIEUTENANT
GÉNÉRAL ÈS-ARMÉES DU ROI A BÉZIERS.

A Paris, le 18 janvier 1657.

Votre lettre du 30 décembre m'a été rendue. J'ai vu avec beaucoup de satisfaction tout ce qu'elle contient. Je vous remercie de tout mon cœur; et vous me ferez plaisir de continuer à m'écrire de la sorte. Je demande ce qu'il faut à M. le comte de Bieules, afin qu'il agisse bien de concert avec M. de Bezons. Il est temps de commencer à travailler à la remonte et aux autres choses nécessaires pour remettre les troupes en état de servir. J'en écris à M. de Bezons; et je vous prie d'y tenir la main dans votre département.

Le cardinal MAZARIN.

Vous me ferez grand plaisir de tâcher de pénétrer les cabales qui se font au lieu où vous êtes, les principaux acteurs, les mouvements que l'on y donne de Paris, particulièrement à la personne dont vous m'avez écrit[1].

LETTRE DU CARDINAL MAZARIN A M. D. C., LIEUTENANT
GÉNÉRAL ÈS-ARMÉES DU ROI A BÉZIERS.

A Paris, le 1er février 1657.

J'ai lu avec beaucoup de satisfaction toutes les particularités de vos dernières lettres; et vous me ferez grand plaisir de continuer à m'écrire ainsi en détail ce

---

1. Ceci est entièrement écrit de la main du cardinal.

que vous pourrez apprendre de plus considérable ; je recevrai le tout avec confiance entière ; et je vous réponds que le secret vous sera exactement gardé.

Le roi a eu la bonté de se relâcher encore de quelque chose en faveur du Languedoc, quoique tout le conseil fût d'avis de ne se servir plus d'autres voies que de celles d'autorité ; et comme MM. de Castres et de Grammont sont partis pour faciliter dans l'assemblée des états l'accommodement des affaires, j'espère qu'il n'y aura plus de difficultés à présent.

Vous êtes un des lieutenants généraux du département desquels on tirera des troupes pour un détachement ; c'est pourquoi je vous prie de les hâter de se remettre en état, afin que quand les ordres arriveront, elles soient en route aussitôt.

Quant à ce qui regarde le commandement de votre régiment[1] et les officiers dont vous me parlez, je contribuerai volontiers à ce qui se pourra faire à leur avantage ; vous en pouvez envoyer un mémoire à M. Le Tellier, afin qu'il m'en parle quand il sera temps.

Le cardinal MAZARIN.

LETTRE DU ROI A M. D. C., L'UN DE MES LIEUTENANTS GÉNÉRAUX EN MES ARMÉES, COMMANDANT MES TROUPES ÉTANT ÈS-DIOCÈSES DE MENDES, DU PUY ET VIVIERS.

A Paris, ce 6 février 1637.

M. D. C. donnant ordre aux deux compagnies du régiment de Merinville qui sont à
d'en partir incontinent pour aller à Mendes et y tenir

---

1. On a vu plus haut que le colonel de ce régiment s'appeloit La Langevinière.

garnison pendant le reste du présent hiver, j'ai bien voulu vous le faire savoir par cette lettre et vous dire que vous ayez à tenir la main, selon le pouvoir que je vous ai donné sur partie de mes troupes étant en Languedoc, à l'exécution de ce qui est en cela de ma volonté ; et la présente n'étant pour autre fin, je prie Dieu qu'il vous ait, M. D. C., en sa sainte garde.

Louis.
Le Tellier.

LETTRE DU CARDINAL MAZARIN A M. D. C., LIEUTENANT GÉNÉRAL ÈS-ARMÉES DU ROI A BÉZIERS.

A Paris, le 22 février 1657.

J'ai vu avec beaucoup de satisfaction votre lettre du dixième de ce mois. Il ne faut pas que vous songiez au voyage que vous vous proposez de faire en Poitou ; car vous devez servir en Italie sous M. le prince de Conti ; et comme il se doit faire un détachement pour l'armée d'Italie, il est du service du roi et de votre intérêt propre que vous employiez tous vos soins et tout le temps qui reste du quartier d'hiver, à faire remettre les troupes qui sont sous votre charge, en état de servir, pressant les officiers par la crainte du châtiment, qui est inévitable, s'ils manquent à ce qu'ils doivent, et même en se saisissant de l'argent pour le faire employer vous-même aux recrues et à la remonte, si vous voyiez avec certitude que quelques officiers fussent pour en abuser. Vous ne sauriez m'obliger davantage que d'apporter à cela une entière application.

Le cardinal Mazarin.

LETTRE DU CARDINAL MAZARIN A M. D. C., LIEUTENANT GÉNÉRAL ÈS-ARMÉES DU ROI A BÉZIERS.

Paris, le 1er mars 1657.

J'apprends avec beaucoup de satisfaction, par la lettre que vous m'avez écrite du quatrième de février, que tout étoit ajusté dans les diocèses de Viviers, du Puy et de Mendes. Je vous prie de nouveau de redoubler vos efforts, afin que les troupes qui sont dans votre département, se remettent, sans perdre de temps, en état de servir le roi, vous répliquant encore par celle-ci que vous y avez intérêt, puisque l'on doit faire un détachement pour aller en Italie, où vous serez employé aussi cette campagne sous M. le prince de Conti; ce qui est, à mon avis, une assez grande marque de confiance pour dissiper tous les ombrages qu'il semble que vous ayez dans l'esprit; et je vous conjure une fois pour toutes d'être persuadé que je vous aime et vous estime véritablement. J'aurai soin de votre neveu; et vous le verrez par les effets le plus tôt qu'il me sera possible.

Le cardinal MAZARIN.

LETTRE DU CARDINAL MAZARIN A M. D. C., LIEUTENANT GÉNÉRAL ÈS-ARMÉES DU ROI A BÉZIERS.

A Paris, le 23 mars 1657.

J'ai vu tout ce que vous me mandez par votre lettre du treizième de ce mois, et vous en remercie. L'intention des états pourroit bien être telle que vous dites;

mais il ne faut pas que les troupes prennent prétexte sur cela de ne se pas fortifier; car elles ont été assez bien traitées pour ne pas manquer de moyens de s'acquitter de leur devoir. Je vous prie donc de tenir la main à ce que celles de votre département y satisfassent comme il faut, et particulièrement celles qui doivent partir pour aller servir en Italie, et même de bien vous appliquer à ce qui regarde l'infanterie.

Il n'y a pas moyen que vous alliez faire un tour chez vous avant la campagne; car le corps que l'on détache pour passer en Italie, doit partir le sixième d'avril; et vous en devez conduire une partie, et M. de Duras l'autre. Néanmoins, s'il étoit jugé à propos de différer votre départ et de vous tenir encore quelque temps en Languedoc, je vous prie de le faire et de vous bien entendre avec M. de Bezons et de lui dire confidemment vos pensées sur les expédients que l'on pourroit prendre pour mieux satisfaire aux intentions de Sa Majesté. Comme il vous communiquera toutes choses, je me remets à lui du surplus.

Le cardinal MAZARIN.

LETTRE DE M. LE TELLIER A M. D. C.

A Paris, ce 23 mars 1657.

Monsieur,

J'ai reçu la lettre que vous avez pris la peine de m'écrire par M. d'Arcy[1]; et je puis vous assurer que ce qu'elle contient a été fort pesé, considéré. L'on fait sa-

---

1. Le marquis d'Arcy fut envoyé extraordinaire auprès des princes de Brunswick en 1679, ambassadeur extraordinaire à Turin en 1684, chevalier des ordres du roi le 2 décembre 1688, gou-

voir à M. de Bezons les résolutions du roi sur cette affaire; et comme on lui mande de vous les communiquer, je me dispense de vous les expliquer par ces lignes. Je vous dirai seulement qu'encore que l'on vous destine pour conduire les premières troupes qui passeront en Italie, toutefois si vous jugez ensemble que vous deviez demeurer quelques jours par delà pour contribuer, ce qui pourra dépendre de vous, à avancer l'exécution des intentions de Sa Majesté, elle s'en remet à vous, qui prendrez ensuite le chemin d'Italie.

Je suis,

　　Monsieur,

　　　　Votre très-humble et très-affectionné serviteur,

　　　　　　　　　　Le Tellier.

LETTRE DU ROI A M. D. C., L'UN DE MES LIEUTENANTS GÉNÉRAUX EN MES ARMÉES, COMMANDANT MES TROUPES ÉTANT ÈS-DIOCÈSES DE VIVIERS, MENDES ET LE PUY.

M. D. C. donnant mes ordres aux troupes d'infanterie et de cavalerie mentionnées en l'état ci-joint de partir des quartiers où elles sont en ma province de Languedoc, pour s'acheminer en Piémont et servir en mon armée d'Italie, et vous ayant destiné pour servir en madite armée d'Italie en qualité de l'un de mes lieutenants généraux en icelle, en l'absence et sous l'autorité de mon cousin le prince de Conti, qui la commandera

verneur du duc de Chartres en 1689, conseiller d'État d'épée en 1694, et mourut la même année à Maubeuge. Il s'appeloit Réné Martel.

en chef, et après lui sous celle du sieur d'Estrades, lieutenant général sous lui, et en son absence en madite armée, j'ai estimé à propos de les faire acheminer delà les monts sous votre charge, afin qu'elles marchent avec plus d'ordre et s'y rendent en meilleur état qu'il se pourra ; ce que j'ai bien voulu vous faire savoir par cette lettre, et vous dire que vous ayez à tenir la main en ce qui dépendra de vous, à ce que lesdites troupes partent de leurs quartiers dans le temps qu'il faudra pour faire qu'elles puissent arriver à Suze dans les derniers jours du mois d'avril prochain, suivant les routes que je leur ai fait expédier.

Que vous ordonniez aux commissaires des guerres qui ont la police des troupes, d'en prendre la conduite dans l'étendue de madite province de Languedoc, en sorte qu'elles n'y commettent aucun désordre et vivent dans toute la bonne discipline requise.

Que comme les troupes marcheront en différents corps, vous ayez à les voir défiler dans les étapes autant que vous le pourrez, vous attachant à tel de ces corps que vous jugerez plus à propos.

Qu'afin que vous soyez informé, comme je n'omets rien pour faire que lesdites troupes se rendent delà les monts, je donne ordre qu'elles soient payées entièrement avant leur départ, s'il se peut, des cent cinquante jours de leurs quartiers d'hiver ; que si cela ne se peut précisément, j'entends qu'il demeurera quelques officiers de chaque corps, au moindre nombre qu'il se pourra, auxquels l'on fera toucher ce que les intendants auront vérifié être dû à chaque troupe pour lesdits cent cinquante jours ; c'est ce que je vous dirai par cette lettre, vous recommandant d'apporter tous les soins qui dépendront de vous, tant pour faire que ces troupes partent dans le temps qu'il faudra, que pour avoir en Piémont aux jours prescrits par mes routes comme aussi pour faire qu'elles y marchent en bon ordre et qu'elles se rendent delà les monts en meilleur état qu'il se pourra, dont m'en reposant sur vos soins et votre affection accoutumée, je vous assure que je suis bien satisfait des services que vous m'avez rendus en Languedoc, et que je considérerai particulièrement ceux que je me promets de recevoir de vous en madite armée d'Italie, priant Dieu qu'il vous ait, M. D. C., en sa sainte garde.

Louis.
Le Tellier.

LETTRE DU ROI A M. D. C., L'UN DE MES LIEUTENANTS GÉNÉRAUX EN MES ARMÉES, COMMANDANT MES TROUPES ÉTANT ES-DIOCÈSES DE VIVIERS, MENDES ET LE PUY.

A Paris, le 24 mars 1657.

M. D. C. estimant que les recrues et chevaux de remonte des troupes, tant d'infanterie que de cavalerie, étant en ma province de Languedoc, auxquelles je donne ordre de passer en Italie, n'auront pas encore joint ces corps ou quelqu'un d'iceux avant leur départ, je désire que les officiers qui resteront pour attendre le reste du payement des cent cinquante jours du quartier d'hiver, les attendent, et que si besoin est d'y ajouter quelqu'autres officiers, l'on le fasse, pourvu qu'il n'y en ait pas plus d'un par compagnie qui n'aura pas fait sa recrue, et qu'ensuite ils les conduisent en Italie joindre leurs corps ; ce que j'ai bien voulu vous faire savoir par cette lettre, et vous dire que vous ayez à tenir la main en ce qui dépendra de vous à l'exécution de ce qui est en cela de ma volonté ; et celle-ci n'étant pour autre fin, je prie Dieu qu'il vous ait, M. D. C., en sa sainte garde.

Louis.
Le Tellier.

LETTRE DU CARDINAL MAZARIN A M. D. C., LIEUTENANT GÉNÉRAL ÈS-ARMÉES DU ROI A BÉZIERS.

J'ai vu ce que vous m'avez écrit par votre lettre du dix-huit de ce mois. Vous n'aurez pas manqué, je m'assure, de voir M. de Bezons, ensuite de ma précédente, et de conférer avec lui sur les choses que je vous marquois; je vous prie derechef de le faire et de lui donner vos avis touchant ce qui se pourroit faire de mieux pour le service du roi et pour faciliter aux troupes les moyens de se remettre.

Quant à ce qui regarde votre régiment, je verrai avec les officiers qui sont ici, ce qu'il y auroit à faire; et vous ne devez point douter que je ne me prête avec plaisir à tout ce que je pourrai contribuer à vos avantages et à votre satisfaction, ayant pour vous une estime très-particulière.

Le cardinal Mazarin.

LETTRE DU CARDINAL MAZARIN A M. D. C., LIEUTENANT GÉNÉRAL ÈS-ARMÉES DU ROI A BÉZIERS.

A Paris, le 22 avril 1657.

J'ai vu tout ce que vous m'avez écrit du dix-septième de ce mois. M. de Bezons vous donnera part des ordres du roi qu'on lui envoie; et je vous prie de contribuer à leur exécution avec votre zèle accoutumé. Je ne puis croire que les États, après avoir mieux considéré de quelle importance il est d'assister promptement les troupes, ne fassent un effort, non-seulement pour achever de payer celles qui sont en marche pour aller en Italie, mais aussi pour remettre en état les autres, vu que la province en sera d'autant plutôt délivrée, que cela donnera facilité de profiter de la faiblesse où les ennemis sont en Catalogne, et que pour cet effet, il ne s'agit pas d'augmenter le don gratuit, mais seulement de faire une avance sur celui de l'année prochaine; au reste, il ne faut pas que vous partiez de Languedoc jusqu'à nouvel ordre; et cependant votre application doit être d'obliger les officiers à fortifier leurs compagnies; et je vous conjure d'y employer tous vos soins et toute votre industrie.

Le cardinal MAZARIN.

LETTRE DU ROI[1] A M. D. C., L'UN DE MES LIEUTENANTS GÉNÉRAUX EN MES ARMÉES.

A Paris, le 12 janvier 1658.

Monsieur D. C., ayant eu avis qu'il est arrivé une grande sédition en ma ville de Nîmes, en présence du sieur évê-

---

1. Cette lettre, la suivante, celles du cardinal Mazarin, en date du 19 janvier, des 8, 14, 21, 28 février, 14 et 29 mars, ont été publiées dans les *Preuves de l'histoire de la ville de Nîmes*, 6ᵉ volume de l'*Histoire civile, ecclésiastique et littéraire de la ville de Nîmes*, par Ménard, qui les avoit tirées des « archives du château de Chouppes, près de Mirebeau, en Poitou. »

que dudit Nîmes[1], et des sieurs comte de Bioulles et de Bezons, qui étoient allés en ladite ville au sujet de l'élection des nouveaux consuls d'icelle pour l'exécution des ordres que j'avais pour ce donnés auxdits sieurs comte de Bioulles et de Bezons, et voulant faire châtier exemplairement les auteurs et coupables de cette entreprise, je mande audit comte de Bioulles d'employer à cet effet les troupes de mon armée de Catalogne, auxquelles j'ai donné mes ordres pour s'acheminer en Provence, dont le contrôle sera ci-joint; comme aussi de retenir pour même fin, si besoin est, le régiment d'infanterie catalane de Caramany, qui doit passer dans ma province de Languedoc pour venir par deçà; et ayant jugé nécessaire de faire commander les troupes qui serviront en cette occasion, par une personne capable de les faire agir utilement en l'absence dudit sieur comte de Bioulles et sous son autorisation en sa présence, j'ai jeté les yeux sur vous pour cet emploi; et j'ai bien voulu vous faire cette lettre pour vous dire que vous ayez à vous rendre au lieu où sera ledit comte de Bioulles, auquel j'adresse mes ordres pour lesdites troupes; que vous preniez et exerciez le commandement sous lui, et en son absence; que vous les fassiez agir selon et ainsi qu'il l'estimera à propos; que vous les conteniez et fassiez vivre dans l'ordre et vous employiez en tout ce qui sera à faire pour mon service en cette occasion, suivant les avis et les ordres dudit sieur comte de Bioulles, auquel me remettant de ce que je pourrois ajouter à la présente, je vous assure que les soins que

---

[1]. Anthoine-Denis Cohon, évêque de Nîmes en 1633, puis évêque de Dol en 1644, par échange avec Hector Ouvrier, évêque de Nîmes une seconde fois en 1655, après la mort de ce prélat. Il mourut dans sa ville épiscopale le 7 novembre 1670. On sait quel rôle Cohon joua pendant la Fronde.

vous y apporterez et les services que vous m'y rendrez, me seront très-agréables. Priant Dieu qu'il vous ait, M. D. C., en sa sainte garde.

Louis.
Le Tellier.

LETTRE DU ROI A M. D. C., L'UN DE MES LIEUTENANTS GÉNÉRAUX EN MES ARMÉES.

A Paris, le 19 janvier 1658.

Monsieur D. C., depuis la dépêche que je vous ai écrite du 12 de ce mois touchant la sédition arrivée en ma ville de Nîmes, ayant considéré qu'il pourra être nécessaire d'employer un plus grand nombre de troupes que celles dénommées dans le contrôle que je vous ai adressé avec madite dépêche, pour réduire ladite ville dans le devoir, j'ai résolu de composer un corps d'armée suffisant pour cette fin dans ma province de Languedoc, tant desdites troupes que de plusieurs régiments d'infanterie qui sont en Provence, et de donner à mon cousin, le duc de Mercœur, le commandement tant sur ledit corps d'armée, que dans madite province de Languedoc; ce que j'ai bien voulu vous faire savoir par cette lettre, et vous dire que vous ayez à vous employer en votre charge dans ledit corps de troupes en l'absence et sous l'autorité de mondit cousin, et après lui en l'absence et sous l'autorité du sieur comte de Bioulles, vous assurant que les services que je recevrai de vous en cet emploi, me seront très-agréables; et sur ce je prie Dieu qu'il vous ait, monsieur D. C., en sa sainte garde.

Louis.
Le Tellier.

LETTRE DU CARDINAL MAZARIN A M. D. C., LIEUTENANT GÉNÉRAL ÈS-ARMÉES DU ROI A NIMES.

A Paris, le 8 février 1658.

J'ai reçu la lettre que vous m'avez écrite du vingt-neuvième de janvier en passant par Avignon. Votre but dans l'affaire de Nîmes doit être de la terminer le plus tôt qu'il se pourra, mettant à couvert la dignité et l'autorité du roi; en quoi vous devez agir de concert avec MM. de Bioulles et de Bezons et surtout prendre garde à n'épouser point de passion particulière; et à ce propos je vous dirai que je me suis moqué de ceux qui m'ont voulu dire que vous ne songeriez qu'à aigrir les choses par vengeance de quelque déplaisir qu'on vous avoit fait autrefois en ces quartiers-là. Je crois que vous aurez su d'ailleurs que ceux de Nîmes ont envoyé dire qu'ils tiendroient la main eux-mêmes au châtiment des coupables et obéiroient aux ordres du roi[1]; cela étant, le mieux seroit de sortir de l'affaire; car il y a d'autres choses à exécuter, qui seroient plus glorieuses aux armes de Sa Majesté; surtout vous ne devez rien hasarder; car en cas d'opiniâtreté de la part de ces gens-là, on enverra des troupes en nombre suffisant pour exécuter à coup sûr ce qu'il y aura à faire. Enfin il faut se conduire avec prudence pour éviter, s'il est possible, de nous engager en une affaire qui nous empêche de faire quelque chose de mieux, si nous voyons jour à mettre à couvert ce qui peut être de la dignité et de l'autorité du roi. Je vous enverrai au premier jour une assistance pour réparer le malheur que vous avez eu d'avoir été

---

1. Le parti contraire à l'évêque avoit en effet envoyé au cardinal Mazarin, dès le commencement de janvier, un de ses chefs les plus influents, Gaillan Vaqueirolles.

volé auprès de Fontainebleau; mais pour le régiment de feu M. de Candale, il ne faut pas que vous y songiez, Sa Majesté ne le pouvant refuser à M. d'Épernon, qui le demande pour le sieur de Mont-Cassin[1], qui a l'honneur d'être son parent et qui, par de grandes habitudes et l'estime qu'il a dans ce corps-là, le peut mieux conserver que tout autre.

Le cardinal MAZARIN.

LETTRE DU CARDINAL MAZARIN A M. D. C., LIEUTENANT GÉNÉRAL DES ARMÉES DU ROI A NIMES.

A Paris, le 14 février 1658.

Je suis fort satisfait de la relation que vous m'avez envoyée de ce que vous avez fait en Provence; car je suis persuadé que tout ce que vous m'écrivez, est la pure vérité, que j'y puis prendre confiance. Je vous dirai confidemment, comme j'ai déjà fait par ma précédente, que comme ce n'est pas toute la ville de Nîmes qui a failli, mais quelques particuliers seulement, si l'on exécute pleinement les arrêts du conseil dont M. de Bioulles alloit appuyer l'exécution quand la sédition a eu lieu, et que l'on châtie quelqu'un des coupables pour servir d'exemple, décrétant d'ailleurs contre les principaux séditieux qui sont en fuite, le roi sera satisfait et se contentera que pour sa dignité et pour la manutention de son autorité, les troupes entrent dans la ville, quand ce ne seroit que pour deux ou trois jours, et même en ce cas il faudra les y faire vivre dans une discipline très-exacte.

---

1. Est-ce Alexandre de Montcassin, major du régiment de Picardie en 1629?

Je ne doute point que les choses étant en l'état que vous me marquez, cette affaire ne s'accommode à la satisfaction de Sa Majesté; car pour ce qui est d'y vouloir mêler la religion, c'est un artifice des coupables qui voudroient par là éluder, s'ils pouvoient, la punition de leur crime; et cela se connoît d'autant mieux que l'on voit que l'indignation du roi regarde principalement le premier consul, lequel est catholique [1]; et pour l'affaire de Lunel, non-seulement on n'a pas approuvé le procédé de M. le comte de Bioulles; mais on a envoyé des ordres précis pour faire réparer tout ce qui s'y est passé. Je vous ai déjà fait réponse touchant le régiment de Candale. Quant à la dépouille du pauvre feu chevalier d'Aubeterre, je crois que vous seriez le premier à trouver étrange que l'on préférât quelqu'un à M. le comte de La Serre [2], sachant à quel point il est de mes amis; mais vous devez être assuré que je ne vous oublierai pas aux occasions qui se présenteront.

Le cardinal MAZARIN.

LETTRE DU CARDINAL MAZARIN A M. D. C., LIEUTENANT GÉNÉRAL DES ARMÉES DU ROI A NIMES.

A Paris, le 21 février 1658.

J'ai lu dans le conseil votre lettre du 11 de ce mois. Le roi a été très-aise de tout ce qu'elle contient; et

---

1. C'étoit Alexandre Brueis, sieur de Gattigues. Il avoit été un des plus ardents à conseiller de se défendre par les armes et de fortifier la ville.

2. Louis de Lussan d'Aubeterre, comte de La Serre, lieutenant général, mort en juillet 1693. Il paroît que le bruit de la mort du chevalier d'Aubeterre courut en ce temps. Le fait est que le *pauvre feu* chevalier ne mourut qu'en 1707.

comme vous n'aurez pas manqué d'en informer en diligence M. le duc de Mercœur, on a sujet de croire qu'à présent l'affaire de Nîmes sera terminée aussi avantageusement que Sa Majesté pouvoit souhaiter[1]; et en ce cas, les témoignages que vous avez rendus en faveur du premier consul, quoiqu'il ait été créé depuis la sédition, ne lui seront pas infructueux. Je n'ai point été surpris de la manière dont vous avez servi le roi en cette occasion; mais j'ai pris grand plaisir à faire valoir le mérite qui vous est dû; et vous ne devez pas douter que je n'en fasse ressouvenir Sa Majesté dans les rencontres.

Quand vous serez en Provence, je vous prie de contribuer par vos soins et par vos sollicitations auprès de M. le duc de Mercœur à tout ce qu'il aura à faire pour remettre les troupes en état et hâter les recrues, particulièrement celles d'infanterie. Je vous prie de faire mes recommandations à Mgr l'évêque de Nîmes et à M. le comte de Bioulles, et de témoigner au premier que je vous ai écrit de faire toutes les choses qui pourront le satisfaire davantage, et que j'estime qu'après qu'il aura eu la satisfaction qu'il peut raisonnablement désirer, il sera bon qu'il travaille à ramener les esprits, faisant connoître que lui-même a intercédé pour la ville et employé le crédit qu'il a auprès de moi pour faciliter son pardon.

Trouvez bon que je vous avertisse une fois pour

---

1. L'accommodement avoit été conclu le 11 février 1658. Les articles, au nombre de dix, portoient, entre autres choses, que toutes les portes de Nîmes seroient abattues et qu'elles ne pourroient être redressées que par ordre du roi; que les troupes qui entreroient dans la ville, y seroient logées et nourries par forme d'étapes; que la procédure commencée par l'intendant seroit continuée, et qu'après l'exécution des coupables on donneroit amnistie pour tous les habitants; que les quatre consuls nouvellement installés seroient destitués et que le roi en nommeroit d'autres à leur place, etc.

toutes que le terme d'amnistie n'est pas de bon usage entre le roi et ses sujets et qu'on n'en peut employer d'autre que celui d'abolition[1] quand il s'agit de rebelles ou de séditieux, sans faire tort à Sa Majesté.

Le cardinal MAZARIN.

LETTRE DE M. LE TELLIER.

A Paris, le 22 février 1658.

Monsieur,

Vous avez appris par ma dernière ce qui avoit été ici résolu pour faire valoir les premiers ordres du roi pour la subsistance et le rétablissement des troupes étant en Provence, vous ayant même adressé ouverte la dépêche que Sa Majesté a faite sur le même sujet à M. le cardinal Grimaldy[2], en sorte que vous avez été pleinement informé des intentions de Sa Majesté; depuis, j'ai reçu la vôtre du onzième de ce mois, qui m'apprend la disposition où étoit alors l'affaire de Nîmes; que si elle peut se terminer sur ce pied-là, vous ne devez point douter que l'on en soit ici très-satisfait. Je suis,

Monsieur,

Votre très-humble et très-affectionné serviteur,

LE TELLIER.

1. C'est en effet le terme qui fut employé dans les lettres expédiées par ordre du roi pour l'exécution des articles. Ces lettres sont datées de Lyon au mois de décembre 1658.

2. Jérôme Grimaldi, cardinal en 1643, archevêque d'Aix en 1648, mort dans cette ville le 4 novembre 1685.

LETTRE DU CARDINAL MAZARIN.

A Paris, le 28 février 1658.

Vous avez pu voir par mes précédentes que l'avis qu'on m'avoit donné du ressentiment que vous pourriez avoir de quelque déplaisir reçu aux environs de Nîmes, n'avoit pas fait grande impression sur moi; je suis bien aise d'apprendre par votre lettre du 20 de ce mois que ce déplaisir soit une pure imagination et de voir que votre conduite m'ait si bien confirmé, que quand même vous auriez quelque sujet d'aigreur, vous seriez incapable d'agir par un autre principe que celui du bien et de l'avantage du service du roi. J'ai vu l'ordonnance de M. le duc de Mercœur, contenant les articles qui ont été résolus à l'égard de Nîmes et qui sont les mêmes que vous m'aviez déjà mandé avoir été concertés avec M. de Bezons. Je ne doute point que dans l'exécution vous n'ayez agi avec le même soin et la même prudence[1], et que nous n'ayons nouvelle au premier jour que tout se sera passé entièrement à l'avantage de l'autorité du roi.

On ne précipitera rien pour ce qui est de la nomination des consuls; et dans l'examen qu'on fera des sujets qui seroient plus propres, l'on fera grande considération de ce que vous écrivez à l'avantage du sieur de Gastines[2];

---

1. Le duc de Mercœur avoit promis, par des notes écrites en marge des articles, qu'il n'y auroit que deux portes de la ville abattues et pour vingt-quatre heures seulement; qu'il n'entreroit dans la place que cent vingt hommes du régiment d'Anjou; qu'il n'y auroit point de punition corporelle contre les coupables; qu'on éliroit de nouveaux consuls suivant l'usage, et que les chefs ne sortiroient point de Nîmes.

2. Il faut lire de Gattigues.

mais on sera bien aise avant toutes choses d'avoir l'avis dudit sieur de Bezons, si ce n'est que l'on juge à propos de lui renvoyer cette affaire pour la régler sur les lieux, auquel cas on l'avertira de ne se laisser pas surprendre aux sollicitations des particuliers qui pourroient être portés de vengeance ou d'autre passion à se mêler du consulat. Cependant il est bon de réunir les esprits dans ladite ville et d'y travailler autant que vous pourrez, faisant même tous vos efforts pour obliger ledit sieur de Gastines et ses amis à vivre dans le respect qu'ils doivent à une bonne et sincère correspondance avec Mgr l'évêque de Nîmes, lequel est trop bon serviteur du roi et trop de mes amis pour n'être pas soutenu s'ils en usoient autrement; mais je vous prie en même temps de témoigner audit sieur évêque qu'il ne sauroit rien faire qui soit plus agréable à Sa Majesté, ni qui m'oblige davantage en mon particulier, que d'apporter toutes sortes de facilités à cette réconciliation, sacrifiant tous ses ressentiments au service du roi et à la tranquillité publique.

Ledit sieur de Gastines en a si bien usé, qu'il ne se peut rien ajouter à la satisfaction que l'on a ici de ses soins et de son zèle, après les témoignages que M. le duc de Mercœur et vous-même en avez rendus. Je serois ravi qu'il y eût lieu de le rétablir dès à présent dans le consulat qu'il a quitté de si bonne grâce[1] pour donner exemple d'obéissance et de soumission sans réplique aux volontés du roi; mais je n'en puis rien dire encore; et comme je vous ai marqué ci-dessus, on ne prendra aucune résolution que l'on n'ait eu des nouvelles de ces quartiers-là.

---

1. Il fut en effet rétabli dans le consulat. Il figure comme premier consul pour l'année 1658 dans la liste chronologique des consuls de la ville et du château des Arênes de Nîmes, que Ménard a publiée.

Je vous prie de faire savoir aussi au sieur de Vignolles[1] que j'ai beaucoup d'estime pour lui, et que le croyant bien intentionné pour le service du roi, je m'emploierai volontiers pour faciliter son retour à Nîmes le plus tôt qu'il se pourra, dans l'assurance qu'il vivra bien avec M. l'évêque de Nîmes; cependant, comme je sais qu'il ne s'est rien fait, ni négocié ou proposé durant cette dernière affaire, dont il n'ait eu connoissance et ne soit informé en détail[2], étant accrédité comme il l'est parmi ceux de sa religion, il m'obligeroit de me le mander confidemment et m'engageroit par là d'autant plus à faire état de son amitié et à lui faire ressentir les effets de la mienne. Au reste, vous lui pouvez répondre que le secret lui sera gardé inviolablement; et surtout il faudroit tâcher d'avoir les billets et lettres de ceux qui ont écrit et négocié et fait des offres à la ville de Nîmes. Travaillez-y avec application et dextérité sans bruit. Si cette lettre vous trouve parti de Nîmes, vous pourrez écrire en conformité des articles ci-dessus à M. l'évêque de Nîmes et auxdits sieurs de Gastines et de Vignolles, et leur marquer que je vous ai écrit toutes ces choses pour leur dire, vous croyant encore à Nîmes.

Pour ce qui est de la manière dont vous devez vivre avec M. de Gordes[3], après le départ de M. le duc de

---

1. Jacques de Vignolles. Il étoit probablement fils de Pierre de Vignolles, seigneur de Prades, juge en la Viguerie de Nîmes en 1608. Un des articles de l'accommodement l'avoit obligé de s'absenter de Nîmes avec Mérinand et Vestric.

2. C'est lui qui avoit eu l'idée de recourir à la protection de Cromwell; et il avoit envoyé en Angleterre un Écossois nommé Du Moulin, précepteur de ses enfants.

3. François de Simiane de Pontevez, marquis de Gordes, comte de Carces, chevalier des ordres du roi, grand sénéchal et lieutenant général pour le roi en Provence depuis 1656, mort le 28 novembre 1680.

Mercœur, en cas qu'il vienne ici¹, l'exemple de M. de
Saint-Luc en Guyenne et de ce que vous aviez ordre de
faire en Languedoc, si M. de Bioulles eût agi dans l'affaire de Nîmes, vous doivent servir de règle; je me remets à ce que M. Le Tellier vous mandera là-dessus; et
je vous prie seulement, le cas arrivant, de vivre dans
une parfaite correspondance et d'agir entièrement de
concert avec ledit sieur de Gordes, bien entendu que,
comme je le présuppose, il se conformera, ainsi qu'il
doit, aux volontés du roi et à ses ordres touchant le
quartier d'hiver.

Le cardinal MAZARIN.

LETTRE DE M. ROZE A M. D. C., LIEUTENANT GÉNÉRAL
ÈS-ARMÉES DU ROI A NIMES.

A Paris, le 10 mars 1658.

Monsieur,

J'ai rendu compte à Son Éminence de tout ce que
vous avez écrit depuis votre arrivée à Nîmes. Elle a remis à vous faire réponse après qu'on aura pris une résolution dernière sur ces affaires-là, sa goutte et la reine
de Suède qui part demain² n'ayant pas permis de l'examiner plus tôt; mais je puis vous dire par avance que
l'on n'approuve pas l'exécution de l'ordonnance de
M. le duc de Mercœur, dont vous étiez chargé, et qu'on
murmure sous cape de quelques articles secrets. Si vous

1. Le duc de Mercœur partit d'Aix le 11 mars 1658 pour se
rendre à la cour.
2. Christine, fille de Gustave-Adolphe. Elle retournoit à Rome,
où elle résida jusqu'en 1660, que la mort du roi Charles X la rappela en Suède.

voulez me confier la vérité de la chose, je vous promets que j'en userai comme vous le pouvez souhaiter. Après dîner, je lui ai lu une dernière lettre qui parle de la réunion de M. l'évêque avec MM. de Vignolles et de Gastines, que j'ai prônés encore en cette occasion, et que je continuerai de servir jusqu'au bout. Je vous supplie en mon particulier de me faire l'honneur de croire que je suis,

Monsieur,

Votre très-humble et très-obéissant serviteur,

Roze.

Vous devez servir sous les ordres de la reine de Suède avec M. le comte de La Serre.

LETTRE DU CARDINAL MAZARIN A M. D. C., LIEUTENANT GÉNÉRAL ÈS-ARMÉES DU ROI A AIX.

A Vincennes, le 14 mars 1658.

J'ai vu la lettre que vous m'avez écrite de Nîmes du 23 de février et celle du cinquième de ce mois. Je me remets aux dépêches de M. Le Tellier et à M. de La Vrillière[1] pour ce qui est des affaires de Nîmes; et je vous dirai seulement que vous deviez exécuter l'ordonnance dont M. le duc de Mercœur vous avoit chargé, parce qu'après cela si le roi eût voulu faire quelque grâce à ceux de ladite ville, sa bonté eût paru davantage; et tout au contraire vous l'avez réduit à faire paroître plus de diligence.

---

1. N. Phelippeaux, marquis de La Vrillère; secrétaire d'État.

Quant à ce qu'on vous a dit des personnes qui ont offert assistance à la même ville pendant le trouble qui l'agitoit, il faudroit tâcher d'en avoir des preuves par écrit; et comme outre ce que je vous ai mandé à l'égard du sieur de Vignolles, j'ai fait réponse en termes assez obligeants à une lettre qu'il m'a écrite, je crois que si vous le pressez par quelqu'une des vôtres de vous donner toutes les lumières qu'il peut avoir là-dessus pour me les communiquer, il n'en fera pas de difficulté.

Je ne sais pas pourquoi vous ne m'avez pas écrit le détail de la conversation que vous avez eue avec M. le cardinal Grimaldy depuis votre retour en Provence; je serois bien aise de le savoir, m'ayant été donné avis qu'il vous avoit dit des choses assez extraordinaires pour ne les passer pas sous silence.

Je vous recommande toujours d'avoir grand soin des troupes et de les hâter le plus que vous pourrez de se remettre en état.

Le cardinal MAZARIN.

LETTRE DU CARDINAL MAZARIN A M. D. C., LIEUTENANT GÉNÉRAL ÈS-ARMÉES DU ROI A AIX.

A Paris, le 22 mars 1658.

J'ai reçu la lettre que vous m'avez écrite de Tarascon[1] le treizième de ce mois. Votre principale application doit être maintenant de presser les recrues, tant de

---

1. Ville chef-lieu d'une viguerie en Provence, au bord du Rhône, diocèse d'Avignon, parlement et intendance d'Aix; aujourd'hui chef-lieu de canton, arrondissement d'Arles, département des Bouches-du-Rhône.

cavalerie que d'infanterie, sans donner le moindre relâche aux officiers qui y doivent travailler.

J'écris à M. l'évêque de Nîmes, en conformité de ce que vous me marquez être du service du roi et du repos de ladite ville.

L'intention du roi est que vous ayez toute l'autorité sur les troupes en l'absence de M. de Mercœur; l'usage veut à la vérité qu'on observe en Provence la même chose qui se pratique en Normandie, en Guyenne et dans toutes les autres provinces où il y a des lieutenants du roi, étant certain que c'est à eux à donner l'ordre et à recevoir quelques autres déférences des lieutenants généraux d'armée; mais les lieutenants du roi ne peuvent rien commander aux troupes que par le moyen du lieutenant général d'armée; il faut qu'ils s'adressent à lui, qui, après que la chose a été ainsi concertée entre eux, ordonne immédiatement aux gens de guerre ce qu'il a été résolu de faire.

Le cardinal MAZARIN.

LETTRE DU CARDINAL MAZARIN A M. D. C., LIEUTENANT GÉNÉRAL ÈS-ARMÉES DU ROI A AIX.

A Paris, le 29 mars 1658.

Vous saurez par M. le premier président d'Oppède [1] les résolutions que le roi a prises sur les quartiers changés par M. de Gordes depuis le départ de M. le duc de Mercœur, et sur le traité qui avoit été fait de delà avec les procureurs du pays, sous le bon plaisir de Sa Ma-

---

1. Henry Meynier, baron d'Oppède, premier président du parlement de Provence depuis 1655.

jesté[1]; elle veut, en un mot, que toutes choses soient remises au même état qu'elles étoient auparavant ce changement, et que ses ordres touchant le quartier d'hiver soient exécutés pleinement sans avoir égard audit traité. Au reste, on fait une recharge si pressante audit sieur de Gordes, au sieur de La Barben[2] et au président Reguse[3] de venir rendre compte de leurs actions au roi, qu'ils ne manqueront pas de partir; et comme en attendant le retour de M. le duc de Mercœur, qui partira peut-être demain, le commandement de la province passera entre les mains de M. le premier président, je vous prie de bien agir de concert avec lui pour hâter les troupes de se remettre en état de servir. Les officiers seront assez bien traités pour avoir moyen de faire leur devoir quand ils toucheront entièrement tout ce qu'ils doivent avoir suivant les ordres de Sa Majesté; mais je ne laisserai pas de leur faire donner outre cela encore quelque assistance au lieu du quartier d'assemblée qu'ils désireroient en Languedoc, où vous pouvez savoir d'ailleurs que personne n'en a eu aucun. Je ne puis vous dissimuler la douleur que j'ai de ce que l'autorité du roi n'a pas été soutenue dans l'affaire de Nîmes, comme

---

1. La cour vouloit que les quartiers d'hiver fussent payés aux troupes tant pour les absents que pour les présents. Les États n'entendoient rien donner pour les absents. Cette affaire, qui commença en 1657 et qui fut poussée jusqu'à la menace d'une exécution militaire, ne fut arrangée qu'en juin 1658 par un compromis entre le premier président d'Oppède et les procureurs du pays.

2. Jacques Forbin, sieur de La Barben, étoit premier consul d'Aix depuis le mois de septembre 1657. Il avoit reçu le 1er février 1658 l'ordre de se rendre à la cour et d'y porter les titres dont la province se prévaloit contre la décision ministérielle; mais il ne s'étoit pas empressé d'obéir.

3. Gaspard II de Grimaldy, marquis de Régusse, président à mortier au parlement d'Aix depuis 1647. Il se mit en route au mois d'avril; mais, arrivé sur la frontière du Berry, il y fut arrêté et relégué à Issoudun, où il resta jusqu'au mois de mars 1659.

il étoit important et facile; et je ne sais que répliquer à ceux qui demandent pourquoi mêmement vous vous êtes relâché encore dans l'exécution[1]; si vous voyiez ce que les lettres de Languedoc en disent vous en seriez scandalisé vous-même; il auroit en quelque façon mieux valu tout abandonner dès le commencement; et Dieu veuille que faute d'avoir fait les choses qu'on devoit et pouvoit, tandis que les troupes étoient dans la ville, il n'y arrive point de nouveaux embarras au premier jour.

Le cardinal MAZARIN.

LETTRE DU CARDINAL MAZARIN A M. D. C., LIEUTENANT GÉNÉRAL ÈS-ARMÉES DU ROI A AIX.

A Paris, le 4 avril 1658.

Je n'ai rien à répliquer sur ce qui regarde Nîmes, si ce n'est qu'on est toujours mal satisfait de la manière dont on s'est conduit dans cette affaire; et si le roi se laissoit aller aux instances qui se font en faveur du sieur de Gastines pour le rétablir dans le consulat, on pourroit dire avec raison que les battus auroient payé l'amende; ce n'est pas que je ne l'estime et que je ne le croie bien intentionné et capable de servir utilement le roi; mais dans la conjoncture présente, personne ne peut être d'avis de son rétablissement.

Je suis fort surpris des discours que vous a tenus M. le cardinal Grimaldi[2]; et il seroit bon que vous lui

---

1. Ceci se rapporte sans aucun doute aux articles secrets que nous avons cités plus haut.

2. Le cardinal Grimaldi, premier procureur du pays à cause de

fissiez savoir avec dextérité mon étonnement; car il y a apparence qu'il lui causeroit quelques remords.

La plus grande application que vous devez avoir c'est à la recrue des troupes; vous y devez donner tous vos soins; et je vous conjure de mettre toutes pièces en œuvre pour cela; je vous prie de dire aussi de ma part aux officiers d'Anjou étrangers que je m'attends qu'ils feront les derniers efforts pour mettre le régiment en meilleur état que pas un de ceux qui sont de delà, et que s'ils le font, je leur donnerai quelque assistance en mon particulier, ainsi que j'ai fait d'autres fois. J'ai dit à M. Le Tellier de vous faire tenir mille écus avant la campagne; je vous enverrai encore quelque autre assistance, et vous devez être assuré qu'autant qu'il dépendra de moi, vous ne manquerez de rien.

Le cardinal MAZARIN.

LETTRE DU CARDINAL MAZARIN A M. D. C., LIEUTENANT GÉNÉRAL ÈS-ARMÉES DU ROI A TARASCON.

A Paris, le 11 avril 1658.

Je n'ai pas grand'chose à répliquer à votre lettre du deuxième de ce mois. Par l'ordinaire passé, M. Le Tellier vous doit avoir envoyé un ordre pour toucher mille écus pour employer à votre subsistance, attendant quelque chose de mieux.

sa dignité d'archevêque d'Aix, avoit pris parti pour la province contre la cour. Il avoit présidé en mars l'assemblée dans laquelle on avoit résolu de faire des remontrances au roi contre les quartiers d'hiver et contre les ordres donnés au marquis de Gordes, au président de Régusse et au sieur de La Barben.

Quant à ce qui seroit de vous pourvoir d'un régiment de cavalerie, il faut qu'il y en ait de vacant; et je n'en sais aucun à cette heure. Le sieur de Gastègues[1] m'a écrit et même envoyé un mémoire; mais il ne contient rien de ce que vous me marquez qu'il me manderoit, c'est-à-dire des offres de service et sollicitations qui furent faites à la ville de Nîmes devant la dernière brouillerie. Je vous recommande toujours d'avoir soin des troupes et de les hâter de se remettre en état de servir.

Le cardinal MAZARIN.

LETTRE DE M. ROZE A M. D. C., LIEUTENANT GÉNÉRAL ÈS-ARMÉES DU ROI.

A Paris, le 18 avril 1658.

Monsieur,

Tous les ombrages sont dissipés; vous voilà remis dans l'esprit de Son Éminence en votre premier état, c'est-à-dire en bonne estime et aussi bien que vous y fussiez jamais. Après avoir bien considéré le mal et les remèdes, je n'ai pas trouvé d'autre secret pour détruire les artifices de toutes les sarbatanes et présentes et éloignées que de remettre vos propres lettres entre les mains de Son Éminence. Leur ingénuité l'a touchée et lui a fait voir clair; ensuite elle a désiré que M. Le Tellier les lût en plein conseil de dépêches, afin que comme c'étoit le lieu où l'on avoit commencé à vous fronder, vous y fussiez justifié hautement. Cela s'est passé suivant son désir; vous en pouvez être en repos. Il reste maintenant à tenir la main à ce que les troupes se rac-

---

1. Il faut lire de Gattigues.

commodent sans perte de temps ; c'est votre tâche, songez-y, et me faites toujours l'honneur de me croire

Votre très-humble et très-affectionné serviteur,

Roze.

LETTRE DU CARDINAL MAZARIN A M. D. C., LIEUTENANT GÉNÉRAL, ÈS-ARMÉES DU ROI.

A Paris, le 18 avril 1658.

J'ai reçu vos deux lettres du neuvième et du quatorzième de ce mois et vu tout ce que vous m'écrivez des magasins de la marine. Je traite avec M. le grand-maître afin qu'il envoie de delà un petit équipage d'artillerie ; mais cependant je vous prie de trouver quelqu'un sur les lieux qui s'entende sur ces sortes de choses. Il suffira quant à présent de faire accommoder les affûts et d'avoir quinze ou vingt charrettes ; et choisissez bien, s'il vous plaît, les pièces qui sont propres à servir. M. le premier président d'Oppède fournira à la dépense. Mandez-moi si l'on pourroit trouver de delà cinquante ou soixante chevaux d'artillerie et à quel prix. Je vous prie de vous bien entendre avec ledit sieur premier président pour ce qui regarde les troupes et hâter les officiers de cavalerie et d'infanterie de se remettre en état, afin que M. de Mercœur trouve tout prêt à son arrivée. On fera partir en diligence le sieur de Silly[1] pour se rendre à son régiment.

Vous avez tort de croire que je sois mal satisfait de vous ; je vous ai mandé franchement les bruits qui couroient pour savoir de vous-même la vérité ; et je suis

---

1. N. Vipart, chevalier de Silly, tué à la bataille de Cassel, en 1677.

persuadé que vous me l'avez dite franchement; ainsi vous pouvez avoir l'esprit en repos.

J'écris de nouveau au sieur de Gastègues afin qu'il appuie par son crédit l'exécution des ordres du roi, l'assurant que dans la suite cela lui sera plus avantageux que si dès à présent il étoit rétabli dans le consulat; vous me ferez plaisir d'en écrire en cette conformité au sieur de Vignolles et à lui et de les porter à se réunir sincèrement avec M. l'évêque de Nîmes.

Le cardinal MAZARIN.

LETTRE DE M. LE TELLIER.

A Paris, le 19 avril 1658.

Monsieur,

J'accuserai par ces lignes la réception de vos lettres des neuf et treize du courant qui ne m'obligent à aucune réponse, sinon pour vous dire que l'on attend avec quelque impatience l'effet des derniers ordres qui vous ont été envoyés pour être assuré que les troupes ont été entièrement satisfaites de ce qui leur a été ordonné, en sorte qu'elles puissent avoir de quoi se rétablir.

M. le premier président de Provence ayant fait plainte de ce qu'un cornette de la compagnie de Villeneuve du régiment d'Anjou avoit refusé d'envoyer dix maîtres en un lieu qu'il lui avoit désigné pour un effet qui regardoit le service de Sa Majesté qu'il avoit concerté avec vous, elle a fort désapprouvé la conduite de ce cornette et m'a ordonné de vous faire savoir qu'elle désire que vous le fassiez arrêter, afin d'apprendre aux autres la ponctualité avec laquelle ils doivent exécuter les ordres qui leur sont donnés pour son service.

Je suis,

Monsieur,

Votre très-humble et très-affectionné serviteur,

Le Tellier.

LETTRE DU ROI A M. D. C., L'UN DE MES LIEUTENANTS GÉNÉRAUX EN MES ARMÉES.

A Amiens, le 30 avril 1658.

M. D. C. ayant résolu de faire passer en Catalogne les régiments d'infanterie de Vendôme, des Galères et de Napis-Irlandois et ceux de cavalerie de mon frère le duc d'Anjou, d'Harcourt et de Marcily pour servir dans mon armée étant audit pays, après toutefois qu'ils auront été entièrement payés de leur quartier d'hiver, je vous envoie mes ordres et routes nécessaires pour cet effet; et je les accompagne de cette lettre pour vous dire qu'aussitôt que vous l'aurez reçue, s'il ne reste rien dû à mesdites troupes de leur quartier d'hiver, vous demandiez au sieur d'Oppède[1], en vertu de la lettre que je vous adresse pour lui, ses routes dans la Provence pour faire aller mesdites troupes des quartiers où elles sont, jusqu'à Beaucaire où commencent celles que je leur ai fait expédier; qu'ensuite vous délivriez lesdits ordres et routes à mesdites troupes et les fassiez partir pour s'acheminer incessamment audit pays de Catalogne, observant de les faire défiler successivement les

---

1. En l'absence du gouverneur et du lieutenant général, c'étoit le parlement qui avoit l'administration de la province; et le premier président expédioit les affaires.

unes après les autres ou de ne faire marcher au plus que deux regiments à la fois, en sorte qu'elles ne s'incommodent pas dans les lieux d'étape et que le peuple en soit moins foulé; que s'il restoit encore dû quelque chose dudit quartier d'hiver à mesdites troupes, vous différiez leur départ de mondit pays de Provence jusqu'à ce qu'il y ait été entièrement satisfait; que cependant vous pressiez les officiers d'icelles de les fortifier et de les rendre complètes du nombre d'hommes auquel ils sont obligés et pour lequel ils ont touché l'argent, leur faisant bien expressément entendre que je ferai procéder sûrement contre les officiers qui n'auront pas fait leur devoir; que pour être informé de ceux qui y auront manqué, et savoir au vrai la force de chacune desdites troupes, vous ordonniez aux commissaires de mes guerres étant audit pays et qui en ont la police pendant l'hiver, d'en faire des revues exactes à la sortie de mondit pays de Provence pour entrer en Languedoc, et ce en tel passage que vous aviserez et où ils puissent compter plus aisément et savoir avec plus de certitude le nombre des officiers, chevau-légers et soldats de chacun de ces corps, et de dresser des extraits exacts et fidèles des revues qu'ils feront régiment par régiment, compagnie par compagnie, dans lesquels ils spécifieront le nom des officiers présents et absents et comme quoi les chevau-légers et soldats seront aroutés et équipés, desquels extraits je vous recommande de m'envoyer le double par la voie la plus prompte et la plus sûre; que vous ordonniez aussi auxdits commissaires de conduire et accompagner lesdites troupes autant qu'il se pourra pour prendre soin que les étapes soient distribuées aux présents et effectifs d'icelles en bon ordre et les contenir en bonne police et discipline. A quoi vous tiendrez la main et me donnerez compte du temps et de l'état auquel lesdites troupes sont parties de Provence, vous assurant que je suis bien satisfait des services que vous m'avez rendus pendant l'hiver près desdites troupes. Sur ce, je prie Dieu qu'il vous ait, M. D. C., en sa sainte garde.

Louis.
Le Tellier.

LETTRE DU CARDINAL MAZARIN A M. D. C., LIEUTENANT GÉNÉRAL ÈS-ARMÉES DU ROI.

A Paris, le 2 mai 1658.

On n'a pas trouvé ici qu'il y eût lieu d'expédier l'arrêt du conseil que M. le premier président d'Oppède avoit commandé; mais je m'assure que sans cela les troupes ne laisseront pas d'avoir au plus tôt ce qui leur est ordonné et qu'en votre particulier vous n'oublierez rien pour les hâter de se remettre en bon état.

Je vous prie aussi de contribuer ce qui pourra dépendre de vous pour la conservation des recrues qui restent à embarquer.

Le cardinal Mazarin.

LETTRE DU ROI A M. D. C., L'UN DE MES LIEUTENANTS GÉNÉRAUX EN MES ARMÉES, COMMANDANT MES TROUPES ÉTANT EN QUARTIER D'HIVER EN PROVENCE.

A Amiens, le 3 mai 1658.

Monsieur D. C., ayant résolu de me servir du régiment de cavalerie de Gonzague, en mon armée de Catalogne, je vous adresse mes ordres pour l'y faire acheminer, après toutefois qu'il aura été payé de son quartier d'hiver ; et je vous fais cette lettre pour vous dire qu'aussitôt que vous l'aurez reçue, s'il ne reste rien dû audit régiment de son quartier d'hiver, vous le fassiez mettre en marche, délivrant à cet effet mes ordres ; sinon vous différeriez jusqu'à ce qu'il en ait été entièrement payé ; que vous fassiez les instances nécessaires pour ledit payement entier et prompt auprès du sieur d'Oppède comme de chose importante, non-seulement à mon service, mais aussi au soulagement de la province, et que vous lui demandiez sa route dans la Provence pour le faire acheminer des quartiers où il est jusqu'à Beaucaire, où commence celle que je lui ai fait expédier suivant la lettre que j'écris sur ce sujet audit sieur d'Oppède, laquelle vous lui remettrez incontinent ; et aussitôt après ledit payement entier, vous fassiez mettre en marche ledit régiment pour s'acheminer en madite armée, me donnant compte du temps et de l'état auquel il sera parti de la Provence ; et la présente n'étant pour autre fin, je prie Dieu qu'il vous ait, monsieur D. C., en sa sainte garde.

Louis.
Le Tellier.

LETTRE DU CARDINAL MAZARIN A M. D. C., LIEUTENANT GÉNÉRAL ÈS-ARMÉES DU ROI.

A Amiens, le 9 mai 1658.

Je suis étonné de voir par votre lettre du trentième d'avril que les ordres du roi touchant le quartier d'hiver ne soient pas encore exécutés. Je vous prie de voir avec M. le premier président d'Oppède ce qu'il y a à faire pour ne pas différer davantage cette exécution, et de hâter tant que vous pourrez les troupes de se remettre en état de servir; les officiers ne se doivent pas tourmenter pour le service qu'ils feront désormais en Provence; car il ne sera pas long : on les fera marcher au plus tôt.

Je voudrois bien que vous prissiez occasion comme de vous-même de faire sentir à M. le cardinal Grimaldi qu'étant son serviteur au point que vous êtes, vous croyez être obligé de lui dire que chacun s'étonne de voir la manière dont il se conduit, non-seulement à l'égard du service du roi, mais aussi pour les discours peu favorables qu'il tient à mon égard; qu'à lui parler franchement, cela surprend fort ceux qui savent ce que j'ai fait pour lui et les obligations qu'il m'a; que ce n'est point un bruit répandu par ceux qui ne l'aiment pas; que vous-même avez eu peine à écrire ce que vous lui avez entendu dire sur l'un et sur l'autre point; que le sieur de Baas[1], la reine de Suède même, et généralement tous ceux qui l'ont vu depuis quelque temps, en ont été scandalisés; enfin, vous me ferez plaisir de prendre votre temps pour lui parler avec respect, mais fortement de toutes les choses de cette nature que vous savez qu'il a dites et faites dans ces dernières conjonctures, et de me mander ensuite le détail de votre conversation. Je profiterai de l'avis que vous me donnez touchant les chevaux d'artillerie qu'on pourroit acheter à Lyon.

Le cardinal Mazarin.

1. Le baron de Baas, lieutenant général, se rendoit alors en Italie pour y faire la campagne sous les ordres du duc de Navailles. Il avoit été, de 1650 à 1653, un des agents les plus actifs de la Fronde des princes.

LETTRE DU CARDINAL MAZARIN A M. D. C., LIEUTENANT GÉNÉRAL ÈS-ARMÉES DU ROI A AIX.

De Calais, le 22 mai 1658.

J'ai reçu votre lettre du 7 de ce mois; je vous prie de redoubler vos soins pour hâter les troupes de se remettre en état de servir. M. le premier président d'Oppède vous communiquera ce que je lui écris touchant ce que le roi vous avoit ordonné sur la Provence.

J'ai vu ce que vous me mandez du prix des charrettes; on y songera quand il sera temps. En examinant les entreprises que M. le duc de Mercœur vous communiquera à son arrivée en Provence, je vous prie de le faire souvenir qu'il faut voir des sûretés et des facilités solides avant que de s'engager et que l'affaire d'Ostende nous doit rendre fort circonspects.

Le cardinal MAZARIN.

LETTRE DE M. DE VENDOME[1] A M. LE MARQUIS DE CHOUPPES, LIEUTENANT GÉNÉRAL DES ARMÉES DU ROI, COMMANDANT CELLE DE PROVENCE.

De Lyon, le 7 juin 1658.

Monsieur,

Vous recevrez ces lignes par un officier de l'artillerie que j'envoie vous trouver pour recevoir vos ordres et faire exactement un inventaire de tout ce qui est à Tou-

---

1. C'est le duc de Mercœur, gouverneur de Provence.

lon en état de service de l'artillerie, afin de travailler à ce qui manquera et sera besoin pour un siége, Son Éminence n'étant pas hors de pensée d'entreprendre celui dont nous avons tant parlé l'année passée; les conjonctures en sont très-favorables maintenant, et les ennemis dans la dernière débilité; et j'en ai reçu la nouvelle assurée depuis vingt-quatre heures; et j'en attends de vos quartiers par La Forestière, qui est à Saint-Tropes[1], à qui je vous supplie de vouloir faire savoir de vos nouvelles et faire tenir ce billet audit La Forestière, et vouloir que celle-ci soit commune à M. d'Oppède, qui a ordre même en cas de besoin de donner quelque argent pour préparer toute chose; je suis incommodé toujours très-fort; et à peine puis-je écrire ces lignes de deçà. M. de Brosses[2], en huit jours, nous mettra toutes choses en état, et en cas que je sois parti, ledit sieur de Brosses fera toute chose[3]. Je suis,

Monsieur,

Votre très-humble serviteur,

Louis de Vendôme.

Il faut, en cas que vous voyiez apparence à l'exécution du dessein, nous le faire savoir au plus tôt pour acheter les chevaux; car sans cela la chose manqueroit.

1. Ville et port sur la Méditerranée, en Provence, diocèse de Fréjus, parlement et intendance d'Aix; aujourd'hui chef-lieu de canton, arrondissement de Draguignan, département du Var.

2. Nicolas Desbrosses, écuyer, baron de Goulet, seigneur de Sançay, lieutenant des gardes de la marine depuis le 11 mars de cette année.

3. Ceci se rapporte certainement à la lettre du cardinal Mazarin en date du 22 mai; mais de quelle entreprise s'agissoit-il?

LETTRE DU CARDINAL MAZARIN A M. D. C., LIEUTENANT GÉNÉRAL DES ARMÉES DU ROI A AIX.

De Calais, le 14 juin 1658.

J'ai vu tout ce que vous m'avez écrit, quoique les affaires et les voyages qui m'ont occupé depuis quelque temps ne m'aient pas permis d'y faire réponse. Tous les bruits qui ont couru de delà du mauvais état des affaires du roi et du grand accueil qu'ont reçu ici MM. de Gordes et de La Barben, auront peine à subsister maintenant que l'on sçaura le gain de la bataille et la détention de ces messieurs, qui ont été aujourd'hui arrêtés par ordre du roi[1]. Je me remets du surplus à M. le duc de Mercœur, lequel je m'assure ne tardera pas à se rendre en Provence après ce que je lui écris ; faites tout ce qu'il vous dira pour le service du roi ; et soyez assuré de mon estime et de mon amitié plus que jamais.

Le cardinal MAZARIN.

LETTRE DE M. LE TELLIER.

A Calais, le 19 juin 1658.

Monsieur,

L'on a considéré ce que le Parlement et la Chambre des comptes de Provence ont fait contre l'arrêt du conseil et l'ordonnance de M. le premier président ; et

---

1. Le marquis de Gordes et le sieur de La Barben avoient suivi la cour à Calais. Ils y furent arrêtés le lendemain de la bataille des Dunes et enfermés dans la citadelle. Le premier en sortit quelque

l'on demeure ferme à désirer que l'un et l'autre s'exécutent; et comme l'on juge avec vous que la présence de M. le duc de Mercœur y peut contribuer, le roi lui écrit présentement pour l'obliger de se rendre dans la province; ce que l'on vous recommande en contribuant tout ce qui dépendra de vous pour le même effet, et d'empêcher autant que vous pourrez l'oppression du peuple.

Je suis,

Monsieur,

Votre très-humble et très-affectionné serviteur,

Le Tellier.

LETTRE DU CARDINAL MAZARIN A M. D. C., LIEUTENANT GÉNÉRAL ÈS-ARMÉES DU ROI.

A Mardick, le 28 juin 1658.

J'ai été bien aise de voir par la lettre de M. le premier président d'Oppède et par la vôtre, que tout étoit accommodé en Provence à la satisfaction des troupes et du pays, et qu'on n'y attendoit que M. le duc de Mercœur pour y donner la dernière main.

Je n'ai rien à ajouter à ce que je vous écris en dernier lieu et aux ordres que M. Le Tellier a envoyés de delà, qu'à vous prier comme je fais de tout mon cœur de presser M. de Mercœur à les exécuter sans délai. Je vous prie aussi de dire de ma part aux commandants du régiment d'Anjou et de Sainte Mesme de redoubler leurs soins pour bien fortifier leurs régiments; car j'espère

---

temps après pour rester à la suite du roi; le second fut transféré vers la fin de juillet à Amiens, d'où il ne retourna en Provence qu'en juin 1659.

qu'ils seront employés en quelque action dans laquelle ils pourront acquérir beaucoup d'honneur et rendre un grand service, si ces deux corps sont bons et dans l'état que je désire; au surplus, soyez assuré que vous n'avez pas un meilleur ami, ni plus véritable que,

Le cardinal MAZARIN.

LETTRE DU CARDINAL MAZARIN A M. D. C., LIEUTENANT GÉNÉRAL DANS LES ARMÉES DU ROI.

A Bergues, le 31 juillet 1658.

Monsieur,

Les justes alarmes que vous faites paraître dans la vôtre du 16 courant, sont présentement passées par l'heureux recouvrement de la santé du roi[1], dont les nouvelles sont arrivées dans tous les coins de ce royaume et dont je me réjouis avec vous; je ne laisse pas pourtant de vous remercier, autant qu'il se peut des marques obligeantes que vous me donnez de votre amitié en cette rencontre, vous priant de croire qu'il ne se présentera point d'occasion, où je puisse vous en donner de la mienne, que je n'embrasse avec plaisir, étant avec vérité,

Monsieur,

Votre très-affectionné serviteur,

Le cardinal MAZARIN.

1. Le roi, tombé malade à Calais, avoit couru grand risque de la vie. Il fut guéri par un médecin d'Abbeville, nommé du Sauroi, qui, au scandale de la Faculté, lui fit prendre du vin émétique.

LETTRE DU COMTE DE SOURRE[1] A M. LE MARQUIS
DE CHOUPPES.

A Lisbonne, le 20 janvier 1661.

J'ai reçu deux de vos lettres avec toute la joie due à votre mérite; je vous ai écrit plusieurs fois par l'adresse de La Fontaine; j'ai dit au roi mon maître que vous étiez à Paris pour y recevoir ses ordres, suivant ce que j'étois convenu avec feu M. le cardinal; et le roi de Portugal m'a ordonné de vous dire qu'il se trouvoit fort obligé et que vous pouviez disposer de tout ce qui est dans son royaume, et qu'il vous prie de parler au roi votre maître et de sçavoir s'il vouloit écouter quelque proposition de la part du roi de Portugal; et on enverroit un exprès *incognito* qui s'adressera à vous, s'il vous semble bon l'aller proposer, ce sera comme il vous plaira, et j'attendrai avec impatience votre réponse; j'ai ordonné à M. de La Masque de vous rendre compte de l'état de notre affaire de Portugal et d'Angleterre; vous pouvez écrire toujours dans le même chiffre et être assuré que je suis et serai à jamais,

Votre très-humble et très-obéissant serviteur,

Le comte DE SOURE.

1. Don Juan d'Acosta, comte de Soure, précédemment ambassadeur de Portugal en France.

LETTRE DU COMTE D'APONTES A M. LE MARQUIS
DE CHOUPPES, A PARIS.

A Londres, le 31 mai 1661.

Monsieur,

Vous me donnez tant de preuves de votre zèle pour le service du roi mon maître, qu'il ne me reste aucun doute dans l'âme que vous ne soyez entièrement satisfait du succès de ma négociation[1]; et même je crois la France si généreuse que si elle n'en témoigne pas sa joie ouvertement, elle ne s'empêchera pas d'en faire éclater sa joie dans le particulier; néanmoins je n'ai pas jugé à propos de risquer une lettre auprès de MM. les ministres sans être auparavant assuré positivement qu'elle seroit reçue de la manière qu'elle le devroit, quoique je sois entièrement persuadé de leur civilité et de leur prudhommie; je souhaiterois bien aussi d'être informé s'ils ont quelque sentiment pour la conservation du Portugal et s'ils ont l'intention d'en donner en bref des preuves visibles; car s'ils ne sont pas dans ce dessein, nous tâcherons d'y remédier d'ailleurs; vous pouvez, si vous voulez, leur faire voir ma lettre; au reste, pour le ministre de Suède, il peut savoir ce que je publie devant tout le monde, mais non pas autre chose; car je me réserve toujours le secret de mon côté, hormis lorsqu'il s'agira de publier que je suis avec sincérité,

Monsieur,

Votre très-humble et très-obéissant serviteur,

Le comte D'APONTES.

1. Il s'agissoit du mariage de Charles II, roi d'Angleterre, et de l'infante Catherine de Portugal, qui fut en effet conclu le 23 juin de cette année. Par le traité signé à Londres, Charles II s'obligeoit

LETTRE DU ROI A M. DE CHOUPPES, COMMANDANT
POUR MON SERVICE A BELLE-ISLE.

A Paris, le 11 février 1663.

Monsieur de Chouppes, le sieur de La Maule[1], l'un des gentilhommes ordinaires de ma maison, s'en allant à Belle-Isle avec le lieutenant général criminel au siége présidial d'Angers pour l'exécution d'un arrêt de ma chambre de justice et de ma commission sur icelle, adressant audit lieutenant criminel, je vous fais cette lettre pour vous dire que vous ayez à donner audit lieutenant criminel toute l'aide et l'assistance dont il aura besoin à l'effet dudit arrêt et de madite commission et selon que vous en serez par lui requis, ou par le sieur de La Maule, auquel me remettant de ce que je pourrois ajouter à la présente, je ne vous la ferai plus longue que pour prier Dieu qu'il vous ait, monsieur de Chouppes, en sa sainte garde.

Louis.
Le Tellier.

à envoyer en Portugal deux mille hommes de pied et mille chevaux, et à faire croiser pendant l'été, sur les côtes portugaises, huit frégates, qui auroient ordre de secourir la cour de Lisbonne dans tous ses besoins.

1. L'*État de la France* de 1663 l'appelle le baron de La Mole et le range parmi les gentilshommes du semestre de juillet.

LETTRE DU ROI A M. DE CHOUPPES, GOUVERNEUR DE BELLE-ISLE.

A Vincennes, le 13 septembre 1663.

Monsieur de Chouppes, les oiseaux que vous m'avez envoyés m'ont été si agréables que j'ai bien voulu vous écrire ces lignes pour vous en remercier; quand vous m'en pourrez envoyer d'autres de quelque espèce extraordinaire, je les recevrai avec plaisir; cependant je prie Dieu qu'il vous ait, monsieur de Chouppes, en sa sainte garde.

Louis[1].

LETTRE DU ROI A M. LE MARQUIS DE CHOUPPES.

A Paris, ce 19 novembre 1663.

Monsieur de Chouppes, ayant résolu de retirer de Belle-Isle les quatre compagnies d'infanterie qui y sont présentement pour m'en servir ailleurs, et d'y envoyer en leur place quatre autres compagnies d'infanterie, savoir : celle de Laurouede[2], de mon régiment de Champagne, celle de Tibergeau[3], de mon régiment de la marine, et celle de Villeport et Salmatory[4], de mon régiment royal d'infanterie; j'ai fait expédier mes ordres à celles-

---

1. Cette lettre étoit écrite de la propre main du roi.
2. Il étoit encore capitaine au régiment de Champagne en 1668; mais il ne l'étoit plus en 1672.
3. Louis de Thibergeau, seigneur de La Mothe du Maine. Il étoit en 1670 capitaine réformé au même régiment.
4. Il y avoit en 1631 un Salmatory lieutenant au régiment de Picardie. Est-ce le même?

ci pour s'y acheminer et je vous adresse ceux qui sont nécessaires pour en faire partir les autres, auxquels j'ajoute cette lettre pour vous dire qu'à mesure que les compagnies qui ont ordre de se rendre audit Belle-Isle, y arriveront, vous ayez à les y recevoir, et en faire partir autant de celles qui y sont présentement qu'il en sera rendu, en sorte qu'il y ait toujours le nombre de quatre compagnies pour la garde de la place, à laquelle j'entends que vous y employez lesdites compagnies qui y arriveront, conformément à ce que je vous ai ci-devant mandé en y envoyant les autres; que vous me fassiez savoir le jour que chaque compagnie s'y sera rendue et le nom de celle qu'elle aura relevée, et que vous en aurez fait partir en vertu de mes ordres; et que vous preniez un soin particulier que ceux d'une compagnie qui partiront de ladite place, n'emportent aucune chose desdits lits et autres meubles qui leur ont été fournis, lesquels devront servir pour les soldats de celle qui les relèveront, déclarant de ma part aux officiers que je les en rendrai responsables et ferai retenir sur leurs appointements la valeur de ce qu'il faudra après leur départ sur l'avis que celui qui est chargé de l'entretien desdits lits, m'en donnera; et la présente n'étant pour autre fin, je prie Dieu qu'il vous ait, monsieur de Chouppes, en sa sainte garde.

Louis.
Le Tellier.

LETTRE DU ROI A M. D. C., LIEUTENANT GÉNÉRAL
EN MES ARMÉES ET GOUVERNEUR DE BELLE-ISLE.

De Vincennes, le 24 septembre 1665.

Monsieur D. C., ayant ordonné au sieur d'Almeras[1] et au capitaine des vaisseaux qui composent l'escadre qu'il commande pour mon service, de demeurer en mer une année entière sans rejoindre le bord, et pour cet effet leur étant nécessaire d'avoir des magasins à Belle-Isle[2] pour préparer les vivres dont ils pourront avoir besoin pendant leur navigation, je vous écris cette lettre pour vous dire que vous ayez à leur en fournir, et qu'au surplus vous les favorisiez en tout ce qui pourra dépendre de vous, ainsi que vous fera entendre de ma part le sieur de Tevron, lequel est particulièrement informé de mes intentions sur ce sujet; c'est pourquoi je désire que vous agissiez de concert avec lui pour avancer mon service en cette occasion; et la présente n'étant à autre fin, je prie Dieu qu'il vous ait, monsieur D. C., en sa sainte garde.

Louis.
Le Tellier.

1. Le chevalier d'Alméras, chef d'escadre, avoit commandé le vaisseau *la Madelaine* au combat d'Orbitello le 14 juin 1646. En 1667, il eut le commandement de douze vaisseaux dans la Méditerranée; et en 1669, après avoir été chercher en Thessalie un ambassadeur turc, il rejoignit l'armée navale devant Candie, au mois de juillet. Lieutenant général en 1671, il eut en 1676 l'avant-garde dans le combat du 22 avril, entre Duquesne et Ruyter. Il périt glorieusement pendant l'action.
2. Sur la côte de Bretagne.

LETTRE DU ROI A M. D. C., LIEUTENANT GÉNÉRAL
EN MES ARMÉES, GOUVERNEUR DE BELLE-ISLE.

A Vincennes, le 1er octobre 1665.

Monsieur D. C., ayant donné mes ordres au sieur d'Almeras de tenir toujours à la mer l'escadre des vaisseaux qu'il commande, j'ai estimé à propos de lui faire préparer dans Belle-Isle les victuailles qui leur seront nécessaires dans les temps de six mois; sur quoi je vous écris cette lettre pour vous dire que mon intention est qu'en cette rencontre vous agissiez de concert avec le sieur de Tevron, auquel j'écris sur le même sujet, afin de préparer les victuailles et de les faire délivrer audit sieur d'Almeras quand il sera temps de les prendre audit Belle-Isle; et m'assurant que vous travaillerez à cela en tout ce qui dépendra de vous, avec votre zèle et votre affection accoutumés je ne vous ferai la présente plus longue que pour prier Dieu qu'il vous ait, monsieur D. C., en sa sainte garde.

Louis.
Le Tellier.

De par le roi,

A tous gouverneurs et nos lieutenants généraux en nos provinces et armées, gouverneurs particuliers de nos villes et places, maires, consuls et échevins d'icelles, capitaines et gardes établis sur nos ponts, ports, péages et passages, et tous autres, nos officiers et sujets qu'il appartiendra, SALUT : Ayant accordé *au sieur de Chouppes, l'un de nos lieutenants généraux en nos armées, le congé qu'il nous a demandé pour aller servir les princes et États nos alliés,* nous voulons et vous mandons que vous ayez à laisser sûrement et librement passer par chacun de vos pouvoirs, jurisdictions et détroits ledit sieur de Chouppes avec ses valets, chevaux, bagages et équipages, sans lui faire ni permettre qu'il lui soit fait ou donné aucun trouble ni empêchement, ains faveur et assistance, si besoin est et requis en êtes. Car tel est notre plaisir; prions et requérons tous princes, potentats, républiques et villes nos alliés et nos confédérés, de donner sûr et libre passage audit sieur de Chouppes dans leurs États et terres de leur obéissance, offrant de faire en pareil cas le semblable quand nous en serons par eux requis. Donné à Saint-Germain en Laye, le vingtième jour de janvier 1667.

Louis.
Le Tellier.

PIÈCES JUSTIFICATIVES

INÉDITES.

COMMISSION A M. DE CHOUPPES POUR COMMANDER
DANS BELLE-ISLE DURANT TROIS ANNÉES.

Louis, par la grâce de Dieu, roi de France et de Navare, à notre très-cher et bien-aimé le sieur de Chouppes, l'un de nos lieutenants généraux en nos armées, salut : Étant important à notre service de pourvoir à la sûreté et conservation de l'île et forteresse de Belle-Isle et ses dépendances, et pour cette fin d'y établir, pour y commander, une personne capable et expérimentée et sur qui nous puissions nous reposer de la garde d'une place de cette conséquence, nous avons estimé ne pouvoir faire un meilleur choix que de vous, pour la connoissance que nous avons de votre capacité, expérience en la guerre, diligence et sage conduite, et de votre fidélité et affection à notre service dont vous avez donné des preuves depuis plus de trente années consécutives en plusieurs occasions et dans la fonction des diverses charges et emplois de guerre qui vous ont été confiés, même dans celles de lieutenant de notre artillerie et de mestre de camp d'un régiment d'infanterie, lesquelles, ainsi que celle de notre lieutenant général en nos armées et en nos comtés et vigueries de Roussillon et Conflans, vous avez exercées à notre entière satisfaction ; ce qui nous fait espérer que vous nous en randerez (*sic*) d'utiles dans ladite île : à ces causes et autres, à ce nous mouvant, nous vous avons commis, ordonné et établi, commettons, ordonnons et établissons par les présentes, signées de notre main, pour, pendant le temps de trois ans, à commencer de la date de ces présentes, commander dans ladite île et forteresse de Belle-Isle et autres îles en dépendantes ; ordonnons pour cet effet aux habitants desdites îles et aux gens de guerre qui y sont et seront ci-après en garnison, et dans ladite forteresse, tout ce qu'ils auront à faire pour notre service ; faire vivre lesdits habitants en bonne union et concorde les uns avec les autres, et lesdits gens de guerre en bonne discipline et police suivant nos règlements et ordonnances militaires ; faire châtier et punir ceux qui oseront y contrevenir ; avoir l'œil à la sûreté et conservation de ladite place en notre obéissance ; et généralement faire dans ledit commandement tout ce que vous estimerez nécessaire et à propos pour notre service ; de ce faire, nous vous avons donné et donnons pouvoir, commission, autorité et mandement spécial par lesdites présentes ; mandons et ordonnons aux habitants de ladite île et aux gens de guerre qui y sont et seront ci-après en garnison et dans ladite forteresse, de vous reconnoître, obéir et entendre en tout ce que vous leur commanderez et ordonnerez pour notre service, sans difficulté et sur peine de désobéissance ; car tel est notre plaisir. Donné à Paris le 28e jour d'octobre, l'an de grâce 1662, et de notre règne le vingtième.

(Folio 238. *Mss. Saint-Germain François.* 603.)

EXTRAIT DE L'AVEU FAIT EN 1662 PAR LE SIEUR
DE CHOUPPES POUR SA TERRE DU FAU.

12 *juin* 1662. Louis, par la grâce de Dieu, roi de France et de Navarre, à nos amés et féaulx les gens de nos comptes à Paris.... sçavoir faisons que notre cher et bien-aimé Aymard de Chouppes, chevalier, seigneur dudit lieu et du Fau, lieutenant général de nos armées.... nous a, ce jourd'huy, fait la foi et hommage qu'il nous doit, pour raison de la baronnie, terre et seigneurie du Fau et du fief de Giay [1], situés en Touraine, relevants de nous à cause de notre château de Loches, audit de Chouppes appartenants par l'acquisition qu'il en a faite de la dame de La Tourville [2] le vingtième mai dernier, etc.

Le reste est de style.

(*Archives de l'empire.* Reg. 356. Cote 106.)

EXTRAIT DE L'AVEU FAIT EN 1695 PAR LE FILS AÎNÉ
DU SIEUR DE CHOUPPES.

15 *novembre* 1695.... Emar de Chouppes, chevalier, baron du Fau, fils aîné et principal héritier de défunt messire Emar de Chouppes, chevalier, baron dudit Fau, lieutenant général de nos armées.... nous a, ce jourd'huy, fait les foi et hommage qu'il nous devoit pour

---

1. Peut-être *Viay*. Pourtant on lit très-certainement *Giay* dans l'aveu qui suit.
2. On peut aussi bien lire de *La Courville*.

raison de la baronnie, terre et seigneurie du Fau et fief de Giay, sis en Touraine, appartenances et dépendances, relevant de nous à cause de notre château de Loches, et à lui appartenant par indivis en ladite qualité d'héritier dudit défunt sieur de Chouppes, son père, etc.

(*Archives de l'empire.* Reg. 425. Cote 101.)

ACTE D'INHUMATION DE LA MARQUISE DE CHOUPPES.

Le samedi 16e jour de mars 1697 a été inhumée, dans le chœur de l'église du Fau, le corps de dame Marie Le Breton, veuve de messire Aymard de Chouppes, chevalier, marquis dudit lieu, lieutenant général des armées du roi, baron du Fau, seigneur de Chanceaux, Doulus et autres lieux, par le ministère de messire Gilles Maultrot, prieur et curé dudit Doulus, à la prière et du consentement de nous, curé du Fau, soussigné. Signé M. Pallu.

(*Reg. de la paroisse de Reignac.*)

ACTE D'INHUMATION DE MARIE DE CHOUPPES.

Le 22 juillet 1697, le corps de demoiselle Marie de Chouppes, âgée d'environ 40 ans, en son vivant fille de défunt Aimard de Chouppes, chevalier, marquis dudit lieu, baron du Fau, seigneur de Chanceaux, Lépinay et autres lieux, lieutenant général des armées du roi, et de feue dame Marie Le Breton, ses père et mère, a été inhumée dans le chœur de l'église du Fau, par le ministère de messire Quentin Sebaud, curé d'Azay, à la prière et du consentement de nous, curé du Fau, soussigné. Signé M. Pallu.

(Reg. de la paroisse de Reignae.)

ACTE DE BAPTÊME DE MARIE-MADELEINE DE CHOUPPES.

Le vendredi, 12e jour de janvier 1703, j'ai, curé du Fau, soussigné, baptisé Marie-Madeleine, fille de messire Aimard de Chouppes, chevalier, seigneur baron du Fau, seigneur de Doulus, Chanceaux et autres lieux, et de dame Marie-Anne Bothereau d'Aulnières, son épouse, dont le parrain a été messire Jean-Christophe de Quinemont, chevalier, seigneur de Varennes ; la marraine, dame Marie-Madeleine Rocher, épouse de messire Honoré de Baraudin, seigneur des Bournais, lieutenant de roi des villes et château de Loches et Beaulieu, qui ont signé avec nous. Signé Marie M. Rocher. Jean-Christophe de Quinemont. M. Pallu, curé du Fau.

(Reg. de la paroisse de Reignac.)

FIN DES PIÈCES JUSTIFICATIVES.

TABLE ALPHABÉTIQUE

DES NOMS D'HOMMES ET DE LIEUX

CONTENUS DANS LES

MÉMOIRES DU MARQUIS DE CHOUPPES.

A

Agen, 142, 150, 160, 163, 164, 166, 167, 169, 177, 183.
Aiguillon, 165.
Aire, 6.
Alexandrie de la Paille, 190.
Almeiras (le chevalier d'), 261, 263.
Amiens, 8, 9.
Angers, 157.
Angerville, 56.
Anne d'Autriche, 40, 41, 44, 52, 57, 60, 102, 185.
Antin (Roger-Hector de Pardaillan de Gondrin, marquis d'), 107.
Apontès (le comte), 253.
Arcy (René Martel, marquis d'), 221.
Ardres ou Arvet (Saint-Pé d'), 24.
Argirais, 15.
Arles, 89.
Armentières, 100, 116.
Arras, 5.
Artenay, 55, 56.
Astaffort, 144, 145, 148, 156, 161, 162, 163, 166.
Aubeterre (Pierre Bouchard d'Esparbez de Lussan, marquis d'), 176.
Aubeterre (Léon d'Esparbez de Lussan, chevalier d'), 177, 231.
Aubrac (la dommerie d'), 214.
Aumont (Charles, marquis d'), 68, 83, 86.
Autriche (Ferdinand d'), le cardinal infant, 108.
Auvillars, 155.
Avignon, 198.

B

Baas (le baron de), 254.
Baltazar, 140, 141, 154, 161, 165, 166, 176, 177.
Bapaume, 6.
Bar (Guy de), 56.
Barben (Jacques Forbin, sieur de La), 244, 254.
Beaufort (François de Vendôme, duc de), 53, 157, 160, 172.
Beaumont (Antoine Chassepot de),

17*

président én la Cour des Aydes, 20, 25.
Beaumont (Charles Chassepot, seigneur de), 20, 25.
Bellegarde (Jean-Antoine de Pardaillan de Gondrin, duc de), 142.
Bellegarde, 126.
Belle-Isle, 250, 260, 262.
Bergerac, 169.
Besemaux (de), 193.
Béthune, 8, 100.
Bezons (Claude Bazin de), 212, 217, 221, 222, 225, 227, 229, 234.
Bioule (Louis de Cardaillac de Levis, comte de), 214, 217, 227, 229, 230, 232, 237.
Boisseleau (Ragnier de Broué, sieur de), 20.
Bonnefons (le château de), 214.
Bordeaux, 125, 126, 129, 132, 157, 160, 170, 175, 177, 179, 187.
Bouillon (Frédéric-Maurice de La Tour d'Auvergne, duc de), 22, 26, 32, 127, 128.
Bouillon (Charlotte de La Tour d'Auvergne, mademoiselle de), 29, 30.
Bourbon-l'Archambault, 37, 45, 49, 52.
Bourbourg, 100.
Bourges, 132.
Bourret, 147, 163, 164.
Bresel, 119.
Brézé (Urbain de Maillé, marq^{is} de), 12.
Brissac, 68, 69, 80, 85.
Brosses (Nicolas de), baron de Goulet, 253.
Bruges, 109, 112.
Bruges (le canal de), 108.

C

Cadillac, 188.
Calais, 193.
Canaples (Alphonse de Créquy, comte de), 207.
Candalle (Louis-Charles-Gaston de Nogaret de La Valette, duc de), 176, 177, 181, 183, 187, 203, 209.
Candie (l'île de), 198.
Caracène (le marquis de), 114, 117, 119, 120, 121, 124.
Casal-Major, 118, 119, 120.
Castelan, 27.
Castelnau-Mauvissière (Jacques, marquis de), 66, 78, 80.
Castillon, 91, 206.
Castres (René-Gaspard de La Croix, marquis de), 198, 218.
Caudecôte, 143.
Cazal, 3, 122, 125.
Chabot (Henry de), *voir* Rohan.
Châlon-sur-Saône, 89.
Charenton, 172.
Charost (Louis de Béthune, comte, puis duc de), 19, 25.
Châtillon (Gaspard de Coligny, duc et maréchal de), 4.
Châtillon (Gaspard IV de Coligny, duc de), 115.
Chavagnac (François, comte de), 176, 177.
Chavigny (Léon Le Bouthillier, comte de), 12, 24, 45.
Chevreuse (Marie de Rohan-Montbazon, duchesse de), 45, 58.
Choiseul (César de), 121.
Chouppes (René de), 2, 208.
Chouppes (Pierre de), seigneur de Basse, 210.
Chouppes, 2.
Cinq-Mars (Henri de Ruzé d'Effiat, marquis de), 11, 16, 18, 22, 24, 30, 33.
Clairac, 148, 161, 170.
Clerville (Louis-Nicolas, chevalier de), 120.
Clinchamp (Bernardin de Bourqueville, baron de), 171, 172.
Cognac, 133.
Cohon (Anthime-Denis), évêque de Nimes, 227, 232, 235, 238, 240, 246.
Collioure, 15.

DES NOMS D'HOMMES ET DE LIEUX.

Colloredo (le comte de), 3.
Compiègne, 102.
Condé (Henry II de Bourbon, prince de), 46, 53, 58, 66.
Condé (Louis II de Bourbon, prince de), 22, 61, 62, 65, 67, 69, 71, 73, 74, 75, 78, 79, 80, 83, 86, 108, 110, 112, 113, 114, 116, 130, 131, 133, 134, 138, 140, 142, 147, 150, 159, 161, 162, 166, 171, 180.
Condé (Claire-Clémence de Maillé-Brézé, princesse de), 178, 179.
Conty (Armand de Bourbon, prince de), 142, 144, 145, 148, 150, 167, 169, 170, 175, 177, 179, 184, 187, 189, 205, 208, 209, 219, 222.
Corbie, 3.
Cosnac (Daniel de), 181, 186, 187, 205.
Cossé (Timoléon, comte de), 101, 105, 106, 108.
Cossé (Anne-Ursule, mademoiselle de), 101.
Courtail ou Courteilles, 94.
Courtrai, 105, 108, 109, 116.
Crémone, 118, 121.
Créquy (François de), marquis de Marines, 136.
Croy (le duc de), 9.

D

Desroches, 161.
Dijon, 126.
Dunkerque, 112, 114, 115.
Duras (Guy-Aldonce de Durfort, marquis de), 30, 190, 221.

E

Effiat (Antoine Coëffier, marquis d'), 13.
Enghien, voir Louis II de Bourbon, prince de Condé.
Enghien (Henry-Jules de Bourbon-Condé, duc d'), 171.
Épernon (Bernard de Nogaret de La Valette, duc d'), 125.
Erlach (Louis d'), 68, 71.
Espenan (Roger de Bossort, comte d'), 68, 71, 72, 76.
Estrades (Godefroy, comte d'), 117, 119, 190, 209, 223.
Etgenou (le port d'), 166.

F

Fabert (Abraham), 88, 90.
Ferron (Jacques III de La Ferronnays), 122.
Ferté (Henry de La Ferté-Nabert, maréchal de La), 161, 191, 193, 194.
Ferté-Imbaut (Jacques d'Étampes, marquis de La), 114.
Fiesque (Charles-Léon, comte de), 142, 173.
Figuières, 90.
Fleix (Jean-Baptiste-Gaston de Foix, comte de), 113.
Fontainebleau, 87.
Force (Jacques Nompar de Caumont, duc et maréchal de La), 4.
Fouquet (Nicolas), 190.
Frémont (de), 131.
Frézelière (Isaac Frézel, marquis de La), 3.
Fribourg, 68, 83.
Fronignan, 24.
Fuentès (le comte de), 175.
Furnes, 114.

G

Galletane, 117.
Garnier (Mathieu), trésorier des parties casuelles, 11.
Gassion (Jean, maréchal de), 100, 102, 108, 114.
Gattigues (Alexandre Brueis, sieur de), 231, 234, 236, 238, 242, 244, 246.
Gaucourt (Joseph, comte de), 132.
Gênes, 123, 124.
Genlis (Florimond Brulart, marquis de), 20, 111.
Gergeau, 55.
Gironne, 205.
Gondrin (Jean-Antoine de Pardaillan de), 166.
Gordes (François de Simiane de Pontevez, marquis de), 236, 240, 254.

Gouttes (le commandeur Des), 88.
Gramont (Antoine II, duc et maréchal de), 68, 73, 74, 75, 78, 79, 83, 86, 218.
Gratagnane (La), 123.
Graveline, 61, 193, 194.
Graves (le fort de), 82, 83.
Grimaldy (Jérôme), cardinal, 233, 239, 242, 251.
Guébriant (Jean-Baptiste de Budes, comte de), 61.
Guéméné (Louis VII de Rohan, prince de), 58.
Guéméné (Anne de Rohan, princesse de), 60.
Guitaut (Guillaume de Puechpeyrou-Comminges, comte de), 149, 156, 159.
Guyonnet, 146.

H

Hallier (François de Vitry, comte du), depuis maréchal de L'Hôpital, 5.
Harcourt (Henry de Lorraine, comte d'), 90, 95, 98, 133, 138, 140, 154, 155, 162, 164, 166.

Haro (don Louis de), 178, 195, 197.
Hesdin, 5.
Hocquincourt (Charles de Monchy, marquis et maréchal d'), 157.
Huxelles (Louis Châlon du Blé, marquis d'), 93, 122, 193.

J

Jarzay (René du Plessis de La Roche-Pichemer, marquis de), 67, 107, 132, 133, 137, 149, 170, 177.

Jonzac (Léon de Sainte-Maure, comte de), 136.

L

L'Eschelle, 76, 77.
La Bergerie, 138.
La Capelle, 4.
La Chapelle-Saint-Denis, 173.
La Charité-sur-Loire, 49, 54.
La Ferté, 191.
La Ferté-Senneterre, 54, 56.
La Fontaine, 257.

La Forestière, 253.
La Jontière, 90.
La Plume, 144, 161, 164.
La Réolle, 177.
La Rochelle, 3, 133.
Landau, 86.
Landrecies, 4.
Langevinière (N. de La), 144.

DES NOMS D'HOMMES ET DE LIEUX.

Larromieu, 161.
Laurouède, 260.
Lauzerte, 143.
Laval (Guy de Laval-Boisdauphin, comte de), 114, 115, 122.
Le Câtelet, 5.
Le Pergan, voir *Preignan*.
Le Tellier (Michel), 129, 131, 132, 189, 191, 193, 198, 199, 224, 233, 237, 238, 243, 244, 246, 254, 255.
Lectoure, 152.
Lenet (Pierre), 178, 180.
Lens, 100.
Lerissay, 123.
Libourne, 126.
Lille, 9.
Lionne (Hugues de), 196.
Lisbonne, 196.
Locmaria (Louis-François du Parc, marquis de), 11.
Longueville (Henri II d'Orléans, duc de), 46, 53, 58.
Longueville (Anne-Geneviève de Bourbon-Condé, duchesse de), 171, 178, 179, 184, 188.
Lormont, 187.
Louis XIII, 2, 5, 8, 10, 16, 24, 29, 39, 41.
Louis XIV, 186, 206, 209, 211, 213, 214, 215, 218, 222, 224, 226, 228, 247, 249, 256, 259, 260, 261, 262.
Lusignan (le marquis de), 170.
Lyon, 29, 30, 33, 89.

M

Madrid, 178.
Mardick, 100, 112, 113.
Marmande, 170.
Marseille, 89.
Marsillac (François VI de La Rochefoucault, prince de), 28.
Marsin (Jacques-Gaspard Ferdinand, comte de), 67, 76, 115, 131, 139, 140, 141, 142, 153, 154, 159, 161, 163, 165, 166, 167, 168, 170, 175, 178, 180, 187.
Masque (de La), 257.
Mau (le chevalier de), 204.
Maure (Louis de Rochechouart, comte de), 177.
Mauvilliers ou Mauvilly, 65, 78.
Mayence, 86.
Mazarin (Jules), cardinal, 23, 32, 33, 41, 45, 46, 51, 57, 60, 64, 66, 87, 89, 97, 99, 101, 115, 116, 119, 122, 126, 128, 129, 183, 186, 189, 191, 193, 195, 198, 204, 205, 207, 208, 210, 217, 219, 220, 225, 229, 230, 234, 238, 239, 240, 242, 243, 245, 249, 250, 252, 254, 255, 256.
Meilleraye (Charles de La Porte, duc et maréchal de La), 4, 5, 11, 14, 15, 19, 22, 24, 28, 33, 34, 37, 40, 45, 51, 52, 61, 62, 87, 100, 105, 126, 128.
Meilleraye (Marie de Cossé-Brissac, duchesse de La), 52, 56, 102.
Meilleraye (Armand-Charles de La Porte, marquis de La), 60.
Mello (don Francisque de), 7.
Menin, 100.
Merci (François de), 81, 82.
Mercœur (Louis de Vendôme, duc de), 193, 228, 232, 234, 237, 240, 245, 252, 254, 255.
Metz, 67, 84, 86.
Miradoux, 146, 148, 152.
Modène (François Ier d'Este, duc de), 117, 119, 120, 121, 123.
Mole (le baron de), 259.
Montbazon (Hercule de Rohan, duc de), 259.
Montcassin (Alexandre de), 230.
Monfrain, 24, 27, 28.
Mont-Cenis (le), 124.
Mont-de-Marsan, 177.
Montdeverne, 195.
Moutierender, 18.

Montmartin (Le Groing, vicomte de), 62.
Montmédy, 191.
Moret (Antoine du Bec, comte de), 193.
Mortaigne (marquis de), 15.
Mortemart (Gabriel de Rochechouart, marquis, puis duc de), 17, 21, 22, 25.
Moussaye (Amaury de Goyon, marquis de La), 30, 86, 115.
Mousserolles, 122.

N

Nantes, 54.
Narbonne, 11, 15, 16, 22, 23, 24, 89.
Navailles (Philippe de Montault-Benac, comte, puis duc et maréchal de), 98, 118, 119, 120.
Nemours (Henry de Savoie, duc de), 113, 133, 157, 160, 172.
Nieuport, 114.
Nîmes, 192, 226, 228, 232, 236.
Noirmoutiers (Louis de La Trémouille, marquis de), 28, 109, 114.
Noyers (François Sublet de), 9, 11, 12, 19, 20, 22.

O

Oppède (Henry Meynier, baron d'), 240, 245, 247, 249, 250, 252, 253, 255.
Orange (Frédéric-Auguste, prince d'), 108.
Orbitello, 192.
Orléans (Gaston-Jean-Baptiste, duc d'), 22, 27, 43, 58, 61, 62, 66, 99, 100, 101, 105, 108, 112, 114, 120, 174.
Orléans, 54, 56.
Ouarlevit, 116.

P

Palluau (Philippe de Clérambault, comte de), 28, 67, 76, 86, 115, 127.
Palluau (l'abbé de), 46.
Pardaillan (Roger de), 107.
Paris, 10, 35, 45, 54, 126, 171, 175, 183, 186.
Perpignan, 16, 28, 34, 35, 37.
Pézenas, 188.
Philisbourg, 84, 86.
Piccolomini (Octave), 4.
Picpus, 173.
Piennes (Antoine de Brouilles, marquis de), 86.
Pierre-Ancize, 31.
Piombino, 117.
Plessis-Praslin (César de Choiseul, comte du), 88, 90, 91, 93, 96, 119, 120, 121, 122, 125.
Poitiers, 157.
Port-Louis, 46.
Potier (Augustin), évêque de Beauvais, 41, 44, 53.
Preignan, 161, 162, 164.
Privas, 3.
Puycerda, 206.

Q

Quiers (cap de), 89, 92.

R

Rantzau (Josias, comte et maréchal de), 100, 102, 110, 112, 114.
Ratabon (N. de), 23.
Regusse (Gaspard II de Grimaldy, marquis de), 241.
Rhinsfeld, 85.
Richelieu (Armand Du Plessis, cardinal de), 3, 4, 5, 8, 11, 14, 18, 21, 24, 26, 29, 30, 33, 34, 35, 37, 39.
Riverolle, 119.
Rivière (Louis Barbier, abbé de La), 27, 43, 105, 112.
Rochambert, 83.
Rochecourbon, 141.
Rochefoucault (François VI, duc de La), 127, 128, 133, 134, 138, 149, 150, 159, 161, 163, 166, 168, 172, 188.
Rocheguyon (Henry Roger Du Plessis, comte de La), 113.
Rohan (Henry de Chabot, duc de), 115, 157, 178.
Roquelaure (Gaston-Jean-Baptiste, marquis de), 123.
Roquelaure (Antoine de), chevalier de Malte, 142.
Rose (Raynold de), 68, 80, 81.
Rose (Toussaint), 136, 237, 244.
Roubat ou Rabat, 76, 77, 80.
Roumis, voir *Larromieu*.
Roussi (François de La Rochefoucault, comte de), 39.
Rozes, 87, 90, 99.
Ruvigny (Henry Massuès de), 24, 52, 54.

S

Saint-Clément, 214.
Saint-Cloud, 171.
Saint-Georges (l'île de), 126.
Saint-Germain, 12, 183.
Saint-Jean de Luz, 195.
Saint Luc (François d'Espinay, marquis de), 142, 143, 144, 146, 152, 214, 237.
Saint-Martin de Grave, 62, 65, 115, 142, 150.
Saint-Mégrin (Jacques Estuer de La Vauguyon, marquis de), 94, 95, 98, 127, 128.
Saint-Omer, 4.
Saint-Pierre (la vallée de), 82.
Saint-Preuil (François de Jussac, baron de), 10.
Saint-Quentin, 5.
Saint-Sauveur, en Saintonge, 141.
Saint-Surin, faubourg de Bordeaux, 127.
Saint-Tropez, 253.
Saint-Venant, 100.
Sainte-Marie (le port de), 165, 167.
Saintes, 139.
Saladin, 27.
Salle (Louis Caillebot de La), 20, 36.
Salmatory, 260.
Saumur, 157.
Savoie (Thomas-François, prince de), 4, 118, 124.
Sedan, 32.
Séguier (Pierre), chancelier de France, 11, 30.
Serre (N. de Lussan d'Aubeterre, comte de La), 231, 238.
Silly (N. Vipart, chevalier de), 245.
Sourdis (Charles d'Escoubleau, marquis de), 11.
Sourre (don Juan d'Acosta, comte de), 257.
Stafford, voir *Astaffort*.
Strasbourg, 34.
Suze, 3.

T

Tarascon sur le Rhône, 239.
Tarascon, au pays de Foix, 16, 21, 23, 25, 27, 29.
Tarente (Henry-Charles de La Trémouille, prince de), 133, 134, 138, 158.
Tavannes (Jacques de Saulx, comte de), 171, 172, 175.
Termes (César-Auguste de Pardaillan de Gondrin, marquis de), 107.
Terrail (Jean de Comboursier, seigneur du), 113.
Tévron (de), 262, 263.
Thémines (Pons-Charles de Lauzières, marquis de), 113.
Thibergeau (Louis de), 260.
Thionville, 61.

Thou (Franc.-Auguste de), 30, 32, 33.
Tilladet (Jean-Baptiste Cassagnet, marquis de), 36.
Tonnay-Charente, 133, 134, 137.
Tonneins, 170.
Toulon, 192.
Tournon (Juste-Henry, comte de), 67, 68, 76, 85.
Tréville (Henri-Joseph de Peyre, comte de), 17, 19, 21, 22, 36.
Trousse (N. Le Hardy, marquis de La), 93, 95, 98.
Troyes, 45.
Turenne (Henry de La Tour, d'Auvergne, vicomte de), 26, 28, 30, 52, 54, 68, 69, 71, 75, 79, 83, 86, 171, 191, 194.
Turenne, 32.

V

Valençay (Dominique d'Étampes, marquis de), 149, 150, 164, 165, 166, 208.
Valence, en Agénois, 143.
Vallette (Jean-Louis, chevalier de La), 126.
Varennes (Roger de Nagu, marquis de), 193.
Vaubecourt (Nicolas de Haussonville, comte de), 93, 95.
Veillane, 3.
Vendôme (César, duc de), 45, 188.

Ventadour (Anne de Levis), archevêque de Bourges, 214.
Vignolles (Jacques de), 236, 238, 239.
Villeport, 260.
Villequier (Antoine d'Aumont, marquis de), 115, 116.
Villeroi (Nicolas de Neuville, duc et maréchal de), 196.
Violle (Pierre), 167, 168.
Vrillière (Louis Phélippeaux, marquis de La), 238.

W

Watteville (le baron de), 195.
Worms, 86.

FIN DE LA TABLE ALPHABÉTIQUE.

PARIS. — IMPRIMERIE DE CH. LAHURE ET Cⁱᵉ
Rues de Fleurus, 9, et de l'Ouest, 21

MÉMOIRES

DU MARÉCHAL DUC

DE NAVAILLES

LIVRE PREMIER.

J'écris les Mémoires de ma vie. On n'y verra rien que de fort ordinaire; mais comme dans tous mes emplois, j'ai tâché de ne blesser ni ma conscience, ni mon honneur, et que je suis parvenu à toutes les dignités qu'un gentilhomme peut espérer, j'ai cru que mon exemple pourroit servir à faire voir que le moyen le plus sûr pour s'élever, n'est pas, comme on le croit ordinairement, de sacrifier tout à l'ambition et à la fortune.

Je suis d'une maison qui a cet avantage, que dans tous les mouvements de l'État on n'a jamais vu aucun de ceux qui en sont sortis, prendre d'autre parti que celui du roi. Aussi le roi Louis XIII m'a fait quelquefois l'honneur de me dire que j'étois un des gentilshommes de son royaume de la meilleure race.

Mon père[1] qui étoit premier baron de Béarn, fut député de la province pour aller à la cour. Il me mena avec lui à dessein de me mettre à l'Académie[2] où mes deux aînés avoient été quelques années. L'un d'eux étoit déjà mort[3]; et l'autre eut peu de temps après un régiment d'infanterie[4]. J'avois encore d'autres frères plus jeunes que moi.

Ma mère étoit de la maison de Biron[5] et cousine germaine de M. le comte de Charost[6] avec qui mon père avoit toujours conservé une grande liaison ; il l'alla voir, et me présenta à lui. M. de Charost demanda à mon père ce qu'il vouloit faire de moi; mon père lui dit son dessein ; et je fus pendant quelque temps le sujet de leur conversation..

Peu de jours après, M. de Charost témoigna à mon père qu'il avoit envie de me donner à M. le

---

1. Philippe de Montaut, baron de Benac, seigneur de Navailles, duc de Lavedan, pair de France, sénéchal et gouverneur de Bigorre, mort près de Tarbes en 1634, dans sa soixante-dix-huitième année.

2. « Académie, se dit des maisons, logements et manéges des écuyers où la noblesse apprend à monter à cheval et les autres exercices qui lui conviennent. » *Dictionnaire de Furetière*. L'académie la plus célèbre alors étoit celle de Benjamin.

3. Cyrus de Montaut, marquis de Saint-Geniez, mort avant son père.

4. Maximilien de Montaut, baron de Saint-Geniez, mort également avant son père.

5. Judith de Gontault, dame de Saint-Geniez et de Badefol. Sa mère s'appeloit Jaqueline de Béthune.

6. Louis de Béthune, comte de Charost, capitaine des gardes du corps du roi.

cardinal de Richelieu[1] pour être son page. Mon père lui dit qu'il n'y avoit pas d'apparence parce que j'étois de la religion ; mais M. le cardinal promit à mon père que j'aurois chez lui une entière liberté de conscience.

J'avois quatorze ans quand j'y entrai ; et il se passa un assez long temps sans que personne me dît rien sur ma religion. Un jour M. le cardinal m'en parla avec une bonté extraordinaire. Je me rendis aux raisons de ce grand homme, qui étoit aussi bon théologien qu'habile politique ; et je résolus de faire mon abjuration. Je la fis en effet dix-huit mois après que je fus entré dans sa maison. Ma conversion fut heureuse ; elle fut suivie de celle de mon père, et de la plus grande partie de ma famille.

Je demeurai encore plus d'un an chez M. le cardinal. Quand je sortis de page, il me donna l'enseigne colonnelle de son régiment de la marine[2] ; et il me fit avoir une pension de mille écus, que le roi dit qu'il me donnoit en considération des services que ceux de ma maison lui avoient rendus.

J'allai aussitôt au régiment qui étoit en Flandre. Ma grande jeunesse m'empêchoit d'avoir beaucoup d'application ; mais je ne laissois pas de faire mon devoir. Je cherchois les occasions où je pouvois ac-

---

1. Armand Du Plessis, cardinal de Richelieu, mort en 1642.
2. On sait que le cardinal de Richelieu avoit été nommé chef et surintendant de la navigation et du commerce par un édit enregistré le 17 mars 1627. C'est à ce titre que le régiment de la marine lui appartenoit.

quérir de l'estime ; je tâchois de plaire aux officiers généraux, et de me faire aimer de ceux qui avoient le plus de mérite.

Je me trouvai, la première campagne, au siége de Saint-Omer[1] que nous fûmes contraints de lever, et au combat de Polincove où nous eûmes de l'avantage[2].

Je vis pendant la seconde campagne le siége de Hédin[3], où le roi étoit en personne. Il traça lui-même un fort pour empêcher les ennemis de secourir la place. M. de La Meilleraye[4] commandoit ; et il reçut sur la brèche le bâton de maréchal de France.

La campagne suivante, je vis le siége d'Arras[5]. Il s'y passa plusieurs choses remarquables. Lamboy, général des Espagnols, étant venu camper assez près de nous, afin d'incommoder nos fourrages, M. le maréchal de La Meilleraye alla reconnoître le camp des ennemis avec quatre mille chevaux ; et quoiqu'il trouvât leur cavalerie en bataille sous leur canon et leur mousqueterie, il les chargea, et les obligea de se retirer en désordre. J'étois ce jour-là

---

1. Le siége de Saint-Omer fut levé le 15 juillet 1638.
2. Polincove est un village à douze kilomètres de Saint-Omer. Le maréchal de La Force y avoit battu, le 8 juillet, quatre mille hommes de cavalerie, que commandoient Piccolomini et Jean de Wert. Ce succès n'empêcha pas que la place ne fût secourue quelques jours après.
3. Hesdin fut pris le 30 juin 1639.
4. Charles de La Porte, maréchal et duc de La Meilleraye, mort en 1664.
5. Arras se rendit le 10 août 1640.

parmi les volontaires; et M. le maréchal me donna la commission de porter des ordres aux troupes.

Quelque temps après, le cardinal infant attaqua les lignes et emporta le fort de Rantzau, qu'il fit ouvrir par le derrière pour le défendre plus facilement. Cela lui réussit en quelque façon : on fit attaquer ce fort par le régiment de Champagne, par celui de Navarre, et par celui de marine, sans pouvoir en chasser les ennemis. Il y eut cent officiers de ces trois corps tués ou blessés dangereusement.

J'y reçus aussi une légère blessure. M. le cardinal eut la bonté de m'envoyer visiter, et de me faire donner cinq cents écus. Les Espagnols ne surent pas profiter de leur avantage; nos meilleures troupes étoient allées au-devant d'un convoi commandé par M. du Hallier, qu'on a appelé depuis le maréchal de L'Hôpital[1]; ils leur donnèrent le temps de rentrer dans les lignes, de sorte qu'ils furent obligés de se retirer et de laisser prendre la place.

Après ce siége, M. le cardinal me fit l'honneur de m'envoyer une commission de capitaine d'une des compagnies qui vaquoient dans son régiment de la marine. Le marquis de Coaslin[2] m'offroit dans

---

1. François de Vitry, comte du Hallier, prit le nom de Lhospital quand il fut élevé à la dignité de maréchal de France; mort en 1660.

2. Pierre-César de Cambout, marquis de Coislin, colonel général des Suisses et des Grisons.

son régiment de cavalerie une compagnie toute faite et en bon état; je l'aurois prise, s'il m'avoit été permis de suivre mon inclination. Les jeunes gens préfèrent ordinairement la cavalerie à l'infanterie, parce que dans la cavalerie il y a quelque chose de plus brillant; mais j'ai reconnu par une longue expérience, qu'il vaut mieux commencer par l'infanterie.

Après la prise d'Arras, on nous fit passer en Normandie à cause de quelques mouvements qu'il y avoit eus dans cette province[1]. Dans le même temps, je fus député par nos officiers à M. le cardinal; il me fit donner dix mille écus pour le régiment, et cinq cents écus pour moi.

Le régiment de Navailles avoit été mis sur pied, il y avoit quarante ans, par un de mes oncles qui fut tué au siége de la Motte[2]. Mon frère aîné l'avoit eu ensuite; et après y avoir servi huit campagnes, il en avoit donné sa démission en faveur d'un de mes cadets, qui mourut au retour de la prise de Turin[3]. Les officiers du régiment qui étoient accoutumés à avoir à leur tête quelqu'un de notre maison, m'envoyèrent un lieutenant pour me prier de faire quelques démarches pour obtenir cette place. Cette proposition me fit beaucoup de plaisir; je

1. La révolte des *Pieds nus*, contre laquelle fut envoyé Gassion, alors colonel, sous la direction du chancelier Séguier.
2. Bernard de Montaut, seigneur de Pontous, tué au premier siége de la Motte, en 1634.
3. Jean de Montaut, vicomte de Torel. Turin fut pris par le comte d'Harcourt, le 15 septembre 1640.

trouvois que ce-seroit une chose fort agréable que de me voir colonel à l'âge que j'avois. Mais je craignois de n'avoir pas l'approbation et l'agrément de M. le cardinal; je me hasardai à lui en parler; il me répondit qu'il désiroit mes avantages, mais que je ne devois rien faire sans le conseil de mes amis. M. Des Noyers[1], secrétaire d'État, m'honoroit de son amitié; j'allai le consulter; il me dit que je pouvois juger par la réponse de M. le cardinal qu'il ne vouloit pas que je quittasse son régiment. Mon ambition l'emporta sur un avis si raisonnable; et je résolus de faire encore une tentative auprès de M. le cardinal. Je lui dis que si cet emploi me détachoit de son service, je n'aurois garde d'y penser; mais que je croyois lui être plus utile à la tête de mille ou douze cents hommes, que si je demeurois simple capitaine d'infanterie. Il reçut fort bien ce discours, et m'assura que si j'étois honnête homme, il auroit soin de ma fortune.

Je quittai ainsi ma compagnie. Il n'y avoit dans le régiment que je prenois que quatre cents hommes. Je fis par mes soins une recrue de pareil nombre; et je menai le régiment en Piémont. M. le comte d'Harcourt[2], qui commandoit l'armée d'Italie, le trouva très-bon, et m'en donna tout l'honneur.

Il entreprit pendant cette campagne le siége de

---

1. François Sublet, sieur Des Noyers, surintendant des finances et secrétaire d'État, mort en 1645.

2. Henri de Lorraine, comte d'Harcourt, plus tard grand écuyer de France, mort en 1666.

Cosny[1]. Mon régiment y servit fort bien ; et M. le comte d'Harcourt en fut si content, qu'il le fit savoir à la cour.

Quand la campagne fut finie, on nous envoya en quartier d'hiver en Piémont. C'étoit un pays abandonné aux troupes, où j'aurois pu faire un traité fort avantageux ; mais je me contentai de régler les choses sur un pied que mon régiment y put subsister ; et, peu de jours après, je me mis en chemin pour revenir à Paris.

La cour étoit à Saint-Germain[2]. J'y allai faire la révérence à M. le cardinal de Richelieu ; il me dit devant M. le cardinal Mazarin[3] que je trouvai avec lui, qu'il savoit que j'avois un fort bon régiment, et que je m'appliquois au service ; qu'il en avoit de la joie, et qu'il se souviendroit de moi. Cette marque de bonté que je reçus de lui, me donna de l'espérance, et augmenta l'envie que j'avois de bien servir. Je fis ensuite la révérence au roi, qui me reçut plus favorablement que je n'eusse osé l'espérer ; j'eus l'honneur d'entretenir pendant quelque temps Sa Majesté.

J'étois de tous les divertissements des jeunes gens de la cour ; mais le désir de m'élever m'empêchoit de m'y attacher ; et j'avois de l'impatience que le temps de la campagne ne fût venu. Sitôt qu'il approcha, je songeai à me mettre en état de la faire.

---

1. Cony fut pris le 13 septembre 1641.
2. Saint-Germain en Laye.
3. Julio Mazarini, cardinal du 16 décembre 1641, mort en 1661.

J'avois une pension de mille écus ; mon père m'en donnoit autant ; mon régiment me valoit peu de chose ; cependant je dépensois tous les ans huit ou dix mille écus. Le crédit que j'avois à Paris, fournissoit à cette dépense ; et comme j'étois de bonne foi pour mes créanciers, je ne manquois point de secours.

Avant que de partir, j'allai prendre congé du roi ; il me dit en me donnant un petit coup sur l'épaule, qu'il vouloit avoir soin de moi. On peut s'imaginer la joie que j'eus de la bonté que Sa Majesté me témoignoit. Je pris aussi congé de M. le cardinal qui me donna de nouvelles assurances de sa protection, et de M. le duc d'Enghien[1] que je voyois souvent, et qui m'honoroit de son amitié ; et je me rendis en poste à Turin.

La cour de Savoie étoit belle et nombreuse ; les étrangers y étoient bien reçus, et particulièrement les François ; j'avois un équipage assez propre ; et j'étois là fort agréablement ; mais je faisois une dépense que je ne pouvois soutenir longtemps ; ce qui m'obligea de m'en aller à mon régiment ; je le trouvai en fort bon état, et un des meilleurs de l'armée. Les officiers étoient la plupart des gens de mérite.

Le prince Thomas[2] qui avoit toujours été attaché au service des Espagnols, le quitta cette année-là,

---

1. Louis II de Bourbon-Condé, duc d'Enghien ; plus tard le grand Condé, mort en 1680.

2. Thomas-François de Savoie, oncle du duc régnant Charles-Emmanuel II. Il signa le traité d'accommodement avec la régente, Madame Royale Chrétienne de France, le 14 juin 1642.

et joignit ses troupes à l'armée du roi que commandoit le duc de Longueville[1]. Après cette jonction, les deux généraux résolurent de faire quelque siége considérable avant la fin de la campagne. Celui de Novare fut proposé par le prince Thomas sur l'avis qu'il avoit eu de la foiblesse de la garnison; et l'on marcha de ce côté-là; mais les pluies continuelles retardèrent la marche de l'armée et donnèrent le temps aux Espagnols de jeter des troupes dans la place; de sorte qu'on fut obligé de changer de dessein. Le duc de Longueville après avoir laissé rafraîchir son armée dans l'Asigliano, lui fit passer le Pô à Casal et la mena devant Tortone.

C'est une ville du Milanois qui confine à l'État de Gênes et à celui de Parme. La saison étoit fort avancée; et il n'y avoit que l'espérance d'emporter promptement la place, qui eût fait entreprendre ce siége. Aussi la ville fut bientôt prise[2]; mais il y avoit une citadelle de cinq bastions revêtus, bonne et bien munie, qui pouvoit tenir plusieurs jours. Nous n'avions rien de tout ce qui étoit nécessaire pour un long siége; cependant nous ne voulûmes pas abandonner cette entreprise dans laquelle nous nous trouvions embarqués. On manqua bientôt de vivres dans le camp; et l'armée étoit en danger de périr, si M. Le Tellier[3] qui en étoit intendant, n'avoit

---

1. Henri II d'Orléans, duc de Longueville, mort en 1663.
2. Au commencement de novembre 1642.
3. Michel Le Tellier, plus tard secrétaire d'État de la guerre; mort chancelier de France, en 1685.

fait toute la diligence imaginable pour ramasser des blés. On manquoit aussi de poudres et de balles ; et les soldats faisoient leurs gardes sans oser décharger leurs mousquets.

Comme on étoit dans cet état, les ennemis se vinrent poster à un quart de lieue de la place. Nous commençâmes à nous fortifier. Ils marchèrent pour se saisir d'une hauteur que nous n'avions pu occuper, parce que nous n'avions pas assez de troupes. Nous sortîmes des lignes pour aller au-devant d'eux ; et quoique ce fût une chose dont il y avoit peu d'exemples, elle réussit heureusement ; les ennemis étonnés de ce que nous les avions devancés, se retirèrent après un léger combat.

Peu de jours après, ils jetèrent quatre cents hommes dans la place. Cela mit une si grande consternation parmi nous, que l'on disoit hautement qu'il falloit lever le siége. Je n'étois nullement de cet avis.

Je voyois M. de Longueville fatigué de ce que tous ceux qui l'approchoient, vouloient que l'on se retirât. Je pris la liberté de lui dire que j'étois d'un sentiment bien opposé ; qu'il y alloit de la gloire des armes du roi, et de la sienne en particulier, et que j'étois très-persuadé qu'avec de la patience, l'on viendroit à bout d'une entreprise si importante et si avancée ; que j'avois un bon régiment qui ne demandoit que des occasions extraordinaires pour acquérir son estime, et que je le suppliois très-humblement de lui faire entreprendre ce qu'il y auroit de plus difficile. M. de Longueville eut tant de joie de m'entendre parler de la sorte, qu'il m'embrassa plusieurs fois ; il me dit que son sentiment non plus que le mien n'étoit pas de lever le siége, et qu'il y avoit une demi-lune qu'il vouloit que j'eusse la gloire d'emporter.

Je me retirai le plus content du monde ; et j'allai faire part aux officiers de mon régiment de ce que j'avois dit au général, et de l'ordre qu'il venoit de me donner ; ils s'en réjouirent comme d'une agréable nouvelle, et me remercièrent de la bonne opinion que j'avois d'eux.

Je commençai dès ce moment à faire mes préparatifs ; et la nuit, j'attaquai la demi-lune. Elle me fut longtemps disputée ; mais enfin je m'en rendis maître ; et j'y fis un grand logement. Je perdis en cette occasion plusieurs soldats, seize sergents et plusieurs officiers de mérite. Le lendemain qui étoit le jour de ma garde, M. de Longueville vint à la tranchée ; il me fit l'honneur de m'embrasser et loua beaucoup mon régiment. Cette action décida du siége ; elle donna moyen d'attacher le mineur à la place, qui se rendit huit jours après[1].

---

[1]. La citadelle de Tortone se rendit le 26 novembre.
Voici en quels termes la *Gazette* parle de la part que Navailles eut à ce siége : « Le 19, le sieur de Navailles, mestre de camp, commandant à une des gardes qui relevoit celle de Normandie, mérita une louange particulière, ayant trois fois, en une nuit, repoussé les ennemis qui venoient pour interrompre le travail, tué de leurs officiers et beaucoup avancé les ouvrages. » *Extraord.* du 18 décembre 1642.

Alors, M. de Longueville jeta les yeux sur moi pour m'envoyer rendre compte au roi de l'heureux succès de ses armes. Dans les lettres qu'il écrivit à Sa Majesté et aux ministres, il me rendit tous les bons offices que je pouvois souhaiter ; et quand je pris congé de lui, il me dit mille choses très-obligeantes, et m'assura qu'il n'oublieroit jamais les marques que je lui avois données de ma passion pour son service. Je ne doute pas que je n'eusse tiré quelque avantage de tout ce qu'il avoit écrit en ma faveur, si la mort de M. le cardinal ne fût arrivée en ce temps-là[1].

J'appris cette mauvaise nouvelle à Rouanne. On peut s'imaginer le déplaisir et l'étonnement qu'elle me causa, et combien je me trouvai embarrassé en arrivant à la cour. J'allai voir d'abord M. Des Noyers, secrétaire d'État, qui avoit le département de la guerre ; il me dit en m'embrassant que j'avois beaucoup perdu, et me mena aussitôt au roi à qui je rendis compte du siége. Il voulut savoir jusqu'au moindre détail ; et comme je m'en étois parfaitement instruit, il parut satisfait de ma relation, et me fit donner mille écus pour mon voyage. Ensuite par l'avis de M. Des Noyers, j'allai voir M. le cardinal Mazarin dont je n'étois pas connu. Il me reçut avec beaucoup d'honnêteté et m'assura qu'il feroit valoir mes services.

Cependant toutes les personnes mal satisfaites du gouvernement de M. le cardinal de Richelieu, ayant

---

1. Le 4 décembre 1642.

fait des cabales pour rendre sa mémoire odieuse, l'on retrancha la plupart des pensions qu'il avoit fait donner. M. Des Noyers me dit que la mienne étoit de ce nombre. J'en fus fort touché, parce que je croyois mériter quelque récompense pour les services que je venois de rendre. Cela me fit juger qu'il n'y avoit rien à faire à la cour pour ceux qui avoient été attachés à la fortune de M. le cardinal, et me donna la pensée d'aller servir hors du royaume. J'entamai un traité avec l'ambassadeur de Venise pour mener un régiment d'infanterie au service de la république; mais comme c'étoit ma dernière ressource, je ne voulois pas m'embarquer plus avant, que je n'eusse vu si mes affaires étoient tout à fait désespérées.

L'état où j'étois, me causoit une grande inquiétude. Un jour que je me promenois à l'hôtel de Condé, M. le duc d'Enghien, qui sortoit pour aller à Saint-Germain, m'aperçut et me fit l'honneur de me dire qu'il me trouvoit bien triste; je lui dis le sujet que j'en avois. Il m'offrit de parler au roi pour mes intérêts; mais parce que je voulois lui parler moi-même afin d'être plus sûr, si continuant dans le service, j'avois quelque chose à espérer, je remerciai M. le Duc avec beaucoup de respect. J'allai à Saint-Germain le jour d'après; et je trouvai l'occasion de parler au roi. Il écouta patiemment tout ce que je pris la liberté de lui représenter sur mes services et sur le retranchement de ma pension; et il eut la bonté de me dire qu'il n'avoit point entendu me l'ôter; que je continuasse à le bien servir, et qu'il auroit soin de moi. Une réponse si favorable que j'espérois si peu, et à laquelle M. Des Noyers ne s'attendoit pas, me donna une joie incroyable. J'oubliai aussitôt le service étranger ; et je ne songeai plus qu'à mettre mon régiment en bon état.

Le temps de la campagne approchoit ; je crus que je devois être des premiers à prendre congé du roi. Je trouvai avec lui M. le cardinal Mazarin, qui parla si avantageusement de moi, que je fus obligé d'aller l'en remercier. Il me reçut très-obligeamment, et m'assura de sa protection.

Le roi mourut quelques jours après[1]. Un si grand événement ne ralentit point la guerre d'Italie ; au contraire elle continua avec plus de chaleur. J'arrivai bientôt en ce pays-là, où l'on assiégea pendant la campagne, Thrin[2], Saintia, et la citadelle d'Ast. Je servis assez bien à ces trois siéges ; et les généraux témoignèrent qu'ils étoient fort contents de moi.

J'avois été blessé légèrement à Thrin ; ensuite j'eus une maladie dangereuse, qui m'obligea de me faire porter à Turin. Ma maladie ne fut pas longue ; et me trouvant dans une cour pleine de divertissements, et où je recevois beaucoup d'honnêtetés, je m'y serois arrêté quelque temps, si mon ambition ne m'avoit fait penser à retourner promptement en France.

---

1. Le 14 mai 1643.
2. Trin fut pris le 24 septembre ; mais à l'égard de Saintia, il y a une erreur de date. Cette ville ne se rendit que le 6 septembre 1644 au prince Thomas. La prise d'Asti avoit précédé de quelques jours celle de Trin.

En arrivant à Paris, je trouvai que M. de Beaufort[1] étoit à la Bastille, et que M. le cardinal Mazarin étoit à la tête des affaires. Je m'attachai à lui; il me fit donner par la reine mère[2], une pension de mille écus, dont j'ai toujours été payé pendant la vie de cette princesse. Cela me donna encore plus d'application au service. L'hiver ne fut pas plutôt passé que je pris congé de la cour, et retournai en Italie.

Le prince Thomas commandoit l'armée; et le comte du Plessis[3] en étoit lieutenant général. On résolut vers le milieu de la campagne d'assiéger Final. Cette place est sur la côte de Gênes; et il y a une rade assez bonne pour les galères. Ce siége ne se pouvoit faire que de concert avec M. de Brezé[4], amiral de France, qui commandoit l'armée navale sur ces mers. La cour lui envoya des ordres pour cette entreprise; et sur l'avis qu'on en eut, on fit marcher les troupes de terre; mais étant arrivées plus tôt que l'armée navale devant la place, les Espagnols y jetèrent trois mille hommes dans des barques à rames que leur avoient fournies les Génois, qui croyoient avoir intérêt que Final ne tombât pas entre nos mains.

---

1. François de Vendôme, duc de Beaufort, mort en 1661 devant Candie. On sait qu'il avoit été arrêté le 2 septembre 1643 sous une accusation de tentative d'assassinat contre le cardinal Mazarin.
2. Anne d'Autriche, morte en 1666.
3. César de Choiseul, comte et plus tard maréchal du Plessis-Praslin, mort en 1675.
4. Armand de Maillé, duc de Brézé, tué en 1646 dans un combat naval devant Orbitello.

On avoit passé mon régiment avec celui de Vaubecour, dans le faubourg de cette ville. On m'envoya ordre de me retirer promptement. La retraite étoit difficile, à cause qu'il y a plusieurs défilés dans les montagnes que je devois traverser, et que j'étois en vue des ennemis qui s'étoient fortifiés par la jonction des bandits[1]. Ils vinrent m'attaquer dès que je commençai à marcher. Je n'avois que mille hommes dans ces deux régiments. J'en fis un détachement de trois cents pour aller gagner la hauteur des montagnes. Ce fut ce qui me sauva ; parce que m'étant rendu maître des défilés avant qu'on pût s'en saisir, j'eus tous les passages libres.

Je fus pressé par les ennemis depuis trois heures du matin jusqu'à sept heures du soir. Je reçus un coup de mousquet; mais heureusement il ne m'empêcha pas d'agir. Je perdis peu de monde; et je sauvai le bagage. Enfin l'affaire se passa beaucoup mieux que les généraux ne l'avoient espéré.

La retraite fut de cinq grandes lieues. Je fis tout ce chemin à pied ; et c'étoit au milieu de la canicule. Je m'échauffai si fort, que ma blessure qui n'étoit pas grande, devint très-douloureuse, et qu'elle me causa une maladie dont je ne revins qu'avec beaucoup de peine. Je me fis porter à Turin où mon mal fut bientôt accompagné de pourpre et de dys-

---

1. « On appelle bandit celui qui, ayant été banni de son pays pour crime, s'est mis dans une troupe de voleurs. » *Dict. de Furetière*. Les Apennins étoient infestés de bandits alors ; et on voit que les princes italiens ne dédaignoient pas leurs services.

senterie ; ce qui fit croire aux médecins qu'il étoit sans remède. Je me trouvai mieux néanmoins dès le cinquième ou sixième jour, et comme il vint à vaquer dans notre armée un des vieux régiments, j'envoyai un gentilhomme à la cour pour le demander. J'écrivis à M. le cardinal qui, non-seulement me fit obtenir ce régiment[1]; mais fit donner encore le mien à un de mes frères[2] sans que je l'en eusse prié. J'avoue que ce procédé obligeant m'attacha avec plus d'affection à ses intérêts. La joie que j'avois de me voir si bien traité de la cour, contribua beaucoup à me guérir. Le temps de la campagne étoit venu ; et j'avois une grande impatience de pouvoir retourner à l'armée.

Le comte du Plessis qu'on avoit envoyé commander en Catalogne, devoit assiéger Roses. Je reçus ordre d'aller servir à ce siége. Quoique ma santé ne fût pas tout à fait rétablie, et que j'eusse de fortes raisons pour ne pas quitter l'armée d'Italie, je m'acheminai à Roses avec toute la diligence dont j'étois capable.

J'y arrivai le lendemain que la place fut investie. Il y avoit dedans trois mille hommes d'infanterie

---

1. Roussel dit : « Celui qui est aujourd'hui Artois. » *Essai sur les régiments d'infanterie, cavalerie et dragons.*

2. Henri de Montaut, seigneur d'Audanne, marquis de Saint-Geniez, lieutenant général des armées du roi, successivement gouverneur de Philisbourg et de Saint-Omer, commandant à Brisack après le traité du comte d'Harcourt; mort à Paris le 31 mars 1685, dans l'abbaye de Saint-Victor, où il s'étoit retiré. Il avoit été, comme son frère, capitaine au régiment de la marine.

et trois cents chevaux. Notre armée étoit foible et mal pourvue pour un siége de cette importance. Le troisième jour, il survint un si furieux orage, que nous aurions été contraints de nous retirer, si les assiégés avoient su profiter du désordre où cet accident nous avoit mis.

On commença l'ouverture de la tranchée avec peu de préparation ; les assiégés firent paroître beaucoup de vigueur. Le gouverneur qui avoit toujours servi dans la cavalerie, étoit peu entendu à défendre une place ; et cela nous facilita les approches. Il y eut plusieurs actions qui firent douter du succès de l'entreprise ; mais enfin le gouverneur fut obligé de capituler par la patience et la bonne conduite du comte du Plessis, qui en fut récompensé du bâton de maréchal de France[1]. On n'a guère vu de siége plus périlleux ; on y perdit un grand nombre de soldats et d'officiers. Comme nos troupes étoient fort fatiguées, on les envoya rafraîchir en Guyenne. Mon régiment fut augmenté de dix hommes par compagnie ; et après que l'on m'eut donné le temps de les faire, j'eus ordre d'aller en Flandre servir sous les maréchaux de Rantzau[2] et de Gassion[3].

J'y arrivai à la fin de septembre de l'année 1645 ; et je me joignis à l'armée du maréchal de Rantzau,

---

1. La capitulation de Roses est du 31 mai 1645.
2. Josias, comte de Rantzau, maréchal de France du 28 juin 1645, mort à Paris, à deux heures après midi, le 14 septembre 1650.
3. Jean de Gassion, maréchal de France, blessé à mort devant Lens, le 28 septembre, et mort le 2 octobre 1647.

qui attaqua Lens[1], et le prit en quinze jours[2]; je servis à ce siége; et M. le maréchal parut content de moi. Peu de jours après il tomba malade; et s'étant retiré, son armée fut jointe à celle du maréchal de Gassion, dont j'étois connu très-particulièrement. Il nous mena plus avant en Flandre pour y établir son quartier d'hiver.

Il tenoit Menin, Armantières[3] et d'autres petites places qu'il avoit fortifiées, d'où il faisoit incessamment des entreprises sur les ennemis. En moins de trois semaines, il leur enleva deux quartiers de cavalerie. Il avoit la bonté de souffrir que je le suivisse. J'avoue que je prenois un grand plaisir d'être avec lui, et que je n'ai jamais vu d'homme qui me parût avoir un talent plus naturel pour la guerre.

Il avoit une grande créance parmi ses troupes, beaucoup de vigilance et d'ordre. Il étoit infatigable, entreprenant, et toujours bien averti. J'eusse extrêmement souhaité de continuer à servir sous lui; et même il me l'avoit proposé d'une manière très-obligeante; mais l'on me retira de cette armée pour me renvoyer au printemps en Italie.

---

1. Ville en Artois, sur la rivière de Souchet, diocèse d'Arras, parlement de Paris, intendance de Lille; aujourd'hui chef-lieu de canton dans l'arrondissement de Béthune, département du Pas-de-Calais.

2. Le 6 octobre 1645.

3. Dans la Flandre vallonne, sur la Lys, diocèse de Tournay, parlement de Douai, intendance de Lille; aujourd'hui chef-lieu de canton, arrondissement de Lille, département du Nord.

Je vins passer le reste de l'hiver à Paris ; et j'y songeai bien moins aux divertissements qu'à faire ma cour. Je commençois à m'ennuyer de n'être que simple colonel. Je demandai que l'on me fît sergent de bataille ; ce qui étoit alors au-dessus des maîtres de camp ; et l'on m'en donna le brevet.

Après avoir été payé de mes pensions, je partis pour me rendre à Toulon, où les troupes destinées pour l'armée d'Italie avoient ordre de s'embarquer. Nous devions passer sur les vaisseaux du duc de Brezé qui commandoit l'armée navale, et servir sous le prince Thomas, qui avoit dessein d'assiéger Orbitelle, place maritime, qui n'est qu'à dix ou douze lieues de Rome. Nous demeurâmes quelque temps à Toulon, par les longueurs qui se trouvent pour l'ordinaire dans les embarquements. M. de Brezé qui avoit une grande connoissance de la mer et beaucoup de courage, nous mena en peu de jours devant Orbitelle ; et nous fîmes heureusement notre descente. Le prince Thomas entreprenoit d'attaquer cette place assez légèrement. Il avoit peu de troupes, peu de munitions et de vivres ; et les secours étoient éloignés. Ce prince avoit beaucoup de valeur ; mais il servoit à la manière d'Espagne, sans entrer dans le détail des choses ; il étoit peu vigilant et n'entendoit pas bien les siéges[1].

1. Ce siége d'Orbitello devint un des grands griefs de la Fronde contre le cardinal Mazarin. Silhon crut devoir le justifier solennellement dans son *Éclaircissement de quelques difficultés touchant l'administration du cardinal Mazarin. Première partie.* Paris, de l'impri-

Peu de jours après notre débarquement il commença celui d'Orbitelle. Le quinzième jour de l'ouverture de la tranchée, l'armée navale d'Espagne parut et vint mouiller à la vue de notre camp. Cela nous déconcerta étrangement, parce qu'elle nous ferma le passage de l'armée à la flotte dont nous tirions nos poudres, nos boulets, et toutes nos munitions. M. de Brezé, qui étoit descendu pour servir à terre, se remit en mer; et étant sorti de la rade, il livra la bataille aux ennemis, et fut malheureusement tué dans le temps qu'il avoit beaucoup d'avantage sur eux[1]. Le comte d'Oignon[2] qui étoit vice-amiral, au lieu d'en profiter, prit le parti de se retirer, et remena l'armée navale à Toulon pour aller en diligence se rendre maître de Brouage[3], de Rhé, d'Oléron[4] et des Tours de la Rochelle[5] où il commandoit sous l'autorité de M. de Brezé; cette

merie royale, 1650, in-folio. On peut croire que le cardinal eut quelque part à cette justification que le président Le Coigneux dénonça au parlement, dans l'audience du 27 février 1651. Le livre de Silhon a été traduit en latin et imprimé à la suite de l'*Histoire du cardinal de Richelieu*. Wurtzbourg, 1662, in-8.

1 Le 14 juin 1646. Il avoit vingt-sept ans.

2. Louis de Foucault, comte du Doignon, plus tard maréchal de Foucault, mort en 1659.

3. Port de mer et place forte en Saintonge; aujourd'hui commune de Liers, arrondissement de Marenne, département de la Charente-Inférieure.

4. Les îles de Ré et d'Oléron, presque en face de la Rochelle.

5. La principale s'appeloit Saint-Nicolas. Le comte d'Harcourt en fit le siége et la prit en 1651. *Relation véritable de ce qui s'est passé à la prise de la tour de Saint-Nicolas, à la Rochelle, par l'armée du roi, commandée par M. le comte d'Harcourt.* Paris, par les imprimeurs et libraires ordinaires du roi, 1651, in-4.

démarche qui devoit le perdre, servit beaucoup à sa fortune[1].

Cependant nous passâmes six semaines dans la disette de toutes choses, à cause que l'armée navale d'Espagne croisoit à la vue de notre camp, et empêchoit que nous ne pussions tirer aucun secours de la mer. Don Gaspar de La Gatte, homme de mérite, défendoit vigoureusement Orbitelle; l'état où nous étions réduits augmentoit sa résistance. Nous nous rendîmes néanmoins maîtres de la Contrescarpe; mais quand il fallut passer le fossé, nous fûmes longtemps à faire un pont sur une lunette, parce qu'il y avoit deux pièces de canon qui voyoient notre travail et que nous ne pouvions démonter.

Nous avions fait un fort au bord d'un étang, qui est à mille pas de la ville, pour empêcher le secours de ce côté-là. Les ennemis qui nous vouloient chasser, firent débarquer quinze cents Italiens, et quatre mille Espagnols sous le fort Philippes qui étoit à eux. Le prince Thomas qui connut leur dessein, me commanda de m'aller jeter dans notre fort. J'y entrai la nuit; et je n'y trouvai que deux cent cinquante Suisses avec peu de munitions et une seule pièce de canon. J'envoyai chercher aussitôt cent mousquetaires de mon régiment qui étoit à trois lieues de là. Ils arrivèrent au point du jour. Dans le même temps

---

1. Elle servit à lui obtenir, en 1653, le bâton de maréchal de France. Du Doignon quitta le parti des Princes; rendit Brouage; et fut en échange autorisé à prendre le nom de maréchal de Foucault.

les ennemis marchèrent pour m'attaquer ; lorsqu'ils furent assez près, je fis tirer mon canon, qui tua leur commandant. Cela mit de l'étonnement parmi eux ; leur attaque fut foible ; et ils y perdirent beaucoup de monde. Comme ils se retiroient, notre cavalerie qui venoit du camp pour me secourir, les chargea et n'eut pas de peine à les rompre. On en tua trois ou quatre cents ; le reste fut fait prisonnier avec tous les officiers [1].

Nous continuâmes le siége mollement, parce que nous n'avions ni assez de canon, ni assez de munitions. Les ennemis s'avisèrent d'un stratagème que je n'ai jamais vu que là. Ce fut de mettre le feu dans nos tranchées par le moyen de certains dards enflammés qu'ils tiroient avec des arbalètes sur nos fascines. Il est vrai qu'elles n'étoient que de bois d'olivier et d'oranger, et que lorsque ce bois est sec, le feu s'y prend facilement. Quoique nous eussions de l'eau dans la tranchée pour éteindre ces dards ardents, et que nous prissions le soin d'enterrer le plus que nous pouvions les fascines, elles ne laissoient pas de s'embraser. Il n'y avoit point d'autre remède que d'aller éteindre le feu ; et l'on ne le pouvoit faire

---

1. « Le sieur de Navailles, mestre de camp, qui avoit été envoyé, avec deux cents hommes de son régiment et de celui des Galères, pour renforcer la garde de notre fort, en sortit avec cent cinquante hommes, à la faveur du canon, alla rencontrer les ennemis et les choqua si vivement, qu'ils plièrent d'abord et se retirèrent avec perte de quelques officiers et soldats, qui furent tués près de la cassine, comme l'avoit été sur l'éminence le capitaine qui les commandoit. » *Gazette* extraord. du 9 juillet 1646.

qu'à découvert. Les assiégés nous tuèrent de la sorte plus de douze cents hommes.

Nous attendions notre armée navale sans pouvoir achever le pont que nous avions commencé sur la lunette, parce que le travail étoit renversé dès qu'il s'avançoit à la vue de leur canon. On voulut tenter le passage du fossé par d'autres voies; mais ce fut inutilement; la lunette avoit trop de profondeur; et nous fûmes six semaines sans pouvoir avancer.

Notre armée n'étoit pas de trois cents chevaux, et de quatre mille hommes de pied capables d'agir. Les ennemis avoient composé un corps de six mille hommes de pied; et ils attendoient de Naples quinze cents chevaux. Ils résolurent de mettre toutes les troupes à terre sous le fort Philippes, qui étoit à la portée du canon du fort que j'avois défendu; et en même temps, ils firent faire voile à l'escadre de Naples pour venir descendre d'un autre côté et jeter des troupes dans la place. Ils envoyèrent aussi vingt-huit galères pour nous canonner en flanc, si nous prenions le parti d'aller à eux. On tint conseil; et comme on jugea qu'il étoit impossible de continuer le siége avec le peu de forces qui nous restoient, on résolut d'aller attaquer les ennemis. On prit pour cela trois mille hommes de pied et toute la cavalerie; et l'on en détacha cent cinquante mousquetaires et quarante chevaux qui me furent donnés pour m'opposer à la descente de l'escadre de Naples. Le combat commença de part et d'autre à sept heures du matin, et dura jusqu'à cinq heures du soir. Quoique le fort Philippes nous canonnât en tête, et les vingt-huit galères en flanc, nos troupes, et surtout la cavalerie, firent si bien leur devoir, qu'elles tuèrent aux ennemis douze cents hommes sur la place, et obligèrent les autres de se rembarquer. L'escadre de Naples ne fut pas plus heureuse; et quoiqu'elle me tirât six mille coups de canon, elle ne put jamais faire descendre que les soldats de deux galères, que je renversai dans la mer[1].

Si ce combat eut un succès très-désavantageux pour les ennemis, il nous affoiblit aussi extrêmement. Nous y perdîmes un grand nombre de soldats et d'officiers; mais nous avions de la résolution de reste; et nous étions encore soutenus par l'espérance de recevoir bientôt du secours de notre armée navale, qui étoit partie de Toulon.

Cependant les quinze cents chevaux que les ennemis faisoient venir de Naples, arrivèrent. Nous apprîmes qu'ils étoient campés sur une colline à dix milles de notre camp, et qu'ils attendoient là que

---

1. Cette affaire eut lieu le 27 juin. « Dans l'autre langue de terre, le sieur de Navailles soutint courageusement tous les efforts des ennemis, qui vouloient, à la faveur de leurs canons et vaisseaux, mettre des gens à terre; ce qu'il empêcha avec cinquante hommes du régiment de Vernatel, qui étoit en garde, jusqu'à l'arrivée du régiment d'Uxelles; lesquels empêchèrent ensuite conjointement cette descente; et sans le nouvel ordre qu'ils reçurent du prince Thomas de conserver cette langue le reste de la nuit et s'opposer à la descente des mêmes ennemis, ils les alloient couper si leur espion, qui étoit descendu le premier, ayant aperçu nos gens, n'eût averti les siens de ne descendre point; après quoi il se sauva à grand'peine vers les siens, dans une felouque. » *Gazette* du 18 juillet 1646.

leur infanterie, qui étoit en mer, les vînt joindre. Nous envoyâmes dix cavaliers en parti ; ils nous amenèrent cinquante de ces cavaliers napolitains, qui furent bien aises de les suivre et qui nous dirent que les autres ne demandoient qu'un prétexte pour s'en retourner. Cela étoit assez vraisemblable, parce que c'étoient des gens de nouvelle levée. Le prince Thomas voulut savoir ce qu'il y avoit à faire et demanda l'avis des principaux officiers. Les opinions furent différentes. La mienne étoit de partir la même nuit avec quatre cents mousquetaires et ce qui nous restoit de cavalerie, pour attaquer celle de Naples, qui n'étoit que de la milice, et n'avoit point d'infanterie pour la soutenir. Mon avis ne fut pas suivi, quoique je m'offrisse de commander selon qu'on le voudroit, la cavalerie ou l'infanterie. Quatre jours après, cinq mille hommes d'infanterie, que les ennemis avoient sur les vaisseaux et sur les galères, mirent pied à terre; et s'étant joints à la cavalerie de Naples, ils marchèrent contre nous. Comme nous n'étions pas en état de leur résister, nous nous retirâmes ; et ils se contentèrent d'avoir secouru la place et n'osèrent nous suivre[1].

Notre armée navale parut presque en même temps ; et nous nous embarquâmes pour revenir en France. Quand je fus arrivé à Toulon, la fatigue que j'avois eue au siége, et le chagrin qui me restoit de son malheureux succès, me donnèrent la fièvre ; elle

---

1. Le siége fut levé le 2 juillet.

ne dura pas longtemps; et dès qu'elle m'eut quitté, j'allai en Gascogne pour achever de me remettre. Je n'y demeurai pas longtemps; et je ne laissai pas de m'ennuyer beaucoup. Je passois souvent de méchantes heures, chagrin de ce que ma santé ne me permettoit pas d'aller à Paris aussi promptement que je le croyois nécessaire pour ma fortune. Je partis au commencement de novembre; et à mon arrivée j'empruntai deux mille écus de mes amis en attendant que je pusse être payé de mes pensions. J'appris par mon expérience que les jeunes gens qui n'ont point de ressources sûres pour subsister, sont moins exposés à vivre dans le désordre que ceux qui sont assurés de ne manquer de rien. Ma conduite étoit assez réglée pour un homme de mon âge.

Cependant je cherchois avec soin les occasions de m'avancer à la cour; et j'allois souvent chez M. le cardinal. Un soir que M. le duc d'Orléans[1] y jouoit, je me présentai à la porte de la chambre. Plusieurs autres personnes qui étoient là, entrèrent dès que l'on eut ouvert; j'attendis encore quelque temps; et l'un des valets de chambre, nommé L'Espoulet, que je connoissois pour l'avoir vu servir M. le cardinal de Richelieu, m'appela et me fit entrer. Comme je me tenois éloigné, M. le cardinal qui m'avoit aperçu, vint à moi et m'ordonna de le suivre dans une autre chambre; il me dit qu'il entendoit dire

---

1. Jean-Baptiste Gaston de France, duc d'Orléans, mort en 1660.

du bien de moi à beaucoup de gens, et qu'il vouloit prendre soin de ma fortune. Il me demanda ensuite si j'avois du bien et si je voulois me marier. Après lui avoir fait de très-humbles remercîments, je lui répondis que j'étois d'un pays où les cadets sont mal partagés, et que j'étois trop jeune pour songer au mariage; que je n'avois d'autre dessein que de me dévouer entièrement à son service pour lui marquer ma reconnoissance de la protection dont il vouloit m'honorer. M. le cardinal me dit alors qu'il avoit la pensée de m'offrir sa compagnie de gendarmes et que je n'en parlàsse à personne. Je lui répondis que j'étois confus de tant de bontés qu'il me faisoit paroître sans l'avoir mérité, et que s'il me mettoit à la tête de ses gendarmes, je n'oublierois rien pour me rendre capable de le servir.

Je sortis de cette conversation avec la joie qu'on peut s'imaginer. Il se passa un mois entier sans que j'entendisse parler de rien; et je commençois à douter si ce n'étoit point un songe, lorsque M. de Roannette[1], gouverneur de la Bassée, entra dans ma chambre et me dit que le jour de devant il avoit demandé à M. le cardinal sa compagnie de gendarmes; qu'il lui avoit répondu qu'il me l'avoit donnée et qu'il venoit s'en réjouir avec moi. Une heure

1. Il n'étoit pas encore gouverneur de la Bassée. Il ne le fut que l'année suivante, c'est-à-dire en 1647, après que Gassion eut pris cette ville à composition, le 19 juillet; mais il ne jouit pas longtemps de son gouvernement. Il avoit reçu pendant le siége une mousquetade à la cuisse, dont il mourut peu de jours après. Roannette avoit bien servi. Il étoit maréchal de camp de 1646.

après, M. de La Cardonnière[1], enseigne de cette compagnie, me vint dire que M. le cardinal lui avoit commandé de me reconnoître pour son capitaine; de sorte que je n'eus plus lieu de douter qu'il ne m'eût donné cette charge; et j'allai l'en remercier. D'abord que j'en eus pris possession, il m'envoya en Italie servir de maréchal de camp sous M. le duc de Modène[2], qui venoit de se déclarer pour la France contre l'Espagne.

Je joignis en peu de temps l'armée que le roi avoit delà les monts; et l'on en fit un détachement de mille chevaux que l'on me donna pour le mener à M. de Modène. Je traversai heureusement tout l'État de Milan; et je me rendis à l'armée de ce prince. Il avoit pris la résolution d'attaquer Crémone, ville considérable qui donne le nom à un assez grand pays; et lorsque je l'eus joint, il marcha pour faire ce siége; mais il survint un si grand débordement d'eaux qu'il ne put exécuter son dessein. Il envoya tenter le passage de la rivière d'Adde dans le dessein de faire des courses jusqu'aux portes de Milan; mais elle ne se trouva pas guéable; et l'on fut obligé

---

1. Il étoit guidon de la même compagnie en 1645, au siége d'Armentières. Il en eut le commandement en 1654. En 1674, il combattit à Senef sous le prince de Condé avec le double titre de maréchal de camp et de commissaire général de la cavalerie; lieutenant général en 1677, il commanda l'aile gauche à la bataille de Cassel. Il mourut à Nemours, le 7 octobre 1679. Il étoit mestre de camp général de la cavalerie.

2. François d'Este, duc de Modène et de Reggio. Après avoir suivi le parti de l'Espagne, il venoit de se rattacher à la France, dont il n'abandonna plus la cause jusqu'à sa mort.

de se retirer à Casal-Major, qui est sur le bord du Pô.

Comme la saison étoit fort avancée, M. de Modène nous déclara qu'il ne pouvoit nous donner des quartiers d'hiver dans ses États et qu'il falloit que nous en prissions dans le pays ennemi. M. d'Estrade[1], qui étoit maréchal de camp et qui avoit amené quelque infanterie de Piombino à ce prince, jugea aussi bien que moi que cela ne pouvoit se faire sans exposer les troupes du roi, qui se trouveroient affoiblies par la retraite de celles de M. de Modène. Mais il n'y avoit point d'autre parti à prendre. M. d'Estrades demeura à Casal-Major avec une partie des troupes ; et avec le reste je pris mon quartier à Riverol, qui est de dix milles plus avancé du côté de Crémone et de la rivière d'Oglio.

Nous étions dans un pays abondant ; et en deux mois nous amassâmes de grandes provisions, malgré la guerre continuelle que nous faisoient les Espagnols et les bandits. Je pris d'abord un château à quatre milles de mon quartier, où je mis cinquante mousquetaires et cinquante chevaux pour être averti et pour couvrir mes fourrageurs.

1. Godefroid, comte d'Estrade, plus tard gouverneur de Dunkerque, maire perpétuel de Bordeaux, lieutenant général pour le roi en Guyenne, maréchal de France, mort le 26 février 1686. Il avoit été capitaine des gardes du cardinal Mazarin. C'est de lui qu'on a cinq volumes intitulés : *Lettres, mémoires et négociations de M. le comte d'Estrades, ambassadeur de S. M. T. C. auprès des états généraux des Provinces-Unies, pendant les années 1663 jusqu'en 1668.* Bruxelles, Henry le jeune, 1709, in-8.

Pendant ce temps-là le connétable de Castille et le marquis de Serre qui commandoient l'armée d'Espagne, avoient assemblé leurs troupes; et nous eûmes avis qu'ils venoient à nous avec neuf mille hommes. M. d'Estrades et moi n'en avions pas cinq mille dans nos quartiers. Nous résolûmes de faire expliquer M. de Modène, s'il voudroit nous recevoir dans son pays; il nous dit nettement qu'il ne le pouvoit pas. Je repartis que puisqu'il étoit dans cette résolution, nous n'avions autre chose à faire que de livrer combat aux ennemis, parce que les troupes du roi qui ne voyoient point de retraite ailleurs, étoient sûrement perdues si elles abandonnoient leurs quartiers, où il y avoit pour quatre mois de fourrages et de vivres. Après qu'on eut délibéré longtemps, le combat fut résolu; et M. de Modène nous ramena deux mille hommes.

Nous nous mîmes en bataille au-dessus du quartier de Riverol. M. d'Estrades prit l'aile droite; j'eus la gauche; et M. de Modène commanda la bataille. C'est un pays assez coupé; où celui qui a le plus grand corps d'infanterie, a beaucoup d'avantage. Nous étions à peine en présence des ennemis, qu'ils commencèrent à faire grand feu de leur canon et de leur mousqueterie. Je me trouvai opposé aux Espagnols naturels et à la cavalerie de Naples; et je n'ai jamais vu combattre avec plus de furie et d'opiniâtreté. J'avois de fort bonne cavalerie; mais l'infanterie, qui ne consistoit qu'en six régiments nouvellement levés, étoit assez mauvaise. Je lui avois donné ordre d'essuyer tout le feu des ennemis sans tirer. Elle plia tellement que je fus obligé de faire avancer la cavalerie pour rétablir le combat. Je perdis deux fois mon canon; et je le regagnai toujours sans avoir voulu abandonner un rideau que j'avois à ma droite et que je conservai avec cinq cents Suisses des troupes de M. de Modène, qui se défendirent si vaillamment, que de tout ce corps il n'en demeura que cinquante soldats et un sergent, qui ne me quittèrent jamais. Je voyois que le feu des ennemis redoubloit de mon côté; et cela me surprenoit extrêmement; mais j'appris que M. d'Estrade n'étoit pas aux mains, à cause qu'il s'étoit trouvé un défilé qui avoit empêché les ennemis et lui de se joindre.

Cependant j'avois toutes les troupes d'Espagne sur les bras; et l'aile droite ne m'envoyoit aucun secours. J'eus deux chevaux tués sous moi; tous mes gens furent blessés; et je le fus moi-même légèrement au bras et à la jambe; et à la fin je me trouvai si fort abandonné et mon cheval si las, que je fus contraint de prendre celui d'un cavalier du régiment de Piombin.

Comme j'étois dans cet état, ayant mené pour la troisième fois ma cavalerie à la charge, la plupart des officiers qui restoient, furent tués ou blessés; et les cavaliers s'en alloient au grand trot sans qu'il fût en mon pouvoir de les rallier. Dans ce moment la compagnie de gendarmes de M. le cardinal qu'on avoit mis à la bataille, qui vit que je souffrois beaucoup et qu'on ne donnoit aucun ordre pour me soutenir, vint se ranger auprès de moi; et M. de Campagnolle[1], gentilhomme de grand mérite, qui étoit maréchal des logis, s'en détacha pour me donner son cheval. Au même instant, je vis six escadrons allemands et un bataillon de quatre cents Espagnols qui marchoient droit à moi. Je donnai vingt maîtres de la compagnie de gendarmes à M. de Campagnolle; et je lui dis de charger cette infanterie. Il exécuta la chose aussi vigoureusement que s'il eût eu mille chevaux. Comme il étoit aux mains, je fis avancer le reste de la compagnie quelque cinquantaine de pas pour le soutenir. Ce mouvement fût si heureux, qu'il arrêta tout court ces escadrons allemands. Je trouvai pour lors M. de Casaux[2], qui commandoit cent cinquante mousquetaires; je lui fis border une petite hauteur qui nous favorisoit. Dans le même temps ma cavalerie, qui s'étoit retirée du combat, voyant qu'il y avoit encore quelque ressource à nos affaires, vint se mettre en bataille à deux cents pas de moi. Cela me donna lieu d'attendre la nuit, qui nous sépara après un combat qui avoit commencé dès huit heures du matin. On

1. La *Gazette* le cite comme s'étant distingué en 1650 dans un combat entre Arras et Bapaume, *extraord.* du 18 décembre. On le retrouve, en 1664, capitaine au régiment de Picardie. Il s'appeloit Patras de Campagnolle.
2. Maréchal de camp en 1676, il fit la campagne de Roussillon, fut blessé au siége de Puycerda en 1678, passa du gouvernement de Bergue au gouvernement de Thionville, le 4 janvier 1681, après la mort du maréchal de Grancey, et mourut le 1er mars de la même année.

l'appela le combat de Bozollo, parce qu'il fut donné près de ce lieu-là; l'on n'en a guère vu de plus rude et plus opiniâtré[1].

Les ennemis s'étant retirés, je fis la même chose de mon côté. M. de Modène étoit arrivé à son quartier, il y avoit longtemps; car lorsque notre cavalerie s'en alla au trot, on lui dit que tout étoit perdu; et on l'obligea de se retirer. Je trouvai beaucoup de gens qui furent très-étonnés de me voir et qui ne croyoient pas que je dusse revenir du combat. Ils étoient dans une si grande consternation qu'ils ne parloient que d'abandonner promptement leurs quartiers. Je fus d'un autre sentiment. Je leur dis que je croyois avoir eu beaucoup d'avantage sur les ennemis, puisqu'avec deux mille cinq cents hommes j'avois résisté à neuf mille un jour tout entier; que je les tenois plus battus que nous et qu'il falloit conserver nos quartiers; que je ne demandois pour demeurer dans le mien que cinq cents hommes de

1. Ce combat, appelé également de Civitat, eut lieu le 17 décembre 1647. « Les ennemis n'ayant osé sortir sur notre aile droite, mais seulement sur la gauche, à laquelle étoient opposées leurs meilleures troupes, ce qui obligea le comte de Navailles à venir prendre les gendarmes de Son Éminence, qui étoient à la seconde ligne, et faire charger les ennemis par le sieur de La Cardonnière, enseigne, et Nantouillet, guidon de la compagnie, si courageusement, qu'ils leur apprirent à tenir bride et user dorénavant de plus de retenue; ce qu'ils observèrent si bien désormais, qu'aucun des ennemis n'osa plus paroître, hormis quinze ou vingt mousquetaires, qui suivoient de haie en haie, tirant quelque méchante mousquetade et en recevant dix pour une.... Le comte de Navailles, lequel y a été pareillement blessé, mais légèrement, et a eu deux chevaux blessés, y a aussi montré des effets de son courage. » *Gazette* extraord. du 22 janvier 1648.

renfort des troupes qui n'avoient point combattu. Cela fut ainsi arrêté ; et l'on me donna les cinq cents hommes. Les ennemis vinrent camper à un lieu appelé Saint-Martin, à demi-lieue de mon quartier. Ils me menaçoient tous les jours de me venir attaquer. J'avois devant moi une muraille qui n'étoit que de l'épaisseur d'une brique. J'y fis quelques méchants flancs ; et je les harcelois sans cesse. Comme ils virent qu'ils ne pouvoient me faire peur, ils se retirèrent et me laissèrent maître de trente lieues d'un pays le meilleur que je pusse souhaiter. Depuis ce temps-là nous n'eûmes plus d'inquiétude des Espagnols. M. de Modène se retira dans ses États ; et nous demeurâmes six mois et demi dans nos quartiers avec un grand repos et dans l'abondance de toutes choses.

La campagne suivante, le marquis de Caracène vint commander dans l'État de Milan. Dès qu'il fut arrivé, il se promit de nous chasser bientôt du pays que nous occupions. J'eus de bons avis de ses desseins ; et je fis faire en diligence la remonte de la cavalerie avec quelque argent qu'on avoit envoyé de France. M. d'Estrades me donna alors un rendez-vous entre son quartier et le mien. Je ne manquai pas de m'y trouver. Il me dit qu'il me venoit dire adieu et qu'il partoit le lendemain pour s'en aller à la cour. Je le priai de me faire part de son ordre ; mais il ne répondit autre chose, sinon qu'il partoit et qu'il me laissoit le soin de toutes les troupes. Je lui fis la justice de croire que l'ordre qu'il tenoit secret, étoit bien pressé, puisqu'il me quittoit dans un temps où sa présence et son secours étoient si fort nécessaires.

Nos quartiers étoient éloignés de quatre ou cinq lieues; et il y avoit entre deux un défilé marécageux et difficile. Je jugeai à propos de mettre toutes nos troupes à Casal-Major. Ce lieu me paroissoit le plus propre pour les faire subsister, parce que nous pouvions tirer des vivres de l'État de Modène qui n'en est séparé que par le Pô, et de celui de Vigevano qui est sur la même rivière à trois lieues de Casal-Major. Je fis retrancher mon quartier; et je pris trois petits châteaux qui étoient à deux lieues de nous du côté des ennemis, où je laissai garnison de cavalerie et d'infanterie, pour être averti, et pour assurer les fourrages et les vivres.

Le Pô forme vis-à-vis de Casal-Major deux îles assez grandes, où nous faisions paître quelques bœufs qui servoient à nos munitions et à notre artillerie. Nous en avions la communication par le moyen de deux petites chaloupes. Les ennemis qui étoient informés que les troubles de Paris[1] empêchoient que la cour ne nous envoyât du secours, prirent la résolution de nous venir attaquer ou de nous couper les vivres. Dans cette vue ils rassemblèrent toutes leurs troupes, et ils en firent une armée de neuf à dix mille hommes de pied, et de cinq mille chevaux; ils embarquèrent douze cents Espagnols sur plusieurs petits bâtiments; et les faisant escorter par des brigantins

1. Qui aboutirent aux barricades du mois d'août 1648.

bien armés, ils les envoyèrent une nuit se saisir de ces deux îles; et par ce moyen ils nous ôtèrent la communication que nous avions avec l'État de Modène.

Le lendemain, ils marchèrent avec le reste de leurs troupes dans le dessein de m'attaquer s'ils y trouvoient quelque jour ou d'aller se poster à Vigevano pour me couper les vivres du côté de la terre. Je fis assembler le conseil pour savoir ce qu'il y avoit à faire. Je n'avois d'autre officier major que M. de Raymon, qui avoit servi en Hollande, homme de beaucoup de courage, mais de peu de lumières. Il assista à ce conseil avec M. Balthasar[1], que le roi avoit envoyé intendant de notre armée, et qui étoit arrivé depuis deux jours. Il y eut plusieurs opinions qui tendoient toutes à jeter notre canon dans le Pô et à brûler nos bagages, ou à prendre d'autres partis qui n'étoient pas de mon goût. J'avois près de cinq mille hommes de pied, et près de trois mille chevaux qui étoient des troupes fort aguerries, et en qui j'avois une grande confiance. Je n'ignorois pas qu'elles étoient fort inégales à celle des ennemis; mais je prévoyois que s'ils prenoient le poste de Vigevano, et qu'ils s'y retranchassent, les choses se trouveroient réduites pour nous à la dernière extrémité, et qu'ainsi il valoit mieux les combattre que d'attendre qu'ils pussent joindre l'avantage de ce poste à celui de leur nombre.

---

1. Jean Baltazard, reçu conseiller au parlement de Paris le 5 janvier 1635, ensuite maître des requêtes. Il fut intendant à Bourges en 1651.

Ayant donc résolu de donner combat le lendemain, j'allai reconnoître le terrain que je devois occuper, et avoir les avantages que je pouvois prendre dans un pays aussi coupé, et aussi étroit que le Crémonois, qui est situé entre le Pô et la rivière d'Oglio. Après que j'eus disposé les choses pour le combat, et donné mes ordres à tous les officiers, je me mis à faire des réflexions sur mon entreprise; je considérois que si les forces des ennemis étoient beaucoup supérieures aux miennes, d'un autre côté le terrain m'étoit favorable, et qu'au fond dans une aussi méchante affaire, le parti que je choisissois, étoit le meilleur et le plus glorieux; et puis, mon ambition me faisoit trouver quelque chose de beau à commander une armée, et à donner une bataille à l'âge de vingt-cinq ans; de sorte que voyant les officiers bien intentionnés et les soldats résolus à bien faire, j'avois de l'impatience d'être aux mains avec les ennemis.

Comme le soleil se couchoit, j'aperçus une petite chaloupe qui venoit au camp à force de rames, et qui s'étoit heureusement sauvée des brigantins des ennemis. C'étoit le chevalier de Clerville[1], qui m'apportoit une lettre de créance de M. le maréchal du Plessis, par laquelle il me mandoit qu'il

---

1. Louis Nicolas, chevalier de Clerville. Aide de camp en 1646 aux siéges de San Stefano et de la citadelle de Piombino, il fut maréchal de bataille en 1648 et non en 1650 seulement, comme le dit la *Biographie universelle;* il servit en cette qualité devant Crémone. Il reçut un brevet de maréchal de camp le 21 septembre 1652. Il fut blessé en 1655 au siége de Landrecies En 1658, il

venoit à mon secours avec six mille hommes ; que je ne hasardasse rien, et que dans douze jours il seroit sûrement à moi. Cette nouvelle me fit aussitôt abandonner mon dessein ; et je ne m'occupai plus qu'à me retrancher, et à mettre mon camp en bon état. Je fis une visite exacte des vivres ; et je trouvai qu'en les ménageant, il y en auroit pour trois semaines. Je songeai encore à en faire venir de Vigevano pendant que les ennemis marchoient. J'y envoyai en diligence toutes les charrettes, et toutes les bêtes de somme ; et je détachai trois cents chevaux et trois cents mousquetaires pour les escorter. Je pris dans le même temps cinq cents chevaux et cinq cents mousquetaires pour aller attaquer l'arrière-garde des ennemis, et les tenir en échec jusqu'à ce que mon convoi pût entrer dans mes lignes. J'avois jugé par leur marche qu'ils alloient se poster à Vigevano ; et les ayant rencontrés, j'attachai une escarmouche si vigoureuse, que le convoi qui étoit de plus de sept cents sacs de farine, eut le temps de passer ; ainsi je me vis pour plus d'un mois de vivres sans être obligé de les ménager[1].

donna le plan des fortifications d'Oudenarde, bâtit une citadelle à Marseille en 1660, visita les principales rivières du Languedoc en 1664 et dirigea le siége de Gigery. Le 2 mai 1665, il fut nommé commissaire général des fortifications ; puis gouverneur de l'île et citadelle d'Oleron en 1671. Il mourut en décembre 1677. On a de lui plusieurs ouvrages.

1. La *Gazette* assigne à cette petite action la date du 26 mai 1648. « Les ennemis eussent encore rencontré et peut-être défait notre convoi, si le comte de Navailles, maréchal de camp, qui étoit sorti de Cazal-Major avec quelques cavaliers pour recevoir le con-

Les ennemis, comme je l'avois prévu, se postèrent à Vigevano, et s'y retranchèrent.

Quinze jours après, M. le maréchal du Plessis arriva avec quatre mille hommes seulement. Les ennemis qui crurent qu'il y en avoit davantage, se retirèrent; et ayant fait un retranchement depuis la rivière d'Oglio jusqu'au Pô, ils mirent derrière toutes leurs troupes. Ce retranchement couvroit Crémone, et la rivière d'Adde qu'il falloit traverser pour entrer dans l'État de Milan.

M. le maréchal qui trouva que nos troupes étoient en bon état, et que nous avions des vivres pour plus de temps qu'il ne s'étoit imaginé, fit quelque séjour à Casal-Major. Après avoir délibéré sur les entreprises qu'il pourroit faire pendant la campagne, il résolut de l'ouvrir en attaquant les ennemis dans leur retranchement. Les troupes italiennes gardoient le côté de la rivière d'Oglio; les Espagnols étoient au milieu où le marquis de Caracène avoit pris son quartier; les Suisses et quelques Bourguignons bordoient le côté du Pô. Nous marchâmes deux jours pour nous aller poster à trois lieues d'eux; et ayant amassé en ce lieu-là les fascines dont nous avions besoin, nous décampâmes la nuit et arrivâmes de-

voi, n'eût retardé la marche de leur armée par une vigoureuse escarmouche qu'il donna à leur arrière-garde avec tant de courage, qu'il tua plus de cent ennemis sur la place, en fit beaucoup prisonniers, mit le reste en désordre et donna ainsi le temps à ceux qui conduisoient quatre cents sacs de farine, de les faire passer à la tête de leur armée jusque dans le poste susdit de Cazal-Major. » *Extraord.* du 16 juin.

vant le jour à leurs lignes, sans avoir trouvé aucun batteur d'estrade.

On disposa trois attaques. M. de Boissat[1], maréchal de camp, commandoit la première. Je commandois la seconde; et M. de Laleu[2], qui étoit maréchal de camp des troupes de M. de Modène, avoit la troisième. J'avois deux régiments d'infanterie, la compagnie des chevau-légers de M. le cardinal, celle du cardinal Antoine[3] et le régiment de Feuquières, où il y avoit six compagnies qui pouvoient faire deux cents chevaux. L'attaque de M. de Boissat étoit bien plus forte; il commandoit la cavalerie; et il avoit douze cents chevaux avec lui.

Les lignes des ennemis étoient les plus élevées que j'aie jamais vues; et il couloit dans le fossé un ruisseau d'eau vive qui les rendoit de si difficile accès que si on les avoit bien reconnues, on ne les auroit jamais attaquées. J'avois fait provision de fascines; et je commençai l'attaque. Les enfants perdus étoient à vingt pas des lignes, sans avancer. Je m'aperçus que cela donnoit quelque terreur au reste des troupes. Je descendis de cheval; et me mettant à leur tête, je leur dis qu'il falloit s'aller jeter dans le

1. André de Boissat, frère de Pierre de Boissat, l'académicien.
2. Il étoit gouverneur de Courtrai en 1646. Il fut tué le 4 août 1648 à la tranchée devant Crémone, que le maréchal du Plessis-Praslin assiégeoit, après avoir gagné la bataille dont Navailles va rendre compte.
3. Antonio Barberini, frère du pape Urbain VIII, archevêque de Reims et grand aumônier de France.

fossé, et qu'il y avoit la moitié moins de péril que de demeurer exposés comme nous étions. Ils y coururent. Les ennemis firent peu de résistance; et nous voilà dans l'eau jusqu'à la ceinture. Dès que le fossé fut comblé, et qu'il y eut un passage, je fis couler mon infanterie sur le parapet de la ligne, afin qu'elle éloignât la cavalerie ennemie, et soutînt la mienne. Je fis passer d'abord la compagnie des chevau-légers de M. le cardinal, commandée par M. de Besmaud[1]; elle chargea un régiment de cavalerie allemande, et le fit plier. Je passai ensuite à la tête des gendarmes de M. le cardinal. Le reste de mes troupes vint après moi; et je suivis toujours la ligne. Les troupes des deux autres attaques entrèrent aussi; mais au lieu de suivre le gros des ennemis où je m'étois attaché, elles allèrent après quelques fuyards du côté de la rivière d'Oglio. Je pris six pièces de canon; et je fis beaucoup de prisonniers. Comme je fus plus avancé, je vis que je n'étois point soutenu, et que je ne n'avois que quatre escadrons; et me trouvant au quartier du marquis de Caracène qui en avoit quatorze en bataille, et qui faisoit ferme en ce lieu-là, pour donner le temps à son infanterie

---

1. Ou plutôt de Besmaux; au moins il signoit ainsi. Son nom est d'ailleurs écrit dans les Mémoires du temps Besmaus, Baizemotte, Baissemaux, Besmaud et Baisemont. Gentilhomme ordinaire du cardinal Mazarin en 1646, il porta au roi la nouvelle de la prise de Piombino. En 1653, il avoit succédé au comte d'Estrades dans la charge de capitaine des gardes du cardinal. Il fut nommé gouverneur de la Bastille en 1658, et mourut dans le mois de décembre 1697, âgé de plus de quatre-vingts ans.

et à son bagage de se retirer à Crémone, qui n'en étoit éloignée que d'une lieue et demie. Je crus que pour l'empêcher de reconnoître ma foiblesse, je devois charger. Je le fis si brusquement, que je renversai la cavalerie de l'État de Milan, qui faisoit l'arrière-garde, et pris don Galéas Strossi, qui en étoit lieutenant général. Dans ce même temps M. de Laleu étant arrivé avec quelque cavalerie de Modène, nous poussâmes les ennemis jusque dans Crémone ; nous en tuâmes un grand nombre ; nous fîmes mille prisonniers, et prîmes tout leur canon. Si notre cavalerie eût suivi, la défaite de l'armée d'Espagne eût été entière[1].

Après cette action, l'on fit quelque séjour au même lieu pour laisser rafraîchir les troupes. On résolut ensuite d'attaquer Crémone qui est une

---

1. « Au même instant qu'on faisoit cette attaque à droite, le comte de Navailles, ayant mis pied à terre, forçoit à la gauche une autre partie de ce retranchement.... nonobstant la forte résistance que firent les ennemis.... les contraignit d'abandonner huit pièces de canons de quatre, desquelles les nôtres se servirent contre les ennemis ; puis s'étant joint aux troupes du duc de Modène, commandées par le sieur de La Leu, qui, ayant donné à la droite, étoit aussi entré par son attaque.... Ils chassèrent et défirent le régiment espagnol.... Pendant ce temps, le comte de Navailles, nonobstant le grand feu des ennemis, ayant voulu voir entrer toute l'infanterie de son attaque, se mit à la tête des gendarmes de Son Éminence, suivi des régiments de cavalerie de Chateaubriant, Bentivoglio et Romainville, renversa pour la deuxième fois la cavalerie des ennemis qui s'étoit ralliée au delà d'un pont ; ensuite de quoi le sieur de La Leu prit les carabiniers et les cuirassiers, avec lesquels il rompit les ennemis de telle sorte, qu'ils ne se rallièrent plus qu'aux portes de Crémone. » *Gazette* extraord. du 15 juillet 1648. *Relation de la journée de Crémone*, 29 juin.

grande ville située sur le Pô[1]. Les ennemis avoient eu le temps de la pourvoir de munitions et de vivres; et ils pouvoient encore y jeter continuellement du secours par l'État de Parme qui en est proche. Aussi ce siége fut très-périlleux, et dura six semaines. J'eus ordre de gagner la contrescarpe; et malgré les efforts de quatre mille Espagnols, qui la défendirent avec une vigueur incroyable, j'y fis un logement; et je le conservai. Notre infanterie fit des merveilles en cette occasion; et en vérité je ne pense pas que l'on puisse combattre avec plus de valeur.

Quatre jours après, allant visiter les postes, je reçus un coup de mousquet qui me perça le cou, et me cassa le bout des vertèbres. Tout le monde crut ma blessure mortelle; et je crus moi-même n'en pouvoir réchapper. A quelques jours de là, je me fis porter à Plaisance où je demeurai six semaines entre la vie et la mort. Quand je me vis en état de souffrir la litière, j'envoyai demander permission au marquis de Caracène de passer par l'État de Milan, pour revenir en France; et il me donna un passeport de très-bonne grâce. En passant par Castello de Serivia, je trouvai quatre vieux régiments espagnols qui avoient défendu Crémone; et j'en reçus tous les honneurs imaginables. J'allai à Turin, et la foiblesse où j'étois, m'obligea d'y faire quelque séjour. Enfin, je passai les monts pour me rendre à

---

1. Commencé dans les premiers jours du mois d'août, le siége de Crémone fut levé le 6 octobre.

Lyon, et j'appris là les barricades de Paris[1], et le commencement des guerres civiles, qui pensèrent depuis bouleverser tout le royaume.

[1]. On sait que les barricades de Paris eurent lieu le 25 août 1648.

LIVRE DEUXIÈME.

Comme je n'étois pas bien guéri de ma blessure, et que j'avois peine à me soutenir, j'eus quelque envie d'aller chez mon père, pour profiter du voisinage des bains de Barége[1] et tâcher de rétablir ma santé ; mes amis me le conseilloient ; la nécessité de mes affaires sembloit devoir m'y déterminer. Cependant je ne pus me résoudre à prendre ce parti. J'allai en litière jusqu'à Rouanne, où je vendis mon équipage pour être en état de continuer ma route. Je me mis sur l'eau ; et j'arrivai enfin à Paris. Beaucoup de gens de distinction me vinrent voir ; ils déploroient tous les malheurs des temps, et le mien en particulier. M. le cardinal me fit l'honneur aussi de m'envoyer visiter. Huit jours après, la cour sortit de Paris[2] ; et ce dernier coup acheva de m'acca-

1. Dans le comté de Bigorre, diocèse de Tarbes, parlement de Toulouse, intendance d'Auch ; aujourd'hui commune de Betpouey, canton de Luz, arrondissement d'Argelès, département des Hautes-Pyrénées.
2. Dans la nuit du 5 au 6 janvier 1649.

bler, parce que je n'étois pas en état de la suivre. J'avois une grande foiblesse dans les jambes ; j'étois estropié d'un bras ; et j'y sentois des douleurs continuelles. Quand je commençai à marcher, je crus que si je demandois la permission de sortir de Paris, on ne me la refuseroit pas à cause de ma mauvaise santé. J'en fis parler à M. de Longueville ; et on lui dit que je voulois aller en Béarn. Il répondit qu'il me connoissoit trop bien pour croire que je fusse d'humeur à me retirer chez mon père.

Il me fâchoit beaucoup de demeurer inutile à Paris. Pendant que je songeois aux moyens de tenter quelque chose, M. de Saint-Pée[1] qui n'en avoit pu sortir aussi bien que plusieurs autres officiers, me vint trouver. Il me dit qu'il connoissoit particulièrement M. du Tremblay, gouverneur de la Bastille, et qu'il croyoit qu'on obligeroit ce bon homme à la conserver au roi, avec la porte Saint-Antoine s'il se voyoit soutenu par des gens de vigueur. Je jugeai que ce seroit un service considérable ; et nous fîmes à l'heure même une liste de ceux qui pourroient être de l'entreprise. Nous comptâmes jusqu'à cent hommes, la plupart officiers, et capables d'une ac-

---

1. Charles d'Antin, sieur de Saint-Pé, lieutenant au gouvernement des villes et château d'Acgs et de Saint-Sever, et sénéchaussée des Landes depuis 1647. Il vivoit encore en 1690 et avoit quinze enfants, dont deux fils religieux de l'ordre de Saint-François, trois filles clarisses et trois ursulines. La *Gazette* nous apprend qu'il prit part comme volontaire au siége de Fontarabie en 1638, et qu'il fut blessé à la gorge lors de la prise d'Arnavi, « qui est un château et une église. » *Extraord.* du 6 août.

tion hardie. M. de Saint-Pée alla trouver M. Du Tremblay et lui fit connoître l'importance du service qu'il rendroit au roi. Il lui répondit qu'il n'avoit ni armes ni farines, et que s'il lui en vouloit fournir, il seroit bien aise de faire ce qu'il lui conseilloit. M. de Saint-Pée l'ayant assuré qu'il ne manqueroit de rien, me vint rendre compte de la disposition où il l'avoit laissé. Nous trouvâmes moyen d'avoir quatre cents sacs de farines, et six vingts mousquets.

Mais après que nous eûmes préparé toutes choses, lorsque M. de Saint-Pée retourna à la Bastille pour en donner avis à M. Du Tremblay, il rencontra avec lui M. d'Elbeuf[1] qui avoit renversé tout notre projet[2].

Quand je vis que j'étois inutile à Paris, je ne songeai plus qu'à en sortir ; et je fus assez heureux pour le pouvoir faire malgré la garde exacte des Parisiens. Je me rendis à Saint-Germain, si foible que j'avois de la peine à me soutenir ; et je fus fort loué de mon zèle. Quelques jours après, comme je me

1. Charles de Lorraine, duc d'Elbeuf, le premier général de la Fronde, mort en 1657.
2. Il semble résulter de ce récit que la *prise* de la Bastille avoit été convenue entre Du Tremblay et le duc d'Elbeuf. Ce n'est pas ce qu'en ont dit les écrivains de la Fronde ; cela se comprend. Cependant il est bon de se rappeler ici ces vers du *Courrier burlesque de la guerre de Paris :*

> C'est qu'il étoit défendu
> Que dans ce beau siége de balle,
> Aucun côté chargeât à balle
> Qu'il n'eût crié : Retirez-vous !

sentois un peu plus fort, on m'envoya commander à Corbeil[1], sur l'avis qu'on eut que M. de Beaufort s'en devoit saisir. On m'ordonna de marcher en diligence ; et l'on me donna les gendarmes et les chevau-légers de M. le cardinal, le régiment de carabins et la compagnie des gardes de M. le Prince, commandée par M. des Roches[2]. Lorsque je fus arrivé au bout du pont de Corbeil, les habitants me refusèrent les portes. Ils avoient intelligence avec M. de Beaufort, qui étoit avec Juvisy[3], et qui marchoit pour se rendre maître de leur ville. Je demandai à parler à quelques-uns des principaux habitants ; on m'en envoya deux. Je leur dis qu'ils prissent garde de s'attirer une méchante affaire pour peu de chose ; que je ne voulois point loger à Corbeil, mais y passer seulement pour aller sur le grand chemin d'Orléans, où j'avois ordre de me rendre. Là-dessus ils me promirent qu'on me donneroit passage.

Je découvris aux officiers de mes troupes le dessein que j'avois de me saisir de Corbeil, qui étoit un

1. Au confluent de la Juigne et de la Seine, dans le Hurepoix; aujourd'hui chef-lieu d'arrondissement dans le département de Seine-et-Oise.
2. Il étoit lieutenant des gardes du duc d'Enghien, en 1646, au siége de Mardick; en 1658, à la bataille des Dunes, on le voit capitaine des gardes du prince de Condé; il prit part à la défense de Candie en 1668 et 1669, dans la brigade du comte de Saint-Paul, dont il étoit premier aide-major.
3. Dans l'Ile-de-France, sur la rivière de l'Orge, presque au milieu de la plaine dite de Long-Boyau, diocèse, parlement et intendance de Paris; aujourd'hui canton de Lonjumeau, arrondissement de Corbeil, département de Seine-et-Oise.

poste important dans la conjoncture présente ; et je dis à M. des Roches d'entrer le premier avec la compagnie des gardes de M. le Prince et le régiment des carabins, et de se mettre en bataille dès qu'il seroit dans la place; que je suivrois avec la compagnie des gardes de M. le cardinal, et qu'infailliblement nous nous rendrions maîtres de la ville. Cela réussit comme je l'avois espéré; et les troupes de Paris qui étoient à Juvisy, se retirèrent.

Pendant que je tenois ce poste, que je conservai jusqu'à ce que la première paix fut faite, le roi m'envoya ordre de laisser passer des blés pour Paris[1]. J'aurois pu obliger ceux qui les conduisoient, à me faire un présent considérable, surtout dans un temps où ceux qui avoient de l'autorité dans les troupes, ne perdoient guère d'occasions de s'en servir pour leur intérêt[2] ; mais quoique j'eusse été contraint de vendre mon équipage pour subsister, je ne crus pas devoir profiter de la misère publique ; et messieurs de Paris furent si contents de moi, qu'ils députèrent deux échevins pour venir me remercier. En vérité, je ne trouve rien dans ma vie qui me donne plus de satisfaction que de songer que la nécessité que j'ai souvent éprouvée, ni l'exemple

---

1. Après la signature des articles de la paix, à Rueil, le 11 mars.
2. Dans la *Remontrance faite à la reine par messieurs du parlement sur les affaires de Guyenne et sur la disette des blés dans la ville de Paris* (Paris, 1649, in-4), on accuse les gouverneurs des places de rançonner le commerce. Celui de Sedan, en particulier, exigeoit le septième boisseau de tous les blés qui passoient par la ville ; et quand les marchands refusoient, il les renvoyoit.

des autres, n'ont pu me porter à abuser de mes emplois pour fouler les peuples.

La paix ne dura pas longtemps[1]; les choses se brouillèrent de nouveau; et le parti de la Fronde se trouva beaucoup plus fort par les mécontentements de M. le duc d'Orléans et de M. le Prince. M. le cardinal, qui me faisoit espérer quelque établissement, désira que je demeurasse auprès de lui. Je le suivis à Compiègne où le roi alla[2]; et je me vis alors plus de la cour que je n'avois jamais été. Cela me donna lieu d'avoir commerce avec les filles d'honneur de la reine. C'étoit l'occupation la plus ordinaire des jeunes gens de condition qui suivoient la cour. Je m'attachai auprès de Mlle de Neuillan[3], que l'on parloit de marier à M. le prince de Lillebonne[4]. Sa conversation, son esprit et ses manières me plaisoient extrêmement.

1. La guerre des armes ne recommença qu'en 1650; mais celle des pamphlets ne fut pas même interrompue par l'enregistrement du traité de paix conclu le 30 mars à Saint-Germain en Laye.
2. La cour partit de Saint-Germain pour Compiègne le 30 avril. Le motif avoué de ce voyage étoit de pousser la guerre avec activité sur la frontière de Flandre; le motif secret étoit la répugnance que la reine éprouvoit pour le séjour de Paris. Compiègne, ville avec maison royale, sur l'Oise, dans le Valois, au gouvernement général de l'Ile-de-France, diocèse de Soissons, parlement et intendance de Paris; aujourd'hui chef-lieu d'arrondissement du département de l'Oise.
3. Suzanne de Baudéan, fille de Charles de Beaudéan, comte de Neuillan, gouverneur de Niort, morte à Paris le 15 février 1700.
4. François-Marie de Lorraine, comte de Lillebonne, le dernier des fils du duc d'Elbeuf. Il n'est pas sans quelque intérêt de remarquer que la seconde fille du duc de Navailles, Françoise de Montault, fut la troisième femme du frère aîné du comte de Lillebonne, Charles III de Lorraine, duc d'Elbeuf.

Cependant les affaires s'étoient échauffées; et l'orage grondoit de toutes parts. La cour, pensant éviter les maux dont la France étoit menacée, se raccommoda avec Monsieur et avec la Fronde, et prit la résolution d'arrêter MM. les princes. Ce dessein s'exécuta très-adroitement[1], et causa les guerres que l'on a vues depuis.

Ensuite le roi alla en Normandie pour s'assurer des places que tenoient les créatures du duc de Longueville[2]. De là il passa en Bourgogne[3], où tout fut soumis à son obéissance, excepté Bellegarde[4] dont M. de Bouteville étoit gouverneur[5]. Cette place avoit déjà reçu les troupes de M. le Prince, commandées par MM. de Tavannes[6], de Coligny[7] et du Passage[8]. Le roi se mit en état de l'assiéger, quoique les eaux fussent extrêmement débordées. Il avoit peu d'infanterie, et beaucoup moins de cavalerie qu'il n'y en avoit

1. Le 18 janvier 1650.
2. Henri II d'Orléans, duc de Longueville. La cour partit de Paris pour la Normandie le 2 février.
3. Le 5 mars. *Lettre du roi envoyée à MM. les prévôts des marchands et échevins de sa bonne ville de Paris sur le sujet de son départ de sadite ville pour aller en sa province de Bourgogne, du quatrième mars* 1650. Paris, Pierre Rocollet, 1650, in-4.
4. Ou Seurre, chef-lieu de canton, arrondissement de Beaune, département de la Côte-d'Or. C'étoit alors une place forte sur la Saône. Elle a été démantelée par Louis XIV.
5. François-Henri de Montmorency, comte de Bouteville, depuis duc et maréchal de Luxembourg, mort en 1695.
6. Jacques de Saulx, comte de Tavannes, mort en 1683. Il a laissé des *Mémoires* estimés.
7. Jean de Saligny, comte de Coligny, mort en 1684.
8. N. de Poisieux, comte du Passage, lieutenant général des armées du roi, mort à Lyon le 18 juin 1689.

dans la ville. Ceux qui la gardoient, faisoient des escarmouches continuelles et paroissoient se préparer à une vigoureuse défense. C'eût été une chose très-préjudiciable aux affaires du roi, parce que les Espagnols qui avoient été joints par M. de Turenne[1], étoient allés attaquer Guise[2], et que l'armée qu'avoit M. le maréchal du Plessis pour soutenir la frontière, étoit de beaucoup inférieure à la leur. La cour en avoit une grande inquiétude et ne savoit si elle devoit envoyer du secours de ce côté-là, ou s'embarquer au siége de Bellegarde; mais comme cette ville étoit le rempart du parti de M. le Prince et qu'elle mettoit toute la Bourgogne à contribution, le conseil du roi préféra cette entreprise à la défense de la frontière de Picardie.

M. de Vendôme[3] commandoit l'armée; M. de Palluau[4] en étoit lieutenant général; et M. de Castelnau[5] et moi, servions de maréchaux de camp. On prit toutes les précautions imaginables pour ouvrir

---

1. Henri de La Tour d'Auvergne, vicomte de Turenne, mort en 1675.
2. Ville forte sur l'Aisne, en Picardie, diocèse de Laon, parlement de Paris, intendance de Soissons; aujourd'hui chef-lieu de canton, arrondissement de Vervins, département de l'Aisne. Ils l'attaquèrent en effet; mais ils furent obligés de lever le siége le 1er juillet.
3. César, duc de Vendôme, fils légitimé de Henri IV. Il avoit eu le gouvernement de la Bourgogne après l'arrestation des princes. Mort en 1665.
4. Philippe, comte de Palluau; plus tard maréchal de Clérambault, mort en 1665.
5. Jacques, marquis de Castelnau-Mauvissière, blessé mortellement au siége de Dunkerque, en 1658.

la tranchée, parce qu'on jugeoit que le corps considérable de cavalerie qui étoit dans la place, commandé par des gens de grand courage, pourroit donner bien des affaires en cette occasion. Tous les officiers généraux voulurent s'y trouver. Les autres allèrent par le chemin ordinaire ; et moi qui m'étois arrêté à donner quelques ordres, j'en pris un plus court qui me fit passer assez près de la place. Quelques-uns des principaux de ceux qui la gardoient, étoient sur la muraille à nous observer ; ils me reconnurent et me crièrent que j'approchasse sur leur parole[1]. Je m'avance aussitôt, et reçus d'eux beaucoup de marques d'amitié ; ils me demandèrent ce que j'allois faire ; je leur répondis que j'allois aider à les attaquer et que cela me faisoit extrêmement de la peine. Nous entrâmes en matière : la justice de la cause du roi et mon zèle pour son service me fournirent de si bonnes raisons, que je les disposai à rendre la place. Ils me demandèrent un mois de trêve, puis trois semaines ; enfin ils se réduisirent à huit ou dix jours. Je leur dis que je n'avois aucun

---

1. « Sur les huit heures du soir, le 9 avril, le sieur du Passage demanda au sieur de Viantais, du parti royal, de pouvoir entretenir le comte de Navailles, prenant pour prétexte de vouloir excuser la ville des coups de canon tirés sur Son Éminence, disant que cette faute avoit été commise par un canonnier ivre, qui avoit été emprisonné pour cette contravention à ses ordres exprès. Le pourparler ayant été remis ensuite sur le tapis, la reddition de la place fut conclue. » *Gazette* extraord. du 23 avril. Pour expliquer le mot *remis* qu'emploie ici la *Gazette*, il faut savoir que Tavannes avoit fait antérieurement des propositions à Bossuet, conseiller au parlement de Dijon.

pouvoir, mais que je m'emploierois volontiers auprès des généraux pour les faire sortir avec honneur d'une méchante affaire. J'allai joindre M. de Vendôme et M. de Palluau, que je trouvai bien embarrassés. Ils manquoient de la plupart des choses nécessaires pour l'ouverture de la tranchée ; je leur rendis compte de ma négociation ; et ils en eurent une fort grande joie. Je portai ensuite cette bonne nouvelle à M. le cardinal, qui étoit à Saint-Jean de Lône[1]. Les otages furent donnés ; et la place se rendit au jour arrêté[2].

Ce fut une affaire de la dernière importance ; on se servit des troupes qu'on avoit là, pour les envoyer joindre M. le maréchal du Plessis, qui, par ce renfort, se vit en état d'aller prendre un poste qui coupoit les vivres à ceux qui assiégeoient Guise ; ce qui les obligea de lever le siége. Les Espagnols ne purent rien entreprendre tout le reste de cette campagne ; et ils furent contraints de se retirer. Cela donna lieu au roi d'aller à Bordeaux[3] pour l'assiéger. Je demeurai dans l'armée de Flandres, où je servois de maréchal de camp. Le roi fit cette année plusieurs lieutenants généraux ; et j'eus l'honneur d'être du nombre.

1. Ville fortifiée sur la Saône.
2. La capitulation, conclue le 11 avril, portoit que la garnison sortiroit le 21.
3. Le roi partit de Paris pour la Guyenne le 4 juillet. *Lettre du roi envoyée à messieurs de la cour du parlement de Paris sur son départ pour la Guyenne, lue le 8 juillet* 1650. Paris, par les imprimeurs et libraires ordinaires du roi, 1650, in-4.

En ce temps-là les brouilleries de l'État s'étoient tellement augmentées, que tous ceux qui avoient quelque commandement dans l'armée, ne songeoient qu'à s'autoriser parmi les troupes pour s'en servir selon leurs desseins. Quoique j'eusse un maréchal de France pour général, et quatre lieutenants généraux au-dessus de moi, qui furent, la campagne suivante, maréchaux de France[1], j'avois acquis un si grand crédit dans les troupes, que je pouvois disposer de la meilleure et de la plus considérable partie de l'armée. Je le fis savoir à M. le cardinal avec de si bonnes preuves, qu'il n'en put douter : de sorte que se voyant appuyé, il soutint avec plus de force et de fermeté l'autorité du roi.

L'affaire de Bordeaux étant accommodée, ou du moins assoupie[2], la cour revint à Paris. Cependant M. de Turenne avoit pris Rethel[3] ; et les Espagnols à la faveur de cette place prétendoient établir un quartier d'hiver en Champagne. M. le cardinal qui vit que cette province en seroit ruinée, prit la

1. Le maréchal étoit du Plessis-Praslin ; les lieutenants généraux, Antoine, marquis de Villequier, qui prit le nom de maréchal d'Aumont ; Charles de Monchy, marquis d'Hocquincourt ; Henri de Saint-Nectaire, marquis de La Ferté-Nabert, connu sous le nom de maréchal de La Ferté-Senneterre ; et Jacques d'Étampes, marquis de La Ferté-Imbaut, appelé le maréchal d'Étampes.

2. La paix de Bordeaux fut conclue le 1er octobre. *Déclaration du roi accordée pour la pacification des troubles de Bordeaux, du 1er octobre* 1650, *à Bourg sur la mer*. Paris, par les imprimeurs et libraires ordinaires du roi. 1650, in-4.

3. Turenne ne prit point Rethel, qui alors étoit aux Espagnols ; mais l'archiduc Léopold y jeta, au commencement de novembre, douze cents hommes, sous le commandement de Degli Ponti.

résolution d'aller assiéger Rethel sur la fin de novembre. Je fis ce voyage avec lui. On gagna la bataille contre M. de Turenne[1]; et la place fut prise[2]. On me donna le régiment de cavalerie de Baingk, dont le mestre de camp avoit été tué dans le combat.

Après cela nous retournâmes à Paris, où la Fronde qui ne s'étoit pas attendue que les armes du roi pussent avoir tant de succès, redoublant ses efforts pour éloigner de la cour M. le cardinal, se déclara pour les princes. Le roi me donna alors le gouvernement de Bapaume[3], que M. de Tilladet[4] venoit de quitter pour avoir celui de Brissac[5]. Cette nouvelle grâce me fut d'un grand secours pour me soutenir dans mes emplois, parce que la cour n'étoit pas en état de faire des libéralités à ceux que le service engageoit à de prodigieuses dépenses.

M. le cardinal ayant résolu de sortir de Paris, me fit l'honneur de me confier son dessein. Je tins la

---

1. Le 18 décembre.

2. Le 13. On voit que Navailles s'est trompé. La ville, en effet, fut prise avant la bataille. Turenne, qui croyoit que Degli Ponti tenoit encore, et qui vouloit secourir la place, s'étoit trop avancé. Il ne put refuser le combat. Il fut battu.

3. Place forte en Artois, diocèse d'Arras, parlement de Paris, intendance de Lille; aujourd'hui chef-lieu de canton, arrondissement d'Arras, département du Pas-de-Calais.

4. N. Cassagnet, chevalier de Tilladet.

5. Après la mort du maréchal de Guébriant, Brissac resta longtemps sans gouverneur. En 1649, la Fronde s'en fit un grief contre le cardinal Mazarin; elle attaqua, en 1650, la nomination du chevalier de Tilladet; en 1651, quand Charlevoix, lieutenant du roi, se fut rendu maître de la place, elle accusa le cardinal de connivence avec lui. Ce fut la cause de la violence que souffrit le

chose si secrète, que je ne la dis pas même à Mlle de Neuillan, quoique je fusse très-assuré de sa discrétion et de l'amitié qu'elle avoit pour moi. Cela me fit avec elle une affaire qui pensa rompre notre commerce; mais j'avois de si bonnes raisons pour lui cacher un secret dont je n'étois pas le maître, qu'enfin elle s'apaisa.

Quand M. le cardinal prit congé de la reine, il me fit l'honneur de m'appeler pour lui recommander mes intérêts en ma présence. Il quitta la cour[1]; et je le suivis. Lorsqu'il fut sur le chemin du Havre[2], il me renvoya à Paris, et me chargea particulièrement de dire à la reine qu'elle ne donnât point d'ordre pour faire sortir les princes, quelque sollicitation qui pût lui en être faite, même par les personnes en qui il l'avoit suppliée de prendre créance. Il me chargea aussi de voir les ministres et de ménager MM. de Pradel[3] et de

---

pauvre Du Bos. Il avoit dit, dans le *Manifeste de Mgr le prince de Condé, touchant les véritables raisons de sa sortie hors de Paris, faite le 6 juillet* 1651, *avec une protestation qu'il fait à la France, qu'il n'en veut qu'à l'ennemi commun de son repos, c'est-à-dire au cardinal Mazarin;* s. l. n. d., in-4 : « Ce qui me fait croire sans aucun doute que mes ennemis et ceux du repos de la France destinent Brissac pour en faire le port où Mazarin conservera le débris de son naufrage, c'est que je vois qu'on en donne le gouvernement à Vardes, insigne partisan de ce cardinal et lâche déserteur du service de Son Altesse Royale. » Pour punir le malencontreux écrivain de son irrévérence, Vardes lui fit couper le nez par ses laquais.

1. Le 6 février 1651.
2. Où les princes avoient été transférés le 15 novembre 1650.
3. François de Pradel, lieutenant au régiment de Piémont en 1638, capitaine en 1640; en 1645, lieutenant aux gardes; en 1647,

Paulliac[1], gens d'honneur et très-fidèles au roi; l'un commandoit le régiment de Picardie, et l'autre celui de Piémont[2]; et ils avoient beaucoup de crédit dans l'infanterie. M. le duc d'Orléans, comme lieutenant général de l'État, n'oublioit rien pour se rendre maître des troupes; et je fus bien aise de trouver ces deux officiers dans la disposition que je pouvois désirer.

On m'avertit le lendemain, qu'on pressoit vivement la reine d'envoyer l'ordre pour la sortie des princes; et ce qui m'en paroissoit le plus fâcheux, c'est que c'étoit à M. de Bar[3] qu'on devoit l'adresser. J'allai trouver la reine; et je lui dis que cette résolution surprendroit M. le cardinal. Je fis sus-

---

capitaine. Il commanda le régiment des gardes à la bataille de Rethel, en 1650, et contribua à la victoire par une habile manœuvre; il reçut en récompense un brevet de maréchal de camp; il fut nommé lieutenant général en 1657, gouverneur de Bapaume le 10 décembre 1664, après la mort du marquis de La Châtre; lieutenant-colonel des gardes en 1667, gouverneur de Saint-Quentin en 1672, et mourut le 17 juin 1690.

1. Marc de Cugnac, sieur de Pauliac, passa, vers 1647, du régiment de Béarn, où il étoit capitaine, dans le régiment de Picardie avec le même grade; il eut à la bataille de Rethel le commandement du régiment, comme le plus ancien capitaine; en 1654 il obtint une compagnie aux gardes, qu'il conserva jusqu'à sa mort, arrivée le 20 avril 1678.

2. On a vu que Pradel n'étoit plus au régiment de Piémont. Le mestre de camp de ce régiment étoit Henri-François, marquis de Vassé, qui le fut de 1644 à 1654; celui de Picardie étoit Charles, marquis, puis duc de La Vieuville, de 1645 à 1653.

3. Guy de Bar, qui avoit la garde des princes, qui les avoit reçus à Vincennes et les avoit suivis à Marcoussis et au Havre. Il mourut en 1695, lieutenant général, gouverneur de la ville d'Amiens et grand bailli de Picardie.

pendre quatre jours l'envoi de l'ordre. La reine me disant : « Mais, Navailles, il m'a recommandé d'avoir créance en ***[1]; ce sont eux qui m'en sollicitent incessamment, et qui m'ont engagée avec M. le duc d'Orléans. » Je fis savoir en diligence à M. le cardinal cette nouvelle, qui fut pour lui un coup de foudre. Trois jours après, j'allai le joindre par ordre de la reine ; MM. les princes étoient déjà sortis[2]; et je les rencontrai à trois lieues du Havre. M. le cardinal me renvoya aussitôt à Paris, et me dit de venir à Rethel, où il avoit résolu d'aller. Quand j'eus rendu compte à la reine de l'état où je l'avois laissé, et de ses desseins, elle trouva bon que j'eusse l'honneur de lui parler de mon mariage. Elle eut la bonté de me témoigner qu'elle l'approuvoit, et de me promettre des lettres de duc et pair pour mon père[3], et la charge de dame d'atours de la reine future pour la personne que je devois épouser. J'allai dire aussitôt cette nouvelle à Mlle de Neuillan, qui n'en parut pas fâchée ; et nous demeurâmes d'accord de conclure notre mariage, mais secrètement, de peur que si la Fronde venoit à le savoir, elle ne voulût pour se venger de moi, ôter Mlle de Neuillan d'auprès de la reine[4].

1. Navailles veut assurément parler ici de Servien et de Lionne, qui étoient en effet les confidents du cardinal, mais qui ne le servoient pas très-fidèlement.
2. Le 13 février 1651.
3. La promesse lui avoit été sans aucun doute faite antérieurement ; car son père fut créé duc de Lavedan et pair de France par brevet du 12 mai et lettres patentes de décembre 1650.
4. Le secret ne fut pas si bien gardé que Loret ne sût précisé-

Deux jours après, M. de Béthune[1] me vint voir pour me demander si je voulois lui donner parole de ne rien entreprendre sur M. le coadjuteur[2], parce que mon séjour à Paris donnoit de l'ombrage. Je lui dis que je n'avois nul dessein, et que j'étois à Paris pour mes affaires particulières ; qu'étant à la reine, je ne pouvois donner de parole de ne pas exécuter ses commandements ; mais que j'étois bien assuré qu'elle étoit très-éloignée de faire aucun déplaisir à M. le coadjuteur.

Après mon mariage j'allai à Rethel trouver M. le cardinal, qui ne voulut pas que je le suivisse plus loin : je retournai droit à Paris ; mais je n'osois guère me montrer. M. le cardinal s'étoit retiré à Bruxelles, où il ne se trouvoit pas en sûreté par les avis continuels qu'on lui donnoit, que les Espagnols et les Lorrains vouloient entreprendre sur sa personne. Je lui fis savoir de mes nouvelles ; et il me fit dire

---

ment le jour du mariage. Il nous apprend en effet que les épousailles eurent lieu le lundi 20 février 1651.

> Maintenant la belle verra
> Si l'hymen lui réussira ;
> Car d'elle et du sieur de Navailles
> On fit lundi les épousailles ;
> Mais ce fut si secrètement,
> Qu'on ne peut encor nettement
> Dire si la chose est certaine....
>
> (*Muze historique*, Lettre neuvième du livre II.)

1. Hippolyte, comte de Béthune, le *suppôt* des importants, mort en 1665.

2. Jean-François-Paul de Gondy, archevêque de Corinthe, coadjuteur de Paris, nommé cardinal cette même année 1651, mort en 1679,

qu'il voudroit bien être en quelque lieu du royaume, aussi éloigné de Paris que celui où il étoit ; et qu'il falloit voir si M. le duc d'Orléans y voudroit consentir, sur les assurances que je donnerois de sa part de ne s'approcher point de la cour qu'il ne l'eût agréable. Je parlai à la reine du malheureux état où étoit M. le cardinal ; elle en témoigna beaucoup de déplaisir. J'en parlai aussi à quelques-uns qui avoient été attachés à lui et qui lui avoient beaucoup d'obligation ; ils me firent connoître par leur silence et par d'autres signes qu'il n'en devoit attendre aucun secours ; et j'avoue que je fus touché de leur ingratitude. J'allai au Luxembourg ; et je montai à la chambre de M. le duc d'Orléans dans le temps qu'il achevoit de s'habiller. Comme il sortoit, je m'approchai de lui et lui demandai fort bas s'il voudroit me faire l'honneur de me donner un moment d'audience ; il me mena auprès d'une fenêtre ; et je lui dis que je prenois la liberté de lui parler d'une affaire qui le pourroit surprendre, mais que je croyois qu'un grand prince aussi généreux que lui ne désapprouveroit pas que je fisse paroître du zèle pour M. le cardinal, à qui j'avois tant d'obligations. Je lui appris ensuite l'état où il étoit, et lui dis qu'il me sembloit de la dignité de la France de ne pas souffrir qu'un homme qui avoit l'honneur d'être parrain du roi, et que le feu roi avoit choisi en mourant pour être à la tête du conseil, demeurât ainsi abandonné à la merci de ses ennemis ; que je lui portois parole de la part de plusieurs personnes de qualité qui avoient des établissements considérables dans le royaume, que M. le cardinal ne songeroit jamais à entrer dans les affaires, ni même à s'approcher de la cour, que de son consentement. Je m'aperçus que j'avois embarrassé Monsieur : il me dit que pour lui il donneroit les mains à ce que je demandois ; mais que le parlement s'y opposeroit fortement, et qu'il n'étoit pas juste, que pour obliger M. le cardinal, il s'attirât la haine de toute la France. Dans ce moment, M. le coadjuteur et M. de Chavigny[1] étant entrés, Monsieur, qui les vit, me quitta pour aller à eux[2]. Je crois qu'ils me rendirent les bons

1. Léon Le Bouthillier, comte de Chavigny, secrétaire d'État, mort en 1652.
2. Suivant Loret, Navailles eut son audience le dimanche 7 mai 1651.

> Dimanche, le sieur de Navaille
> Alla trouver, vaille que vaille,
> L'Altesse de monsieur Gaston,
> Pour le prier de trouver bon
> Que par grâce et miséricorde
> Au sieur Mazarin on accorde
> Une ville de seûreté,
> Pour y vivre avec liberté,
> Assavoir Sedan, bonne place,
> Ou bien Brizac dans l'Alsace.
> Monsieur eut de l'aversion
> Pour cette proposition,
> Qui fut tout à fait éconduite ;
> Et Navaille voyant ensuite
> Qu'on lui parloit des grosses dents,
> Craignant de pires accidents,
> Ayant fait humble révérence,
> Sortit en grande diligence,
> De deuil et d'ennui soupira,
> Et promptement se retira
> Vers la frontière du royaume,
> Dedans sa ville de Bapaume.

(*Muze historique*, Lettre dix-neuvième du livre II.)

offices que j'en attendois; car trois heures après, Monsieur envoya supplier la reine de m'éloigner; et je reçus en même temps ordre de sortir de Paris. La reine me voulut voir avant mon départ; elle me commanda de lui rendre compte de tout ce qui se passeroit, par Mlle de Neuillan qui avoit l'honneur de sa confiance. J'allai à Bapaume, d'où je faisois quelquefois des voyages à Paris *incognito;* la reine me donnoit des audiences secrètes; et j'admirois sa fermeté sans pareille contre des gens qui l'obsédoient de toutes parts, et qui n'oublioient rien pour détruire M. le cardinal.

M. le Prince étoit en Guyenne[1], et faisoit de grandes levées de troupes. La reine par le conseil des ministres prit la résolution d'aller à Poitiers pour soutenir les provinces qui étoient menacées. Elle passa à Fontainebleau[2]; et l'on prépara une armée pour l'envoyer en Guyenne. M. le comte d'Harcourt en eut le commandement; et la reine me fit revenir de Bapaume pour servir sous lui de lieutenant général. Je demandai permission à cette princesse d'en donner avis à M. le cardinal; et lui ayant envoyé un gentilhomme, il me fit réponse que ses affaires étoient perdues si je quittois cette frontière, et qu'il écriroit à la reine pour la supplier de donner à quelque autre le commandement dont elle m'a-

---

1. Le prince de Condé étoit parti de Saint-Maur le 13 septembre.

2. La cour arriva à Fontainebleau le 27 septembre et y resta jusqu'au 2 octobre.

voit honoré. Cela fut fait; la cour alla à Poitiers[1]; je retournai à Bapaume.

Je demeurois dans mon gouvernement sans pouvoir servir à l'armée, parce que Monsieur ne vouloit pas me le permettre. Il disoit que je cabalois parmi les troupes et que j'étois un Mazarin sur qui l'on ne pouvoit rien gagner. Il est vrai que j'allois mon droit chemin et qu'il y avoit assez de gens qui me faisoient inutilement des propositions très-avantageuses. Je demandai à Monsieur que je prisse seulement jour de lieutenant général pour conserver mon rang. Il eut beaucoup de peine à me l'accorder; mais les sollicitations de Mlle de Neuillan, qu'il ne savoit pas que j'eusse épousée, me firent enfin obtenir cette permission aux conditions que j'avois proposées. Je n'y manquai pas; et je retournai aussitôt à Bapaume.

Quelque temps après, M. le cardinal m'écrivit qu'il me prioit de le venir trouver à Dinan, où il s'étoit retiré, parce qu'il s'y croyoit plus en sûreté qu'ailleurs, et que je fisse en sorte de mener M. le comte de Broglio[2] avec moi. Cet ordre étoit assez embarrassant pour deux hommes qui étoient gouverneurs de places frontières et qui ne pouvoient sortir du royaume sans congé, qu'ils ne risquassent extrêmement. M. de Broglio considéroit que s'il venoit à être pris par les Espagnols, ils ne manque-

---

1. Le 30 octobre.
2. Charles Broglio, comte de Sentena, dit le comte Carles, marquis de Dormans en France, lieutenant général, mort en 1702.

roient pas d'user de représailles sur lui, pour les grandes contributions qu'il tiroit de la Flandre. J'avois à peu près les mêmes réflexions à faire. Je ne laissai pas de lui donner rendez-vous à Ham¹, et de partir pour le joindre. Nous passâmes à Rocroy², où nous apprîmes que le chemin étoit très-périlleux et qu'il y avoit des garnisons espagnoles dans toutes les places que nous devions trouver sur notre route. On nous conseilloit de ne nous pas exposer; mais je dis que j'irois plutôt seul; et cela fut cause que beaucoup de gens voulurent m'accompagner. Nous arrivâmes heureusement à Dinan; et nous trouvâmes M. le cardinal qui jouoit aux quilles avec ses domestiques et qui paroissoit dans une merveilleuse tranquillité.

Il eut beaucoup de joie de nous voir; et après qu'il nous eut fait de fort grandes caresses, il nous tira en particulier et nous dit que la reine conservoit toujours pour lui beaucoup de bonté; mais qu'elle étoit tellement obsédée par des gens qui le haïssoient et qui ne songeoient qu'à occuper sa place, qu'enfin ils le pourroient détruire, s'il ne se rendoit promptement auprès d'elle; que la chose étoit résolue et qu'il falloit l'exécuter le plus tôt qu'on pourroit. Il ajouta qu'il avoit donné cin-

1. Ville avec château fort en Picardie, sur la rive gauche de la Somme, diocèse de Noyon, parlement de Paris, intendance de Soissons; aujourd'hui chef-lieu de canton, arrondissement de Péronne, département de la Somme.
2. Place forte en Champagne, sur la frontière des Pays-Bas; aujourd'hui chef-lieu d'arrondissement, département des Ardennes.

quante mille écus à un prince allemand pour lui faire des troupes, et que ce prince l'avoit trompé; que le roi lui devoit quatre millions; qu'il n'avoit que trente mille écus d'argent comptant, avec quelques pierreries dont on ne se pouvoit servir. Nous nous mîmes à faire un plan pour son retour. Nous jugeâmes qu'il falloit engager d'abord M. le maréchal d'Hocquincourt à venir commander les troupes que nous mettrions ensemble; et comme il avoit paru depuis peu pencher pour le parti des princes, je fus chargé de le ramener; je lui donnai dix mille écus pour remettre son régiment et pour faire quelques dragons. MM. les maréchaux de Grancey[1], de La Ferté et d'Aumont donnèrent leurs compagnies des gardes. MM. de Mondejeu[2], Faber[3], et plusieurs autres officiers se joignirent à nous. J'avois à moi un régiment de cavalerie et un régiment d'infanterie. Celui d'infanterie qui étoit un des petits vieux, avoit eu l'ordre d'aller en quartier d'hiver à Angers; et il étoit déjà bien avant sur sa route. J'écrivis aux officiers; et ils le ramenèrent diligemment en Champagne. Je mis mon régiment de cavalerie à trois cents chevaux, et celui d'infanterie à huit cents hommes. C'étoit ce que nous

---

1. Jacques de Rouxel et de Médavi, comte de Grancey, maréchal de France de 1651, mort en 1680.

2. Jean de Schulemberg, comte de Mondejeu, chevalier des ordres du roi, gouverneur et bailli de Berry, capitaine du château de Madrid, maréchal de Schulemberg en 1658, mort en 1671.

3. Abraham Fabert, lieutenant général, gouverneur de Sedan, depuis maréchal de France, mort en 1662.

avions de meilleur dans nos troupes qui pouvoient faire un peu plus de trois mille hommes. Dans six semaines nous eûmes disposé toutes choses; et nous nous avançâmes jusqu'auprès de Sedan, où M. le cardinal nous vint joindre.

Nous croyions trouver beaucoup de difficultés dans la longue marche que nous avions à faire. C'étoit à la fin du mois de novembre; et nous avions cinq grandes rivières à passer sans aucune intelligence dans les pays qu'il falloit traverser. Les troupes de Monsieur qui étoient bien plus fortes que les nôtres, devoient s'opposer à notre passage; et le parlement avoit envoyé des conseillers dans les provinces pour faire soulever les peuples contre nous[1]. Cependant nous ne trouvâmes aucune opposition; et nous arrivâmes heureusement à Poitiers[2]. Ce fut dans le temps que la ville d'Angers venoit de prendre les armes contre le roi et que M. de Rohan[3] y étoit entré avec douze cents hommes de troupes réglées et trois cents chevaux commandés par M. le comte de Rieux[4].

L'arrivée de M. le cardinal à la cour donna de

---

1. Les conseillers Du Coudray-Geniez et Bitaut. Le dernier fut pris aux environs de Sens par les troupes du cardinal et envoyé au château de Loches. *Relation véritable de l'assassinat fait à MM. de Coudray et Bitault, conseillers de la cour de parlement de Paris, par les troupes de Mazarin.* Paris, Jacob Chevalier, 1652, in-4.

2. Le 28 janvier 1652.

3. Henri de Chabot, duc de Rohan par sa femme, la célèbre Marguerite de Rohan.

4. François de Lorraine, comte de Rieux, deuxième fils de Charles II de Lorraine, duc d'Elbeuf.

l'inquiétude à beaucoup de gens. La plupart de ceux du conseil ne le virent point. M. de Châteauneuf[1], garde des sceaux, se voulut retirer. La reine que l'état des choses obligeoit de ne mécontenter personne, n'osoit appuyer si ouvertement les intérêts de M. le cardinal; de sorte qu'il paroissoit peu de ressource à ses affaires. Il falloit d'abord soumettre Angers parce que les autres grandes villes qui étoient mal affectionnées, attendoient ce qui arriveroit de sa révolte, pour demeurer dans le devoir ou pour suivre son exemple. On n'avoit pas assez de troupes pour assiéger cette ville; et on manquoit de canon et de munitions. M. le cardinal qui savoit que M. le maréchal de La Meilleraye n'aimoit pas M. de Rohan, lui écrivit et le pria instamment d'entreprendre ce siége; mais il s'en excusa et se contenta d'envoyer quatre pièces de canon, qu'il tira de Nantes[2].

On fit marcher les troupes aux environs d'Angers; et comme l'on n'étoit pas en état de l'investir, l'on résolut d'occuper les faubourgs. On y logea d'abord trois cents mousquetaires des gardes et trois cents chevaux. Mon régiment d'infanterie étant arrivé, je

---

1. Charles de L'Aubespine, marquis de Châteauneuf. Il avoit eu les sceaux; mais il ne les avoit plus alors. Il étoit premier ministre et tenoit la place du cardinal Mazarin. Le garde des sceaux étoit Mathieu Molé, premier président du parlement de Paris. Châteauneuf mourut en 1653.

2. Ce qui n'empêcha pas les frondeurs de publier une *Relation véritable contenant la défaite des forces que le maréchal de La Meilleraye envoyoit contre Angers, par Mgr le duc de Rohan*. Angers, Jean Martin. S. d., in-4.

formai une attaque et commençai à faire tirer le canon. M. de Rohan, qui avoit retiré ses troupes d'Angers pour les mettre au pont de Cé[1] qu'il avoit fait fortifier, ne voulut pas s'exposer à faire battre davantage la ville et la rendit à des conditions honorables[2].

Nous ne fûmes pas plutôt maîtres d'Angers, que nous songeâmes à l'attaque du pont de Cé. M. de Rohan s'étoit imaginé que ce poste tiendroit pour le moins un mois. Il n'avoit pas seulement fortifié le lieu où la descente se pouvoit faire ; il avoit construit un ouvrage à corne devant la porte du château qui est bâti dans une île. Je fus chargé de cette entreprise avec M. le comte de Barolle[3]. Nous fîmes embarquer sur la Loire les dragons de La Ferté et mon régiment d'infanterie ; et nous étant approchés avec un vent favorable des retranchements des ennemis, nous nous jetâmes dans l'eau et les emportâmes. Nous prétendions seulement nous y loger, pour attaquer ensuite les autres défenses ; mais il y eut des soldats et des volontaires qui poursuivirent si vivement les fuyards, que l'épouvante se mit

---

1. *Relation véritable de ce qui s'est passé à la prise du pont de Cé par les troupes de M. le Prince, commandées par M. le duc de Rohan, le 15 du mois présent* (janvier). S. l. n. d., in-4.

2. Le 26 février. *Réduction de la ville et château d'Angers en l'obéissance du roi, avec les articles de sa capitulation fait* (sic) *le 26 février 1652.* Paris, Salomon de La Fosse, 1652, in-4.

3. Octave de Fallet, marquis de Barol, fils aîné de Charles-Louis de Fallet, seigneur de Barol, et de Catherine de Birague, des comtes de Visque. La maison de Barol est une des plus anciennes du Piémont.

parmi ceux qui défendoient la corne. Le bataillon de Navailles qui s'en aperçut, marcha, emporta la corne, tua deux cents hommes sur la place; et les ennemis ayant eu à peine le temps de lever le pont de la porte, furent contraints de se rendre à discrétion.

Cette action qui fut très-avantageuse pour le service du roi, donna bien de la joie à ses bons serviteurs et laissa une grande consternation dans l'esprit de ceux qui, sur le prétexte du bien de l'État, croyoient qu'il étoit permis de lui manquer de fidélité. En vérité l'on peut dire que la prise d'Angers et du pont de Cé fut comme le fondement de tous les bons succès qui arrivèrent depuis, et qu'elle ne contribua pas peu à l'heureux changement que l'on vit dans des affaires qui paroissoient auparavant assez désespérées.

La cour alla ensuite à Blois[1] où elle avoit donné rendez-vous à toutes les troupes. Le roi envoya à Orléans demander si on le recevroit dans la ville; et sur le refus qu'on en fit, son armée marcha d'un côté de la Loire, pendant que celle de Monsieur marchoit de l'autre côté de la même rivière. On trouve sur le chemin que nous tenions, la petite ville de Gergeau[2], où il y a un pont pour passer la Loire; et comme nous ne croyions pas que les ennemis osassent tenter ce passage, parce que c'est un

---

1. Elle y étoit le 23 mars. Elle avoit dû y arriver vers le 15.
2. Dans l'Orléanois propre, sur la rive gauche de la Loire; aujourd'hui chef-lieu de canton, arrondissement d'Orléans, département du Loiret.

pont de pierre qui a un pont de bois au milieu, nous nous étions contentés de l'envoyer garder par trente mousquetaires et un lieutenant pour éviter les surprises. M. de Turenne, M. de Clérambault[1] et moi, nous étions allés visiter ce passage; et nous arrivâmes heureusement dans le temps que le régiment de l'Altesse qui marchoit de l'autre côté de la Loire à notre opposite, commença à escarmoucher et à faire tirer deux pièces de canon qu'il menoit ordinairement à la tête du bataillon. Le canon ayant donné dans la bascule du pont, rompit les chaînes qui la tenoient, et fit baisser le pont-levis, de sorte que le passage fut rendu praticable. Les soldats qui le gardoient, prirent l'épouvante et s'enfuirent. Ceux de l'Altesse profitèrent de l'occasion et se saisirent du pont. Il y avoit au bout du côté où nous étions, une grande porte fermée. M. de Turenne la fit ouvrir et forma sur le pont une barricade avec des tonneaux qu'il y fit porter. Les ennemis crurent que nous avions des troupes pour la soutenir; et au lieu de nous forcer, ils en firent de leur côté une autre qui partagea le pont. Cependant nous ralliâmes les trente soldats qui s'étoient écartés. J'en postai dix dans une maison qui flanquoit sur le pont; et je leur fis tirer quelques coups de mousquets qui tuèrent le baron de Sirot[2], lieutenant général des troupes

1. Le comte de Palluau. Il ne fut M. de Clérembault qu'après avoir été nommé maréchal de France, en 1653.
2. Claude de L'Étouf, baron de Sirot, lieutenant général des armées du roi, tué devant Gergeau en 1652.

de Monsieur. Cette mort ralentit l'attaque. L'infanterie que nous avions envoyé chercher, arriva peu de temps après; et nous assura le passage. Si les troupes de Monsieur eussent profité de la tentative qu'elles avoient faite, toute la cour leur tomboit entre les mains avec tous les généraux de l'armée du roi.

Nous commencions à respirer, quand M. de Nemours[1] amena en France un corps très-considérable de troupes que les Espagnols lui avoient donné. M. de Beaufort qui commandoit les troupes de Monsieur, alla le joindre[2]; et M. le Prince quitta la Guyenne pour venir commander cette grande armée[3]. Le roi ayant divisé le commandement de la sienne entre M. de Turenne et M. le maréchal d'Hocquincourt, alla à Gien[4] où l'armée passa la Loire. Sur l'avis qu'on eut que M. le Prince étoit parti, lui septième, de Guyenne, et qu'il marchoit, on envoya des troupes sur tous les passages pour tâcher de le prendre; mais elles ne le rencontrèrent pas; et il se rendit heureusement à son armée.

Les généraux de celle du roi séparèrent leurs

---

1. Charles-Amédée de Savoie, duc de Nemours, tué en duel par le duc de Beaufort le 30 juillet 1652.

2. Vers le milieu du mois de mars, près de Châteaudun. *L'Entrevue de Messeigneurs les ducs de Beaufort et de Nemours, avec la jonction de leurs armées.* Paris, Jean Brunet, 1652, in-4.

3. Il y arriva le 1er avril. Les deux armées étoient campées à Lorris et dans les environs.

4. Ville avec titre de comté, sur la rive droite de la Loire; aujourd'hui chef-lieu d'arrondissement dans le département du Loiret.

troupes et songèrent bien plus à les faire subsister qu'à les mettre à couvert, en leur donnant des quartiers. M. le Prince envoya un parti à la guerre et apprit la disposition de ces quartiers. J'avois été détaché avec un corps de troupes pour me poster au delà du canal de Briare[1]. Toute l'armée du roi étoit au deçà. Je fis garder un passage qui étoit dans mon quartier; et M. le maréchal d'Hocquincourt mit ses dragons dans un château qui étoit sur un autre passage à trois lieues de là : il sembloit bien par ces dispositions que nous étions en sûreté. Je ne laissai pas de détacher un parti de cavalerie avec ordre de ne point revenir sans m'apporter des nouvelles de l'armée des ennemis. Il alla à Châtillon, où il trouva l'avant-garde de M. le Prince qui marchoit; je n'étois éloigné de là que de cinq lieues; et je voyois que je n'échapperois pas aux ennemis si je ne me précautionnois. J'envoyai en diligence porter l'avis de la marche de M. le Prince à M. d'Hocquincourt; il me fit dire qu'il l'avoit déjà reçu et qu'il avoit envoyé avertir M. de Turenne dont le quartier étoit à huit lieues de là, et celui de sa cavalerie encore de quatre lieues plus éloigné. Cependant je me mis à barricader la tête de mon quartier; et ayant laissé deux cents mousquetaires et cent chevaux pour le garder, je fis repasser le canal de Briare au bagage et au reste de mes troupes; et je

---

1. Sur Loing, dans le Gâtinois orléanois, diocèse de Sens, parlement de Paris, intendance d'Orléans; aujourd'hui chef-lieu de canton, arrondissement de Montargis, département du Loiret.

me mis en bataille. L'armée des ennemis qui avoit marché toute la nuit, quoiqu'on n'en ait jamais vu une plus obscure, tomba sur le quartier des dragons de M. d'Hocquincourt. Ils étoient dans un fort bon château où ils n'avoient rien à craindre; mais celui qui les commandoit, ne fut pas plutôt sommé de se rendre avec menaces d'être pendu s'il ne le faisoit, qu'il abandonna le château. Je crois qu'on avoit quelque intelligence avec lui; car il passa ensuite au service de M. le Prince[1]. Les ennemis étant maîtres du passage, marchèrent en diligence et

---

1. « On ne pouvoit aller au quartier de M. d'Hocquincourt sans passer aux passages que les dragons tenoient à Rogny.... A l'entrée de la nuit, on arriva à la vue du quartier de Rogny; on vit les feux des ennemis de l'autre côté de l'eau; et on jugea qu'ils gardoient le pont. A l'heure même, on détacha cinquante chevaux allemands avec ordre d'aller au pont et de dire qu'ils étoient de l'armée de M. de Turenne et qu'ils revenoient de parti, pour obliger les ennemis de les laisser passer, et avec ordre de les charger. A l'instant même, le régiment de cavalerie de Condé et celui d'Anguyen, avec deux cents mousquetaires de Son Altesse Royale et de Condé qui les soutenoient, marchèrent; et le reste de la cavalerie faisoit halte là auprès, pour faire ce qui seroit jugé à propos, selon que l'attaque réussiroit. Les Allemands firent ce qui leur avoit été commandé. Ils parlèrent longtemps aux ennemis, qui ne les voulurent pas laisser entrer, mais qui ne tiroient pas sur eux. Dans ce temps un paysan dit à Son Altesse qu'il y avoit un gué plus haut, à trois cents pas de là; ce qui l'obligea de prendre le reste de la cavalerie et d'y marcher. Son Altesse ayant laissé MM. de Beaufort, de Tavannes et de Lanque à l'attaque du pont, avec les mêmes régiments, pria M. de Nemours de passer à la tête du régiment de Conty, commandé par le sieur de Jonvelle, qui a parfaitement bien fait en cette occasion, et de celui de Persan, Son Altesse le soutenant avec M. de Clinchant à la tête des troupes allemandes. Les ennemis n'avoient aucune garde au gué et s'étoient contentés de le rompre en y jetant quelques arbres; mais il ne se trouva pas si bien rompu que M. de Nemours ne trouvât moyen d'y passer, et

vinrent se mettre au milieu de nos quartiers. Ils donnèrent d'abord dans celui qui avoit été choisi pour retirer le bagage de l'armée en cas d'alarme. Comme il s'y rendoit dans le même temps, il y eut quelques coups tirés et beaucoup de bruit. Cela donna l'alarme à M. d'Hocquincourt, parce qu'il s'attendoit d'être averti par ses dragons. Il étoit déjà à cheval ; et il avoit mis ses troupes en bataille. Il marcha droit au bruit et rencontra toute l'armée ennemie. Il ne pouvoit pas discerner le nombre des

M. le Prince ensuite. Là les vint joindre le comte de Gaucourt, de la part de Son Altesse Royale, et qui depuis ne quitta point sa personne. On donna à même temps dans le quartier, et M. de Beaufort à la barricade, ayant auprès de lui MM. le marquis de La Boulaye, le comte de Castres, de Silly, Cauteville et autres, qui ne l'ont pas abandonné en toutes ces occasions. Le quartier fut forcé et la barricade emportée. On tua tout ce qui y fit résistance. Le feu se mit dans le quartier ; et tout ce qui s'étoit sauvé dans les maisons, fut pris ou brûlé. M. de Nemours poussa jusqu'à un village, à un quart de lieue de là, où étoit un autre régiment de dragons, soutenus par le reste de l'armée. Il enleva ce qui ne s'étoit pu sauver dans le château d'un gentilhomme, et n'y eut de tué pour tout en cet endroit qu'un cornette du régiment de Conty, nommé La Noirtière. Les ennemis, enragés de ne pouvoir sauver leurs chevaux et leurs équipages, mirent le feu dans les maisons, où il y eut plus de quarante chevaux et quantité de bagages brûlés. Le cheval de M. de Nemours y fut blessé. On somma en même temps le château, qui ne voulut point se rendre sans voir le canon, lequel étoit encore loin ; et Son Altesse ayant impatience d'aller au quartier général, pria M. de Beaufort de le faire avancer, lequel passant proche du château, y eut son cheval blessé d'une mousquetade, et son capitaine des gardes. Aussi l'infanterie et le canon arrivèrent. On les somma pour la dernière fois ; et ils se rendirent prisonniers après avoir vu le canon. » *Relation véritable de ce qui s'est passé entre l'armée de MM. les Princes et les troupes mazarines, commandées par le maréchal d'Hauquincourt, apportées à Son Altesse Royale par M. le comte de Gaucourt.* Paris, Nicolas Vivenay. 1652, in-4.

troupes à cause de l'obscurité; mais il jugea qu'il devoit être grand par la résistance qu'il trouvoit. Après avoir fait charger jusqu'à trois fois, il fut enfin renversé et contraint de prendre le parti de sauver les débris de ses troupes[1].

M. de Turenne arriva dans ce temps-là à mon quartier avec trois régiments d'infanterie et un de cavalerie. Nous savions que les ennemis étoient au milieu de nos quartiers. Les fuyards qui augmentent toujours le mal, nous vinrent dire que M. d'Hocquincourt avoit été battu et qu'on avoit pris et pillé tout le bagage de ses troupes. Nous attendions notre cavalerie qui ne venoit point; et c'étoit pendant une longue nuit du mois de novembre[2]. M. de Turenne après avoir attendu deux ou trois heures, prit la résolution d'aller au-devant de sa cavalerie. Nous marchions avec beaucoup d'incommodités et d'incertitudes; et nous croyions donner à tous mo-

1. « L'armée marcha ensuite droit au quartier de M. d'Hocquincourt, qui avoit déjà eu l'alarme et s'étoit mis en bataille derrière une petite rivière. MM. de Nemours et de Beaufort donnèrent à la tête du régiment de Condé, soutenus par M. le Prince, à la tête de celui d'Anguien. On y trouva plus de résistance. Tous les bagages de l'armée y étoient. Quantité de cavaliers et de fantassins, et tous les domestiques des généraux de cette armée, tout y fut pris. Il se trouva quantité d'or et d'argent monnoyé et quatre services de vaisselle d'argent; plus de cent cinquante chariots et trois carrosses des généraux, et pour le moins cent mulets et chevaux de bât. Enfin le butin se monte, par l'aveu même du secrétaire du maréchal d'Hocquincourt, à plus de six cent mille livres. » *Relation véritable*, etc.

2. Non du mois de novembre, mais du mois d'avril. Cette affaire, qu'on appelle la bataille de Bleneau, commença dans la nuit du 6 au 7.

ments dans les troupes ennemies. Quand le jour commença à paroître, je demeurai derrière avec vingt cavaliers; et je vis venir un corps de cavalerie qui marchoit au grand trot pour nous joindre. Ce ne pouvoit être que les ennemis. Je m'avançai pour en donner avis à M. de Turenne qui fit passer un petit ruisseau aux troupes. Elles avoient à peine défilé que nous aperçûmes notre cavalerie qui venoit à nous par un autre côté. M. de Palluau, qui étoit plus ancien lieutenant général que moi, eut ordre de commander l'aile droite; et l'on me donna la gauche. Nous eûmes mis les troupes en bataille en fort peu de temps.

Les ennemis qui croyoient la victoire assurée, marchoient avec toute la diligence dont ils étoient capables. Dans le temps qu'ils abordèrent le défilé que nous avions passé et qui étoit très-facile, nous fîmes un mouvement qui augmenta leur espérance. Nos troupes étant un peu serrées, nous voulûmes les étendre; ils crurent que nous prenions le parti de la retraite; mais M. le Prince qui arriva dans ce moment à ce premier corps de troupes, qui étoit commandé par M. de Beaufort, jugea que nous ne nous étendions qu'à dessein de combattre avec plus d'avantage. Il y avoit déjà quatre de leurs escadrons qui avoient passé le défilé; et les autres s'avançoient. M. le Prince les arrêta et commanda à ceux qui étoient passés, de se retirer. Nous avions fait demi-tour à droite, l'épée à la main, pour les aller tailler en pièces; mais l'expérience de ce grand capitaine les sauva. Nous fîmes venir huit pièces de canon que nous avions; nous les mîmes entre les deux lignes; et nous nous en servîmes fort avantageusement, parce que les ennemis n'en avoient que deux pièces qui ne tirèrent pas longtemps. M. le maréchal d'Hocquincourt qui avoit fait un grand tour, revint nous joindre. L'affaire dura toute la journée. Notre canon tua aux ennemis cent cinquante cavaliers, avec plusieurs officiers; et la nuit s'approchant, chacun se retira de son côté[1].

Le roi vint le lendemain visiter le champ de bataille. Je dis à M. le cardinal qui étoit avec lui, qu'il ne falloit pas douter que ce bon succès ne fût suivi de beaucoup d'autres. Aussi est-il vrai que cette journée fut d'une extrême conséquence.

Trois jours après ce combat, M. le Prince alla à

---

1. « Son Altesse vit que les ennemis s'étoient portés au bout de la plaine, en un lieu où elle se rétrécit par deux grands bois qui ne laissent d'espace que pour passer trois ou quatre escadrons de front. Encore ce lieu est resserré par un étang et un marais. Ils s'étoient postés si près du bois, que Son Altesse jugea que son infanterie étant meilleure que la leur, il les en pourroit déloger par un grand feu, et les pressant ensuite dans cette première confusion, achever de les défaire. Il fit donc marcher par la gauche le régiment de Son Altesse Royale, et par la droite celui du Languedoc, commandés par le baron de Vallon, maréchal de camp, soutenus des régiments d'Aulac (Holac?), des gendarmes et chevau-légers de Son Altesse Royale. Il se rendit maître des deux bois. Et comme il faisoit suivre toute l'armée, M. de Turenne jugeant bien qu'il ne pourroit maintenir ce poste de la façon dont on l'attaquoit, se retira dans une grande plaine. A même temps, Son Altesse fit garnir le bois par son infanterie et voulut voir si les ennemis se retiroient tout à fait, ou s'ils s'éloigneroient seulement hors de sa mousquetade, pour se mettre en état de les charger quand il auroit la moitié de son armée passée. Pour cet'effet, il fit sortir cinq

Paris¹. Ses généraux s'étant retirés du côté de Montargis², laissèrent garnison dans le château et marchèrent pour se saisir d'Étampes³. Nous eûmes avis de leur marche ; toute la diligence que nous fîmes pour les devancer, fut inutile ; ils se rendirent maîtres de cette ville, qu'ils trouvèrent en état de faire subsister leurs troupes pendant six mois. Nous allâmes nous loger à Châtres⁴ et à Palaizeau⁵, où nous demeurâmes longtemps sans rien faire.

Mademoiselle⁶ alloit d'Orléans à Paris et devoit

escadrons et se mit à la tête avec M. de Beaufort, faisant mine de les vouloir suivre. Le maréchal de Turenne voyant cela, tourna avec son armée, et croyant prendre l'autre dans le désordre où on est quand on repasse un défilé, vint à eux ; mais M. le Prince, qui prévoit toujours bien ce qui lui peut arriver, fit rentrer ses cinq escadrons longtemps devant que les ennemis pussent joindre. M. de Clinchan ayant déjà fait ouvrir les troupes qui étoient dans le défilé, le canon de Son Altesse commença à tirer sur les ennemis, et le leur sur ses troupes. Ils n'osoient venir à nous à cause de notre infanterie, ni nous défiler devant eux à cause de leur cavalerie. Le reste de la journée se passa en coups de fauconneau et en légères escarmouches, où le sieur comte de Maré, maréchal de camp, fut blessé, et son cheval tué d'un coup de canon. » *Relation véritable*, etc.

1. Le prince de Condé fit son entrée dans Paris le 11 avril.
2. Capitale du Gâtinois orléanois, sur le canal de Briard ; aujourd'hui chef-lieu d'arrondissement du département du Loiret.
3. Ville avec titre de duché, dans le Hurepoix ; aujourd'hui chef-lieu d'arrondissement, département de Seine-et-Oise.
4. Érigé par lettres patentes de 1661 en marquisat, sous le nom d'Arpajon, qu'il garde. Châtres est situé sur la rivière de l'Orge et sur la grande route de Paris à Étampes. Autrefois dans l'Ile-de-France, diocèse, parlement et intendance de Paris, il est maintenant chef-lieu de canton dans l'arrondissement d'Étampes, département de Seine-et-Oise.
5. Au nord de Châtres, entre Orsay et Sceaux ; Palaiseau est un chef-lieu de canton des mêmes arrondissement et département.
6. Anne-Marie-Louise d'Orléans, duchesse de Montpensier, la

coucher à Étampes; nous jugeâmes que les troupes pour lui faire les honneurs qu'elles ont accoutumé de rendre aux personnes de son rang, se mettroient en bataille hors la ville; nous résolûmes de prendre cette occasion pour les combattre, et marchâmes toute la nuit. Les ennemis sortirent comme nous nous y étions attendus; mais ayant été avertis de notre marche, ils rentrèrent aussitôt dans les faubourgs et dans la ville. Nous arrivâmes sur la hauteur d'Étampes; et M. de Turenne et M. d'Hocquincourt, après avoir reconnu leur disposition, furent d'avis de les attaquer. La chose s'exécuta avec un succès si heureux, que nous défîmes toutes les troupes qui étoient dans les faubourgs, et prîmes tous les principaux officiers, excepté M. de Tavannes qui étoit rentré dans la ville[1]. On tint conseil sur ce qui restoit à faire. Mon avis fut de passer la nuit sur le champ de bataille pour obliger les troupes qui étoient dans la ville, de prendre le parti de se retirer, comme elles le pouvoient faire la même nuit à la faveur de la rivière qui les couvroit. Mais on trouva à propos de marcher et de se retirer à notre camp; et cela leur donna lieu de se rassurer. Il

---

grande Mademoiselle. Elle étoit arrivée à Orléans le 27 mars; elle en partit le 3 mai.

1. Combat du 4 mai entre Milly et Étampes. Les frondeurs n'en ont pas publié moins de quatre relations, toutes à leur avantage. *Lettre du roi envoyée à monseigneur le maréchal de L'Hopital, gouverneur de Paris, sur ce qui s'est passé entre les deux armées ès environs d'Étampes; de Saint-Germain, le 6 mai 1652. Paris, par les imprimeurs et libraires ordinaires du roi, 1652, in-4.*

est certain que si nous eussions eu du canon, des munitions et les autres choses nécessaires pour attaquer Étampes, le reste des troupes ennemies eût été absolument perdu.

Nous résolûmes trois semaines après de former le siége de cette ville[1]. Nous avions trois mille cinq cents hommes de pied et deux mille chevaux. Nous demeurâmes treize jours devant Étampes; et il n'y en eut pas un où l'on ne vît trois ou quatre grandes occasions. Quoique les assiégés se défendissent très-vigoureusement, nous ne laissâmes pas d'emporter la demi-lune; et nous étions en état d'attacher le mineur à la muraille quand l'armée de M. de Lorraine[2] qui marchoit pour les secourir, arriva à Villeneuve-Saint-Georges. La cour nous en donna avis avec ordre de lever le siége. Nous le fîmes en plein jour devant un corps de troupes aussi fort que le nôtre. Je fus chargé de retirer le canon de la tranchée; et je m'en acquittai heureusement. Je reçus en cette occasion un coup de mousquet qui perça mon chapeau et m'emporta une partie des cheveux; et j'eus auprès de moi trois gentilshommes de blessés et quatre de tués.

Les ennemis ne nous pressèrent pas dans la retraite. Nous allâmes camper à Étréchy[3] qui est à

---

1. Le siége d'Étampes commença le 25 mai et fut levé le 7 juin.
2. Charles IV, duc de Lorraine. Après avoir posté son armée à Villeneuve-Saint-Georges, il se rendit de sa personne à Paris, le 31 mai.
3. Le Larron, dans le Gâtinois orléanois, diocèse de Sens, par-

deux lieues d'Étampes. M. d'Hocquincourt s'étoit retiré après l'enlèvement des troupes de M. le Prince[1]. M. de Turenne m'envoya chercher et me dit que dans l'armée de M. de Lorraine qui étoit campée à Villeneuve-Saint-Georges, il n'y avoit que quatre mille chevaux et deux mille hommes de pied, et qu'il étoit résolu d'aller à eux. J'eus ordre de commander l'avant-garde. Nous commençâmes à marcher deux heures avant le jour. Nous passâmes la Seine à Corbeil, traversâmes la forêt de Sena et arrivâmes à dix heures du matin aux environs de Villeneuve-Saint-Georges où nous trouvâmes les troupes lorraines dispersées dans la campagne.

Il y avoit sur une petite rivière qui tombe dans la Seine, un moulin qui n'étoit point gardé et qui joignoit à une chaussée où l'infanterie pouvoit passer à pied sec; j'y postai le régiment de Picardie; et j'allai promptement donner avis à M. de Turenne du mauvais état des ennemis, et lui dire que j'étois maître du passage. M. de Beaujeu[2], qui venoit d'auprès de M. le duc de Lorraine, arriva dans le même temps et dit à M. de Turenne qu'il ne falloit rien entreprendre contre les troupes du duc, et que la cour étoit persuadée qu'on ne devoit pas le regarder

---

lement et intendance de Paris; aujourd'hui canton et arrondissement d'Étampes, département de Seine-et-Oise.

1. C'est-à-dire après le combat du 4 mai.
2. Claude-Paul de Beaujeu-Villiers, comte de Beaujeu, lieutenant général, mort en 1654.

comme ennemi. M. de Turenne me dit qu'il le connoissoit mieux que la cour. « Puisque vous le connoissez si bien, Monsieur, lui repartis-je, profitons de l'occasion ; c'est une affaire sûre. » Il me répliqua qu'il ne se pouvoit charger d'une telle chose. M. de Beaujeu prit la commission d'aller trouver le roi qui étoit à quatre lieues de là. Cependant M. de Lorraine fit tirer le canon qui étoit le signal pour rassembler ses troupes ; et dès qu'elles furent arrivées, il les mit en bataille et commença à se retrancher. M. de Beaujeu étant retourné fort tard, il fallut remettre l'affaire au lendemain. Les Lorrains travaillèrent toute la nuit et mirent la tête de leur camp à couvert. La cour connut par là qu'elle étoit trompée et envoya ordre de les attaquer. M. de Lorraine, qui en eut avis, s'offrit de sortir de France ; et la cour y consentit. Il sortit comme il l'avoit promis ; mais il ne demeura pas longtemps à revenir[1].

Les troupes de M. le Prince quittèrent alors Étampes et allèrent camper aux environs de Saint-Cloud. L'armée du roi les suivit et se posta si près d'elles, qu'il n'y avoit que la Seine qui les séparoit. Monsieur le maréchal de La Ferté, avec les troupes qu'il amenoit de Lorraine, vint joindre l'armée du roi dans ce poste ; et l'on résolut d'y faire un pont pour passer aux ennemis. Comme ils connurent

---

1. Il décampa de Villeneuve-Saint-Georges le 16 juin, sortit de France par la route la plus directe, y rentra vers la fin du mois d'août et reparut à Paris le 5 septembre.

notre dessein, ils décampèrent pour aller à Charenton se couvrir de la Marne. Quand une partie de notre armée eut passé la Seine, l'on fut averti de leur marche; et l'on donna ordre en même temps de les suivre. Ils passèrent le long des fossés de Paris. Nos troupes qui étoient demeurées en deçà de la rivière, parmi lesquelles j'étois, marchèrent les premières; et les autres devoient venir après en grande diligence.

J'étois à la tête de la cavalerie étrangère composée de neuf escadrons; et j'arrivai au point du jour à l'entrée du faubourg Saint-Denis. Les cravates de M. d'Hocquincourt que j'avois détachés, me rapportèrent qu'ils étoient en vue de l'arrière-garde des ennemis où étoit la cavalerie de M. le duc d'Orléans; j'en donnai avis à M. de Turenne qui trouva bon que je la fisse charger. Je la poussai dans le faubourg; et l'on fit plusieurs prisonniers. Pendant ce temps-là, nos cravates qui s'étoient avancés, furent repoussés par la cavalerie de M. le Prince; et je les vis venir en grand désordre. Je m'avançai avec cinq escadrons, qui n'avoient point combattu; et je donnai ordre aux autres de me soutenir. Je tombai sur les ennemis comme ils entroient dans le faubourg Saint-Antoine. Leur arrière-garde fut fort maltraitée; l'on tua beaucoup de gens; et l'on fit un grand nombre de prisonniers[1]. Dans le même temps,

---

1. *Relation contenant tout ce qui s'est passé au combat donné entre l'armée de MM. les Princes et celle du maréchal de Turenne, avec les noms des morts et blessés, et la prise du canon des mazarins.* Pa-

M. le Prince mit toute son armée en bataille à la tête de ce faubourg et nous fit canonner par les deux petites pièces du régiment de l'Altesse. Je me mis aussi en bataille dans un fond où M. le duc de Bouillon[1] et M. le marquis de Saint-Maigrin[2] me joignirent. Ils avoient laissé le roi à Saint-Denis avec le régiment des gardes, les gendarmes et les chevau-légers. Notre infanterie avoit toujours marché et venoit en diligence. M. le Prince qui trouva que les habitants avoient barricadé toutes les avenues du faubourg Saint-Antoine pour se garantir d'être pillés par les Lorrains pendant qu'ils étoient à Villeneuve-Saint-Georges, se servit utilement de l'état où il trouva ce faubourg. Il y fit entrer toutes ses troupes; il donna ordre de percer les maisons et prit toutes les précautions nécessaires pour soutenir ce poste.

Notre infanterie arriva; et M. de Bouillon sans considérer qu'elle étoit hors d'haleine, nous pressa d'attaquer les ennemis. Nous fîmes deux attaques séparées. M. de Saint-Maigrin prit la première dans la grande allée du faubourg; et j'eus la seconde, du côté de Picpus[3]. Nous allions attaquer de bonnes

---

ris, Jacques Le Gentil, 1652, in-4. Ce n'est pas vrai; mais c'est curieux.

1. Frédéric-Maurice de La Tour d'Auvergne, duc de Bouillon, mort en 1652.

2. Jacques Estuer de La Vauguyon, marquis de Saint-Mégrin, capitaine-lieutenant des chevau-légers du roi.

3. Alors ce n'étoit qu'un village, avec un couvent du tiers ordre de Saint-François, entre Paris et le bois de Vincennes.

troupes, bien postées derrière des barricades et des maisons percées. Nos troupes n'étoient pas nombreuses; nous manquions de munitions; et nous avions assez de peine à faire marcher les soldats qui connoissoient notre désavantage. Cependant je fis avancer mon infanterie qui pouvoit être de seize cents hommes; et je la soutins de si près avec ma cavalerie, que je ne lui donnai pas le temps de voir le péril. J'avois été reconnoître la barricade que je croyois devoir attaquer, qui étoit celle que défendoit M. de Nemours; elle fut emportée assez vivement. Je postai mon régiment d'infanterie dans une maison qui la flanquoit; et je mis le régiment du Plessis-Praslin dans une autre maison vis-à-vis de celle-là. Je leur ordonnai de percer les murailles et de gagner les maisons contiguës, afin d'être maîtres de toute la rue et de commander par mon feu jusqu'à la place d'armes, où les troupes des ennemis étoient en bataille.

Notre artillerie n'étoit pas encore arrivée; et nous n'avions plus de munitions. J'en envoyai chercher par un officier de mon régiment de cavalerie. Je n'eus pas plutôt fait distribuer de la poudre et des balles aux soldats, qu'on vint attaquer la barricade qui avoit été emportée. Les deux régiments que j'avois postés dans les maisons dont elle étoit flanquée, la défendirent si vaillamment, qu'après avoir tué beaucoup de gens aux ennemis, ils les obligèrent de se retirer.

Le mauvais succès de cette attaque mit quelque

désordre parmi eux. M. de Beaujeu, et M. de Montpézat[1] qui se trouvèrent à l'action, me pressèrent extrêmement de passer la barricade et me dirent que les ennemis étoient étonnés. Je répondis qu'il ne falloit pas aller si vite; que je voyois bien que ceux qui nous avoient attaqués, étoient en mauvais état; mais qu'il y avoit un corps de troupes en bataille tout prêt à les soutenir, qui n'avoit point combattu, et qu'il seroit dangereux de défiler devant lui.

Comme je continuois dans ma résolution, M. de Clainvilliers[2] qui commandoit la cavalerie de l'armée du roi, arriva et nous dit que les ennemis se retiroient; qu'il n'y avoit qu'à profiter de l'occasion, et que si je voulois lui donner le régiment de la mestre de camp, qui soutenoit la barricade, il entreroit le premier à la tête de ce régiment, et qu'il répondoit qu'on ne trouveroit aucune résistance. Je me laissai persuader, quoique la chose me parût extrêmement douteuse. Il marcha et passa la barricade; mais il n'eut pas avancé cent cinquante pas, qu'il fut chargé par quatre escadrons qui le renversèrent, le prirent prisonnier, et maltraitèrent fort toute sa cavalerie. Cela donna une telle épouvante à l'infanterie qui le suivoit, qu'elle se retira en

---

1. Jean-François Trémolet, marquis de Montpezat, mort lieutenant général en 1677.

2. Timoléon de Sericourt, baron d'Éclainvilliers, mestre de camp de cavalerie en 1647, commandant de la cavalerie au siége de Furne en 1648, lieutenant général en 1655 devant Landrecies.

désordre. Je pris le régiment de cavalerie de M. de Turenne avec des hommes détachés du régiment de Picardie, que j'avois là auprès en corps de réserve; et je marchai contre les ennemis, soutenu par les deux régiments que j'avois postés dans les maisons qui flanquoient la barricarde. Je renversai tout ce que je rencontrai. Il y eut en cette charge beaucoup de gens de considération tués du côté des ennemis; et j'y reçus un coup de pistolet qui perça mon buffle. Je rassurai mon attaque et disposai les choses pour soutenir les efforts que je voyois qu'on alloit faire afin de nous chasser d'un lieu où nous incommodions extrêmement les ennemis.

Je ne savois pas qu'on avoit battu la grande attaque, tué M. de Saint-Maigrin[1], renversé les gendarmes et les chevau-légers du roi, pris les drapeaux du régiment des gardes et celui de la marine. Je n'avois aucune nouvelle des généraux; et je m'imaginois seulement qu'ils étoient embarrassés à rallier les troupes. Toutes mes attaques avoient eu, Dieu merci, le succès que je pouvois désirer; mais j'avois encore assez d'affaires pour ne songer qu'à me maintenir dans mes avantages.

Comme mon poste étoit fort avancé, je vis un

1. Il fut enterré à Saint-Denis, comme l'avoit été le duc de Châtillon en 1649. Les pamphlétaires de la Fronde firent de sa mort un thème pour leurs invectives. La pièce la plus ingénieuse et la plus plaisante est celle dont le titre suit : *Les Entretiens de Saint-Maigrin et de Mancini aux champs élysiens et l'arrivée du duc de Nemours au même lieu, avec la description de l'appartement qu'on prépare à Mazarin dans les enfers.* Paris, 1652, in-4. t.

certain remuement d'armes et un grand mouvement parmi les ennemis. Cela me donna sujet de croire qu'ils vouloient faire encore une attaque. J'avertis promptement les officiers ; et je me mis à la tête de mon corps de réserve, afin de pouvoir soutenir les lieux qui en auroient besoin. Je ne fus pas plutôt à cheval, que M. de Beaufort, M. de Nemours, M. de La Rochefoucauld[1], M. le prince de Marsillac[2] et tous les volontaires mirent pied à terre et vinrent donner à la tête de leurs troupes pour emporter notre barricade. Notre poste qui étoit très-bon, nous donnoit un grand avantage. On combattit de part et d'autre avec beaucoup d'opiniâtreté ; et il y eut un fort grand nombre de gens tués ou blessés. Mais après que nous eûmes soutenu jusqu'à trois attaques, les ennemis furent enfin repoussés ; MM. de Nemours, de La Rochefoucauld, de Marsillac, Jarsay[3], et Guittaut[4] y furent blessés. MM. de Flammarin[5], de La Rochegifard[6],

---

1. François VI, duc de La Rochefoucault, l'auteur des *Maximes*, mort en 1680.
2. François VII de La Rochefoucault, prince de Marsillac, son fils.
3. François-René du Plessis de La Roche-Pichemer, marquis de Gersay ou Jarsay, capitaine des gardes du duc d'Orléans.
4. Guillaume de Puechpeirou Comminge, comte de Guitaut, lieutenant des chevau-légers du prince de Condé, mort en 1684.
5. Antoine Agésilan de Grossolle, marquis de Flamarens. Nous ne pouvons résister au désir de citer ce que Mademoiselle raconte de la mort du marquis de Flamarens. « On lui avoit prédit qu'il mourroit la corde au cou.... Il s'en moquoit et le disoit comme une ridiculité. Comme on alla chercher son corps, on le trouva la corde au cou en la même place où, quelques années auparavant, il avoit tué Canillac en duel. »
6. Henri de La Chapelle, marquis de La Roche-Giffart. Il avoit

les comtes de Bossu[1] et de Castres[2], tués, avec quantité d'officiers des troupes ennemies. Je perdis de mon côté trois lieutenants-colonels, vingt-deux capitaines et beaucoup d'autres moindres officiers[3].

Je remarquai dans cette dernière action que l'infanterie des ennemis étoit extrèmement rebutée. Les troupes de M. le maréchal de La Ferté arrivoient toutes fraîches. Je crus l'armée de M. le Prince absolument perdue. Il l'avoit sauvée jusquelà par une valeur et une conduite toute extraordinaire ; il avoit fait des choses prodigieuses. Mais je voyois que l'attaque qui avoit été battue, pouvoit se rallier ; qu'on en pouvoit faire une seconde des troupes de M. le maréchal de La Ferté, pour prendre les ennemis par derrière ; que j'en avois encore assez pour former une troisième attaque, et qu'ainsi il étoit malaisé qu'ils pussent résister à tant d'efforts. J'allai proposer la chose à M. de Bouillon et à M. de Turenne qui l'approuvèrent ; ils me dirent que j'allasse me préparer et que dans deux heures il feroit tirer deux coups de canon qui seroient le signal des trois attaques. Le combat avoit commencé

été gentilhomme du cardinal Mazarin. La *Gazette* le cite en cette qualité dans la relation du siége de Piombino. *Extraord.* du 23 octobre 1646.

1. N. de Hénin, comte de Bossut. Il commandoit la cavalerie allemande, comme le plus ancien colonel, au combat de Bleneau.

2. N. de La Croix, comte de Castres.

3. Nous avons publié, à la suite des *Mémoires* de Jacques de Tavannes (*Bibliothèque elzévirienne*), la relation de cette journée, que Marigny a écrite par l'ordre et apparemment avec les instructions du prince de Condé.

à quatre heures du matin ; et il n'en étoit encore que neuf. J'avois tout disposé de mon côté ; et j'attendois le signal avec impatience. On demeura sans rien entreprendre jusqu'à quatre heures après midi ; et alors le canon de la Bastille tira sur l'armée du roi ; on ouvrit la porte Saint-Antoine ; et les troupes ennemies entrèrent dans Paris[1]. Nous avions eu deux fois plus de temps qu'il n'en falloit pour exécuter ce qui avoit été résolu ; mais la fortune de M. le Prince l'emporta, et nous fit perdre une occasion qui ne lui pouvoit être que très-désavantageuse et qui, selon les apparences, auroit décidé des guerres civiles.

1. Il n'y a, dans les pamphlets de la Fronde, pas moins de six pièces sur le combat du faubourg de Saint-Antoine. Nous n'en indiquerons qu'un, celui qui se rattache le plus étroitement à l'épisode du coup de canon de la Bastille : *La Déclaration de messieurs de ville pour le parti des princes, faite en présence de Mademoiselle, et mise entre les mains de monseigneur le duc de Beaufort et signée de huit colonels et plusieurs bourgeois, le 1er juillet* 1652, *avec ce qui s'est fait et passé entre l'armée des princes et celle des Mazarins.* Paris, S. Le Porteur, 1652, in-4.

LIVRE TROISIÈME.

Quelques jours après le combat de Saint-Antoine, je demandai congé au roi pour aller voir ma femme qui étoit fort malade dans la ville de Niort[1]. Comme j'y fus arrivé, une blessure que j'avois reçue en Italie dans la nuque du cou, se rouvrit et se rendit si dangereuse par un abcès qui s'y forma, que j'en pensai mourir. Les chirurgiens qui me traitoient, ne connoissoient point mon mal; et je ne recevois aucun soulagement de tous leurs secours. M. le maréchal de La Meilleraye qui étoit en Poitou, me fit l'honneur de me venir voir. Il avoit avec lui un chirurgien très-habile. Quand il eut vu mon mal, il le jugea mortel; je me mis entre ses mains; et il me fit des opérations très-cruelles; mais elles me sauvèrent la vie. Pendant ce temps-là, M. le cardi-

---

1. Capitale du Bas-Poitou, diocèse et intendance de Poitiers, parlement de Paris; aujourd'hui chef-lieu du département des Deux-Sèvres. Le frère de la duchesse de Navailles étoit gouverneur de la ville.

nal avoit quitté la cour¹ et s'étoit retiré à Sedan dans la pensée que son éloignement apporteroit quelque facilité à des accommodements que l'on proposoit.

Je n'étois pas encore bien guéri; et j'avois une fort grande foiblesse; je ne laissai pas de prendre la résolution d'aller à la cour. Je la rencontrai à Mantes². La reine m'ordonna d'aller voir M. le cardinal sitôt que ma santé me le permettroit. Je partis dans le dessein d'aller passer quelques jours à Bapaume pour achever de me remettre. Je n'y eus pas demeuré une semaine que mes forces revinrent et que je me trouvai en état de monter à cheval et d'aller à la chasse.

J'allois me promener un jour à une lieue de la place pour me divertir; j'avois avec moi le marquis de Saint-Geniez mon frère, qui commandoit en mon absence, le cornette de ma compagnie de cavalerie, et douze maîtres. Je n'eus pas fait un quart de lieue que je vis venir deux hommes à cheval qui marchoient fort vite pour me joindre. Ils demandèrent en arrivant si le gouverneur de Bapaume étoit là; et me voyant, ils se jetèrent à terre; et ils me dirent qu'on avoit pris tout leur bien et qu'ils me prioient de les secourir. C'étoient deux paysans dont un parti de Cambrai venoit d'enlever les bestiaux. Je leur demandai le nombre des cavaliers; ils répondirent

---

1. Le 19 août. La cour alors étoit à Pontoise.
2. Dans l'Ile-de-France, capitale du pays mantois; aujourd'hui chef-lieu d'arrondissement, département de Seine-et-Oise.

qu'il n'y en avoit que vingt, et me firent entendre
que j'étois en état de les couper et de leur faire
quitter prise. Je regardai combien j'avois de gens avec
moi; et je trouvai que je faisois le vingt et unième
en comptant un petit page de quatorze ans. Je me
laissai toucher aux pleurs de ces pauvres gens; et
sans autre précaution que de prendre un cheval
d'Espagne que mon écuyer montoit et qui étoit
très-bon, je me mis au galop pour couper le parti
ennemi; il continuoit sa route et couvroit sa marche
par des bois. Comme je m'avançois dans une plaine,
il avoit pu me voir venir de fort loin et compter
les gens qui étoient avec moi. Quand j'approchai
du lieu où je croyois le devoir rencontrer, je fus
surpris de voir qu'il faisoit halte, et que c'étoit une
troupe de cinquante cavaliers. Mes chevaux étoient
presque rendus de la course que je venois de faire;
je voyois qu'il n'y avoit ni honneur, ni profit dans une
pareille rencontre. Mon cheval étoit encore assez vi-
goureux; et je pouvois me retirer sans aucun hasard;
mais il me fâcha d'abandonner mon frère, qui n'é=
toit pas si bien monté que moi, et de laisser exposés
à la merci de ces cavaliers les gens qui m'accompagnoient. J'en fis deux rangs; et nous nous mîmes
à la tête mon frère et moi; lui à la droite, moi à
la gauche. Ces cavaliers marchèrent droit à nous, le
mousqueton à la main. Je donnai du mouvement à
mes gens pour les recevoir; et je leur défendis de
tirer. Les ennemis firent leur décharge de fort près
et tuèrent le cheval de mon frère, lui cassèrent le

pied et lui coupèrent un doigt de la main. Ils tuèrent aussi deux de mes cavaliers et trois chevaux et cassèrent un bras à mon petit page; quatre balles donnèrent dans l'arçon de ma selle; d'autres emportèrent un de mes fourreaux de pistolet et coupèrent une des rênes de la bride de mon cheval. J'entrai dans leur escadron avec les quatorze maîtres qui me restoient; je leur tuai huit hommes sur la place; j'en pris quatorze et le commandant; tout le butin fut regagné. Les paysans s'en retournèrent contents; et je n'eus guère moins de joie de leur avoir sauvé leur bien que de m'être tiré fort heureusement d'une si périlleuse et d'une si petite affaire[1].

1. Cette aventure fit assez de bruit pour mériter d'être racontée par la *Gazette* et par Loret. Voici d'abord le récit de la *Gazette* : « Le comte de Navailles et le marquis de Saint-Geniez ayant eu avis qu'une bonne partie de la garnison de Cambrai retournoit de quelques villages qu'elle avoit pillés du côté de France, l'allèrent attendre au lieu où ils étoient avertis qu'elle devoit passer, et la chargèrent si prestement que, sans avoir eu le loisir de se reconnoître, elle fut taillée en pièces, à la réserve de quelques-uns qui furent faits prisonniers avec le commandant, blessé d'un coup de feu au travers du corps, que lui donna le comte de Navailles, qui en reçut six dans ses habits et eut un cheval tué sous lui. Le marquis de Saint-Geniez fut aussi blessé au pied droit, le seul qui lui reste, ayant perdu l'autre au siége d'Orbitello; tous deux faisant fort vaillamment en cette occasion d'autant plus glorieuse qu'elle ne leur coûte que la perte d'un seul homme, et qu'ils ont par ce moyen délivré la frontière des courses qu'y faisoit ce commandant. » *Gazette* du 2 novembre 1652. Lettre de Bapaume, 27 octobre.

Loret, on va le voir, se tient plus près de la vérité, si ce n'est qu'il ne nomme pas Navailles :

> Quelques ennemis du royaume
> Ayant raflé près de Bapaume

J'étois en peine des blessures de mon frère; et je demeurai encore quelques jours à Bapaume pour voir ce qui en arriveroit. Quand il fut hors de danger, je partis pour aller à Sedan trouver M. le cardinal. Il fut bien aise de me voir; et comme il avoit dessein de revenir en France avec sa famille, il voulut que je commandasse son escorte qui étoit de cinq cents chevaux et de quatre cents mousquetaires. L'armée d'Espagne n'étoit pas éloignée de Sedan; et cette marche ne se faisoit pas sans quelque danger; mais je le conduisis heureusement à Châlons[1]. Il résolut en ce lieu-là d'aller assiéger Bar en Lorraine[2] et donna ordre d'arrêter M. le car-

> Grande quantité de bétail,
> Dont je ne sais pas le détail,
> Le frère du sieur de Navailles,
> Échappé de plusieurs batailles,
> Mais portant depuis quelques mois
> Une cuisse et jambe de bois,
> Poursuivant cette fausse race,
> En tua plusieurs sur la place,
> Et reprit sur eux le butin;
> Mais, par un malheureux destin,
> Son unique cuisse charnelle
> Reçut une blessure telle,
> Que, pour son trépas empêcher,
> On croit qu'il faudra la trancher,
> Sans que jamais plus il combatte,
> Et qu'il deviendra cul-de-jatte.
>
> (*Muze historique*. Lettre trente-quatrième, livre III.)

« Saint-Geniez, dit Tallemant des Réaux, est un garçon qui a une jambe de bois; et ce qui est plus difforme, sa véritable jambe n'est point coupée; mais elle lui est inutile; et du pied, il se touche quasi le derrière. » (*Historiette* de Mme de Castelmoron.)

1. Sur la Marne.
2. Que le prince de Condé avoit pris dans le mois de no-

dinal de Retz[1]. Ensuite il retourna à Paris[2]; et j'eus l'honneur de l'accompagner. En ce temps-là le roi m'honora de la charge de capitaine-lieutenant des chevau-légers de sa garde; et je la récompensai aux héritiers de M. de Saint-Maigrin[3].

La campagne suivante, le roi alla à Sedan où M. le cardinal composa un corps d'armée à dessein de faire attaquer Stenay[4]; et il en donna le commandement à M. Faber. Pendant qu'on se préparoit pour former ce siége, l'on eut avis que l'armée d'Espagne marchoit du côté de l'Artois. Cela m'obligea de demander permission au roi d'aller à mon gouvernement de Bapaume. Je partis aussitôt; et en arrivant à Péronne, j'appris qu'Arras étoit investi. J'avois passé dans ma route à travers l'armée que M. de Turenne et M. de La Ferté commandoient, qui étoit auprès de Moncornet[5]; et j'avois dit à ces

---

vembre. Bar fut repris par les maréchaux de Turenne et de La Ferté après quinze jours de siége.

Bar-le-Duc, sur l'Ornain, capitale du duché de ce nom, diocèse de Toul; parlement de Paris, intendance de Soissons; aujourd'hui chef-lieu du département de la Meuse.

1. Le cardinal de Retz fut arrêté au Louvre le 19 décembre 1652 et enfermé dans le château de Vincennes.

2. Il y fit son entrée le 3 février 1653.

3. Quand, en 1665, Navailles fut obligé de vendre sa charge, le duc de Chaulnes la lui paya 500 000 fr.

4. C'étoit la première campagne du roi. Stenay se rendit le 6 août 1654; et elle fut démantelée. Cette place appartient à la France depuis le traité de Nancy. Ce n'est plus aujourd'hui qu'un chef-lieu de canton de l'arrondissement de Montmédy, département de la Meuse.

5. En Picardie, sur une colline, au pied de laquelle coule la rivière de Serre, diocèse de Laon, parlement de Paris, intendance

deux généraux que s'ils vouloient me donner cinq cents dragons, je ferois en sorte de me jeter dans la première place qui seroit investie ; mais ils se contentèrent de me promettre de me les envoyer dans quelques jours, quoique je leur eusse dit que ce secours pourroit arriver trop tard, et qu'il ne seroit pas d'un grand service, si les lignes étoient une fois à demi faites.

J'arrivai à Bapaume où je trouvai M. de Bar qui commandoit un camp volant composé en partie de la cavalerie d'Arras, commandée par M. d'Équancourt[1]. Il n'y avoit que vingt-quatre heures que la place étoit investie; je lui dis que s'il vouloit entrer, il ne falloit pas qu'il perdît cette nuit, je lui donnai pour lui servir de guides, des cavaliers de ma compagnie de chevau-légers qui étoit en garnison à Bapaume ; et il entra heureusement dans Arras. M. de Saint-Lieu[2] y entra aussi d'un autre côté sous la conduite des guides que je lui donnai.

Quatre ou cinq jours après, je vis arriver un corps de cavalerie à Bapaume, commandé par M. de Castelnau[3] et M. de Beaujeu ; et ils me dirent d'a-

---

de Soissons; aujourd'hui canton de Rozay-sur-Serre, arrondissement de Laon, département de l'Aisne.

1. Daniel de Montmorency, seigneur d'Équancourt, fut capitaine au régiment de Schulemberg, enseigne de la compagnie des gendarmes de Soyecourt, lieutenant général en Picardie, capitaine de chevau-légers au régiment de La Ferté, mestre de camp d'un régiment de cavalerie, maréchal de camp, lieutenant général. Il vivoit encore en 1666.

2. Il étoit mestre de camp d'un régiment de son nom. En 1658, il commanda une brigade à la bataille des Dunes.

3. Mauvissière.

bord qu'on leur avoit ordonné de me laisser le tiers de leurs troupes, et me rendirent ensuite une lettre de M. le maréchal de La Ferté, par laquelle il m'apprenoit qu'il avoit reçu ordre du roi de m'envoyer ce corps pour tenter de le jeter dans Arras. Je dis à M. de Castelnau et à M. de Beaujeu qu'en six jours et six nuits des lignes étoient bien avancées, et qu'il y avoit beaucoup d'apparence que nous nous ferions battre.

Les troupes étoient arrivées à sept heures du matin; nous les laissâmes reposer jusqu'à midi; et puis nous marchâmes et fîmes un grand tour dans le dessein d'aller attaquer le poste que défendoient les troupes lorraines. Nous arrivâmes à la vue des lignes des ennemis qu'il n'étoit pas encore nuit; et nous fîmes repaître nos troupes. Cependant j'allai à un village qui étoit tout proche; et je pris trois paysans que je menai aux deux autres commandants : c'étoient le père et les deux enfants. Je retins le père pour me servir de guide; et je leur donnai les enfants. Sitôt que la nuit fut venue, nous montâmes à cheval pour aller droit aux lignes. Comme nous avions déjà fait quelque chemin, M. de Castelnau laissa échapper son guide, qui courut en diligence dire aux ennemis que le gouverneur de Bapaume marchoit avec mille chevaux et quatre cents dragons pour entrer dans les lignes par l'endroit qu'il leur marqua. Il n'y avoit que le tiers de leur cavalerie au bivouac, à cause de la fatigue des jours passés. Ils firent monter promptement tout le reste à cheval et mirent cinq lignes de cavalerie et d'infanterie en bataille dans le lieu où nous devions passer. M. de Castelnau ne nous avoit point avertis qu'il avoit perdu son guide ; et nous marchions sans nous défier de rien, quand par un bonheur extraordinaire il survint un brouillard si noir et si épais que nos deux guides s'égarèrent à cinq cents pas des lignes. Ils nous dirent qu'ils ne se reconnoissoient plus et qu'ils ne savoient où nous étions. Nous voulûmes savoir de nos cavaliers, si ce n'étoit point une tromperie ; et ils nous dirent qu'ils ne se reconnoissoient pas non plus. Nous rôdâmes toute la nuit sans faire deux mille pas de chemin ; et au point du jour nous trouvâmes que nous avions la croupe de nos chevaux tournée du côté des ennemis. Je me retirai à Bapaume ; et MM. de Castelnau et de Beaujeu retournèrent au camp.

Nos armées vinrent se loger aux environs d'Arras ; et j'eus ordre d'aller servir de lieutenant général sous M. le maréchal de La Ferté ; mais comme après la prise de Stenay, on composa un corps d'armée dont la maison du roi faisoit la plus considérable partie, pour le donner à M. le maréchal d'Hocquincourt, je reçus un autre ordre de servir avec lui. M. de Turenne et M. de La Ferté qui avoient leurs troupes ensemble, étoient postés à Monchi-le-Preu[1].

---

1. Sur la rivière de Bresche, en Picardie, diocèse de Beauvais, parlement de Paris, intendance de Soissons ; aujourd'hui Monchy-lès-Preux, canton de Vitry, arrondissement d'Arras, département du Pas-de-Calais.

On fit mettre celles de M. d'Hocquincourt, qui n'étoient que de quatre mille hommes de pied et de deux mille chevaux à un quart de lieue des lignes des ennemis entre le quartier de M. le Prince et celui des troupes lorraines. Il y avoit quatre grandes lieues du camp de M. d'Hocquincourt à celui des deux autres généraux; et sans un château où l'on avoit mis cent cinquante mousquetaires pour lui en faciliter la communication, il auroit fallu faire un grand tour. On l'avoit obligé de prendre ce poste pendant que j'étois allé à Bapaume afin d'en faire venir deux pièces de canon, des pelles et d'autres munitions pour notre petite armée. Quand j'arrivai au camp, je trouvai M. d'Hocquincourt avec MM. de Turenne et de La Ferté qui lui avoient persuadé de prendre ce poste; je lui parlai en particulier et lui fis comprendre que s'il y demeuroit, il seroit sûrement taillé en pièces; il trouva mes raisons si bonnes, qu'il résolut de changer de lieu, et le dit à ces deux généraux qui s'en prirent à moi avec assez d'aigreur. Cela causa une contestation entre nous qui nous obligea d'envoyer à la cour pour avoir son jugement. Elle décida en faveur de M. d'Hocquincourt qui alla se poster à Saint-Éloi; après qu'il y eut demeuré quinze jours, M. de Turenne le vint voir et lui dit qu'on avoit pris la résolution d'attaquer les lignes et que ce seroit le lendemain à minuit. J'étois présent à ce discours; et je reçus beaucoup d'honnêtetés de M. de Turenne.

Nous ne perdîmes point de temps dans notre

armée pour nous mettre en état d'exécuter une si grande action. Je priai M. d'Hocquincourt de me laisser le soin du détail des choses. Il voulut bien s'en reposer sur moi et me donna beaucoup de témoignages de confiance et de bonté. J'allai reconnoître les lignes avec M. de Pradel, qui commandoit les gardes. En revenant, le neveu de M. de La Salle [1] s'approcha de nous et me dit tout bas qu'il avoit quelque chose à me dire. M'étant éloigné, il me fit entendre que M. de La Salle étoit offensé de ce que je n'avois pas voulu qu'il prît jour de lieutenant général avec moi. Je lui répondis qu'il n'avoit pas raison de se plaindre et que cela auroit fait tort à mon ancienneté. Je lui alléguai l'exemple de MM. d'Aumont et d'Hocquincourt, qui ne voulurent pas, à la bataille de Rhetel, que M. de Castelnau et moi servissions de pair avec eux, quoiqu'ils ne fussent que lieutenants généraux non plus que nous; mais cela ne contenta pas le neveu de M. de La Salle; il me dit que son oncle vouloit se battre avec moi. Je lui répondis que je ne me battrois point en duel; que je l'avois promis à Dieu et que je savois le respect qui étoit dû aux édits du roi; que j'étois chargé d'une fort grande affaire très-importante à son service et que si je revenois de cette action, où je croyois qu'il y avoit beaucoup plus de péril que dans un combat particulier, il ne seroit pas malaisé à son oncle de me rencontrer dans les chemins où je pas-

---

1. Louis Caillebot, marquis de La Salle, sous-lieutenant des gendarmes du roi. Il étoit lieutenant général du 10 juillet 1652.

sois tous les jours pour faire ma charge. La chose en demeura là; et je continuai à me préparer à l'attaque des lignes. La nuit étant venue, je fis charger quantité de charrettes, de pics, de haches, de fascines et de pelles, avec des claies pour mettre sur les trous; et ayant fait prendre les armes aux troupes, je les menai dans un fond que j'avois remarqué à couvert des lignes, quoiqu'il en fût fort près.

Quand on eut fait les détachements accoutumés en pareilles occasions, je priai M. d'Hocquincourt, dont je connoissois la chaleur, de ne se pas impatienter; que je lui répondois que si les troupes du roi entroient dans les lignes, nous y serions des premiers, pourvu qu'il me laissât faire. Je lui en dis les raisons. C'étoit que nous attaquions le quartier des Italiens, qui étoit le plus foible et dont les troupes devoient composer cette nuit une partie de la garde de la tranchée, comme je l'avois appris d'un prisonnier que nous avions fait le jour de devant. Je savois encore que ce quartier n'étoit soutenu que par la cavalerie des Lorrains, dont je ne faisois pas grand cas, et qu'elle ne pouvoit même le soutenir que par des ponts qui étoient sur un petit ruisseau. Je lui dis aussi qu'il falloit laisser attaquer M. de Turenne et M. de La Ferté les premiers, parce qu'ils avoient les deux grandes armées jointes ensemble, et que la sienne en étoit à deux lieues; qu'il y auroit plus de sûreté pour lui et que la diversion que feroient ces attaques, lui donneroit aussi plus de facilité; il approuva ces raisons et résolut d'attendre.

Sitôt que les deux armées commencèrent à attaquer et que nous entendîmes le bruit, nous marchâmes aux lignes. Les sergents des gardes, qui commandoient les enfants perdus, s'arrêtèrent sur les trous, au lieu d'entrer dans le fossé où il y avoit moins de péril. Je mis pied à terre et fis marcher les sergents à l'angle que je voulois attaquer. Ils avancèrent; et nous ne trouvâmes aucune résistance; les bataillons arrivèrent aussitôt; et je fis monter des soldats sur la ligne que les ennemis avoient abandonnée. Ils éloignèrent par leur feu trois ou quatre escadrons qui étoient en bataille derrière la ligne. J'y fis faire deux ou trois passages par les pionniers; et j'y fis entrer quinze escadrons et cinq bataillons que je mis en bataille. Nos troupes entrèrent une heure plus tôt que les autres qu'on avoit battues et repoussées. Je ne parlerai point de la suite de cette action[1]. On sait qu'elle réussit; elle ne fut pas néanmoins soutenue comme elle le pouvoit être; et si l'on avoit fait justice à de certains officiers qui s'attribuèrent l'honneur de ce succès, ils auroient dû craindre quelque fâcheux traitement. Mais comme il est difficile de remarquer tout ce qui se passe dans la plupart des grandes actions; l'on en donne souvent la gloire à ceux qui savent le mieux en discourir[2].

1. Elle eut lieu le 25 août 1654.
2. La *Gazette* n'accorde à Navailles que ces deux lignes : « Le duc de Navailles a agi avec le marquis d'Hocquincourt à la prise de Saint-Paul et commandé près de lui, conduisant la maison du

Dans ce temps-là j'appris la mort de mon père, à qui la reine avoit fait l'honneur de donner des lettres de duc et pair [1]. Cette grâce, qui m'avoit été la plus sensible que j'eusse reçue de la bonté de cette princesse dans toute ma fortune, me causa dans la suite beaucoup de déplaisir. Je croyois que M. le cardinal en considération des services continuels que je rendois au roi et à lui-même en particulier, seroit bien aise de me conserver cette dignité; mais il y apporta tant de longueurs et de difficultés, que je pensai rompre avec lui. L'affaire s'accommoda; et j'eus enfin ce que je souhaitois [2].

L'année suivante, les démêlés qu'il y avoit entre M. le maréchal d'Hocquincourt et M. l'abbé Fouquet [3],

---

roi. » *Extraord.* du 2 septembre. Mais la part qu'il eut à cette affaire parut assez grande pour mériter d'être rapportée dans les lettres patentes de décembre 1660 pour l'érection de la terre de la Valette en duché-pairie.

Nous ne savons pas pourquoi Navailles n'a pas parlé ici de l'honneur qu'il eut de recevoir le roi à Bapaume : « Le dernier du passé, Leurs Majestés, à leur retour d'Arras, furent ici traitées par le duc de Navailles, notre gouverneur, qui leur fit la meilleure chère que lui put permettre l'état du pays et le peu de temps qu'il eut pour les recevoir » *Gazette* du 5 septembre. Lettre de Bapaume, le 1er.

1. Sous le titre de duc de Lavedan. Le brevet est du 12 mai, et les lettres patentes de décembre 1650.

2. Il obtint en effet, la même année, la confirmation de l'érection du duché-pairie de Lavedan; mais, en 1660, il fit transférer sur la terre de la Valette, qu'il avoit achetée du duc d'Épernon, les titres et dignité de duché-pairie sous le nom de duché-pairie de Montault.

3. Basile Fouquet, frère du surintendant. Il fut pendant la Fronde un des familiers du cardinal Mazarin; mais ses galanteries l'ont rendu plus célèbre que sa politique.

à l'occasion de Mme de ***¹, passèrent si avant que le maréchal, à qui on fit croire que l'abbé l'avoit perdu auprès de M. le cardinal et qu'on vouloit l'arrêter², prit la résolution de se retirer de la cour. Cette dame, qui avoit un grand pouvoir sur son esprit, ne perdit pas cette occasion pour tâcher de l'embarquer dans les intérêts de M. le prince. Il étoit gouverneur de Péronne et de Ham, qui sont des places importantes à l'État par le voisinage de Paris et par le passage de la rivière de Somme. M. le prince, qui eût tiré l'avantage qu'on peut s'imaginer de les avoir en sa disposition, envoya M. de Boutteville³ et M. de Guittaut pour lui faire des propositions de sa part et de celle des Espagnols. On lui offrit quatre cent mille écus d'argent comptant, de le faire lieutenant général sous M. le prince, de lui laisser le gouvernement de ces places, à condition que les Espagnols y mettroient des troupes qui seroient supérieures, et de lui donner la moitié des contributions. M. le cardinal fut fort alarmé de cette affaire⁴, quand il apprit qu'elle étoit déjà bien avancée. Il savoit que le

1. Isabelle de Montmorency, duchesse de Châtillon, et depuis duchesse de Meckelbourg.
2. La duchesse de Châtillon elle-même avoit été arrêtée.
3. Il étoit frère de la duchesse de Châtillon.
4. Ce n'étoit pas la première fois que le cardinal Mazarin avoit des inquiétudes pour Péronne. Déjà, en 1649, après la paix de Saint-Germain, il avoit dû faire les avances d'une réconciliation avec le marquis d'Hocquincourt. *Discours sur l'entrevue du cardinal Mazarin et de M. d'Hocquincourt, gouverneur de Péronne.* S. l., 1649, in-4.

maréchal avoit quelque confiance en moi. Il m'envoya querir et me commanda d'aller promptement à Péronne, pour tâcher de détourner cet orage.

Je partis de Compiègne où la Cour étoit; et je fis tant de diligence, que M. de Boutteville et M. de Guittaut étoient encore à Péronne quand j'y arrivai. Ils ne voulurent pas paroître devant moi. Le maréchal me fit, comme à son ordinaire, un accueil très-obligeant. Je lui dis que j'allois à Bapaume et que je profitois de l'occasion pour le voir en passant. Il voulut que je logeasse chez lui. J'avois accoutumé d'en user ainsi; et je n'en fis pas de façon dans la pensée que cela pourroit servir aux affaires dont j'étois chargé. Nous soupâmes ensemble; et sur le milieu du repas, il me porta la santé de Mme de*** avec beaucoup d'empressement; je n'étois pas fâché qu'il s'échauffât un peu; je lui en fis raison; et nous demeurâmes une heure et demie à table. Quand nous en fûmes sortis, il me mena à ma chambre; et il se mit sur le chapitre de l'abbé Fouquet, sur le sujet qu'il avoit de se plaindre de M. le cardinal de l'avoir abandonné à ses ennemis après tous les services qu'il lui avoit rendus. Je fus bien aise qu'il m'eût donné lieu d'entrer en matière. Je l'assurai que M. le cardinal avoit pour lui de meilleures intentions qu'il ne s'imaginoit. Je lui démêlai tous les intérêts des personnes qui le poussoient à prendre des engagements si contraires à sa gloire et à sa réputation. Enfin je fis si bien dans cette conversation, qu'il me sembla que je l'avois ébranlé. Il ne voulut pas que je m'en allasse le lendemain. Madame la maréchale d'Hocquincourt étoit sortie de Péronne quelques jours auparavant; elle y revint quand elle sut que j'y étois, et mit tout en usage pour donner de la défiance de moi au maréchal et pour rompre ma négociation. Comme elle vit qu'elle n'y pouvoit réussir, elle alla à Compiègne où la Cour étoit encore, et dit à M. le cardinal que mon dessein étoit d'avoir le gouvernement de Péronne; lui qui savoit si bien le contraire, l'assura que je n'y songeois pas. Mais elle lui témoigna avoir toujours cette pensée par la passion qu'elle avoit que la négociation passât par ses mains; et ne pouvant obliger M. le cardinal à la lui confier, elle le pria pour me donner quelque mortification, de m'associer M. de Nouailles[1]. M. le cardinal, qui ne jugea pas à propos de la refuser, me dit là-dessus des choses très-obligeantes et qui marquoient une estime et une confiance particulière. Je n'eus pas de peine à consentir que M. de Nouailles entrât avec moi dans une affaire, où il s'agissoit d'empêcher que les Espagnols n'établissent leurs armées en quartier d'hiver entre la rivière de Somme et la rivière d'Oise, comme ils en avoient le dessein. On jugera de quelle importance étoit l'affaire par cette circonstance : M. de Fonsaldaigne[2] me dit au mariage du roi, qu'il

---

1. Anne, comte, puis duc de Noailles. Il avoit été capitaine des gardes du cardinal Mazarin et étoit gouverneur de Salces et de Perpignan.

2. Alfonso Perès de Vivero, comte de Fuensaldaigne, en ce temps-là général des armées espagnoles dans les Pays-Bas.

avoit fait venir d'Espagne les quatre cent mille écus que l'on étoit convenu de donner à M. d'Hocquincourt et qu'il avoit cru être maître de toutes les places de la Somme jusqu'au Châtelet[1]. Cela étoit inévitable, si les Espagnols eussent été reçus dans Péronne. Je ne m'étendrai pas davantage sur ce sujet; je dirai seulement que j'avois pouvoir de pousser la récompense que l'on donna à M. d'Hocquincourt de ses gouvernements, beaucoup plus loin qu'elle ne fut portée par le traité que l'on fit avec lui, et que je ménageai en cette occasion les intérêts du roi comme un bon et fidèle serviteur[2].

Quelques années après[3], la cour étant à la Ferté[4], où je l'avois suivie, M. le cardinal m'envoya chercher un matin, et me dit quand je fus auprès de lui, qu'il falloit que je me disposasse pour aller servir sous M. le maréchal de La Ferté, qui avoit reçu ordre d'assiéger Montmédy[5].

Je me rendis au camp de M. le maréchal de la Ferté quatre jours après qu'il eût investi Montmédy. On sait la situation de cette place, qui est sur un rocher fort découvert, et les grandes difficultés

1. Le Câtelet.
2. Le maréchal d'Hocquincourt remit à son fils ses gouvernements de Péronne et de Ham, et reçut 200.000 écus.
3. Deux années.
4. La Ferté Milon, en Valois, sur la rivière de l'Ourcq, au gouvernement général de l'Ile-de-France, diocèse et intendance de Soissons, parlement de Paris; aujourd'hui canton de Neuilly-Saint-Front, arrondissement de Château-Thierry, département de l'Aisne.
5. Au commencement de juin 1657.

qu'il y a pour les attaques. M. d'Ussel[1] servoit de lieutenant général dans cette armée aussi bien que moi. Nous nous appliquâmes l'un et l'autre les premiers jours à voir les endroits où nous pourrions trouver de la terre. Le chevalier de Clerville qui servoit d'ingénieur, fit son rapport de l'attaque qu'il avoit reconnue; et MM. de La Ferté et d'Ussel approuvèrent son sentiment. J'avois mené avec moi quand j'allai reconnoître la place, un petit ingénieur nommé La Cerbeau, qui n'avoit pas encore une grande réputation. Il étoit d'une opinion tout à fait opposée à celle du chevalier de Clerville. Ses raisons me parurent si bonnes, que je les appuyai et les fis goûter à M. le maréchal. Il prit pour lui l'attaque dont La Cerbeau étoit d'avis; et il m'en donna le soin. M. d'Ussel et le chevalier de Clerville prirent l'autre. Je n'entrerai point dans tout le détail de ce siége; il me suffira de dire que la place dura cinquante-cinq jours de tranchée ouverte, et qu'il y eut quatre cents officiers de tués ou de blessés. Cet ingénieur que j'avois mené, fut du nombre. C'étoit un habile homme et qui se seroit rendu très-capable de servir. On fut obligé d'abandonner l'attaque du chevalier de Clerville trente jours après qu'elle eut été commencée; et ce qui est remarqua-

---

1. Louis Châlon du Blé, marquis d'Huxelles, gouverneur des ville et citadelle de Châlon-sur-Saône, lieutenant général des armées du roi et lieutenant général au gouvernement de Bourgogne, blessé mortellement au siége de Gravelines dans la nuit du 8 au 9 août 1658.

ble, on n'en fit point d'autre, quoique la place tînt encore vingt-cinq jours. Elle fut prise par la seule attaque que je conduisois[1].

La cour, qui avoit été présente à ce siége, alla à Stenay; et je l'y joignis. Le roi et M. le cardinal me témoignèrent plus de satisfaction de mes services que je ne méritois. Ma santé étoit un peu affoiblie par les fatigues que j'avois eues pendant tout ce siége, le plus difficile et le plus périlleux que l'on eût vu depuis la déclaration de la guerre. Cela m'obligea de demander congé pour aller à Bapaume, où je demeurai six semaines.

L'année d'après[2], on assiégea Valenciennes. M. de Turenne et M. de La Ferté commandoient l'armée. M. d'Ussel et M. de Castelnau servoient de lieutenants généraux. Je suivis la cour qui alla à la Fère. Peu de temps après qu'elle y fut arrivée, le roi qui étoit chez M. le cardinal, m'envoya querir et me commanda de partir le lendemain de grand matin avec les troupes de sa maison, et un autre corps de deux mille cinq cents hommes pour aller prendre un convoi de vivres et de munitions à Guise, et le conduire au camp devant Valenciennes. M. le car-

---

[1]. Le 6 août 1657. Navailles a ici interverti l'ordre des temps. On a vu au commencement de ce récit que sa mémoire ne lui rappeloit pas les dates avec certitude; car, passant de l'accommodement du maréchal d'Hocquincourt, qui est de 1655, au siége de Montmédy, il dit approximativement, sans oser rien préciser, « quelques années après. »

[2]. Il auroit fallu dire : « L'année d'avant. » Le siége de Valenciennes est de 1656.

dinal me dit en particulier, que si M. de Turenne jugeoit que je fusse nécessaire à ce siége, il me prioit d'y vouloir demeurer.

Je menai le convoi fort heureusement, quoiqu'il y eût beaucoup de danger. Il falloit nécessairement que je passasse à une lieue et demie de l'armée des ennemis, qui s'étoit postée à deux lieues du Quesnoy[1] assez près de la nôtre. Ils avoient détaché cinq mille chevaux pour m'attaquer; mais j'arrivai au camp à une heure après minuit; et ma diligence me mit à couvert de leurs desseins. Je trouvai M. de Turenne bien embarrassé. Les ennemis s'étoient rendus maîtres d'une éminence par un fort qu'ils y avoient construit, et voyoient de ce lieu-là tous les mouvements de notre camp, sans que nous pussions voir ceux du leur, parce qu'il étoit sur l'Escaut derrière cette éminence.

Le lendemain de mon arrivée, M. de Turenne me mena voir les lignes. Je m'aperçus d'abord de l'avantage des ennemis. Il me dit que s'il avoit eu assez de troupes, il n'auroit pas manqué d'occuper l'éminence dont je viens de parler; elle n'étoit éloignée de notre camp que de la portée d'un mousquet. Il mit les troupes que je commandois, le long de l'Escaut, dans le poste le plus exposé à l'attaque, parce qu'il étoit plus proche de cette éminence qu'aucun des autres quartiers. J'étois venu sans équipage; et

---

1. Place forte dans le Hainaut, diocèse de Cambrai, parlement de Douai, intendance de Lille; aujourd'hui chef-lieu de canton, arrondissement de Valenciennes, département du Nord.

je me voyois dans un lieu où il falloit que je travaillasse beaucoup et où j'avois besoin de précaution et de vigilance. Le canon de la ville et celui du camp des ennemis croisoient incessamment mes troupes et me tuoient quantité de gens. Je fis faire des épaulements et fortifiai mon quartier de manière que je crus être en état de faire une défense considérable si j'étois attaqué.

Trois semaines après, les ennemis firent sur l'Escaut plusieurs ponts que nous ne pouvions voir, parce que leur armée les couvroit, afin d'aller attaquer M. de Turenne ou M. de La Ferté, dont les deux armées ne se communiquoient que très-difficilement. Pour dérober leur marche, ils laissèrent des troupes dans les forts qu'ils avoient sur l'éminence, et nous harcelèrent toute la nuit par leur canon et leurs alarmes, pendant que le gros de leur armée, qui défiloit, vint donner dans les lignes du côté de M. de La Ferté. Dès que j'entendis le bruit, j'envoyai trois régiments d'infanterie pour soutenir les attaques; mais ce fut inutilement, parce qu'ils trouvèrent les ennemis en bataille dans les lignes.

Au point du jour, M. de Turenne vint à mon quartier et me demanda des nouvelles de ce qui se passoit de l'autre côté. Je lui dis que j'entendois la marche espagnole comme si elle étoit dans la ligne. Dans ce même temps nous vîmes au delà de la digue de fascines qu'on avoit faite pour la communication des deux armées, un homme qui faisoit signe du chapeau qu'on allât lui aider à passer; et on connut que c'étoit M. d'Ussel. Il nous apprit tout le désordre de l'armée de M. de La Ferté. M. de Turenne par une habitude qu'il a de demander ce qu'il y a à faire dans les mauvais succès qui arrivent à la guerre, quoiqu'il sache mieux que personne prendre son parti en toute sorte d'occasions, voulut avoir mon sentiment en celle-là. Je lui dis que je croyois qu'il n'y avoit pas de temps à perdre pour retirer notre canon et nos troupes de la tranchée, et pour faire défiler le bagage; que pour moi j'allois mettre en sûreté tout ce qui étoit dans mon quartier. J'étois posté fort près de la ville; les troupes lorraines qui étoient à ma gauche se retirèrent diligemment et la laissèrent toute découverte. J'envoyai d'abord sur l'éminence où étoit le fort des ennemis; on n'y trouva personne. Toute leur armée avoit passé du côté de leur attaque. Je fis ouvrir la ligne que j'avois devant moi par deux endroits. Mon canon et mon bagage passèrent par l'un, et mes troupes par l'autre, où je me mis en bataille en faisant face à la ville. Je me retirai sans rien perdre de tout ce qui étoit dans mon quartier, quoique je fisse l'arrière-garde de toute l'armée. Il y eut quelques escarmouches; mais nous ne fûmes pas pressés par les ennemis; et nous arrivâmes sans danger au Quesnoy[1].

Le lendemain, nous nous postâmes avantageusement, pour rassurer les troupes qui étoient épouvantées par la perte que nous venions de faire.

1. Le siége de Valenciennes fut levé le 16 juillet 1656.

Le jour d'après, les ennemis vinrent reconnoître notre campement; mais ils le trouvèrent en si bon état qu'ils n'osèrent nous attaquer; et ils se retirèrent pour aller tomber sur Condé. M. de Turenne désira que j'allasse à la Fère, où le roi étoit encore, pour lui rendre compte de toutes choses. M. le cardinal me demanda quelle suite je croyois que pouvoit avoir la levée du siége de Valenciennes; je lui dis qu'il y avoit apparence que les ennemis prendroient Condé[1] et que s'il envoyoit des troupes derrière la Somme, elles couvriroient les autres places et pourroient joindre M. de Turenne lorsqu'il en auroit besoin; il me répondit qu'il avoit ce dessein, et qu'il travailloit avec empressement à ramasser des troupes. Je pris congé de lui pour aller à Bapaume, où je pouvois être informé du mouvement des ennemis.

Dans moins d'un mois, l'armée de M. de Turenne fut en état de marcher. Celle d'Espagne vint camper à deux lieues de Bapaume, dans un lieu appelé Hinchy[2], où elle se rafraîchit trois ou quatre jours, et fit de grands amas de blé. Je jugeai par là qu'elle vouloit s'avancer vers l'armée de M. de Turenne qui

---

1. Il fut pris en effet le 19 août par le prince de Condé.
Condé, place forte en Hainaut, au confluent de la Haisne et de l'Escaut, diocèse de Cambrai, parlement de Douai, intendance de Lille; aujourd'hui chef-lieu de canton, arrondissement de Valenciennes, département du Nord.
2. Inchy, en Artois, diocèse d'Arras, parlement de Paris, intendance de Lille; aujourd'hui canton de Marquion, arrondissement d'Arras, département du Pas-de-Calais.

étoit campée à Oudin[1]. M. le cardinal avoit mis près de deux mille chevaux derrière la Somme. Je leur envoyai ordre de venir en diligence à Bapaume; ils vinrent. Je les fis marcher toute la nuit; et j'arrivai au point du jour à Oudin; je trouvai que l'armée ennemie étoit en présence de la nôtre, qui n'eut pas peu de joie du renfort que je lui amenois. Mon arrivée et le poste avantageux que M. de Turenne avoit occupé, obligèrent les ennemis de prendre le parti de se retirer.

M. de Turenne me fit alors l'honneur de me découvrir la pensée qu'il avoit d'attaquer la Capelle ou le Câtelet, et de me demander laquelle des deux places je croyois qu'on pourroit prendre plus sûrement; je lui dis que, si c'étoit mon affaire, j'attaquerois la Capelle; qu'outre que la circonvallation m'en paroissoit moins difficile, les Espagnols auroient beaucoup plus de chemin à faire pour la secourir. Il me répondit qu'il entroit dans mon sentiment, et qu'il alloit tomber sur la Capelle; il la prit[2]; et ce fut la fin de la campagne.

La cour revint passer l'hiver à Paris; et je la suivis dans le voyage. M. le cardinal me demanda un jour si je serois d'humeur à aller servir en Italie; et il me fit l'honneur de me dire qu'il ne me vouloit pas presser là-dessus, mais que je serois utile en ce pays-là au service du roi, et qu'en son particulier

---

1. En Artois; aujourd'hui Houdain, chef-lieu de canton, arrondissement de Béthune, département du Pas-de-Calais.
2. Le 27 septembre.

je lui ferois beaucoup de plaisir. Je lui répondis qu'il savoit bien que j'avois accoutumé d'obéir sans peine quand il s'agissoit du service du roi et de la satisfaction particulière de Son Éminence. Il me fit entendre que le roi me donneroit le commandement général de son armée sous M. le duc de Modène avec le titre d'ambassadeur extraordinaire vers les princes d'Italie. C'étoient les mêmes avantages qu'avoient eus les maréchaux de France qui m'avoient précédé dans cet emploi.

Je me disposai à faire le voyage d'Italie, quoique la saison fût encore fort incommode. Les troupes du roi hivernoient dans le Mantouan. Cela m'obligea de m'embarquer à Toulon pour aller à Masse[1]. J'arrivai à bon port; et M. de Modène, sous qui j'avois déjà eu l'honneur de servir, me reçut avec beaucoup de témoignages d'amitié. Je pris connoissance de l'état des troupes; et je ne les trouvai pas si fortes que je croyois qu'elles le devoient être sur la fin d'un quartier d'hiver, qu'elles avoient eu dans un très-bon pays. M. de Modène faisoit les préparatifs pour assiéger Sabionnette, et prétendoit par la prise de cette place assurer son pays qui en est proche. Trois ou quatre jours après mon arrivée, il voulut qu'on tînt un conseil sur les moyens d'ouvrir la campagne. Lui et son fils[2] s'y trouvèrent, M. le

---

1. Massa, capitale du duché de ce nom, dans les États de Modène, à peu de distance de la mer.

2. Alphonse IV d'Este, duc de Modène et de Reggio après la mort de son père. Ce fut lui qui épousa Laure Martinozzi, nièce

cardinal d'Est[1], M. de Brachet[2], intendant de justice, et moi. La proposition d'attaquer Sabionnette fut d'abord mise en avant, comme une chose résolue. J'étois d'un sentiment fort éloigné de commencer la campagne par ce siége. Je représentai que nous étions dans un lieu où nos secours ne pouvoient venir que par la mer; ce qui obligeoit à une grande dépense, et les rendoit fort incertains; qu'il n'en falloit pas attendre de M. le duc de Savoie puisque l'État de Milan nous séparoit de son pays; que nous devions considérer que Valence, qui étoit à nous, se trouvoit comme investie par les postes que les Espagnols tenoient aux environs; que cette place en souffroit beaucoup d'incommodités, et que je jugeois à propos avant toutes choses de songer à la délivrer; que la prise de Sabionnette n'étoit d'aucune conséquence pour M. de Modène, parce qu'il n'avoit pas besoin pour conserver son pays, d'autre sûreté que les bonnes grâces et la protection du roi, dont il ne devoit pas douter; que mon opinion étoit qu'il falloit tenter le passage de la rivière d'Adde, et que je m'assurois que nous y réussirions malgré les oppositions des ennemis. Je fis goûter ces raisons à ceux du conseil; et l'on résolut de prendre le parti que je proposois. Je n'ignorois pas qu'il étoit très-difficile

du cardinal Mazarin. Il mourut le 14 octobre 1658, âgé de vingt-huit ans.

1. Renaud d'Este, cardinal de 1641, protecteur des affaires de France à Rome, abbé de Cluny, évêque de Palestrino, mort le 30 septembre 1673.

2. Il mourut à Casal, dans le mois de septembre 1659.

de passer l'Adde qui n'est point guéable et qui étoit défendue par des troupes plus fortes que les nôtres. Je n'ignorois pas encore qu'après le passage de cette rivière, il y avoit trente lieues de marche à faire au milieu du pays ennemi pour aller secourir Valence ; mais je croyois qu'il étoit très-important au service du roi de chasser les Espagnols des postes qu'ils occupoient autour de cette place.

Quinze jours après, nous commençâmes à marcher ; les ennemis avoient leur armée avec les milices du pays campées le long de l'Adde ; nous nous postâmes sur les confins de l'État de Venise ; et je fis mettre sur une petite rivière appelée Serio[1], qui tombe dans l'Adde, cinquante bateaux armés, pour leur faire croire que je voulois forcer le passage. J'allai camper ensuite sur le bord du Pô à l'embouchure de l'Adde ; et après avoir séparé l'armée en quatre brigades, je fis faire des retranchements pour mettre le canon et l'infanterie. Cependant il y avoit des escarmouches continuelles entre le ennemis et nous. Dans le temps qu'elles étoient le plus échauffées, je détachai mille chevaux et mille mousquetaires avec des petits bateaux pour aller dérober un passage. Je fus averti que mes troupes étoient passées, et qu'elles avoient occupé un poste au delà de la rivière. Je marchai moi-même avec un nou-

---

1. « C'est probablement sur le bord de cette rivière que « s'étant avancé pour la reconnoître, Navailles reçut un coup de mousquet tiré de l'autre bord, qui ne fit néanmoins que percer le haut de son chapeau. » *Gazette* extraord. du 14 août 1658.

veau détachement pour les soutenir; et j'envoyai dire à M. de Modène qu'il fît avancer l'armée en diligence, avec notre pont de bateaux à l'avant-garde. Je passai la rivière dans les petits bateaux que le premier parti détaché avoit menés; et je me saisis d'une église sur le bord de l'eau, pour être en état de recevoir les ennemis. Ils s'étoient avisés un peu tard de notre marche et de notre passage. Ils envoyèrent une partie de leurs troupes pour me chasser de mon poste; mais trois ou quatre mille chevaux, qui vinrent me reconnoître, me trouvèrent posté avec tant d'avantage, qu'ils n'osèrent m'attaquer. Notre armée étant venue, on travailla promptement à mettre notre pont de bateaux en état; et elle passa le lendemain.

Le jour d'après, nous allâmes camper à Marignan, à quatre lieues de Milan. Nous apprîmes qu'il y avoit une furieuse épouvante dans cette grande ville; que M. de Fonsaldaigne s'étoit jeté dedans, et qu'il avoit posté derrière toute son armée, dont il avoit fait un détachement de cavalerie et d'infanterie, pour couvrir la grande avenue qui va de Marignan à Milan. Nous résolûmes d'aller attaquer ces troupes détachées; et M. de Modène trouva bon que je prisse pour cela mille mousquetaires et quinze cents chevaux. Je marchai toute la nuit; et au point du jour je leur emportai trois barricades; je poussai tout ce que je rencontrai jusqu'à la porte de Milan, fis mettre le feu à douze ou quinze maisons qui étoient au deçà, pris plusieurs prisonniers, tuai beaucoup de gens, et causai une grande émotion dans toute la ville par cette dernière alarme[1]. Le jour suivant, M. de Duras[2] qui étoit un de nos lieutenants généraux, alla avec huit cents hommes de pied et huit cents chevaux piller Mons qui est une ville considérable du Milanois.

Dans le même temps nous donnâmes avis à M. de Savoie de l'état où nous étions, et de la terreur qu'il

---

[1]. Du camp de Saint-Ange, le 29 juillet 1658. « Le duc de Navailles, qui ne manque pas d'être de toutes les bonnes parties, s'étant mis à la tête de douze cents chevaux et quatre cents mousquetaires, que commandoit Baas, marcha, la nuit du 21 au 22, droit aux ennemis, qu'il trouva barricadés et retranchés dans les plus proches maisons de Milan, qui en sont comme le faubourg. Il les fit aussitôt attaquer par le sieur de Courcelles, capitaine au régiment de Navarre, qui, nonobstant le feu de toute l'infanterie, qu'ils avoient derrière les barricades et dans ces maisons percées de tous côtés, donna si vigoureusement qu'il les en chassa et emporta la première et la seconde barricade; mais le duc de Navailles voyant qu'un si petit corps avoit à soutenir une armée derrière des retranchements, fit retirer les nôtres en si bon ordre, que les ennemis n'osèrent se mettre en devoir de les venir charger. » *Gazette*.

Cette affaire est rappelée dans les lettres patentes pour l'érection de la terre de la Valette en duché-pairie sous le nom de Montault (décembre 1660). On loue Navailles d'avoir franchi la rivière d'Adda « au delà de laquelle aucunes troupes n'avoient passé depuis celles de François Ier. »

[2]. Jacques-Henri de Durfort, duc et plus tard maréchal de Duras, mort le 12 octobre 1704. Il avoit été du parti des princes pendant la Fronde. L'auteur de l'*Apothéose de Mme la duchesse de Longueville, princesse du sang*, s. l., 1651, in-4, dit : « MM. les comtes de Duras et de Quintin, aînés des deux célèbres maisons de Duras et de La Moussaye, et neveux de M. le maréchal de Turenne, représenteront ici Castor et Pollux, qui par leur prodigieuse vertu se sont rendus immortels; ce Pollux ayant tué en l'expédition de la Toison d'or le roi Amyque, qui avoit accoutumé à tuer à coups de ceste les passants dans la forêt Bébrycienne, puisque ce valeureux comte de Duras, perçant les légions de l'armée opposée à son courage, poussa jusques au canon, ci-dessus représenté par le roi Amyque. »

y avoit parmi les Espagnols; et nous le sollicitâmes de se mettre en campagne pour nous venir faciliter le passage du Tezin. Il envoya ses troupes commandées par le marquis Ville[1], qui sut bien profiter de l'occasion. Les Espagnols tenoient au duc de Savoie Trin, qui est une fort bonne place. M. de Fonsaldaigne avoit donné ordre au gouverneur d'envoyer une partie de la garnison dans Novare et dans Mortare. Le marquis Ville, qui eut avis qu'il n'étoit demeuré que deux cents hommes dans Trin, le fit attaquer par quatre endroits, et l'emporta dans une nuit[2], quoiqu'il eût tenu autrefois six semaines de tranchée ouverte devant une grande armée.

Il marcha ensuite au rendez-vous que nous lui avions donné; et, après qu'il eut séjourné quatre jours à Marignan où nous étions, nous partîmes tous ensemble. M. de Modène tira droit à Pavie; et il n'oublia rien pour faire croire aux Espagnols qu'il avoit dessein d'attaquer cette place, afin de les obliger à dégarnir Mortare, qu'il avoit résolu d'assiéger. La chose lui réussit; et ayant fait jeter un pont sur le Tezin, il donna ordre au marquis Ville de marcher avec la cavalerie de Savoie pour investir Mortare d'un côté, pendant que je l'irois investir d'un autre avec mille chevaux de notre armée. Cela s'exécuta ce même jour. Toutes les troupes arrivè-

---

1. Ghiron François, comte de Camerano, et marquis de Villa après la mort de son père. Il mourut à Turin en 1668, au retour de Candie, qu'il avoit courageusement défendu.
2. Le 21 juillet 1658.

rent le lendemain ; on ouvrit la tranchée deux jours après ; et le dix-septième jour, la place fut prise[1]. Il y avoit dedans douze cents hommes de guerre et huit cents paysans ; et nous n'avions que cinq mille hommes de pied et trois mille chevaux, sans compter dix-huit cents qu'avoit le marquis Ville. Pour son infanterie, qui étoit de deux mille hommes, il l'avoit renvoyée dès le commencement du siége, quoique M. de Modène et moi l'eussions prié instamment de la retenir au camp pour la garde des lignes, et que nous lui eussions promis qu'elle n'entreroit point à la tranchée. Nous connûmes par là qu'il ne s'intéressoit pas beaucoup à nos conquêtes et qu'elles lui donnoient plutôt de l'inquiétude que de la joie.

Les progrès que nous faisions en ces pays éloignés, paroîtront peut-être de peu de conséquence ; mais si l'on regarde que nous n'avions que de petites armées ; que nous manquions d'argent, de munitions et d'ingénieurs ; que nous ne pouvions espérer de secours, et que nous étions toujours incertains du succès des entreprises jusqu'à ce qu'elles fussent achevées, on trouvera que c'étoit quelque chose d'assez considérable.

Nous prîmes ensuite tous les petits postes que les Espagnols tenoient autour de Valence. Nous délivrâmes cette place ; et nous nous rendîmes maîtres en même temps de la province de la Lomedine, la meil-

---

1. Le 25 août.

leure et la plus abondante de tout l'État de Milan. Nous pouvions établir notre armée en quartier d'hiver dans cette province. Valence, où nous avions un passage sur le Pô, n'en est qu'à cinq lieues. Mortare nous en donnoit un sur le Tezin ; et tous ces avantages nous mettoient en état d'attaquer Milan l'année d'après.

Cependant M. de Modène qui avoit été assez mal toute la campagne, voulut aller à Sainctia pour changer d'air. Sa maladie s'y augmenta de telle sorte, qu'il mourut en peu de jours[1] ; et sa mort renversa tous nos projets. C'étoit un prince plein de justice et de vertu, qui avoit beaucoup d'ambition et de valeur, et qui ne faisoit cas que du mérite ; il aimoit la guerre ; et, bien qu'il l'eût commencée un peu tard, il ne laissoit pas de l'entendre. Je fis en lui une très-grande perte, puisqu'il ne se pouvoit rien ajouter à l'amitié et à la confiance dont il m'honoroit.

Les Espagnols qui crurent que sa mort pourroit apporter du désordre dans son État, songèrent à s'en prévaloir. Ils prirent la résolution d'attaquer Bersel, qui est une place du Modénois située sur le Pô. Je ne pouvois la secourir qu'en traversant tout l'État de Milan, ou en passant par celui de Gênes avec des difficultés invincibles ; et cela leur rendoit cette entreprise très-facile. Je fus averti de leur dessein ; et je m'allai poster sur la rivière du Taner, comme si

---

1. Le 14 octobre 1658.

j'avois voulu la passer. Les ennemis vinrent camper à l'autre bord pour s'y opposer. Ils crurent, par les préparatifs que je faisois, que je voulois forcer le passage. Je les tins dans ce poste tout le temps qu'il me falloit pour faire venir sur le Pô de Casal à Valence des bateaux qu'on avoit chargés exprès de farine pour leur ôter tout soupçon. On n'eut pas plutôt déchargé ces bateaux, que je fis embarquer huit cents hommes; et comme le Pô, qui se va rendre dans la mer de Venise, traverse l'État de Milan, celui de Parme et celui de Modène, il étoit aisé de jeter du secours dans Bersel par le moyen de cette rivière. La seule difficulté qu'il y pouvoit avoir, c'est que les Espagnols tenoient sur la même rivière, vis-à-vis de Pavie, deux brigantins pour garder le passage; mais j'étois informé qu'ils étoient mal armés, et qu'il y avoit peu de gens dessus, de sorte que j'ordonnai à celui qui commandoit les huit cents hommes, que si ces deux brigantins venoient à lui pour le reconnoître, il tâchât de s'en saisir. Mes bateaux et mes troupes passèrent sans aucune rencontre et arrivèrent dans vingt-quatre heures à Bersel. Ce secours si peu espéré et venu si à propos sauva cette place et ne causa pas moins d'étonnement aux ennemis, qu'il donna de joie à M. le cardinal d'Est qui étoit en ce temps-là à Modène.

On étoit sur la fin de la campagne; et les Espagnols prétendoient établir un quartier d'hiver dans le Modénois. Je fis marcher l'armée du côté de Nice de la Paille; et je m'approchai de l'État de Gênes, pour avoir plus de facilité de faire passer des troupes dans celui de Modène. M. le cardinal d'Est m'envoya un gentilhomme pour m'en solliciter, et me fit savoir qu'il n'avoit besoin que de cavalerie. Les Espagnols, qui connurent mon dessein, vinrent se poster derrière la Bormida ; mais je surpris un château qui m'ouvrit le passage. On songea ensuite à mettre l'armée en quartier d'hiver, parce qu'on entroit dans le mois de décembre. J'écrivis à la cour pour demander congé de retourner en France : on me le permit ; et je me rendis à Lyon où le roi étoit[1].

J'appris à mon arrivée que M. de Sculambert[2] et M. Faber avoient été faits maréchaux de France C'étoient deux hommes qui avoient beaucoup de mérite ; mais comme ils ne servoient point et qu'ils se contentoient de se tenir dans leurs gouvernements, je croyois que mon ancienneté, mon assiduité dans le service et la campagne que je venois de faire avec assez de bonheur et avec assez de gloire pour les armes du roi, m'auroient dû donner quelque préférence sur eux. M. le cardinal n'ignoroit pas que je n'étois pas bien traité, et que j'avois sujet de me plaindre. Je demeurai quelques jours à la cour sans avoir aucune explication avec lui. Cela lui fit juger

---

1. Depuis le 28 novembre 1658, pour la négociation de son mariage avec Mlle de Savoie.

2. Jean de Schulemberg, comte de Mondejeu, chevalier des ordres du roi, gouverneur et bailli de Berry, capitaine du château de Madrid, maréchal de France, mort en 1671. C'est lui qui avoit défendu Arras en 1654.

que mon mécontentement n'étoit pas médiocre. Il m'envoya M. Le Tellier, secrétaire d'État, pour me demander si je n'avois pas dessein de rentrer dans mon emploi; je lui dis que ma santé n'étoit pas bonne, et que je ne pouvois plus soutenir les mêmes dépenses que j'avois faites par le passé.

Le lendemain, comme j'étois chez M. le cardinal, il me fit entrer dans son cabinet et me dit que je me plaignois de lui sans raison; qu'il avoit pour moi de très-bonnes intentions; que j'en pouvois juger par les emplois qu'il me faisoit donner; qu'il étoit persuadé que je les méritois, et que pour me témoigner combien il étoit content de ma conduite, il m'assuroit que le roi me feroit ce même jour maréchal de France si je voulois remettre mes lettres de duc; qu'on trouveroit un expédient pour conserver le tabouret à Mme de Navailles, afin que ce changement ne lui fît point de peine; que si la guerre continuoit, je ne pouvois pas manquer d'avoir bientôt les deux dignités ensemble; que le maréchal du Plessis et le maréchal de La Ferté, qui étoient beaucoup plus anciens que moi dans le service, le tourmentoient tous les jours pour être ducs et pairs; que lui-même, pour l'intérêt et l'établissement de sa famille, avoit dessein de l'être, et qu'il me donnoit sa parole que dans la guerre, ou dans la paix, ni eux, ni lui, ne seroient point reçus au parlement sans moi. J'avoue que je fus touché de la grande bonté qu'il me faisoit paroître. Je me rendis aux raisons qu'il m'allégua pour me rengager dans le service; et je promis de continuer.

La cour partit de Lyon pour retourner à Paris. M. le cardinal qui vouloit travailler en chemin aux affaires d'Italie, m'ordonna de le suivre; il en régla plusieurs; et il me fit l'honneur d'avoir en cela de grands égards pour mes sentiments. Il étoit persuadé avec quelque fondement que j'avois de bonnes intentions, et que mon principal intérêt étoit celui de l'État.

Quelque temps après que je fus arrivé à Paris, je sus que, pendant que j'étois en Italie, on m'avoit fait une affaire fâcheuse, et qui m'offensoit extrêmement. Avant mon départ j'avois acquis une terre en Bas-Poitou; et je m'en étois mis en possession. M. de ***, poussé par des gens qui ne nous aimoient pas tous deux, chercha le moyen de traverser mon acquisition; et la chose alla si avant, qu'il assiégea le château de cette terre, où j'avois mis des gens pour me le conserver, tua un de mes domestiques qui en étoit commandant, et ne se retira qu'après sept ou huit jours de siége. Mme de Navailles qui n'avoit pas voulu me faire savoir cette violence, me la cacha encore avec beaucoup de soin; mais elle étoit si publique qu'il étoit impossible que je n'en fusse informé. Je ne pouvois pas souffrir une pareille insulte sans ressentiment; et j'eusse aussi fort désiré de ne me point attirer d'affaires. Je parlai à des gens qui firent entendre à M. de *** qu'il me devoit faire quelque civilité sur les choses passées; et comme je vis que je ne recevois aucune satisfaction de sa part, je m'adressai au père André[1], l'un des Petits-Pères du quartier du Palais-Royal, que l'on me dit avoir des habitudes chez lui, et que je connoissois particulièrement. Je suppliai instamment ce père d'employer tous ses soins auprès de M. de *** pour faire en sorte que je reçusse de lui quelque honnêteté qui me donnât lieu d'étouffer mon juste ressentiment. Il n'oublia rien pour lui faire comprendre qu'il le devoit, et que s'il ne le faisoit pas, cela pourroit avoir des suites très-désagréables pour lui. Mais il se moqua de ce bon religieux, et tint de moi des discours qui marquoient beaucoup d'emportement. Je l'appris de si bonne part, que je n'en pouvois douter; quoique ce père qui me l'avoit caché par prudence, m'eût dit simplement qu'il n'avoit pu rien gagner, et qu'il m'exhortoit à la patience. Je souhaiterois de tout mon cœur avoir été capable de profiter d'une si bonne leçon. L'emportement que j'eus en cette rencontre, est une des affaires de ma vie qui m'a donné le plus de déplaisir; et je voudrois l'avoir rachetée d'une partie de mon sang.

M. le cardinal fit paroître moins de chaleur pour me tirer de cette méchante affaire, que je ne croyois qu'il en devoit avoir. J'en fus si choqué, que je partis de la cour pour aller commander l'armée

---

1. André Boullanger ou Le Boullanger, moine augustin, vulgairement appelé le *petit père André*, mort le 21 septembre 1657. Navailles s'est-il trompé d'année dans le récit de son anecdote, ou bien y a-t-il erreur dans la date de la mort du père? On doit croire le premier plutôt que le second.

d'Italie sans prendre congé de lui. Quand il sut que je m'en étois allé, il envoya chercher Mme de Navailles, et lui dit que je n'avois pas sujet de me plaindre, et qu'il vouloit terminer mon affaire; qu'elle vît avec les plus habiles gens du conseil ce qu'il falloit que le roi fît pour me mettre à couvert, et qu'assurément il auroit la bonté de le faire. La chose fut exécutée ensuite très-ponctuellement.

Je ne fus pas plutôt arrivé à l'armée, que la paix fût faite[1]. On m'envoya des ordres pour régler les affaires d'Italie avec M. de Fonsaldaigne, qui avoit les mêmes ordres du roi d'Espagne. Je rendis aux Espagnols Valence et Mortare, dont je retirai le canon et les munitions, que je fis transporter à Pigneroles. Les Espagnols, de leur côté, rendirent à M. de Savoie Verseil, avec tout le canon et toutes les munitions. Ensuite je reçus un pouvoir de la cour, pour réformer cent cinquante cornettes, et trois cents compagnies d'infanterie. On me laissoit une pleine liberté de conserver les officiers que je jugerois avoir le plus de service et de mérite. Je me serois bien passé de cette commission, quelque honorable qu'elle fût; elle me donna beaucoup de peine, par l'application que j'eus à rendre justice à tout le monde; aussi chacun souffroit son mal sans murmurer. Après la fin de la campagne, on me donna la permission de venir joindre la cour qui étoit à Avignon; en arrivant, je trouvai M. le car-

---

1. Le 7 novembre 1659.

dinal en chaise, qui s'en alloit chez le roi. Il eut la bonté de faire arrêter, et de sortir pour venir m'embrasser. Il me dit que je m'étois bien conduit dans mon emploi, et que le roi étoit fort satisfait de mes services; que je le suivisse, et qu'il vouloit me présenter à Leurs Majestés. J'en fus reçu avec mille fois plus d'honneur que je ne méritois; et je demeurai près d'une heure en particulier avec elles à leur rendre compte de l'exécution des ordres qui m'avoient été donnés.

Le jour suivant, je suppliai M. le cardinal de trouver bon que j'allasse me mettre en état d'accompagner le roi à son mariage, qui venoit d'être conclu avec l'infante d'Espagne. Il me dit que je suivisse la cour à Montpellier, et qu'il vouloit me parler de quelque chose. Comme elle y fut arrivée, m'ayant commandé le soir, de me trouver le lendemain à son lever, il me fit l'honneur de me dire que présentement que la paix étoit faite, il vouloit commencer à me donner des marques de la bonne volonté dont il m'avoit assuré à Lyon; que la charge de dame d'honneur de la reine future, lui avoit été demandée par les plus grands seigneurs du royaume, qu'il me cita; mais qu'il la conservoit pour Mme de Navailles, qui lui remettroit celle de dame d'atours pour Mme de Béthune[1]; qu'outre que Mme de

---

1. Anne-Marie de Beauvilliers, fille d'Honorat de Beauvilliers, comte de Saint-Aignan, et de Jacqueline de La Grange-Montigny, femme d'Hippolyte, comte de Béthune, chevalier d'honneur de la reine; morte le 12 novembre 1688.

Navailles avoit de l'esprit et de la vertu, mes services méritoient une considération particulière, et qu'il avoit éprouvé qu'elle et moi étions les personnes qui avions pour lui la plus solide amitié. Je lui fis de grands remercîments de la bonté qu'il nous témoignoit. Cependant je ne fus pas fort aise de voir Mme de Navailles honorée de cette charge. J'ai toujours eu la pensée de me retirer de la cour; et je voyois que cela y étoit fort contraire. Dans ce dessein, j'avois traité quelques mois auparavant avec une personne de grande qualité de cette charge de dame d'atours, que la reine m'avoit donnée pour ma femme pendant la Régence; et j'en devois avoir quatre cent mille livres. Je croyois faire une très-bonne affaire pour ma maison, et me mettre par là en état de prendre avec plus de facilité quand je le voudrois, le parti que je m'étois proposé.

Le roi, quelque temps après son mariage, fit une promotion de chevaliers de l'ordre; et j'eus l'honneur d'être du nombre; j'en avois eu le brevet auparavant.

J'ai été toute ma vie un fort méchant courtisan; et mon humeur assez inflexible n'a jamais pu s'accommoder à toutes les complaisances qu'il faut avoir pour plaire aux personnes à qui l'on est soumis. Je savois bien que ce chemin ne mène pas ordinairement à la faveur; mais il est difficile de vaincre son tempérament; et puis j'étois persuadé que ma fidélité et mon zèle me devoient faire pardonner quelque chose. Je n'entrerai point dans le détail de ma disgrâce, qui arriva en ce temps-là. Elle est si récente, que les particularités en sont encore sues de beaucoup de gens. Mme de Navailles et moi, nous eûmes le malheur de déplaire au roi par une conduite que nous croyions bonne, et dont nous eûmes bien sujet de nous repentir[1]. On nous ordonna de nous éloigner de la cour et de nous défaire de nos charges. On me rendit l'argent du gouvernement du Havre, que j'avois acheté depuis quelques années, et celui que j'avois donné pour la charge de capitaine de chevau-légers de la garde, sans vouloir souffrir que j'en tirasse deux cent mille livres de plus qu'on m'offroit. Mme de Navailles eut cinquante mille écus de récompense de la charge de dame d'honneur; et mes pensions me furent ôtées. Je me retirai chez moi[2]; et, pour me

---

1. Navailles a néanmoins fait ici allusion aux démêlés de sa femme avec la comtesse de Soissons, qui étoit surintendante de la maison de la reine; car la cause prochaine de sa disgrâce et de celle de la duchesse fut, on le sait, la lettre que Vardes avoit composée et que le comte de Guiche avoit transcrite en espagnol pour apprendre à Marie-Thérèse les amours du roi et de Mlle de La Vallière; et ce n'est pas de cela, certes, qu'il « eut bien sujet de se repentir. » Ce n'est pas davantage de l'action hardie de Mme de Navailles qui auroit fait griller les fenêtres des chambres affectées aux filles d'honneur, afin d'empêcher Louis XIV de se rendre la nuit auprès de sa maîtresse. L'aventure de la lettre est de 1662. On n'en découvrit le mystère qu'en 1665. Le comte de Guiche fut exilé; Vardes mis en prison; la comtesse de Soissons envoyée en Champagne, dont son mari étoit gouverneur; mais Navailles et sa femme ne furent pas rappelés.

2. On peut regretter, sans doute, que Navailles ait gardé le silence le plus absolu sur les auteurs de sa disgrâce; mais il faut admirer le sentiment qui lui a interdit toute plainte, même contre Vardes qui avoit dirigé les soupçons du roi sur la duchesse; ce n'est pas seulement la prudence et la réserve du courtisan qui craint d'of-

consoler de ma disgrâce, je formai le dessein d'aller servir l'empereur dans la guerre qu'il avoit contre les Turcs dans la Hongrie. J'en parlai à M. Le Tellier, qui me dit qu'on avoit nouvelle que la paix étoit sur le point de se conclure. Je le suppliai, si elle ne se faisoit pas, de vouloir bien demander pour moi la permission d'exécuter mon dessein.

On jouissoit alors en France d'une paix qui sembloit devoir durer longtemps; et il y avoit beaucoup de troupes réformées qui ne demandoient que les occasions de servir. Comme j'étois en quelque considération parmi les gens de guerre, je prétendois composer un corps de cinq mille hommes, que je voulois choisir de tout ce qu'il y avoit de meilleur dans la cavalerie, l'infanterie et les dragons. L'empereur à qui j'avois fait proposer la chose, s'engageoit de me rembourser d'une dépense de plus de cinquante mille écus que j'y devois faire, et de donner de bons quartiers d'hiver dans son pays. J'espérois, en servant la chrétienté, me rendre capable de servir le roi, qui dans un changement d'affaires, me voyant à la tête d'un aussi bon corps, pouvoit avoir la pensée de me rappeler; et je regardois cela comme un moyen de me rétablir dans ses bonnes grâces; mais mon projet manqua; la paix se fit; et je m'en allai dans mes terres de Poitou et d'Angoumois, attendre les occasions de ne pas demeurer inutile.

---

fenser la majesté royale; c'est la délicatesse de conscience du chrétien qui est dans la ferme résolution d'observer les commandements de Dieu.

La reine mère avoit été attaquée quelques mois auparavant d'un mal très-dangereux[1]. Il empira de telle sorte qu'on jugea qu'elle n'avoit plus que fort peu de temps à vivre. Trois semaines avant sa mort, elle eut la bonté de songer à l'état où j'étois, et de demander au roi de vouloir bien me rappeler. Il lui accorda cette grâce et commanda en sa présence à M. Le Tellier de m'envoyer des ordres pour mon retour; il se passa quelques jours sans que la chose s'exécutât; et la reine qui n'en entendoit point parler, en demanda la raison à M. Le Tellier. Il lui dit qu'il n'avoit pas jugé à propos, même pour mes intérêts, de me donner sitôt avis des ordres du roi. « Eh quoi, lui répondit la reine, est-ce que le roi mon fils ne veut pas que Navailles revienne ? — Non pas si promptement, madame, » lui repartit M. Le Tellier, qui me fit savoir ensuite ce qui s'étoit passé, et me conseilla d'attendre un temps plus favorable pour revenir à la cour.

Les Anglois venoient de déclarer la guerre à la France[2]; et, voyant que je ne devois pas espérer d'être employé, je résolus d'aller à Baréges prendre les bains. Avant que de partir pour ce voyage, je voulus rendre visite à M. le duc de La Rochefoucault qui étoit à Verteuil[3]. Le même jour que j'arrivai

---

1. D'un cancer au sein. Elle en mourut le 20 janvier 1666, âgée de soixante-quatre ans.
2. Dans l'été de 1665. Louis XIV avoit, en exécution du traité de 1662, donné du secours aux Hollandois en guerre avec l'Angleterre.
3. Ville et baronnie en Angoumois sur la Charente, diocèse d'An-

chez lui, je reçus un courrier du roi qui m'apporta des ordres pour commander dans le pays d'Aunis, la Rochelle, Ré, Oléron et Brouage, avec une lettre très-obligeante écrite de la main du roi. Cette marque que je recevois de sa confiance et de sa bonté, me donna lieu de croire que j'étois entièrement rétabli dans son esprit; et ce qui me confirma encore dans cette opinion, c'est que j'appris, quelques jours après, qu'on savoit qu'une certaine lettre écrite en espagnol, adressée à la reine, et qui étoit tombée entre les mains du roi, ne venoit point des mains de Mme de Navailles ni de moi, et qu'on avoit eu tort de nous en accuser. Des gens de la cour qui ne nous aimoient pas, avoient persuadé au roi que cette lettre ne pouvoit venir que de nous. Ils lui avoient dit, pour justifier d'autres personnes qui en étoient soupçonnées, qu'il n'y avoit pas d'apparence que ceux qu'il combloit tous les jours de ses bienfaits, eussent pu avoir des pensées de lui déplaire; mais qu'il étoit assez naturel que Mme de Navailles et moi, qui étions maltraités, eussions été capables de songer à une chose qui nous paroissoit devoir lui être très-désagréable. Cette calomnie auroit achevé de nous accabler dans notre malheur, si Dieu n'eût permis que notre innocence fût reconnue.

J'allai aussitôt à la Rochelle, où je m'appliquai beaucoup à mon emploi. Je travaillai à établir dans

goulème, parlement de Paris, intendance de Limoges; aujourd'hui canton de Ruffec, département de la Charente. Le château de Verteuil avoit été détruit en 1652, pendant la guerre de la Fronde.

le pays une milice qui pût défendre les côtes. On m'envoya de la cour des commissions pour les personnes que je jugerois capables de commander; et je composai un corps de dix mille hommes de pied, de sept ou huit cents chevaux et de mille dragons. J'obligeai ces milices à se fournir à leurs dépens de munitions de guerre et de vivres, lorsqu'il faudroit marcher; et je les assurai sous cette condition que le roi n'enverroit point de troupes réglées dans le pays où elles n'auroient pu subsister sans le ruiner. Je m'attachai à discipliner ces milices qui subsistent encore dans l'ordre où je les ai mises, et qui sont en état de conserver sans aucun secours cette frontière maritime, qui est une des plus importantes du royaume.

Quelques années après, dans le temps que le roi déclara la guerre à l'Espagne[1], et qu'il prit Lille[2] et d'autres places de Flandre, l'on me proposa de me donner de l'emploi, si je voulois servir d'égal avec quelques officiers généraux que j'avois autrefois commandés. L'on me fit même entendre que ce seroit un moyen de me rétablir tout à fait dans les bonnes grâces du roi; mais je ne pus me vaincre là-dessus; et cette raison m'empêcha encore d'être employé dans la première conquête de la Franche-Comté[3].

---

1. En 1667, pour la revendication des droits de Marie-Thérèse sur le Brabant.
2. Le 27 août. On appelle cette campagne, la *Campagne de Lille*.
3. En 1668.

La paix se fit la même année par la médiation des Hollandois. Ils témoignèrent en cette rencontre qu'ils n'étoient pas beaucoup dans les intérêts de la France; et ce fut ce qui commença à leur attirer l'indignation du roi, dont ils ressentirent depuis de si terribles effets.

Après avoir fait un assez long séjour à la Rochelle, j'eus la permission de revenir à la cour, où je fus reçu du roi aussi favorablement que je pouvois l'espérer. Je lui rendis compte de ma conduite dans mon emploi; et il me loua d'avoir trouvé des expédients pour lui conserver une frontière maritime avec des places considérables sans autres troupes que celles que j'avois tirées du pays. Il me commanda de lui donner un mémoire des moyens que j'avois tenus pour cela, et me parla très-obligeamment[1].

Ayant demeuré quelque temps à la cour, où il me sembloit que j'étois regardé en homme dont on se pouvoit servir dans les occasions, comme je vis qu'apparemment la France n'auroit pas si tôt la guerre, j'eus la pensée de faire un régiment de deux mille hommes pour le mener au secours de Candie que les Turcs tenoient assiégée depuis vingt-trois ans, et qu'ils pressoient alors extrêmement. J'en fis demander la permission au roi, qui ne jugea pas à propos de me la donner, parce que M. de La Feuillade,

---

1. Il est fâcheux que Navailles ne nous ait pas conservé ce mémoire. On y trouveroit apparemment des renseignements précieux sur la population du pays d'Aunie et des îles, et sur l'organisation des milices au dix-septième siècle.

qui avoit eu dessein avant moi d'aller à Candie, se disposoit à partir[1].

1. Il s'embarqua à Toulon, le 20 septembre 1668, et mit à la voile le 25. Il quitta l'île de Candie, le 4 janvier 1669, pour revenir en France. On a un *Journal de l'expédition de M. de La Feuillade pour le secours de Candie, par un volontaire;* Grenoble, Robert Philippe, et Lyon, Jean Thioly, 1669, p. in-12. François d'Aubusson, comte de La Feuillade, avoit épousé, l'année précédente, l'héritière du duché de Rouannais, et avoit été fait duc et pair à cette occasion. Il fut maréchal de France en 1675, et mourut dans la nuit du 18 au 19 septembre 1691.

LIVRE QUATRIÈME.

Cependant le pape Clément IX[1] sollicité par les Vénitiens, pressoit extraordinairement le roi d'envoyer un secours considérable en Candie. Le roi connoissoit parfaitement les difficultés de faire lever le siége d'une place attaquée par quarante mille Turcs, commandée par le grand vizir en personne[2]. Néanmoins, pour témoigner combien il avoit à cœur les intérêts de la chrétienté et pour donner de l'émulation aux autres princes chrétiens, il voulut bien promettre au pape qu'il enverroit des troupes. Ayant résolu de donner un corps de six mille hommes, il eut la bonté de me faire demander par M. de Louvois[3] si je voulois le commander. Je reçus cet ordre avec beaucoup de joie. Je voyois assez tous les inconvénients de cette affaire; mais l'intérêt de

1. Jules Rospigliosi, pape en 1667, mort en 1669, à l'âge de soixante et onze ans.
2. Achmet Coprogli.
3. François-Michel Le Tellier, marquis de Louvois, secrétaire d'État de la guerre, mort en 1691.

la religion et un sentiment particulier de gloire me soutenoient contre toutes ces difficultés. Je partis peu de jours après pour Toulon, où les troupes que je devois mener avoient eu ordre de se rendre; et le cinquième de juin¹ je m'embarquai sur les vaisseaux du roi commandés par M. de Beaufort, amiral de France. Notre navigation fut heureuse; et le dix-neuvième du même mois nous mouillâmes à la rade de Candie. Après que Morosini, capitaine général des Vénitiens², qui commandoit dans la place, nous eut fait saluer de tout son canon et de toute sa mousqueterie, et que nos vaisseaux le lui eurent rendu, il nous envoya complimenter, M. de Beaufort et moi, par M. Castellan³, ingénieur, qui nous apporta des lettres de sa part et de celle du marquis de Saint-André Monbrun⁴, par lesquelles ils nous demandoient trois mille hommes pour monter la garde la nuit de ce même jour, parce qu'ils craignoient d'être insultés.

Je mis aussitôt pied à terre, accompagné de M. Le Bret⁵, maréchal de camp. J'allai voir d'abord M. de

1. 1669.
2. Michel Morosini, doge en 1688, mort en 1694.
3. Il étoit capitaine et major aux gardes, et brigadier d'infanterie.
4. Alexandre du Puy-Montbrun, marquis de Saint-André, lieutenant général des armées du roi, mort en 1673. L'abbé de Mervezzin a publié en 1668 une *Histoire du marquis de Saint-André Montbrun*, dont il est prudent de se défier un peu.
5. Alexandre Le Bret, capitaine de Picardie en 1644, lieutenant-colonel de Royal-vaisseaux en 1654, colonel en 1658, maréchal de camp en 1665, lieutenant général en 1674, mort le 25 mars 1679. Dans la *Réponse au livre intitulé : La Conduite de la France, depuis*

Saint-André Monbrun, avec qui j'avois servi plusieurs campagnes en Italie, et que je connoissois particulièrement. Nous allâmes ensemble chez le capitaine général; et, après quelques civilités de part et d'autre, il nous mena visiter l'attaque du bastion de Saint-André[1]. Je la trouvai tellement avancée qu'il y avoit plus de trois mille Turcs logés sur le bastion et attachés à un retranchement assez foible qui étoit à la gorge. Nous allâmes ensuite au quartier de la Sabionnière[2], où je vis que les ennemis avoient conduit leurs tranchées jusqu'au pied d'un

---

la paix de Nimègue, Cologne, Pierre Marteau, 1683, petit in-12 à la sphère., Gatien de Courtilz cite Le Bret comme un exemple de la fortune militaire à laquelle pouvoient arriver les officiers d'origine plébéienne.

1. « Le bastion de Saint-André est le lieu le plus élevé de la ville du côté de la mer, dont il n'est éloigné qu'environ de quarante pas; et de l'autre, qui regarde le Saint-Esprit, il n'y a que des roches.... Le bastion de Saint-André a un grand orillon du côté du Saint-Esprit; et la face qui regarde la mer n'est qu'une ligne tirée de l'extrémité de la courtine à la pointe du bastion sans aucune élévation de flanc, au lieu duquel il n'y a qu'un angle fort obtus, ce qui fait qu'il y reste bien quarante pas de terrain entre ce bastion et la mer. Pour fermer l'entrée de cet espace, on avoit fait une espèce d'épaulement qui s'étendoit depuis la pointe du bastion jusqu'au bord de la mer, où il aboutissoit à une petite tour appelée la *Priula;* et tout l'ouvrage portoit le nom de son auteur, le général Priulé. Ce bastion étoit encore défendu au dehors d'une bonne demi-lune à sa pointe, appelée le réduit de Saint-André, et d'un fort avancé que le marquis de Ville avoit fait bâtir si à propos, qu'il ruinoit tous les desseins des ennemis. » *Journal de l'expédition de M. de La Feuillade*, etc.

2. « Le bastion de la Sabionnière a l'une de ses faces toute baignée de la mer; et vers l'autre qui est défendue du grand fort royal ou de Saint-Dimittre, on ne voit, au lieu de terrain, qu'une roche continuelle qui s'étend assez loin dans la campagne. » *Journal de l'expédition de M. de La Feuillade*, etc.

bastion, et qu'ils avoient fait une brèche à passer trente hommes de front, quoique les assiégés n'eussent point de retranchement de ce côté-là; cette attaque n'étoit pas poussée avec la même vigueur que celle de Saint-André, dont elle étoit fort éloignée. Le principal dessein des Turcs en la faisant avoit été d'incommoder l'entrée du port[1]; ils avoient dressé pour cela, sur le bord de la mer, plusieurs batteries qui tiroient incessamment sur tout ce qui entroit dans la ville, ou qui en sortoit. Il n'y avoit rien qui fatiguât davantage les assiégés; et cela obligeoit les Turcs de maintenir cette attaque, où ils n'avoient que dix mille hommes, parce qu'ils ne s'imaginoient

---

1. « Un soldat de la place se rendit aux Turcs et les avertit que tous leurs efforts seroient inutiles, tandis qu'ils n'attaqueroient point les deux bastions du bord de la mer, pour fermer, par ce moyen, l'entrée des ports qui sont entre les deux bastions; celle de Tramata, par l'attaque de Saint-André, et celle du Môle, qu'on nomme aussi le port des galères, par l'attaque de la Sabionnière. Les Turcs n'eurent point de peine à suivre cet avis; mais parce qu'il n'y avoit point de terre pour se couvrir du côté par où ces bastions pouvoient être attaqués, ils ne quittèrent point leurs premiers postes qu'après en avoir fait un grand amas entre le Panigra et le ravelin du Saint-Esprit. Les Vénitiens, s'en étant aperçus, s'imaginèrent qu'ils avoient dessein d'élever un cavalier en cet endroit et d'y dresser une batterie pour foudroyer la ville; mais cet amas de terre s'augmenta si prodigieusement, qu'on ne douta plus que ce fût pour venir à couvert à Saint-André. En effet, l'on vit tout à coup descendre toutes leurs forces de ce côté-là, et vers la Sabionnière où ne pouvant approcher à couvert, non plus qu'à Saint-André, ils furent contraints d'y apporter aussi de la montagne une quantité de terre monstrueuse, au moyen de laquelle ils ont enfin formé ces deux attaques, et se sont si bien approchés de ces deux bastions depuis environ deux ans, qu'ils les ont réduits à des extrémités furieusement pressantes. » *Journal de l'expédition de M. de La Feuillade*, etc.

pas qu'on osât sortir de la place pour attaquer ce quartier.

Ayant visité ces deux attaques, j'allai reconnoître les deux endroits où le reste de l'armée ennemie étoit posté; et je compris que la seule voie pour empêcher que la place ne fût sitôt prise, étoit d'attaquer les Turcs au quartier de la Sabionnière, fort éloigné, comme j'ai dit, de celui de Saint-André[1] où étoit le gros de leur armée. Je voyois qu'il n'y avoit pas d'autre moyen de rendre le port libre, et que si je chassois les Turcs de ce quartier, je pourrois attaquer ensuite avec plus de facilité celui de Saint-André; les assiégés conservoient encore assez de terrain pour faire de nouveaux retranchements. Mais ce qui me fit juger qu'il falloit prendre promptement ce parti, c'est que Morosini me dit que la cavalerie des Turcs étoit répandue dans toute l'île, et qu'à cause de notre arrivée, ils ne manqueroient pas de la faire venir en diligence dans leur camp. Je m'étois déjà aperçu qu'ils travailloient incessamment à se retrancher, et que même ils avoient commencé à élever deux redoutes du côté de la Sabionnière; de sorte que je dis à Morosini et au marquis de Saint-André Monbrun, que je ne trouvois rien de plus pressé que d'attaquer ce quartier, et que si l'on attendoit que les ennemis eussent rassemblé leur cavalerie, et qu'ils se fussent fortifiés dans leurs re-

---

1. Il y avoit la place entre deux; le bastion de Saint-André à droite; celui de la Sabionnière à gauche.

tranchements, on ne pouvoit plus rien entreprendre avec espérance de succès.

Ils me dirent tous deux que c'étoit aussi leur sentiment; qu'ils voyoient depuis longtemps qu'il n'y avoit que cela à faire; et qu'ils l'auroient entrepris s'ils s'étoient trouvés en état de l'exécuter. Je leur demandai ensuite combien ils fourniroient d'hommes; ils me répondirent après y avoir pensé, qu'ils n'en pourroient donner que trois mille. J'en fus fort surpris, parce que je comptois dans mon projet sur un plus grand nombre; et je voyois que l'ambassadeur de Venise ne m'avoit pas dit la vérité lorsqu'il m'avoit assuré à mon départ, que je trouverois douze mille hommes dans la place. Je ne laissai pas de continuer dans ma résolution; et j'allai la communiquer à M. de Beaufort, qui l'approuva et la jugea nécessaire pour la conservation de la place.

Les galères du pape, ni celles du roi, n'étoient pas encore arrivées; et l'on mit en délibération si on devoit les attendre, ou surprendre les Turcs qui ne pouvoient s'imaginer que nous fussions en état, après une si longue navigation, de les attaquer si promptement. Les inconvénients de leur donner le temps de se fortifier et de rassembler leur cavalerie furent trouvés plus grands que les avantages que nous pouvions tirer de nos galères; et l'on résolut de surprendre les ennemis.

Comme j'avois besoin principalement de diligence, je pressai si fort le débarquement, qu'en deux fois vingt-quatre heures, toutes mes troupes furent à terre. Ayant donné les ordres nécessaires pour l'action, je demandai à Morosini et au marquis de Saint-André les trois mille hommes qu'ils m'avoient promis; mais j'entendis que celui-ci disoit tout bas à l'autre, qu'il leur étoit impossible de me donner un seul homme, et qu'ils n'avoient même pas de soldats pour relever leurs postes. On peut s'imaginer que cela me donna bien à penser. Je considérois que ce seroit beaucoup hasarder que d'entreprendre l'action avec les seules troupes que j'avois amenées; et je balançois en moi-même si j'abandonnerois mon dessein. Morosini qui s'en douta me promit de faire une attaque de douze cents hommes du côté de Saint-André pour empêcher les Turcs de venir au secours de ceux que je devois attaquer, et d'envoyer quatre cents travailleurs pour raser les travaux et enclouer le canon des ennemis, qui étoit le principal avantage que je pouvois espérer de cette sortie. M. de Beaufort me promit aussi de donner quinze cents hommes de la marine et de faire canonner les deux attaques des Turcs avec les vaisseaux du roi qui en pouvoient approcher à la portée du mousquet; de sorte que voyant l'extrémité où étoit la place, et qu'il n'y avoit point d'autre moyen de la sauver, je me déterminai à exécuter mon entreprise.

Je connus qu'il ne falloit pas différer plus long-temps par l'avis qu'on eut, ce même jour, que les Turcs qui avoient déjà assemblé une partie de leur cavalerie, la faisoient approcher, et qu'ils continuoient à se retrancher avec beaucoup de diligence.

Quand la nuit fut venue, je me mis dans une chaloupe pour observer le derrière de leur camp par où j'avois résolu de les attaquer; et j'allai aussi reconnoître le fort de Démétri[1], par lequel je voulois faire sortir mes troupes. Ayant fait ensuite mon ordre de bataille avec les officiers généraux de l'armée du roi, je le portai à Morosini et au marquis de Saint-André; et je les priai de me donner librement leur avis sur cette affaire, qui étoit d'une si grande conséquence. Après qu'ils eurent examiné toutes choses avec beaucoup d'attention, ils me dirent que l'attaque étoit dans les formes, et qu'il ne se pouvoit rien ajouter aux précautions que j'avois prises pour en avoir un bon succès.

Mon ordre de bataille étoit de cette manière. Je détachois quatre cents hommes de pied de tous les corps, avec cinquante grenadiers à leur tête, soutenus par trois troupes de cavalerie. M. de Dampierre, brigadier[2], commandoit tout ce détachement. Je le faisois suivre des compagnies du régiment des gardes, des régiments de Saint-Vallier, de Lorraine,

---

1. Au nord de la Sabionnière, en avant du bastion de la Victoire.
2. Il étoit parti de France avec l'expédition de La Feuillade. Le *Journal* de cette expédition l'appelle chevalier de Dampierre, et lui assigne le grade d'aide-major dans la brigade Caderousse. Suivant la *Gazette*, il étoit comte de Dampierre, et commandoit les officiers réformés. Étant sorti à cheval le 15 août, il eut le gras des deux jambes emporté par un boulet de canon, et mourut de sa blessure deux jours après. Nous n'avons pas pu le retrouver parmi les nombreuses familles qui portoient le nom de Dampierre. Nous inclinerions pourtant à penser qu'il appartenoit à la maison de Cugnac

de Bretagne et de quatre troupes de cavalerie soutenues par les régiments de Montaigu, de Grancey et de Jonzac. Je composois le corps de réserve des régiments d'Harcourt, de Conty, de Lignières, de Rozan, de Montpezat et de Vendôme, avec quatre autres troupes de cavalerie sur les ailes; et j'en donnois le commandement à M. le comte de Choiseul[1]. Chaque régiment n'avoit que quatre compagnies; et chaque compagnie n'étoit que de quarante hommes. Je postois le corps de bataille sur une hauteur entre les deux camps des ennemis pour en empêcher la communication; et je mettois entre la première et la seconde ligne, cinquante mousquetaires du roi et cent officiers réformés pour m'en servir dans les occasions. Les troupes de la marine, à la tête desquelles M. de Beaufort avoit résolu de combattre, quoique je n'eusse rien oublié pour l'en détourner, devoient sortir à la gauche de la Sabionnière.

Pendant que M. Colbert Maulevrier[2] que je choisis pour maréchal de camp des troupes de la marine, alla au port pour les recevoir à leur débarquement, je fis faire deux ouvertures dans le fossé pour faciliter la sortie. Comme j'avois quelque précaution à prendre, si les grandes forces des ennemis m'obligeoient à une retraite, je mis pour la favoriser

---

1. Claude de Choiseuil, dit le comte de Choiseuil, marquis de Francières. Il fut plus tard maréchal de France; mort en 1711.
2. Édouard-François Colbert, comte de Maulevrier, chevalier des ordres du roi, lieutenant général, gouverneur de Courtray, mort à Paris, le 31 mai 1693.

beaucoup de canon et de mousqueterie dans le fort de Démétri ; et je postai deux bataillons des vaisseaux à cinquante pas de la contrescarpe.

Outre ces deux bataillons, je n'avois que quatre mille cinq cents hommes de pied, et cinq cents chevaux ; mais cette cavalerie me donnoit un grand avantage, parce que celle des Turcs n'étoit pas encore arrivée. Je ne pouvois rien attendre de la sortie en attaquant les ennemis par la tête de leur tranchée à cause de la profondeur de leurs boyaux, dont il étoit impossible de sortir quand on y étoit une fois entré ; et il falloit nécessairement les prendre en flanc et par derrière.

Les choses ainsi disposées, je fis sortir les troupes par ces deux ouvertures ; et leur ayant recommandé l'ordre et le silence, nous marchâmes une partie de la nuit, passâmes un défilé assez près des ennemis sans être découverts, et nous mîmes en bataille dans une petite plaine. Le jour parut dans le temps que nous pouvions le souhaiter ; et nos dernières troupes avoient à peine formé la seconde ligne, qu'on commença à se reconnoître. Les hommes qui n'étoient qu'à la portée du mousquet des ennemis, marchèrent droit à eux malgré le feu de leur mousqueterie. Il y avoit deux redoutes à la tête de leur quartier ; je les fis attaquer par les gens que M. de Dampierre commandoit ; ils les emportèrent avec beaucoup de vigueur et tuèrent tout ce qui leur fit résistance. J'avois fait attaquer en même temps les lignes des ennemis qui n'en étoient pas éloignées; les régiments de Saint-Vallier et de Lorraine y entrèrent et s'y mirent en bataille. Les gens que j'avois commandés pour donner à la queue de la tranchée et aux batteries, firent si bien leur devoir, que M. de Castellan, major des gardes, qui étoit à la tête des compagnies de ce régiment, se trouva maître de la tranchée, de trente pièces de canon, et de tous les travaux des ennemis. Tout ce qu'on attaqua ensuite fut renversé; la plus grande partie des ennemis se retira en désordre dans la montagne qui est proche; le reste prit la fuite; un grand nombre se jeta dans la mer; et j'en rencontrai plusieurs qui pour me demander la vie, faisoient le signe de la croix et crioient : nous sommes chrétiens.

Comme il y avoit déjà plus de deux heures que nous étions absolument maîtres de ce quartier, le feu prit inopinément aux poudres d'une batterie des ennemis. Cet accident fit périr beaucoup de soldats et d'officiers et rompit l'ordre des compagnies des gardes, qui se tenoient en bataille en ce lieu-là; les Turcs qui s'en aperçurent de la montagne[1], où ils s'étoient retirés, et qui virent venir en même temps à leur secours plus de vingt bannières du côté de Saint-André et de Candia Nova[2], reprirent cœur et marchèrent contre nous. Je les envoyai charger par des troupes de cavalerie que j'avois auprès de moi; mais d'autres Turcs s'étant joints à ceux-là, ils

1. La montagne de Jupiter au nord de la place.
2. Bâtie par les Turcs, à l'ouest de la montagne de Jupiter.

poussèrent ma cavalerie et s'avancèrent pour me venir tomber sur les bras. Je me mis à la tête des mousquetaires du roi et de mes gardes ; et, suivi de l'escadron de Saint-Estève, je les attaquai et regagnai sur eux le terrain qu'ils avoient pris[1].

Un peu avant l'accident des poudres, M. de Beaufort qui avoit vu les ennemis en déroute et qui croyoit la victoire assurée, ne se jugeant plus nécessaire dans son poste, l'avoit quitté pour nous venir joindre, accompagné seulement du chevalier de Vilarceau[2]. Il rencontra en chemin un gros de Turcs, qui pressoient quelques-unes de nos troupes ; il se mit à leur tête et combattit avec beaucoup de valeur ; mais il fut abandonné ; et l'on n'a jamais pu savoir depuis ce qu'il étoit devenu.

Cependant les Turcs qui venoient du côté de

---

1. « Le duc de Navailles prévint les Turcs (qui reprenoient courage après une première retraite), et les rechassa deux fois ; mais comme ceux de cette nation se rallient aisément, il se les revit bientôt sur les bras. Cela l'obligea de se mettre à la tête de la compagnie de ses gardes, faisant suivre les escadrons de Saint-Estève et de Saint-Paul ; et avec ces deux corps, le sieur Le Bret à la tête, poussa encore les infidèles si heureusement, qu'il les chassa du terrain et l'occupa.... Dans ce temps-là, le feu prit aux poudres d'une batterie gagnée sur les ennemis, où étoient les gardes, en laquelle il y avoit aussi grande quantité de bombes et de grenades ; et cet accident arrêta le cours de notre bonne fortune, ayant rompu le bataillon des gardes et tué ou blessé une partie des officiers qui le commandoient.... Castellan surtout, blessé d'un coup de mousquet qui lui avoit percé les deux hanches, ne laissa pas de monter à cheval pour rallier les soldats pendant deux heures. » *Gazette* extraord. du 27 août 1669. Cette sortie eut lieu le 25 juin.

2. Philippe de Mornay, chevalier de Villarceaux, chevalier de Malte, enseigne du vaisseau amiral.

Saint-André, avoient investi le corps de réserve. M. Le Bret qui avoit déjà combattu à la première ligne, s'en étant aperçu, vint à son secours et poussa d'abord les ennemis; quoique lui et M. de Choiseul qui commandoit ce corps, fissent tout ce qu'on pouvoit attendre de deux officiers de valeur et d'expérience, ils ne purent obliger les troupes à faire ferme; et elles se retirèrent avec précipitation.

Dans ce désordre, je n'oubliai rien pour retenir les officiers et les soldats; et voyant qu'il m'étoit impossible de les rallier, je fis battre la retraite; et je me retirai moi-même après les autres, suivi seulement d'un gentilhomme nommé Landot qui étoit à moi et qui ne m'avoit point abandonné pendant toute l'action. J'y perdis à mes côtés sept ou huit gentilshommes; et M. de La Hoguette[1], un de mes aides de camp, y eut la cheville du pied cassée d'un coup de mousquet. Je reçus plusieurs coups sur mes armes; et mon cheval fut blessé en divers endroits[2].

Si cette action n'eut pas à la fin le succès qu'on avoit eu lieu d'espérer au commencement, c'est que les vaisseaux n'eurent pas le temps favorable pour

---

1. « Le marquis de La Hoguette, neveu de l'archevêque de Paris, aide de camp dans l'armée du duc de Navailles, est mort des blessures qu'il avoit reçues en la première sortie des François où il a donné des preuves de son grand courage. » *Gazette* du 2 octobre 1669. Armand Fortin de La Hoguette, fils aîné de Pierre Fortin de La Hoguette, l'auteur du *Testament ou Conseils fidèles d'un bon père à ses enfants*.

2. «.Le duc de Navailles chargea une troisième fois les Turcs à la tête d'une troupe de cavalerie et de ce qu'il put rassembler.... mon-

canonner le camp des ennemis ; que les ordres donnés aux troupes de la marine ne furent pas exécutés; que Morosini n'occupa point les Turcs du côté de Saint-André[1], par l'attaque qui avoit été résolue; qu'il n'envoya point les travailleurs qu'il avoit promis, qui auroient eu assez de temps pour enclouer le canon et raser les travaux des ennemis du côté de la Sabionnière; et enfin que le feu ayant pris aux poudres d'un magasin souterrain où il y en avoit vingt-cinq milliers et où un soldat étoit entré avec sa mèche, le désordre et l'épouvante se mirent parmi nos troupes, qui crurent que c'étoit l'effet d'une mine. Mais du moins on tira cet avantage de notre sortie, que les ennemis y eurent plus de deux mille hommes de blessés ou de tués, de l'aveu des prisonniers turcs; et sans la perte de M. l'amiral et de plusieurs personnes de qualité, on n'auroit pas eu sujet de se repentir de cette entreprise.

Après que j'eus mis les troupes à couvert, je leur représentai qu'il n'avoit tenu qu'à elles d'acquérir beaucoup de gloire en achevant leur action avec le même courage qu'elles l'avoient commencée : que le feu des poudres n'avoit pas dû les obliger d'aban-

trant en cette occasion toute la fermeté et la présence d'esprit imaginable, après avoir ou tué ou blessé tout ce qu'il avoit auprès de lui, il se fit un passage, l'épée à la main, au travers des ennemis, accompagné seulement de trois gentilshommes de sa maison. Ceux-ci qui l'avoient vu tourner tête si souvent, sembloient n'oser l'attaquer, s'étant contentés de lui tirer seulement une grêle de mousqueterie dont il eut son cheval blessé en deux endroits, en ayant reçu deux dans ses armes. » *Gazette* extraord. du 27 août 1669.

1. Les Vénitiens ne parurent pas, dit la *Gazette*.

donner leurs postes, et qu'il falloit qu'elles songeassent à réparer leur retraite précipitée par la fermeté qu'elles feroient paroître dans les autres occasions.

Le lendemain de cette action, Morosini me vint dire que l'attaque de Saint-André étoit extrêmement pressée ; que les ennemis qui étoient attachés à la retirade, avançoient beaucoup leur sape à cause de la foiblesse des troupes qui gardoient ce poste ; et que si l'on n'y remédioit promptement, la place étoit absolument perdue. Quoique je n'eusse pas sujet de me louer de la conduite de Morosini, afin de ne manquer à rien de tout ce qui dépendoit de moi pour sauver Candie, je fis monter, ce même jour, la garde par mes troupes, qui relevèrent une partie des postes des Vénitiens ; je continuai la même chose jusqu'au jour de mon départ, et avec un tel succès, que pendant plus de deux mois qu'elles gardèrent la place, les Turcs ne gagnèrent pas un pouce de terrain.

Quelques jours après, je trouvai à propos de faire une petite sortie entre les deux camps des ennemis pour les inquiéter. Morosini promit de donner trois cents hommes de sa garnison pour les joindre aux nôtres. M. Colbert Maulevrier, qui étoit de jour, sortit avec ses gens, à l'heure arrêtée, et poussa les ennemis au delà de leurs redoutes ; et après avoir fait escarmoucher fort longtemps, il se retira en bon ordre. Morosini ne donna point encore les trois cents hommes qu'il avoit promis ; et M. Colbert s'en étant plaint à lui, il lui dit qu'il avoit un ordre exprès de la république de ne laisser sortir aucun soldat de la place.

Lorsqu'à mon arrivée dans Candie j'allai visiter avec Morosini le poste de Saint-André, je lui dis que je croyois nécessaire d'y faire une seconde retirade; et je lui en parlai depuis plusieurs fois. Les troupes françoises furent attaquées à ce poste au commencement de juillet; et bien qu'elles eussent enfin repoussé les Turcs avec beaucoup de vigueur, l'alarme avoit été d'abord si grande par le péril où l'on avoit vu la place, que Morosini jugea que cette seconde retirade étoit nécessaire, et me pria de lui fournir des hommes pour avancer le travail. Dès le lendemain, je commandai dix-huit cents hommes; et j'en envoyai demander deux cents à l'armée navale. Ces deux mille hommes travaillèrent six semaines à cette seconde retirade et ne laissèrent pas pendant tout ce temps-là de monter la garde à leur tour. Comme il falloit qu'ils fussent continuellement exposés au canon, aux bombes et à la mousqueterie des ennemis, cinq ou six cents des meilleurs soldats y demeurèrent.

Vers le milieu du même mois, les Turcs vinrent en plein midi, le sabre à la main, attaquer le logement de Saint-André. Le régiment de Jonzac y étoit de garde. Les postes avancés furent emportés d'abord par les ennemis. Le marquis de Jonzac[1] étant

---

1. Alexis de Sainte-Maure, marquis de Jonzac, mestre de camp d'un régiment de son nom, mort en 1677. Il avoit été au régiment de Mazarin.

allé à eux avec son corps de réserve, tua tous ceux qui s'étoient emparés des postes et rechassa les autres dans leurs travaux. A quelques jours de là, je fis faire une sortie du côté de la Sabionnière; les ennemis furent repoussés; et l'on rompit une partie de leur logement.

Il y avoit déjà quelque temps que les galères du pape et celles du roi étoient arrivées; et l'on avoit proposé plusieurs fois de faire canonner le camp des ennemis; mais les vents avoient toujours été contraires. Le temps se trouvant favorable, on tint conseil pour savoir lequel des deux quartiers on canonneroit, ou celui de Saint-André, ou celui de la Sabionnière. J'étois d'avis que ce fût le dernier parce qu'il me sembloit que les Turcs s'attendoient qu'on canonneroit l'autre, par les préparatifs qu'ils faisoient en se retranchant de nouveau et en dressant des batteries sur le bord de la mer. Morosini et les autres généraux de la république furent d'une opinion opposée; et l'événement fit voir que ce n'étoit pas la meilleure.

Deux jours après, les vaisseaux du roi, les galères du pape, celles de la France, de Malte et de Venise, avec les galéasses, et quelques vaisseaux de cette république, parurent en ordre de bataille à la vue du camp des Turcs du côté de Saint-André et vinrent mouiller à demi-portée de canon du bord de la mer. Les ennemis tirèrent aussitôt des batteries qu'ils avoient disposées le long du rivage, un nombre incroyable de coups et jetèrent une prodigieuse quantité de bombes; mais le feu que fit l'armée navale fut si grand, qu'il les obligea d'abandonner leurs batteries et de se retirer dans leurs tranchées. Au commencement de l'action, le feu prit à un vaisseau nommé *la Thérèse*, l'un des meilleurs et des plus grands de l'armée navale du roi. Ce vaisseau qui sauta en l'air, couvrit de ses éclats tous les vaisseaux qui en étoient proches, et pensa couler à fond *la Réale* que montoit M. de Vivonne général des galères[1]; il ne se sauva que trois hommes de *la Thérèse*[2]. Tout ce qui étoit dessus fut perdu; et j'y avois une grande partie de mon équipage. L'armée navale, après avoir canonné cinq ou six heures, se retira dans le même ordre qu'elle étoit venue; il n'y eut aucun de tous ces vaisseaux qui fut endommagé par les ennemis; aussi le mal qu'ils en reçurent ne fut pas grand par les précautions qu'ils avoient prises. Il avoit été arrêté qu'on feroit dans le même temps une sortie; et Morosini devoit donner six cents hommes; mais quelques officiers que j'avois envoyés pour observer la contenance des Turcs, me rapportèrent qu'ils étoient en posture de gens avertis; et Morosini eut avis par ses espions que le grand vizir

---

1. Louis-Victor de Rochechouart, comte de Vivonne, puis duc de Mortemart et de Vivonne, général des galères en 1669, maréchal de France le 28 juin 1675, mort le 15 septembre 1688.

2. « Le 24 juillet, *la Thérèse* sauta en l'air avec le capitaine, trois cents hommes et cinquante pièces de canon, n'y ayant eu que dix-huit personnes qui se sauvèrent. La galère *Réale*, sur laquelle étoit le comte de Vivonne, en fut endommagée. » *Gazette* du 27 septembre.

avoit renforcé sa garde de six mille hommes du côté que la sortie se devoit faire; de sorte qu'on ne jugea pas à propos de la hasarder.

Sur la fin du même mois, Morosini et les autres généraux de la république vinrent un matin chez moi. Ils paroissoient fort étonnés; ils me dirent que les Turcs avoient pris la Caponnière du côté de la Sabionnière, et qu'ayant attaché le mineur à la courtine, ils commençoient à travailler; que je savois qu'il n'y avoit pas le moindre retranchement de ce côté-là; et que si je n'y donnois ordre promptement, la place étoit perdue. Dans le même moment, je disposai les choses pour une sortie afin de déloger les ennemis. Cela s'exécuta avec tant de bonheur qu'ils furent chassés du poste dont ils s'étoient emparés, et que deux cents pas au delà, on fit un logement à mettre cent cinquante hommes. Les troupes du roi témoignèrent beaucoup de fermeté en cette occasion; elles demeurèrent plus de deux heures à découvert le long de la mer, à faire un feu continuel, et renversèrent deux fois les Turcs qui étoient venus de toutes parts pour les charger. Ils y perdirent cinq ou six cents hommes; et je n'y eus que peu de soldats et d'officiers de tués, parmi lesquels fut M. de Trémoulet[1], capitaine du régiment de Montpezat, qui étoit un homme de mérite.

Les Turcs occupoient encore de ce côté-là un poste qui nous ôtoit la communication avec le port;

---

1. Le marquis de Montpezat s'appeloit Trémolet. C'étoit un de ses parents.

je résolus de les en chasser. Je demandai des troupes à Morosini pour cette action; et il me promit cinq cents hommes; mais quand je les envoyai chercher, il se trouva qu'il ne pouvoit donner que cinquante esclavons. J'entrepris la chose avec les seules troupes du roi; M. Colbert et M. Dampierre, qui les commandoient, les animèrent tellement, qu'elles délogèrent les ennemis, gagnèrent du terrain sur eux, et le conservèrent. M. de Colbert, sur la fin de l'action, fut blessé à la tête d'un éclat de pierre qu'une bombe avoit fait sauter[1].

Vers le milieu du mois suivant, quarante ou cinquante Turcs, soutenus d'un plus grand nombre, montèrent à découvert le sabre à la main jusqu'au milieu de la brèche de la Sabionnière que des troupes vénitiennes gardoient, et attachèrent des câbles à l'ourlet d'un canon pour le tirer dans leurs retranchements. Les François qui virent que les Vénitiens ne se mettoient pas en devoir de se défendre, y accoururent et rechassèrent les Turcs. Je survins là; et je dis à Morosini, que j'y rencontrai, qu'il fît ôter promptement ce canon, et que je ne doutois pas que le peu de résistance que les ennemis avoient trouvé à cette brèche, ne leur donnât envie d'y remonter. Morosini me dit qu'il alloit faire ôter ce canon; mais cela ne fut point exécuté; et les Turcs étant revenus, l'entraînèrent dans leurs retranchements.

1. La *Gazette* du 27 septembre 1669 parle de cette blessure. Suivant elle, la sortie auroit eu lieu vers le 20 juillet.

Comme ils avoient connu la foiblesse des troupes de la république, ils songèrent à en profiter le lendemain; ils poussèrent leurs travaux en avant et regagnèrent le logement de la Sabionnière qui fut fort mal défendu. Ils continuèrent ensuite leur sape jusque sous la courtine, à l'endroit d'où les troupes du roi les avoient chassés. Le poste de Sainte-Pélagie, du côté de Saint-André, que les Allemands gardoient, n'étoit pas soutenu avec plus de vigueur; et il sembloit que les François fussent seuls chargés de la place.

De cinq mille hommes que j'avois amenés de France, il n'en restoit plus que deux mille cinq cents en état de combattre. M. de Vivonne me faisoit avertir tous les jours que les vivres diminuoient, sans que l'on en pût trouver ailleurs, et que l'armée navale aussi bien que celle de terre, étoit en danger de périr si on demeuroit plus longtemps. Je voyois d'un autre côté que les deux mille hommes de secours qui étoient dans l'île de Zante, dès la fin du mois de juillet, n'arrivoient point, quoiqu'ils eussent eu depuis trois semaines un vent favorable. Je déclarai donc à Morosini et aux autres généraux que je serois contraint bientôt de m'en retourner.

Avant que de prendre cette résolution, comme je voulois n'avoir rien à me reprocher, j'ordonnai à M. de La Croix[1], intendant de l'armée de terre, et à M. Jacquier, commissaire général des vivres, d'al-

---

1. Jean de La Croix, mort doyen des maîtres des Comptes, le 1ᵉʳ février 1697, à l'âge de quatre-vingt-cinq ans.

ler prier de ma part M. de Vivonne d'assembler les officiers de mer, pour savoir d'eux, au vrai, ce qui restoit de vivres sur les vaisseaux et sur les galères, et par quels expédients on en pourroit trouver. Je leur ordonnai aussi de s'informer du temps qu'il falloit pour ramener les vaisseaux et les galères en France, et de la quantité des munitions de bouche nécessaires pour la route. M. de Vivonne, qui ne s'intéressoit pas moins que moi à la conservation de Candie, ayant su que même en ménageant les vivres, à peine en restoit-il assez pour le retour de l'armée, fit tout ce qu'il put pour en recouvrer. Je fis la même chose de mon côté. Mais tous nos soins furent inutiles ; et je n'eus point d'autre parti à prendre que d'embarquer les troupes.

J'allai en donner avis à Rospigliosi[1], général des galères du pape, avant que de commencer l'embarquement. J'avois toujours eu pour lui une déférence très-particulière ; et je lui avois communiqué toutes mes entreprises pour le secours de Candie. Je lui témoignai la nécessité où j'étois de partir pour ne me pas attirer le blâme d'avoir exposé les troupes du roi à périr faute de vivres. Mes raisons lui étoient déjà connues par les entretiens qu'il avoit eus avec M. de Vivonne.

Cependant, parce que j'avois regret de quitter Candie avant que le secours de Zante fût arrivé, pour donner le temps à Morosini de le faire venir,

---

1. Il étoit neveu de Clément IX.

je lui proposai, de moi-même, de laisser sous la conduite de M. de Choiseul trois de nos meilleurs régiments qui demeureroient dans la place jusqu'à ce que les autres troupes du roi eussent achevé de s'embarquer. Morosini offrit alors de me donner des vivres; mais j'étois informé qu'il n'y en avoit que fort peu dans ses magasins, et qu'ils étoient si mauvais, que ceux qu'il avoit donnés aux galères de France, avoient fait périr une partie de la chiourme, de sorte que je ne crus pas que cela me dût faire changer de résolution.

Après avoir embarqué les blessés et les malades qui étoient en grand nombre, je donnai les ordres pour transporter les troupes en l'île de Standie. En ce temps-là Rospigliosi, à la prière de Morosini, vint me demander très-instamment qu'il se tînt un conseil chez moi pour voir si l'on ne pouvoit rien entreprendre avant le départ des troupes du roi; je lui répondis que je croyois cela fort inutile, mais que j'y consentois pour lui témoigner la considération que j'avois pour ses sentiments.

Le même jour, Rospigliosi, accompagné du général des galères de Malthe et des généraux de la république, vint à mon logis; il parla d'abord de la grande passion que le pape avoit toujours eue pour le secours de Candie, et des extrêmes obligations que la chrétienté avoit au roi d'avoir employé à la défense de cette place des forces si considérables, avec tant de dépenses et avec la perte d'un si grand nombre d'officiers et de soldats. Il dit ensuite que le sujet pour lequel il avoit souhaité qu'on s'assemblât, étoit pour délibérer si l'on ne pourroit point entreprendre quelque action avec espérance de succès; que ce n'étoit en aucune façon sa pensée que l'on prît des partis qui pussent exposer à une perte évidente l'armée du roi très-chrétien, et surtout l'armée navale qui étoit d'une très-grande importance à toute la chrétienté. Je lui répondis, qu'encore que je me trouvasse obligé par les raisons qui lui étoient connues aussi bien qu'aux généraux de la république, de partir incessamment avec les troupes, je serois bien aise néanmoins de les employer encore au secours de la place, pourvu que l'on me fît voir que ce pouvoit être avec quelque utilité. Après cela on vint aux avis. Les généraux proposèrent de faire une sortie avec un corps de dix mille hommes, qu'on composeroit de trois mille que j'avois encore, à ce qu'ils disoient, en état de combattre, de cinq cents des galères du pape, d'un pareil nombre de celles de Malthe, de mille qu'on tireroit de l'armée navale, et de cinq mille qu'ils donneroient de leurs troupes. Je leur dis qu'ils n'étoient pas en état de fournir les gens qu'ils promettoient, et que, dans les autres occasions où ils m'avoient tenu de pareils discours, ils n'avoient jamais pu mettre mille hommes ensemble, et que s'il étoit vrai qu'ils en eussent encore cinq mille capables d'agir, ils pourroient avec les deux mille que le duc de La Mirandole leur amenoit de Zante, défendre la place, et qu'ils ne devoient pas parler si souvent de la rendre. M. de

Saint-André déclara de bonne foi que les Vénitiens ne pouvoient fournir le nombre d'hommes qu'ils disoient; et il ajouta que son sentiment n'étoit point de tenter une action générale, parce que si elle ne réussissoit pas, on seroit obligé de se rendre dès le lendemain; mais que la place pouvant tenir encore plus d'un mois, il falloit seulement faire en diligence une troisième retirade et voir les moyens qu'on auroit pour y travailler.

J'avois proposé cette troisième retirade six semaines auparavant; et Morosini ne l'avoit pas jugée nécessaire; ainsi le conseil se sépara sans rien conclure; et Rospigliosi se rembarqua la même nuit.

Cette troisième retirade me fait souvenir qu'un mois après que je fus entré dans Candie, on m'avertit que les Vénitiens avoient commencé un traité avec les Turcs qui offroient de leur laisser la place à de certaines conditions. Ce traité m'avoit paru si avantageux en l'état qu'étoient les affaires, que je résolus de l'appuyer; et c'est pour cela que je proposai alors cette troisième retirade, dans la pensée que la grande difficulté qu'il y auroit à prendre la place, seroit un moyen de faire réussir le traité. Je dis à Morosini qu'il tâchât de le conclure avant que la disette des vivres m'obligeât de partir. Il me répondit que la république avoit révoqué le pouvoir de traiter qu'elle avoit donné à son ambassadeur, et qu'il n'oseroit se charger d'une affaire de cette importance; mais que je pouvois continuer cette négociation, puisque je la trouvois avantageuse. Je lui dis que le roi mon maître n'avoit rien à démêler avec la Porte, et que, ne m'ayant même envoyé à Candie que sous les étendards du pape, je ne pouvois entrer en aucun traité avec les infidèles. Il m'a semblé que la chose méritoit que j'en parlasse et que je fisse cette digression. Ayant donné ensuite les ordres au comte de Choiseul[1], je me fis mener en l'île de Saint-André pour presser l'embarquement des troupes. Dès qu'il fut achevé, il me tomba une fluxion sur tout le corps qui m'ôta l'usage des bras et des jambes, et qui me fit souffrir de cruelles douleurs[2].

Deux jours après, Morosini envoya dire, le matin, à M. de Choiseul qu'il étoit averti que les Turcs se préparoient à donner un assaut le même jour, et qu'il le supplioit instamment de faire tenir tous ses soldats sous les armes. Les trois régiments que j'avois laissés à Candie, étoient encore de garde à la seconde retirade du côté de Saint-André, sans avoir été relevés de ce poste depuis mon départ. Les compagnies des autres régiments qui n'avoient pu encore être embarquées, furent destinées pour aller du côté de la Sabionnière en cas d'attaque.

Sur le midi, les ennemis parurent à Saint-André et à la Sabionnière, en résolution de donner l'assaut, comme on le pouvoit juger. Ils avoient à la tête de leurs travaux des corps considérables en bataille,

---

1. Il eut le commandement de l'armée françoise après le départ du duc de Navailles.
2. La *Gazette* dit que Navailles fut souvent indisposé pendant le mois d'août.

soutenus par d'autres corps encore plus grands. Ils détachèrent du côté de Saint-André cinquante ou soixante de leurs aventuriers, et du côté de la Sabionnière un pareil nombre, pour commencer les deux attaques en même temps. Ceux du côté de Saint-André montèrent à la brèche, le sabre à la main et passèrent la première retirade; sans la seconde que j'avois fait faire, la place étoit emportée. Quelques Turcs vinrent jusqu'aux palissades de la fausse braie; mais comme les trois régiments françois qui étoient là de garde, avoient bordé de mousqueterie cette fausse braie aussi bien que le parapet de la retirade, on fit un si grand feu que la plupart des Turcs, qui s'étoient avancés, ayant été tués, les autres n'osèrent passer outre. Un autre corps des ennemis qui avoit coulé le long de la mer pour prendre la seconde retirade par derrière, trouva en tête cinquante mousquetaires françois qui gardoient une traverse; ils firent leur décharge si à propos, qu'il demeura sur la place plusieurs des ennemis; et le reste se retira en désordre.

Comme la ville étoit encore en plus grand danger du côté de la Sabionnière, parce qu'il n'y avoit point de retranchement, le comte de Choiseul y étoit allé avec tout ce qu'il avoit pu rassembler de troupes françoises : il y avoit mené MM. de Saint-Vincent[1], de Chantois, et de Mau-

---

1. Est-ce le capitaine au régiment de Bourgogne, que la *Gazette* nomme parmi les blessés, dans la relation du siége de Luxembourg en 1684?

pertuis¹, vingt officiers réformés, trente mousquetaires du roi, et vingt de mes gardes, avec deux cents hommes du régiment de Lorraine, commandés par M. du Vivier. Ce petit nombre de troupes, qui avoit bordé la fausse braie et le parapet, fit une si vigoureuse résistance, que les Turcs, qui montèrent deux fois à la brèche, soutenus par un feu continuel de bombes et de grenades, furent repoussés et enfin chassés au delà de leurs premiers travaux, avec perte de leurs plus braves soldats. M. de Choiseul et tous les officiers qui le suivoient firent des merveilles. Les assiégés déclarèrent hautement qu'ils devoient leur salut aux François; Morosini et le général Bataglia me le confirmèrent dans leurs lettres.

Le lendemain, le secours qui étoit à Zante sous la conduite du duc de La Mirandole, vint mouiller à la fosse de Candie. Il étoit composé de deux mille hommes de pied; et il apportoit quantité de munitions de guerre, et principalement de bombes et de grenades dont la place avoit grand besoin. On commença le débarquement dès le soir; et on l'acheva le lendemain. J'envoyai ordre aussitôt aux trois ré-

1. Louis de Melun, marquis de Maupertuis. Il servoit dans les mousquetaires, lorsque le cardinal Mazarin l'en retira pour lui donner une compagnie de son régiment de cavalerie. Après la mort de ce ministre, il retourna aux mousquetaires, et fut nommé maréchal des logis de la compagnie du roi. C'est en cette qualité qu'il fit la campagne de Candie. Il fut ensuite successivement sous-lieutenant et capitaine-lieutenant. Il mourut, en 1721, lieutenant général des armées du roi, grand-croix de l'ordre de Saint-Louis, et grand bailli de Bergues.

giments qui étoient demeurés à Candie, d'en sortir incessamment, pour ne pas retarder le départ de l'armée que M. de Vivonne pressoit extraordinairement à cause de la disette des vivres qui augmentoit tous les jours. On embarqua ces trois régiments avec le reste des troupes ; et toute chose se trouvant en état et le vent favorable, l'armée du roi se mit à la voile à la fin du mois d'août pour retourner en France[1].

Les Vénitiens prirent un si grand soin de déguiser la vérité, que mon départ ne fut pas approuvé de tout le monde ; mais outre l'impossibilité où j'étois de faire subsister les troupes du roi, j'avois encore de fort bonnes raisons de les retirer de Candie. Je voyois qu'elles n'avoient pas plutôt gagné quelques-uns des travaux des ennemis, que les Vénitiens les laissoient perdre, et qu'ainsi tous les efforts qu'elles pourroient faire, seroient entièrement inutiles. Je voyois aussi que la place ne pouvoit être secourue que par l'enlèvement d'un des quartiers des Turcs, et qu'on n'avoit pas assez de troupes pour songer seulement à l'entreprendre. De plus, je savois de bonne part que les généraux de la république vouloient rendre la ville et qu'ils étoient sur le point d'en conclure le traité ; et cela se trouva si véritable, qu'encore que le secours de Zante, qui étoit de deux mille hommes, remplaçât le nombre de ceux que j'avois retirés, Morosini signa la capitulation deux jours après mon départ.

---

1. Le 22 août.

Il me semble qu'il est aisé de comprendre que l'intérêt des Vénitiens n'étoit pas de conserver Candie, et que ce n'étoit pas non plus leur dessein. Ils n'en tiroient aucun secours d'hommes ni d'argent, parce que les Turcs étoient maîtres de tout le reste du royaume. Cette ville leur causoit une prodigieuse dépense; elle étoit ouverte de tous côtés; et il leur auroit fallu plus de trois millions pour la rétablir. Leurs finances étoient épuisées; ils manquoient de soldats et de chiourme. Ils ne pouvoient plus soutenir la guerre contre le Grand Seigneur, ni conserver les places qu'ils ont dans l'Archipel et la Dalmatie qu'en faisant la paix avec lui; de sorte qu'ils ne vouloient se servir du secours de la France que pour faire voir que la chrétienté s'intéressoit pour eux, et obliger la Porte à leur accorder une paix moins désavantageuse.

L'ambassadeur de Venise avoit fait de si grandes plaintes de mon départ au roi, qu'on m'envoya ordre, d'abord que je fus arrivé en France, de me retirer dans l'une de mes terres. J'y demeurai trois ans relégué, sans qu'il me fût permis de rien dire pour ma justification. Après ce temps, on me donna permission d'aller à mon gouvernement de la Rochelle et ensuite de revenir à la cour. Je suppliai très-humblement le roi de vouloir bien que je prisse la liberté de lui rendre compte de ce malheureux voyage. Il eut la bonté de me donner trois heures d'audience et de me dire, lorsqu'il eut écouté mes raisons, qu'il étoit content de ma conduite. Il me répéta la même chose devant MM. les maréchaux de Créquy[1] et de Bellefons[2] et me demanda à voir la relation que j'ai faite de ce voyage. Après qu'il l'eut lue, il me fit l'honneur de me dire qu'il croyoit avoir été présent à toutes les occasions qui s'étoient passées, que les choses paroissoient expliquées d'une manière qu'on ne pouvoit pas douter qu'elles ne fussent véritables, et qu'il étoit fort aise d'avoir vu tout ce détail. Cela me consola de ma disgrâce qui m'avoit été très-sensible, parce que je ne l'avois en aucune façon méritée. Je puis dire que je n'ai jamais servi avec tant d'application, avec tant de péril, ni même avec tant d'utilité qu'en cette occasion. Je défendis contre les forces ottomanes, pendant deux mois et demi, une place ouverte par deux grandes brèches avec le peu de troupes que le roi m'avoit confiées. Mes raisons furent trouvées bonnes dès qu'on voulut les écouter; et si j'ai souffert un exil de trois ans, on voit bien que ce n'a été que par des motifs dont je ne me saurois plaindre puisqu'ils sont pris des intérêts qu'avoit alors Sa Majesté.

Quelques jours après mon arrivée à la cour, le roi me dit en riant, devant plusieurs personnes : « Navailles, je vous dégrade en vous ôtant pour quelque temps de votre gouvernement. J'ai besoin de vous ailleurs. Je désire que pendant que j'irai en

---

1. François de Créquy, marquis de Marines, connu d'abord sous le nom de Créquy, maréchal de France en 1668, mort en 1687.
2. Bernardin Gigault, marquis de Bellefonds, maréchal de France aussi en 1668, mort en 1694.

Flandres[1], vous alliez commander dans mes provinces d'Alsace, Lorraine, pays Messin, Bourgogne et Champagne, avec pouvoir de vous servir des troupes que j'y ai, selon que vous le jugerez nécessaire pour mon service. » Je commençai mon voyage par la Bourgogne; de là j'allai en Champagne; et je donnai plusieurs ordres en ces deux provinces. Ensuite ayant été à Metz, je m'avançai dans la Lorraine où je demeurai quelque temps. De là, j'allai en Alsace, et voulant me rendre à Brisac, je passai par Colmar. J'y trouvai que les habitants, pour être si près d'une place de la considération de Brisac, affectoient une grande indépendance. Leur ville étoit remplie de toutes sortes de munitions de guerre et de bouche; ils paroissoient peu disposés à recevoir les ordres du roi et à s'y soumettre. Ils ne firent aucune diligence, afin de marquer à mon égard le respect qu'ils avoient pour les personnes à qui le roi confioit son autorité. Il y avoit encore en ce pays-là, Schlestadt, Haguenau, et quatre autres petites villes impériales; elles étoient fort unies, tenoient en tout temps des députés à la diète et travailloient incessamment à prendre des libertés contraires à l'obéissance qu'elles devoient au roi; et, quand je fus arrivé à Brisac, ces sept villes qui se prétendoient impériales, m'envoyèrent des députés. Ceux de Colmar étoient à la tête et portoient la parole. Ils me ha-

---

1. La guerre venoit d'être déclarée entre l'Espagne et la France, à cause de la Hollande. La déclaration de l'Espagne est du 15 octobre 1673; celle de la France du 20.

ranguèrent en la même manière qu'ils avoient harangué ceux qui m'avoient précédé. Il me sembla qu'ils s'étoient servis de termes qui ne marquoient pas assez la soumission qu'ils devoient au roi, le traitant seulement de leur protecteur ; je leur répondis qu'il avoit à leur égard un titre plus fort ; qu'il étoit leur tuteur, et que c'étoit à lui à les conduire. Je leur parlai si fortement, que l'intendant, qui étoit présent, me dit devant eux : « Monsieur, si ceux qui vous ont précédé leur eussent fait connoître leur devoir comme vous faites, le roi seroit plus autorisé dans cette province ; et ces messieurs ne feroient pas tant de dépense à tenir des députés à la diète. » Ces députés furent fort étonnés ; et ils se jetèrent à genoux devant moi. Je crus qu'il falloit leur donner une petite mortification ; j'envoyai le lendemain cinq cents chevaux prendre des bestiaux aux portes de leurs villes. Cela leur ouvrit les yeux et leur fit connoître l'erreur où ils étoient de vouloir être indépendants de la France. Ils vinrent une seconde fois pour me parler ; mais je ne voulus pas les écouter ; et je leur fis dire qu'il falloit que je m'en allasse à Philisbourg. Je partis en effet pour ce voyage ; et je passai à Strasbourg, où ceux de la ville m'envoyèrent complimenter par des députés. J'arrivai à Philisbourg ; et je visitai la place ; les fortifications n'en étoient pas sans défaut ; et je remarquai beaucoup de choses où il étoit nécessaire de remédier. J'avois aussi visité Brisac ; et j'avois reconnu que le roi avoit été très-mal servi par ceux qu'on avoit chargés des fortifications de cette place.

Je séjournai quelque temps à Philisbourg; et j'y appris, par un courrier qu'on m'envoya, que le roi venoit à Nancy. Comme mon emploi finissoit par son arrivée et que la grande dépense qu'il me falloit soutenir sans aucuns appointements, commençoit à m'incommoder, j'envoyai un gentilhomme à la cour pour demander permission de me retirer. On m'envoya ordre bientôt après de venir trouver le roi. Je me mis en chemin; et j'arrivai à Nancy. J'y trouvai M. de Louvois, à qui je rendis compte du détail des choses dont j'avois été chargé. Je lui parus bien informé de toutes les affaires de ces provinces, et particulièrement de ce qui regardoit l'Alsace. Il me dit que le roi étoit à Thionville et qu'il seroit bien aise de me voir. Je me rendis auprès de lui; et j'en fus reçu aussi favorablement que je le pouvois désirer. Il me fit l'honneur de me dire qu'il vouloit m'entretenir, et me commanda d'être le lendemain à son lever. M'y étant trouvé, il me montra le plan de Maëstrich et de tous les quartiers de son armée devant cette ville, qu'il venoit de prendre avec tant de gloire[1]. Il m'informa du détail de ce qui s'étoit passé au siége, et des ordres qu'il avoit donnés dans toutes les occasions. J'avoue que je fus charmé de voir ce grand prince me parler avec plus de justesse qu'aucun de ses généraux n'eût su faire. Ensuite il fit apporter

---

1. Le 29 juin 1673, en treize jours.

les cartes des provinces où il m'avoit donné ordre de commander; et après qu'il eut examiné ce que je lui disois qu'on y pouvoit faire pour le bien de son service, il voulut que je lui rendisse un compte particulier de l'état des places d'Alsace, et me demanda si je croyois que Colmar fît difficulté de recevoir ses troupes. Je lui répondis qu'il n'y avoit pas d'apparence, et que la conjoncture étoit favorable pour mettre cette ville et les autres qui se disoient impériales, sur le pied qu'elles devoient être; il me dit ensuite qu'il étoit à la veille d'avoir une grande guerre; qu'il falloit que j'allasse en Bourgogne; que cette province étoit en méchant état, et qu'il m'envoyeroit des troupes quand il seroit temps. Je lui dis que j'aurois voulu être assez riche pour le servir sans appointements; il eut la bonté de me répondre qu'il me feroit donner une gratification, et qu'après cela il parleroit à M. de Louvois, afin qu'il réglât mes appointements.

On me donna quatre mille écus; et je m'en allai en Bourgogne. Je trouvai cette province dans un fort grand désordre : les peuples épouvantés, la campagne et toutes les petites villes abandonnées[1]. J'appris que les Espagnols n'oublioient rien dans la Franche-Comté pour fortifier leurs troupes et leurs places,

---

1. Le P. Griffet a publié dans le *Recueil de lettres pour servir d'éclaircissement à l'histoire militaire de Louis XIV*, une lettre de Navailles à Louvois écrite de Châlons le 4 juin 1673. Nous reproduirons cette pièce à la fin des *Mémoires*, note première. On verra que Navailles y propose la conquête de la Franche-Comté.

et qu'ils se préparoient à nous donner beaucoup d'inquiétude.

La ville de Gray[1] qui avoit été rasée dans la dernière guerre, est dans une situation très-avantageuse pour incommoder la Bourgogne et la Champagne; elle a un pont sur la Saône, qui donne entrée dans ces deux provinces. Les Espagnols jugeant qu'ils ne pouvoient rien faire de plus utile pour eux que de raccommoder ce poste, y travaillèrent avec beaucoup de soin et de diligence. Ils firent une contrescarpe revêtue et bien palissadée, et rétablirent le corps de la place. Ils prétendoient par ce moyen tenir une armée considérable dans la Franche-Comté et la faire subsister des contributions qu'ils tireroient de la Bourgogne et de la Champagne. Cela eût obligé le roi à faire une forte diversion. Je n'avois que cinquante compagnies nouvelles d'infanterie; et j'avois soixante lieues de frontières à garder. J'écrivis à la cour qu'on m'envoyât incessamment des troupes.

Dijon, qui est la capitale de la Bourgogne et qui est fort riche, n'avoit point de garnison pour la défendre; les bourgeois étoient fort épouvantés. Je les obligeai à prendre les armes; et j'établis parmi eux une manière de discipline pour la garde de la ville; je fis réparer les brèches; et je donnai ordre aux munitions.

1. En Franche-Comté, par la rive gauche de la Saône, diocèse, parlement et intendance de Besançon; aujourd'hui chef-lieu d'arrondissement du département de la Haute-Saône.

Bourg en Bresse[1] est un poste avantageux ; et si les Espagnols s'en fussent saisis, ils eussent mis tout le pays à contribution jusqu'aux portes de Lyon. Je l'allai visiter ; et l'ayant trouvé en mauvais état, j'y fis faire plusieurs réparations ; j'y mis cinq compagnies d'infanterie ; et je fis aussi armer les bourgeois.

Cependant les troupes que les Espagnols avoient dans la Franche-Comté, qui étoient de huit cents chevaux, six cents dragons et six cents hommes de pied, vinrent se poster à Gray. Je fis savoir au roi qu'il étoit de la dernière nécessité de se saisir promptement de cette place, et que si l'on donnoit le temps aux Espagnols de la fortifier et d'y mettre davantage de troupes, la Bourgogne et la Champagne en souffriroient beaucoup ; que si j'avois seulement quatre ou cinq mille hommes, je croyois pouvoir me rendre maître de ce poste. On trouva que j'avois raison ; et l'on me fit réponse qu'on m'envoyeroit au plus tôt ces troupes, mais qu'il les falloit tirer de l'armée d'Allemagne, qu'on ne pouvoit séparer que les Allemands ne se fussent retirés.

Les Espagnols déclarèrent la guerre dans le même temps ; et il me vint fort à propos deux régiments de cavalerie. Il y avoit trois cents chevaux, qui étoient commandés par M. de La Feuillée[2]. J'en détachai cent

---

1. Capitale de la Bresse ; aujourd'hui chef-lieu du département de l'Ain.

2. Pierre Duban, comte de La Feuillée, alors colonel d'un régiment de son nom. Il mourut en 1699, lieutenant général, grand-

pour la Bresse; et je mis le reste sur la frontière. M. Maziette qui commandoit à Gray, avoit une grande impatience d'entrer dans la Bourgogne. Peu de jours après la déclaration de la guerre, il passa la Saône avec huit cents chevaux et six cents dragons dans le dessein de venir brûler les faubourgs de Dijon. Cette ville qui en eut avis, étoit dans une si furieuse épouvante, que le parlement se vouloit retirer; et cela auroit causé un grand désordre. J'en fus averti à Aussonne, où j'étois; et je n'eus point d'autre ressource que d'envoyer Mme de Navailles qui étoit avec moi, dire à ceux de Dijon que j'y arriverois bientôt. Ils furent un peu rassurés par sa venue.

Cependant avec le peu de troupes que j'avois, je me saisis de quelques méchants châteaux et de quelques moulins pour incommoder les ennemis et les empêcher de prendre des postes si près de nous; je me rendis ensuite à Dijon avec ma compagnie des gardes seulement. Deux jours après que j'y fus arrivé, les ennemis qui étoient en campagne, vinrent pour exécuter leur dessein. Je n'avois qu'une compagnie d'infanterie qui étoit dans le château. J'en tirai les deux tiers; et je les mis à la tête du faubourg dans une maison que je fis percer. Il y avoit assez près de là des moulins que je fis occuper par la compagnie

---

croix de l'ordre de Saint-Louis et gouverneur de Dôle. C'étoit un des plus braves officiers de l'armée. Quand Mgr le Dauphin fit sa première campagne, le roi désigna le comte de La Feuillée pour être un de ceux qui se tiendroient auprès du prince en cas d'action.

de mes gardes, qui étoit de quarante maîtres. Je ne pus jamais obliger aucun des bourgeois à sortir de leurs murailles; et il falloit même que je fusse toujours avec eux pour les rassurer, tant ils étoient épouvantés.

Quand les ennemis furent à une lieue et demie de la ville, ils détachèrent trois cents chevaux et quelques dragons pour venir brûler les faubourgs et les moulins. Je fus averti qu'ils approchoient; je fis filer incontinent tout le canon de la ville et du château, pour leur donner à connoître que j'étois sur mes gardes. Ce détachement étant venu à la tête du faubourg, les mousquetaires que j'avois mis dans une maison, tirèrent quelques coups et tuèrent deux dragons et quatre ou cinq cavaliers. Le détachement n'osa passer outre. Cela avec le grand bruit que je fis faire, et la bonne contenance que je montrai, persuada aux ennemis que j'étois en état de me défendre, et les empêcha de soutenir ce qu'ils avoient commencé. En se retirant, ils voulurent prendre un des postes où j'avois logé quelques compagnies d'infanterie; mais elles se défendirent si bien qu'elles leur tuèrent trente ou quarante hommes et les obligèrent de s'en retourner sans rien faire. Cette action mal conduite de leur part rassura la province, et particulièrement Dijon. Quelques jours après, je surpris le château de Saint-Amour[1] qui est du côté de la Bresse.

1. Sur les confins de la Bresse; aujourd'hui chef-lieu de canton dans l'arrondissement de Lons-le-Saunier, département du Jura.

Ces petits succès firent connoître à la cour que la proposition que j'avois faite de me rendre maître de Gray, étoit d'une grande importance; et elle jugea que ce seroit une action d'éclat, dont on avoit besoin en ce temps-là à cause que nos affaires commençoient à baisser par la perte de Baune[1] et quelques autres places. On me fit savoir que l'on m'envoyeroit des troupes, et que si je pouvois exécuter cette entreprise, je rendrois un grand service au roi. Je n'avois ni munitionnaire, ni commandant d'artillerie; je trouvai quelques farines sur mon crédit; je mis deux pièces de canon en état; et je fis faire un pont volant pour passer la Saône. M. d'Apremont[2] qui faisoit fortifier alors Aussonne et que le roi fit brigadier, me fut d'un grand secours par ses soins et sa bonne conduite.

Il m'arriva seize compagnies des gardes, le régiment Lyonnois et six cents chevaux; j'eus d'assez grands embarras pour leur subsistance, par les difficultés qu'on trouve toujours à faire vivre des troupes dans les pays d'États; mais ce qui les augmenta encore, c'est que M. Bouchu[3], intendant, ne voulut pas

---

1. Bonn qui s'étoit rendu à Montécuculli le 12 novembre 1673.
2. Lieutenant aux gardes en 1656, il fut nommé capitaine en 1657 et reçut le commandement de Douai pour les services qu'il avoit rendus pendant le siége. Il fut fait gouverneur de Salins après la prise de cette ville, et mourut en décembre 1678.
3. On peut pourtant croire que Bouchu fut un des promoteurs de la seconde conquête de la Franche-Comté dont ce sont ici les préliminaires. Ayant rencontré un exemplaire du *Bourguignon intéressé*, Cologne ab Egmont, s. d., p. in-12, il jugea ce pamphlet qu'il attribuoit au baron de Lisola, assez important pour

agir sur de simples lettres de M. Louvois et demanda des ordres en forme. J'avois à commander dans une province où M. le Prince est gouverneur, et autorisé au point que le peut être une personne de son rang et de son mérite; et comme c'étoit à moi que l'on envoyoit les ordres directement, on peut s'imaginer que je ne trouvois pas peu d'oppositions. Les États disoient qu'ils ne pouvoient rien résoudre sans une assemblée; et les officiers du parlement vouloient conserver leurs terres. Je ne laissai pas néanmoins de régler les choses dans la justice.

Les troupes qu'on m'avoit envoyées étoient en campagne depuis vingt-deux mois; et l'on n'en a guère vu de plus délabrées; elles souffroient beaucoup en ce pays-là, où les pluies sont fréquentes pendant l'hiver et les eaux sujettes à se déborder; on étoit alors à la fin de décembre. Je crus qu'il importoit au service de ne pas perdre de temps, parce que les ennemis se mettoient tous les jours en meilleur état. Je fis assembler les troupes pour passer la Saône avec mon pont volant que j'avois fait faire si secrètement que les ennemis n'en avoient point eu de

---

l'envoyer par courrier au prince de Condé avec une lettre du 7 janvier 1673 dans laquelle on lit : « Votre Altesse connoîtra le cas que les Espagnols font de cette province, et tous les avantages qu'ils prétendent en tirer, et qui, je crois, dans la connoissance que j'ai de ce pays, sont véritables. » *Recueil de lettres pour servir d'éclaircissement à l'histoire militaire de Louis XIV*, p. 219 du 2e vol. Bouchu étoit fils de Pierre Bouchu, premier président au parlement de Dijon.

connoissance. Quand elles furent au rendez-vous que je leur avois donné, la rivière se trouva si grosse, qu'elles faillirent à se noyer; et il fallut les renvoyer dans leurs quartiers. Les ennemis qui virent monter mon pont volant et qui connurent que j'avois dessein de le mettre au-dessus de l'Ognon, afin de passer ces deux rivières tout à la fois, profitèrent de notre malheur et fortifièrent l'endroit où nous devions descendre. Ils mirent encore trois cents chevaux dans un village qui en est proche, pour s'opposer à notre passage.

Je voyois que nos troupes ruinoient toute la Bourgogne et que celles des ennemis grossissoient. Cela me donnoit une grande inquiétude; je résolus de faire une seconde tentative pour entrer dans la Franche-Comté. J'envoyai reconnoître l'Ognon; et l'on me rapporta qu'au-dessus de la forge de Pessine, il y avoit un gué où il n'étoit pas impossible de passer, qu'il y faudroit nager à cause que les eaux étoient débordées, mais qu'il n'y avoit que du sable dans le fond, et que l'entrée et la sortie en étoient faciles.

J'assemblai une seconde fois les troupes; et je fis monter mon pont. Sitôt que les ennemis le virent, ils se mirent en bataille et firent un grand feu. J'avois cependant marché la nuit avec huit escadrons, dans l'espérance de passer l'Ognon à ce gué et d'aller prendre les ennemis par derrière; mais une pluie continuelle fit tellement grossir la rivière, que je ne pus faire passer que cinq escadrons à la nage; et je n'osai hasarder les trois autres.

Les ennemis, qui ne croyoient pas qu'on pût tenter une pareille chose dans une nuit fort noire et la rivière étant débordée, furent extrêmement étonnés lorsqu'ils apprirent par leurs partis que je passois; et ils se retirèrent aussitôt à Gray. Je fis mener mon canon par la rivière; et le lendemain j'attaquai Pessine; il y avoit dedans trois cent cinquante hommes de pied et trois cents dragons; ils se rendirent à discrétion le jour suivant. Je pris près de Dolle, entre la rivière de l'Ognon et celle du Doux, un château qui étoit très-bon et où il y avoit deux cents hommes.

Heureusement il gela pendant vingt-quatre heures. Je pris ce temps-là pour mener mon canon à Gray. Comme j'en approchois, je trouvai toute la cavalerie des ennemis qui venoit brûler les villes où je prétendois m'établir pour faire le siége; il y eut une grande escarmouche; et les ennemis furent poussés dans leurs postes. Je reçus en cette occasion un coup de mousqueton qui perça mon chapeau en trois endroits et m'emporta une partie de ma perruque.

Le lendemain, j'ouvris la tranchée, malgré une inondation si grande, que les soldats avoient l'eau jusqu'à la ceinture; ayant surmonté cette difficulté et d'autres qui n'étoient guère moindres, je fis attaquer le chemin couvert par le régiment Lyonnois; il s'en rendit maître après un combat qui dura cinq heures. Les ennemis, qui se virent pressés, demandèrent à capituler[1] ; et je ne leur voulus donner que la capitulation de Pessine. Je pris à discrétion dans Gray seize cents hommes de pied, quatre cents chevaux et six cents dragons, avec M. Maziette, qui étoit le héros des ennemis et la terreur de la Bourgogne et de la Champagne. Je lui fis rendre une partie de son équipage ; mais je l'obligeai de me donner parole que de six mois il ne serviroit le roi d'Espagne. Je profitai de tous les chevaux des cavaliers et des dragons, que je donnai aux troupes qui en avoient grand besoin. J'envoyai cette garnison et celle de Pessine à Luxembourg. Je fis sommer ensuite Vezou et Lion-le-Saunier, qui se rendirent[2]. Je pris encore une petite place auprès de Bezançon. Enfin je fus maître de tout ce pays ; et si le roi avoit voulu achever alors la conquête de la Franche-Comté, Bezançon et Dolle eussent été pris assurément dans quinze jours ; mais les Espagnols ayant eu le temps d'envoyer en ce pays-là M. de Vaudémont[3], il travailla avec tant d'application à mettre ces deux places en meilleur état et à rassurer

---

1. Gray se rendit le 28 février 1674. Le roi donna le gouvernement de la place au comte de La Feuillée en récompense des services de cet officier.

On trouvera à la fin des *Mémoires*, note 2e, deux lettres écrites par Navailles à Louvois pendant le siège de Gray. Ces pièces sont tirées du *Recueil de lettres*, etc., publié par le P. Griffet.

2. Vezoul capitula le 11 mars ; Lons-le-Saunier quelques jours après.

3. Fils de Charles IV, duc de Lorraine, et de la princesse de Cantecroix.

les peuples, que cette affaire se rendit difficile et digne de la présence et des soins du roi, qui, l'année suivante, la termina glorieusement au milieu d'un hiver fort rude.

LIVRE CINQUIÈME.

Ayant disposé les choses dans la Franche-Comté de la manière que je viens de dire, je reçus une lettre toute pleine de bontés écrite de la main du roi, qui m'ordonnoit de me rendre à la cour. Dès que j'y fus arrivé, il me fit l'honneur de me dire que je venois de lui rendre un grand service et que j'avois rétabli la réputation de ses armes dans un temps où elles en avoient besoin; il ajouta mille choses obligeantes qui ne tendoient qu'à me donner de l'emploi dans l'armée de Flandre, que M. le Prince devoit commander. Il me fit entendre que je serois seul lieutenant général sous lui. Je ne laissai pas d'être fort combattu; j'avois quelque pensée de me retirer, parce que je voyois que mes affaires ne s'avançoient pas du côté de la cour, et que je n'avois pas lieu d'espérer de me rétablir entièrement dans les bonnes grâces du roi, quelque service que je lui pusse rendre. Il me sembloit que la prudence vouloit que je prisse ce temps, où je paroissois n'être

pas tout à fait mal dans son esprit, pour faire ma
retraite avec un peu de satisfaction, sans m'engager
davantage dans les emplois de l'armée, qui sont toujours ruineux pour un homme désintéressé. Je faisois réflexion que j'avois une grande famille et que
j'étois obligé de lui conserver le bien qui m'étoit
resté de ma disgrâce; mais mes amis, pour qui j'ai
toujours eu beaucoup de déférence, furent d'avis
que je devois continuer à servir. Je me laissai persuader; et j'allai voir M. le Prince, qui me reçut
obligeamment et me fit bien des amitiés.

Il n'est pas nécessaire que je parle de tout ce qui
se passa pendant cette campagne. Il me suffira de
dire qu'après que le roi eut achevé la conquête de
la Franche-Comté[1], il envoya dans l'armée de
Flandres trois lieutenants généraux, M. de Luxembourg[2], M. de Rochefort[3] et M. de Fourille[4]. Je ne
sais si M. le Prince le désira ainsi, ou si ce fut par
quelque autre motif. Le roi lui envoya ordre de
partager l'armée et de m'en donner la moitié, et
l'autre aux trois lieutenants généraux, qui roule-

---

1. Au mois de juillet. La dernière place prise fut Salins, qui se rendit à La Feuillade le 22 juin.
2. François de Montmorency Bouteville, qui avoit épousé l'héritière de Luxembourg.
3. Henry-Louis d'Aloigny, marquis de Rochefort, maréchal de France en 1675, mort en 1676.
4. Michel-Denis de Chaumejan, marquis de Fourille. Il fut commandeur de l'ordre de Saint-Louis à sa création. C'étoit un brave soldat qui prit part à toutes les grandes batailles de cette époque, Saint-Denis, Fleurus, Steinkerque, Nerwinde, et qui fut obligé de se retirer du service, jeune encore, à cause de ses blessures.

roient ensemble¹. M. le Prince, qui vouloit favoriser M. de Luxembourg et le distinguer de MM. de Rochefort et de Fourille, me proposa de le faire servir avec moi. Il me dit qu'il avoit commandé en chef de grandes armées, et n'oublia rien pour me persuader d'y consentir. Je lui répondis très-respectueusement que de tous mes services, je n'avois conservé que le médiocre avantage de ne pas servir d'égal avec les autres lieutenants généraux, qui n'étoient pas de mon ancienneté; que j'étois en possession depuis dix-huit ans de commander ces trois-là, et que j'avois beaucoup de déplaisir de ne pouvoir lui obéir. Cela obligea M. le Prince de donner un corps détaché à M. de Luxembourg pour l'empêcher de rouler avec MM. de Rochefort et de Fourille.

Quelques jours après, la bataille de Senef se donna². Comme on étoit prêt d'attaquer les enne-

---

1. Le P. Griffet a publié la lettre du roi au duc de Navailles dans le *Recueil de lettres pour servir d'éclaircissement à l'histoire militaire de Louis XIV*. Nous la reproduisons à la fin des *Mémoires*, note 3ᵉ.

2. Le 11 août. Nous connoissons trois relations de cette bataille : la première a été publiée dans le *Recueil de lettres*, etc., du P. Griffet, tome II, p. 61 ; elle est intitulée *Relation du combat de Senef envoyée à M. de Louvois par Mgr le Prince*. La seconde porte dans la *Gazette*, extrait du 22 août, le titre de *Le Combat de Senef ou la Défaite de toute l'arrière-garde d'Espagne, fortifiée des troupes de l'Empereur et de celles de Hollande ; avec la perte de leurs bagages, par le prince de Condé, commandant l'armée du roi*. On trouve enfin la troisième à la suite des *Mémoires très-fidèles et très-exacts des expéditions militaires qui se sont faites en Allemagne, en Hollande et ailleurs, depuis le traité d'Aix-la-Chapelle jusqu'à celui*

mis, je suppliai très-humblement M. le Prince d'avoir la bonté de régler nos postes, parce que M. de Luxembourg se donnoit beaucoup de mouvement. Il me demanda où je voulois être. Je lui dis qu'il me sembloit que je devois avoir l'aile droite. Il me répondit sèchement qu'il vouloit que ce fût sa place.

Le combat commença; et les affaires s'échauffèrent en très-peu de temps. On vint dire à M. le Prince qu'on pouvoit attaquer l'aile gauche des ennemis avec beaucoup d'avantage. Sur ce rapport, il prit le parti d'aller à son aile droite et me commanda de prendre tout le soin de la gauche. Elle étoit déjà attachée à un combat fort opiniâtre et fort douteux. Je voyois que nos troupes souffroient extrêmement, et que l'infanterie manquoit de munitions et commençoit à se ralentir. Cela me fit résoudre de passer un défilé qu'il y avoit à la gauche et qui étoit défendu par deux lignes de cavalerie et quatre bataillons, afin de me saisir d'un village où les ennemis avoient quatorze bataillons soutenus par derrière de toute l'armée d'Allemagne. La chose étoit assurément hardie et difficile; mais la résolution que les troupes firent paroître, me détermina à la tenter.

---

de Nimègue, etc. Paris, Briasson. 1734. 2 vol. in-12. Cette relation n'est évidemment qu'une version revue et corrigée de celle de la *Gazette*. Elle est plus complète que la première et mieux écrite que la seconde. C'est elle que nous citerons. Son titre est *Relation de la bataille de Senef en* 1674 *par M. le prince de Condé, du camp de Piton en Hainaut le* 12 *août* 1674.

Dans ce même moment M. le duc de Lesdiguières[1] me vint dire de la part de M. le Prince que je visse si je pouvois passer ce défilé. Je parlai aux troupes; et je fis faire sur la droite deux chemins, chacun à passer quatre cavaliers. Je me servis sur la gauche d'un grand chemin où six hommes pouvoient marcher de front. Je pris cinq cents fusiliers du régiment du roi pour soutenir ma cavalerie, qui étoit sur la droite; et après avoir ordonné aux deux autres corps de marcher en même temps, je passai le défilé à la tête de deux escadrons des gardes du corps. Les gendarmes, les chevau-légers du roi et les gardes de M. le Prince passoient au milieu; et à la gauche passoit une partie de la cavalerie légère, commandée par M. de Conismar[2]. Nous fîmes cette marche avec une si grande fierté et un si bon ordre, que les ennemis en furent étonnés. Ils vinrent pour charger mes deux escadrons en tête et en flanc; les fusiliers, qui ne devoient tirer que par mon commandement et non pas tous à la fois, exécutèrent si bien ce qui leur étoit ordonné, que le corps de cavalerie, qui avoit dessein de me prendre en flanc, ne put soutenir ce feu sans se rompre. L'autre corps de cavalerie, qui étoit fort grand, chargea nos autres escadrons, qui ne tirèrent pas un coup; et tombant sur les gendarmes et les chevau-légers du roi, il les rompit. Je les ralliai très-promptement; et prenant

---

1. Jean-François de Paule de Bonne, duc de Lesdiguières, mort en 1703.
2. Il fut blessé dans l'affaire.

la cavalerie qui marchoit dans le chemin de ma gauche, je fis charger en flanc celle des ennemis avec tant de bonheur, que je rompis leurs deux lignes, taillai en pièces la plus grande partie des quatre bataillons et poussai le reste jusque dans l'armée d'Allemagne[1]. Les quatorze bataillons qui étoient dans le village, voyant qu'on les prenoit par derrière et qu'ils seroient défaits comme les quatre premiers bataillons, gagnèrent un chemin creux pour se retirer au gros de leur armée. Cela les sauva;

---

1. « Dans ce même temps, M. de Navailles qui avoit devant lui les ennemis postés sur une hauteur, résolut d'aller à eux par deux passages. A la faveur du feu de son infanterie qui étoit maîtresse du défilé, il passa par la droite à la tête d'un escadron des gardes du corps, et donna ordre à M. de Konismark de passer par la gauche avec la cavalerie légère. Il porta le régiment des Vaisseaux et celui des Fuseliers derrière un rideau avec ordre de faire feu sur les escadrons des ennemis qu'il crut qui viendroient charger; ce qu'ils firent avec cinq escadrons. Dans le temps qu'il formoit les deux premiers, deux marchoient pour les charger en tête, trois en flanc. Le feu de son infanterie que M. de Lamothe fit faire de fort près et fort à propos, incommoda les ennemis. M. de Navailles opposa un des régiments à ceux qui venoient dans son flanc; et avec l'autre il attendoit la charge de ceux qui venoient par sa tête, et renversa les cinq escadrons; mais comme il les poussoit, il en trouva sept autres des ennemis qui le repoussèrent. Dans ce temps les gendarmes et les chevau-légers du roi qui avoient passé le défilé, marchèrent soutenus par mes gardes et deux escadrons de cavalerie à la tête desquels étoient M. de Konismark et M. de Tilladet. Nos troupes firent extrêmement bien. M. de Navailles les mena à la charge; et elles battirent les ennemis avec beaucoup de vigueur, les poussèrent jusqu'à une grande haie où ils avoient deux bataillons postés. M. de Moucy arriva alors avec le régiment des Vaisseaux et des gens détachés de celui de la Reine et de celui des Fuseliers, et attaqua deux bataillons des ennemis qui étoient postés dans un pré fermé d'une bonne haie où ils furent tous tués ou pris. » *Relation de la bataille de Senef*, etc.

parce qu'ils étoient dans un poste où je ne pouvois les charger avec ma cavalerie. Je ralliai quelques troupes dispersées de mon infanterie pour les attaquer ; mais elles étoient en si petit nombre et si fatiguées, qu'il leur fut impossible de les forcer[1]. Comme le jour commençoit à finir, je mis tous mes gens en bataille fort près des ennemis. Ils envoyèrent de leur gauche opposée à M. le Prince de la cavalerie et de l'infanterie pour remédier au désordre où j'avois mis leurs troupes de ce côté-là. La nuit fit cesser pour une heure ou deux le feu de part et d'autre. Après ce temps-là les ennemis firent du côté de M. le Prince plusieurs décharges si violentes, qu'elles donnèrent quelque terreur à ses troupes ; il les rassura par sa présence. Ces deux décharges ne finirent que sur les onze heures du soir ; et aussitôt après ils en firent de mon côté deux ou trois qui ébranlèrent ma première ligne. J'y remédiai promptement. Les ennemis voyant que tous leurs efforts étoient inutiles, se servirent de la nuit pour se retirer et nous laissèrent maîtres du champ de bataille[2].

1. « M. de Navailles voulut faire attaquer l'infanterie des ennemis qui étoit postée plus avant, par des Suisses qu'amena M. de Tracy qui a très-bien fait dans l'action ; mais quoi qu'ils pussent faire, les Suisses n'avancèrent pas. » *Relation de la bataille de Senef*, etc.

2. « Nous restâmes en bataille devant les ennemis très-longtemps sous un assez grand feu de leur mousqueterie et de leur canon.... Les ennemis étant très-bien postés et nous fort mal par la nature du lieu qu'on ne pouvoit rectifier,... notre infanterie étant fort fatiguée d'avoir couru toute la journée, ce qu'elle fit très-bien, arrivant quasi toujours aussitôt que les escadrons qui poussoient les

Après ce grand combat, M. le Prince me témoigna qu'il étoit extrêmement content de moi et me dit mille choses obligeantes. Nous allâmes ensuite faire lever le siége d'Oudenarde[1]; et comme la saison étoit déjà avancée, il ne se fit plus rien de considérable le reste de la campagne.

Pendant ce temps-là on traitoit à Paris du mariage de mon fils unique[2] avec Mlle d'Allègre[3]. J'appris à l'armée que tout étoit arrêté entre les deux familles. Cela m'obligea de prendre la liberté d'écrire au roi pour lui demander son agrément sur ce mariage; et il eut la bonté d'y consentir. M. Colbert[4], qui avoit pensé quelque temps auparavant à cette alliance pour M. le marquis de Seignelay, son fils[5], y ayant trouvé des difficultés, paroissoit avoir entièrement abandonné ce dessein. Je savois qu'il avoit fait parler à M. et à Mme de Matignon[6] pour

ennemis, par-dessus tout nos escadrons et nos bataillons étant extrêmement affoiblis par les pillards qui étoient allés au bagage, je ne jugeai pas à propos de pousser la chose plus avant. » *Relation de la bataille de Senef*, etc.

1. Le 21 septembre.
2. Philippe de Montault-Bénac, marquis de Navailles, mestre de camp du régiment de Navailles, et brigadier d'infanterie.
3. Marie-Marguerite, marquise d'Alègre, fille de Claude Yves, marquis d'Alègre, maréchal de camp, gouverneur d'Évreux, mort en 1664. Elle étoit héritière du nom et du titre que sa mort, arrivée en 1678, fit passer sur la tête de son oncle, Emmanuel, vicomte d'Alègre.
4. Jean-Baptiste Colbert, mort le 6 septembre 1683.
5. Jean-Baptiste Colbert, marquis de Seignelay, secrétaire d'État de la marine, mort le 3 novembre 1690. Le mariage se fit; il fut célébré le 8 février 1675.
6. Henry, sire de Matignon, comte de Thorigny, lieutenant général au gouvernement de basse Normandie, mort à Caen le 28 dé-

marier M. son fils à une de leurs petites-filles; et Mme d'Allègre[1] m'avoit dit que M. l'archevêque de Paris[2] étoit venu la prier de dire qu'on ne lui avoit point parlé de cette affaire depuis la première proposition. Je ne laissai pas d'écrire de l'armée à M. Colbert sur ce sujet; et j'adressai ma lettre à Mme de Navailles; elle la fit voir à Mme d'Allègre, qui la pria de ne la point rendre à M. Colbert, parce qu'elle étoit très-assurée qu'il ne songeoit plus à sa fille pour M. son fils, et que son affaire avec Mlle de Matignon[3] étoit fort avancée. J'ai été bien aise de m'expliquer là-dessus, pour faire voir que je n'ai pas manqué à la civilité que l'on doit à des personnes que la bonté du roi et leurs services ont mis dans un rang considérable. On sait que cette affaire n'a pas été heureuse pour ma famille; mais quelque soin que l'on ait pris d'en parler dans le monde d'une manière très-opposée à ce que je viens de dire, j'ai la consolation de n'avoir rien à me reprocher. Je me soumis aux ordres du roi en

---

cembre 1682. Il avoit épousé, le 13 octobre 1648, Marie-Françoise Le Tellier, dame de Luthumière.

1. Marguerite-Gilberte de Roquefeuil, seconde femme du marquis d'Alègre, veuve de Gaspard de Coligny, marquis d'Orne, morte le 1er février 1699.

2. François de Harlay Chanvellon, archevêque de Paris en 1670, mort le 6 avril 1695.

3. Charlotte de Matignon, mariée le 27 décembre 1675 à Jacques, sire de Matignon III, son oncle, morte le 4 avril 1721. Après la mort de sa première femme, le marquis de Seignelay épousa le 6 septembre 1679 Catherine-Thérèze de Matignon, marquise de Lonray, sœur cadette de Charlotte.

cette occasion avec le respect que je devois; et il me fit l'honneur de me dire qu'il étoit satisfait de moi. Quelque temps après je lui demandai la permission de m'en retourner à mon gouvernement de la Rochelle, dans la résolution de me retirer pour le reste de mes jours; puisque je voyois que la fortune depuis plusieurs années s'étoit lassée de m'être favorable.

Comme j'étois à la Rochelle, où je ne songeois qu'à ma retraite et aux choses que je m'imaginois qui la pouvoient rendre agréable, un courrier m'apporta une lettre de M. de Louvois, par laquelle il m'apprenoit que le roi s'étoit souvenu de moi dans une promotion de maréchaux de France qu'il venoit de faire[1]. Cette nouvelle me surprit beaucoup. Je ne pouvois croire qu'après le malheur qui m'étoit arrivé sur l'établissement de mon fils, dans un temps que je venois de rendre d'assez grands services, je fusse en état d'espérer des grâces de la cour. Ayant fait quelque séjour à la Rochelle, je m'en allai à la Valette[2], qui est une maison que j'ai en Engoumois. Pendant que j'étois là, je reçus ordre du roi d'aller commander l'armée de Catalogne et de partir incessamment. Je me mis en chemin au milieu du mois de janvier; et j'arrivai en Roussillon à la fin du

---

1. Le 30 juillet 1675. Il fut de la promotion des huit maréchaux que Mme Cornuel appeloit la *monnoie de M. de Turenne*.
2. Il l'avoit achetée du duc d'Épernon. C'est cette terre qui, au mois de décembre 1660, fut érigée en duché-pairie sous le nom de Montault.

même mois. Je trouvai à Salse[1] M. le maréchal de Schombert[2], qui s'en revenoit en France, et qui étoit parti de Perpignan sur ce qu'il avoit su que je devois m'y rendre ce même jour. Après les civilités que l'on se fait en ces occasions, il m'informa des affaires de ce pays, qui étoient dans un grand désordre.

On avoit envoyé la plupart des troupes de l'armée de Catalogne prendre des quartiers d'hiver en Guienne, à cause de quelque soulèvement qu'il y avoit eu à Bordeaux[3]. Je trouvai celles qui étoient demeurées en Roussillon pour la garde des places, extrêmement délabrées et dans un étrange abattement. J'appris que les Miquelets, qui sont des gens de montagne, désoloient tout le pays; que les Espagnols en avoient composé un corps de huit ou neuf cents hommes, commandé par des gens aguerris et

---

1. Au pied d'une branche des Courbières, à l'entrée du Roussillon; autrefois place forte, aujourd'hui commune du canton de Rivesaltes, arrondissement de Perpignan, département des Pyrénées-Orientales.

2. Louis-Armand de Schomberg, maréchal de France, mort en 1690.

3. Ce soulèvement avoit été causé par la levée des impôts décrétés pour couvrir les dépenses de la guerre de 1672, et notamment de la taxe dite de la marque d'étain et de celle du papier timbré. Les premiers troubles éclatèrent le 25 mars 1675 et durèrent jusqu'au 1er avril. Malgré l'amnistie qui fut accordée à tous les coupables sans distinction, ils recommencèrent le 16 août. La ville alors fut occupée militairement. Par une déclaration en date du 15 novembre, le roi en retira le parlement qui n'y rentra qu'en 1690; et une ordonnance du 22, rendue par le maréchal d'Albret, gouverneur de la province, prescrivit la démolition de la porte de Sainte-Croix et de 500 toises de murailles de la ville.

accoutumés au pillage ; que ces Miquelets se faisoient tellement craindre des peuples, que les terres demeuroient incultes et qu'on n'osoit passer de Narbonne à Perpignan ; qu'ils avoient même pris une si grande supériorité sur les troupes du roi, qu'ils les battoient partout ; que la campagne passée, ils avoient fait un grand nombre de nos soldats prisonniers et pillé une partie du bagage de l'armée ; et que lorsqu'elle marchoit, ils venoient se poster à un quart de lieue et lui disputoient tous les passages. J'appris aussi que la cavalerie espagnole avoit battu la nôtre en plusieurs rencontres et qu'elle en avoit un grand mépris. Toutes ces choses me firent juger que j'étois exposé à recevoir bien du déplaisir dans mon emploi, si je ne travaillois avec beaucoup d'application à ruiner ce corps de Miquelets et à mettre les troupes que je commandois sur un meilleur pied.

J'employai les premiers mois à visiter les places et à connoître le pays ; je donnai ordre qu'on fît de bonnes recrues pour les troupes ; j'écrivis aux officiers de celles qui hivernoient en Guienne, de les mettre en état qu'elles pussent entrer en campagne à leur arrivée en Roussillon. Je réglai les Miquelets qui sont au service de France ; et les ayant réduits à moins de compagnies, je mis à leur tête un homme capable de les discipliner.

Les troupes qui étoient en Guienne, arrivèrent en Roussillon sur la fin du mois d'avril. Je tirai aussitôt les autres des garnisons ; et je trouvai qu'elles faisoient toutes ensemble environ quinze mille hommes. Après leur avoir donné quelques jours de repos, je crus que je devois commencer par quelque action d'éclat qui pût un peu rétablir la réputation de nos armes en ce pays-là. Je formai le dessein de surprendre Figuières, qui est dans le Lampourdan; et pour cet effet je détachai une partie de l'armée que je fis suivre du reste; et j'entrai dans le pays ennemi. Je marchai pendant vingt-quatre heures; et j'arrivai au point du jour devant cette place. Je pris le gouverneur prisonnier avec quatre cents hommes qui étoient dedans; et je les fis conduire dans les villes de Languedoc.

Après cette action, qui rassura nos troupes et qui donna quelque terreur aux ennemis, je m'attachai à détruire ce corps de Miquelets. Pour en venir plus aisément à bout, comme ils étoient la plupart du Roussillon et nés sujets du roi, je fis publier que tous ceux qui auroient cette qualité et qui seroient pris les armes à la main contre la France, seroient pendus sans rémission, et qu'on pardonneroit aux autres qui reviendroient en Roussillon. J'envoyai en divers temps plusieurs détachements pour les attaquer et les poursuivre partout où on les rencontreroit. Je permis même à mon fils, qui servoit cette campagne à la tête de son régiment, d'être de tous ces détachements. Cela eut un si bon succès, qu'avec l'exécution de quelques-uns qui furent pris, ce corps qui avoit été si redoutable à nos troupes les années précédentes, fut réduit en moins de six semaines à très-peu de chose.

Au commencement de juillet, on tira de notre armée trois ou quatre mille hommes, tant de cavalerie que d'infanterie, pour les envoyer en Sicile. Je ne laissai pas de demeurer tout ce mois avec le reste des troupes dans le Lampourdan, où je les fis vivre aux dépens des ennemis, sans qu'ils osassent paroître. Comme les fourrages commençoient à nous manquer, j'en sortis et je repassai en Roussillon. J'y laissai quelques troupes pour la sûreté du pays, sous le commandement d'un officier général; et je menai l'armée en Cerdaigne, où je la fis subsister pendant six semaines, à la vue de Puycerda. Je retournai en Roussillon, parce que je fus avertis que les ennemis y entroient; mais l'avis qu'ils eurent de ma marche, leur fit bien vite repasser les Pyrénées. J'entrai une seconde fois dans le Lampourdan, où je demeurai le reste de la campagne; et les ordres pour le quartier d'hiver étant venus, la plus grande partie de l'armée alla en garnison dans le pays de Foix, et aux environs de Montauban; et je revins avec les autres troupes en Roussillon. Je passai l'hiver à Perpignan; et pendant tout ce temps-là je les exerçai à faire des courses continuelles sur les terres des ennemis, qui furent contraints, par l'inquiétude que je leur donnai, de laisser notre frontière en repos.

La campagne suivante, quoique je n'eusse pas plus de huit mille hommes, j'entrai dès le commencement de mai dans le Lampourdan; j'y demeurai jusqu'à la fin de juin; et comme on ne trouvoit plus de fourrage, je pris la résolution de repasser les Pyrénées. Cependant le comte de Monterey[1], qui commandoit en Catalogne, ayant assemblé ses troupes et fait prendre les armes aux gens du pays, marchoit avec huit mille hommes de pied et trois mille cinq cents chevaux de troupes réglées, et quatre ou cinq mille hommes de milices, pour me venir attaquer. J'en étois averti, et j'avois envoyé M. le chevalier d'Aubeterre[2] avec la garnison de Colioure pour occuper l'entrée du col de Bagnol, par où je voulois faire ma retraite.

Je ne commençois qu'à me mettre en marche, lorsqu'on vint me rapporter que les ennemis paroissoient. Je m'arrêtai au premier lieu que je trouvai commode pour camper. Il y avoit devant mon camp, qui étoit au pied d'une montagne, une petite rivière, et au delà une grande plaine. Les ennemis y vinrent camper le même jour, à la portée du canon de notre armée. On escarmoucha jusqu'à la nuit; et on recommença le lendemain dès le point du jour. Sur les neuf heures du matin, les ennemis, qui étoient en bataille, marchèrent droit à nous. Je m'étois mis aussi en bataille; et j'avois pris tous les avantages que le terrain me pouvoit donner. Cinq

---

1. Fils de don Louis de Haro, le ministre de Philippe IV qui conclut la paix des Pyrénées.

2. Léon d'Esparbez de Lussan, chevalier d'Aubeterre, lieutenant général, mort en 1707.

escadrons des ennemis, soutenus de sept bataillons, passèrent la petite rivière qui séparoit les deux armées. J'envoyai contre eux quelques troupes de cavalerie, qui les poussèrent et les obligèrent de repasser. Les ennemis trouvèrent notre contenance si bonne, qu'ils n'osèrent nous attaquer; nous demeurâmes le reste du jour et le suivant en présence; l'on escarmoucha et l'on se canonna beaucoup.

Cependant comme nous étions dans un lieu où nous manquions d'eau et de fourrage, je ne songeois qu'à me retirer; et je résolus de le faire la nuit de ce même jour. Je donnai ordre le soir que le bagage commençât à marcher; et lorsqu'il fut parti avec une escorte, je disposai toutes choses pour faire suivre l'armée. Après avoir donné une fausse alarme aux ennemis, qui leur ôta le soupçon de mon dessein, je décampai à deux heures du matin.

Il y avoit plus de quatre heures que nous marchions quand les ennemis s'aperçurent de notre retraite; mais, parce que nous avions de grands défilés à passer, notre marche fut lente; et les ennemis qui nous suivoient parurent, que notre arrière-garde n'étoit qu'à une lieue et demie du lieu que nous venions de quitter. On vint m'en avertir dans le temps que je voulois entendre la messe dans le village d'Espouilles, où j'étois arrivé. J'allai promptement à l'arrière-garde pour lui faire passer un défilé; parce que je ne voulois hasarder le combat que dans un poste favorable.

Les ennemis venoient à nous en grand désordre,

et comme des gens assurés de nous battre. Je me mis en bataille sur une hauteur; et je fis tirer du canon à ceux qui étoient les plus avancés. Il y avoit derrière moi une montagne, séparée de la hauteur où j'étois par un ruisseau et un défilé. Je jugeai ce poste plus avantageux que l'autre; et je fis marcher promptement l'armée pour l'occuper. A peine eûmes-nous gagné la montagne, que les premières troupes des ennemis parurent sur la hauteur que nous avions abandonnée. Il n'y avoit pas plus de soixante pas de distance d'un poste à l'autre; et notre infanterie leur fit un grand feu. Toute leur armée arriva et se mit en bataille. La nôtre y étoit déjà. L'infanterie des deux côtés faisoit de perpétuelles décharges; quand ce feu eut duré cinq ou six heures, comme il continuoit toujours, les ennemis descendirent de leur hauteur pour passer le ruisseau et venir à nous. Je les fis charger par le régiment de Navailles, à la tête duquel étoit mon fils, qui servoit de brigadier dans l'armée, et par le régiment de Furstemberg, commandé par M. de Woldemberg, soutenus par deux escadrons, commandés par M. de Campagnac[1] et M. de Quinson[2].

---

1. La *Gazette* nomme le chevalier de Campagnac parmi les blessés du siége d'Épinal en 1678.

2. Jean de Villardie, comte de Quinson, capitaine dans le régiment d'infanterie du duc d'Anjou, mestre de camp d'un régiment de cavalerie de son nom en 1671, brigadier en 1686, maréchal de camp en 1690, nommé chevalier de Saint-Louis le 1er février 1694, reçu le 8 du même mois lieutenant général des armées du roi, lieutenant général au gouvernement de Roussillon, mort à Perpignan en 1713.

Ces deux régiments ayant fait leurs décharges, jettent leurs mousquets; et, mettant l'épée à la main, à l'exemple de leurs officiers, ils tombent sur deux bataillons qui s'étoient avancés au bas de la montagne, et les passent au fil de l'épée. Les deux escadrons donnent sur un autre bataillon, que nos Suisses avoient mis en désordre, les taillent en pièces et poussent le reste des ennemis avec beaucoup de carnage jusque sur la hauteur où étoit le gros de leur armée. Cela leur donna une telle terreur, que le feu cessa tout d'un coup de leur côté. Peu de temps après, je défendis aussi de tirer, parce que nos troupes commençoient à manquer de munitions et qu'elles étoient fort fatiguées. Les ennemis se retirèrent aussitôt, et nous laissèrent maîtres du champ de bataille[1]. Ils étoient venus sans artillerie; et notre canon leur fit beaucoup de mal. Le combat fut sanglant pour eux; ils eurent quatre ou cinq mille hommes de tués ou de blessés; deux grands d'Espagne et deux cents officiers réformés furent du nombre des morts. Nous n'y eûmes tout au plus que mille hommes de tués ou de blessés; et nous fîmes six ou sept cents prisonniers, parmi lesquels étoient deux autres grands d'Espagne. Nous continuâmes notre marche le lendemain, repassâmes les Pyrénées et entrâmes le même jour en Roussillon. Il ne se fit rien de considérable le reste de la campagne; et l'hiver approchant, on donna des quar-

---

1. Le combat eut lieu le 4 juillet 1677.

tiers dans le pays à une partie des troupes; et l'autre fut envoyée en garnison dans les provinces voisines.

Le roi avoit été informé qu'il étoit important à son service de prendre Puycerda, capitale de Cerdaigne; il résolut de faire attaquer cette place la campagne suivante; et dès le mois de mars il m'envoya ses ordres pour m'y préparer[1]. Il me fit savoir en même temps qu'il fortifieroit pour cela l'armée que je commandois. Je crus que le secret étoit principalement nécessaire en cette occasion; et je n'oubliai rien pour faire croire aux ennemis que les préparatifs que je faisois étoient pour assiéger Rose ou Gironne.

Toutes les troupes qu'on devoit m'envoyer n'étoient pas encore arrivées; je ne laissai pas de prendre le parti de me mettre en campagne, dans la pensée que la diligence me donneroit plus d'avantage sur les ennemis que je n'en pourrois tirer d'un renfort de troupes. Le 24 du mois d'avril je détachai de l'armée quinze cents chevaux et deux bataillons, que je fis entrer en Lampourdan, sous le commandement de M. Le Bret, lieutenant général, et de M. de Larablière[2], maréchal de camp, afin de

1. Puycerda avoit été prise par le prince de Conty en 1654; mais le traité des Pyrénées l'avoit rendue aux Espagnols qui s'étoient empressés d'augmenter les fortifications « de sept bastions bien revêtus, d'un ouvrage à corne et d'un à couronne, avec un chemin couvert revêtu et palissadé. » *Gazette* extraordinaire du 14 juin 1678.

2. François de Bruc, marquis de La Rablière, mort en 1704, lieutenant général, gouverneur de Bouchain, grand-croix de Saint-Louis depuis la création de l'ordre. « Il est, dit d'Aspect, le pre-

couvrir le dessein que j'avois de passer en Cerdaigne. Deux jours après, j'en pris les chemins, avec un autre détachement, ayant fait partir auparavant le canon. Je marchai trente-six heures par un temps si mauvais et des chemins si pleins de neige, que je pensai m'en retourner, pour ne pas exposer l'armée à périr; et j'arrivai le soir à la vue de Puycerda. M. de Casaux[1], maréchal de camp, et M. de Persan, lieutenant de roi de Ville-Franche, qui connoissoit le pays, étoient partis devant moi avec des troupes, pour fermer les passages et empêcher qu'on ne portât aux Espagnols les avis de mon entrée en Cerdaigne. Sur les dix heures de la nuit, j'envoyai investir la place par plusieurs détachements.

Le lendemain matin, je pris avec moi M. de Casaux et M. de La Motte La Mire, ingénieur en chef de l'armée, et quatre escadrons, pour nous soutenir; et j'allai reconnoître la place. Ces escadrons

---

mier exemple d'un officier retiré du service qui ait été décoré de la grand'croix. » Capitaine au régiment de Poitou en 1652, capitaine et major au régiment de cavalerie du Plessis-Bellière, il obtint en 1658 l'agrément du régiment de cavalerie de Montplaisir auquel il donna son nom et avec lequel il se trouva à tous les siéges de la campagne de 1672, et passa successivement dans l'électorat de Cologne sous Turenne, en Flandre sous Bellefonds dont il commandoit la cavalerie, en Roussillon sous Schomberg et Navailles, en Allemagne sous Créquy et en Flandre sous d'Humières.

1. Il avoit été nommé maréchal de camp en 1676 pour servir en Roussillon. Il étoit gouverneur de Bergue quand, le 4 janvier 1681, il fut appelé au gouvernement de Thionville. Il mourut dans le mois de mars de la même année.

poussèrent la garde de cavalerie des ennemis jusqu'aux palissades, et leur tuèrent deux capitaines. Ils chassèrent aussi leurs Miquelets d'une chapelle qu'ils occupoient sur le bord d'un rideau. Je donnai le même jour des quartiers à l'armée ; et j'envoyai à toutes les avenues et à tous les cols des montagnes nos Miquelets avec des troupes, pour empêcher le secours et toutes sortes de communications, parce que l'étendue de la circonvallation ne me permettoit pas de faire des lignes, et qu'il auroit fallu pour les garder beaucoup plus de troupes que je n'en avois.

Le jour suivant, après m'être entretenu avec MM. de Casaux et de La Motte La Mire sur le côté où l'on feroit l'attaque, je voulois avant que de me déterminer, voir une seconde fois la place avec eux et avec M. d'Urban[1], brigadier, qui en avoit quelque connoissance. L'avis de M. de La Motte étoit d'attaquer du côté du chemin de Livia ; mais je jugeai qu'il valoit mieux attaquer du côté du marais ; et à l'heure même, je lui ordonnai de faire faire un pont sur la Seigre pour passer l'infanterie, qui monteroit la tranchée ; et le pont fut en état le soir.

Les troupes que j'avois laissées derrière moi étant arrivées ce même jour, je donnai les ordres pour

---

1. François de Fortia d'Urban, mort en 1701, gouverneur de Mont-Louis, capitaine au régiment de la marine en 1658, puis lieutenant-colonel de Vermandois en 1672, il étoit brigadier depuis 1675.

l'ouverture de la tranchée. M. de Gassion, lieutenant général[1], M. de Casaux et M. de Saint-André[2], brigadier, avec les deux bataillons du régiment de Sault, l'ouvrirent à minuit[3]; et bien qu'il y eût peu de temps jusqu'au jour, ils la poussèrent plus de trois cents pas. Le lendemain et les jours suivants, ceux qui montèrent la tranchée firent beaucoup de travail.

Le troisième de mai, j'ordonnai un détachement de tous les corps, soutenu par de la cavalerie, pour attaquer la contrescarpe de tous les côtés. L'attaque fut commencée à dix heures du soir, au signal de plusieurs flambeaux, parce que notre canon n'étoit pas encore arrivé. On entra dans le chemin couvert, que les assiégés défendirent avec une grande opiniâtreté; on chassa ce qu'il y avoit de cavalerie; on tua quelques officiers d'infanterie et plusieurs soldats; et on fit des prisonniers. Le régiment de Sault, qui étoit de garde à la tranchée, fit le logement sur la contrescarpe; mais il fut contraint de l'abandonner, parce que la ligne de communication pour y aller de la tranchée, ne put être achevée avant le jour. MM. d'Urban, de Saint-André, de

---

1. Jean de Gassion, connu d'abord sous le nom de chevalier de Gassion, lieutenant général, gouverneur des villes et citadelles de Mezières, Charleville, Dax et Saint-Sever, mort le 26 novembre 1713.
2. Henri de Saint-André, brigadier des armées du roi en 1677, chevalier de Saint-Louis en 1694, mort peu de temps après gouverneur de Vienne.
3. Le 29 avril.

Sutlaube[1] et de Murat[2], brigadiers, servirent très-bien en cette occasion.

Deux jours après, il m'arriva quatre pièces de canon, qui ne purent venir plus tôt, à cause de la difficulté des passages; il fallut même employer trois cents Suisses pour les avoir en ce temps-là. On les mit aussitôt en batterie; et le lendemain au point du jour, ils tirèrent. Je fis battre la courtine et des maisons qui sont en amphithéâtre, d'où les assiégés faisoient un feu continuel dans la tranchée. J'eus avis alors que les ennemis s'assembloient pour venir secourir la place. Cela m'obligea de presser extrêmement le siége. Le mineur étoit attaché à un bastion, qui étoit à la main droite; et il avoit avancé six pieds sous le mur de la face du bastion; il continua son travail; et la mine étant en état de jouer, j'y fis mettre le feu le quinzième, à quatre heures du matin. La mine fit une très-grande brèche; mais elle porta si loin les ruines, que quelque précaution que j'eusse prise pour éviter les accidents qui pouvoient arriver de son effet, il y eut cent cinquante soldats de tués ou de blessés, et quelques officiers; on ne laissa pas de monter sur la brèche avec beaucoup de résolution; et on fit effort de s'y loger; mais les

---

1. Conrad de La Tour-Châtillon Zurbauben, colonel commandant le régiment allemand de Furstemberg, brigadier d'infanterie, inspecteur général d'infanterie en Roussillon et en Catalogne, mort à Perpignan le 4 décembre 1682, âgé de 44 ans.

2. La *Gazette* l'appelle de Muralt. Est-ce une erreur? Faut-il reconnoître là Nicolas comte de Murat qui avoit épousé Henriette-Julie de Castelnau?

assiégés, à qui le terrain étoit très-avantageux, firent un si grand feu de bombes et de grenades, qu'on ne trouva pas à propos de s'y opiniâtrer. Ils se retranchèrent aussitôt derrière la brèche; et comme je voulois conserver les troupes, je pris le parti de faire travailler le mineur à un fourneau qui pût renverser ce retranchement et rendre la brèche plus accessible.

L'armée d'Espagne, commandée par le comte de Monterey et forte de douze ou treize mille hommes, étoit venue camper au col de Mayence, à une lieue et demie de Puycerda. Il parut le seizième sur le haut des montagnes qui regardent la plaine de Cerdaigne, un détachement de cavalerie et d'infanterie de cette armée. Nos Miquelets escarmouchèrent quelque temps contre ce détachement et le firent retirer.

Quand le fourneau fut prêt à jouer, je fis sommer les assiégés de se rendre; et ayant répondu qu'ils étoient encore en état de se défendre, je fortifiai la garde de la tranchée de quatre cents hommes détachés; et je fis mettre le feu au fourneau; on fit plusieurs fois effort de monter sur la brèche; mais, outre qu'elle étoit fort droite, les assiégés jetèrent tant de bombes, de grenades, de sacs à poudre et de barils foudroyants, qu'il fut impossible de s'y loger. Le marquis de La Villedieu[1], qui étoit venu

---

1. Jacques de Gilliers, marquis de La Villedieu, officier au régiment de Picardie, capitaine au régiment-Dauphin à la création en 1667, capitaine aux gardes en 1674, brigadier en 1676, maré-

en poste de Messine pour être au siége, fut blessé à mort en cette occasion. M. de Melune, premier capitaine du régiment d'Erlac, s'y distingua; il fut vu sur la brèche, l'épée à la main.

Ce jour-là, on me donna avis qu'un détachement de l'armée ennemie s'étoit saisi de la Tour de Riou, qui est un passage de la montagne, à une lieue de Puycerda. Je crus qu'il étoit de conséquence de le déloger. Je pris deux cents soldats du régiment de Castres et douze escadrons, que je fis suivre de deux petites pièces de campagne; j'allai attaquer cette tour. Je la pris, avec la garnison, qui étoit de quarante hommes, commandés par un lieutenant.

Comme les assiégés attendoient tous les jours le secours, je jugeai qu'il étoit plus utile que les lieutenants généraux demeurassent dans leurs quartiers pour s'y opposer, que de continuer à monter la tranchée. Je fis travailler ensuite à ouvrir la place par plusieurs endroits, à élargir la tranchée, à faire des places d'armes et d'autres ouvrages, pour donner l'assaut général, après l'effet des mines qu'on alloit préparer. Cependant je faisois tenir presque toujours une partie des troupes en bataille, pour empêcher le secours. Aussi le comte de Monterey, qui nous voyoit si bien sur nos gardes, n'osa attaquer aucun de nos quartiers et fut enfin contraint de se retirer faute de fourrage. Cette retraite, qui

chal de camp en 1677. Cette attaque dans laquelle il fut tué eut lieu le 18 mai 1678.

ôtoit à la place toute espérance d'être secourue, et nos mines qui étoient déjà prêtes, firent résoudre le gouverneur à se rendre. Le lendemain, il m'envoya demander à capituler; on fut bientôt d'accord des conditions; et le jour suivant il sortit de la place[1]. J'y fis entrer le régiment de Sault, avec M. d'Urban pour commander, jusqu'à ce que le roi eût nommé un gouverneur.

Le siége de Puycerda étoit une affaire bien plus grande qu'on n'avoit pensé. La place est située dans une plaine, sur le plus haut des monts Pyrénées; et l'abord en est extraordinairement difficile. Je la trouvai munie de toutes les choses nécessaires pour une longue défense, avec une garnison de près de deux mille hommes, six ou sept cents bourgeois fort aguerris, et un gouverneur qui avoit de l'expérience et de la fermeté. On peut s'imaginer l'embarras et la fatigue que j'eus pendant un mois tout entier que dura ce siége, où il ne falloit pas de moindres soins pour empêcher le secours, que pour presser la place. Sa prise étoit fort avantageuse au roi; elle

---

1. La capitulation fut signée le 29 mai, un mois, jour pour jour, après l'ouverture de la tranchée. « On peut ajouter, dit la *Gazette*, que le maréchal de Navailles s'est rendu maître de Puycerda sans lignes de circonvallation, quoique l'armée des ennemis fût arrivée à une lieue et demie du camp dès le 15 du mois de mai, qu'elle escarmouchât, jour et nuit, pour fatiguer la nôtre, et qu'elle envoyât sans cesse des partis sur le haut des montagnes pour remarquer les endroits favorables par où elle pourroit jeter du secours dans la place; ce qui obligea nos troupes à être toujours sous les armes et leur général à des soins et à des fatigues extraordinaires. » *Extraordinaire* du 14 juin 1678.

mettoit à couvert le Languedoc et le rendoit maître de la province de Cerdaigne, où il pouvoit faire subsister beaucoup de troupes pour entrer en tout temps dans le pays des ennemis.

Ensuite je remenai l'armée en Roussillon; et peu de jours après je la fis passer en Lampourdan, où elle subsista jusqu'à la fin de septembre; je n'eus pas d'occasion d'avoir de grandes affaires avec les ennemis. Ils s'étoient rendus maîtres d'une tour, que je faisois garder par un lieutenant et quarante soldats; et ils y avoient laissé une garnison beaucoup plus forte. J'allai attaquer cette tour avec un détachement d'une partie de l'armée; et ils eurent le déplaisir de me la voir reprendre sans oser la secourir, quoique toutes leurs forces fussent assemblées.

Dans le même temps, je reçus avis de la cour que l'on auroit bientôt la paix, avec ordre de faire démanteler Puycerda. Je fis travailler à cette démolition par les troupes que j'y avois laissées. Comme je jugeai qu'encore que la paix fût faite, les ordres pour la publier pourroient êtré longs à venir, et que même il se passeroit du temps avant que toutes choses fussent disposées pour la publication, je repassai au mois d'octobre en Cerdaigne, pour faire subsister les troupes aux dépens des ennemis. J'entrepris aussi, pour les inquiéter, de faire faire dans les montagnes un chemin qui conduisît à Campredon; et j'employai à cet ouvrage les peuples du pays. Les ennemis s'imaginèrent que j'avois dessein de surprendre cette place; et peut-être qu'ils ne se trompoient pas. Ils y envoyèrent en diligence des troupes; et ce fut pour eux une assez grande fatigue.

Je reçus peu de jours après les ordres de faire publier la paix[1]. J'en donnai part à M. le duc de Bournonville, qui commandoit alors en Catalogne; il n'avoit pas encore reçu les siens; on lui avoit seulement donné avis qu'il les auroit bientôt. Il me proposa, dans cette attente, de faire une suspension d'armes; et j'y consentis, à condition que les troupes, de part et d'autre, demeureroient jusqueslà dans les lieux où elles se trouvoient. Cela m'étoit avantageux, parce que j'avois toutes les nôtres dans le pays ennemi.

M. de Bournonville ayant reçu au commencement de janvier les ordres qu'il attendoit pour la paix, m'en donna aussitôt avis. Il m'envoya une cassette pleine de gants d'Espagne; et je lui fis un autre présent. Nous travaillâmes ensuite à régler l'échange des prisonniers et le payement des rançons pour ceux que j'avois plus que lui, qui étoient en grand nombre. Quand cela fut exécuté, on publia la paix avec toute sorte de solennité, et une grande joie des peuples de Catalogne, qui avoient beaucoup souffert de cette guerre.

J'étois alors dans une affliction violente de la mort de mon fils unique, qui venoit de mourir su-

---

1. Signée à Nimègue avec la Hollande le 10 août et avec l'Espagne le 17 septembre 1678. On sait que la paix avec l'empereur et l'empire ne fut conclue que le 5 février 1679.

bitement à mes yeux. Il me paroissoit bien né; et je l'avois vu servir au siége de Puycerda d'une manière qui m'en donnoit une grande espérance. Dieu me l'ôta dans un temps que je pouvois avoir quelques sentiments de gloire par les bons succès que j'avois eus; et il voulut me faire rentrer en moi-même. Les peuples du Roussillon me donnèrent toutes sortes de marques de la part qu'ils prenoient à ma douleur, et cessèrent tous leurs divertissements de carnaval, qu'ils avoient commencés. Je m'occupai pendant quelques jours à régler les affaires du pays; et à l'entrée de février, je partis de Perpignan. Je vins joindre ma famille, qui étoit en Berry; et l'on peut s'imaginer que notre abord fut une chose bien triste. Après y avoir demeuré un mois, j'allai à la cour; et je fus reçus du roi aussi favorablement que je le pouvois souhaiter; il me fit l'honneur de me dire que je lui avois rendu de grands services en Catalogne; et il ajouta mille choses obligeantes.

La passion que j'avois depuis fort longtemps de me retirer de la cour, s'étoit beaucoup augmentée par le triste état où j'étois; mais je voulois attendre que j'eusse établi mes deux filles[1], pour n'avoir plus rien qui m'obligeât de tourner la vue du côté de la cour. Quatre ans s'étant passés, un matin, comme le roi qui m'avoit vu à son lever, fut entré dans

---

1. L'aînée, Françoise de Montault, devint la troisième femme de Charles III, de Lorraine, duc d'Elbeuf; et la seconde, Gabrielle-Éléonore, épousa Henri d'Orléans, marquis de Rothelin.

son cabinet, il me fit appeler et me dit qu'il m'avoit choisi pour être gouverneur de M. le duc de Chartres[1]. Je reçus très-respectueusement l'honneur qu'il me faisoit. Je lui dis néanmoins que je ne me sentois pas tout à fait propre à cet emploi. Il me répondit qu'il ne prétendoit pas par là m'exclure du commandement de ses armées, s'il arrivoit qu'il eût la guerre; et il dit ensuite à Monsieur, en ma présence, qu'il ne faisoit que me prêter à lui, et qu'il me redemanderoit lorsqu'il auroit besoin de moi. J'avoue que cet emploi ne me donna pas d'abord toute la joie que j'en devois avoir. Je voyois qu'il renversoit entièrement le dessein de ma retraite et qu'il me rengageoit à la cour pour le reste de ma vie; mais quand j'eus vu et observé le jeune prince qu'on me confioit, je lui trouvai l'esprit si avancé et un si beau naturel, que je fus consolé de tout; et je ne songeois plus qu'à donner tous mes soins à son éducation.

1. Philippe de Bourbon-Orléans duc de Chartres, celui qui fut régent.

FIN.

PIÈCES JUSTIFICATIVES

PIÈCES JUSTIFICATIVES.

LETTRE DE M. LE DUC DE NAVAILLES A M. DE LOUVOIS.

Du 4 juin 1673, à Châlons.

Monsieur,

Je me suis rendu, le 25 du mois de mai, à Châlons, où je trouvai M. l'intendant de la province et M. d'Apremont, à qui j'avois fait savoir mon passage. J'ai vu ce que l'on fait faire à la citadelle, laquelle avoit grand besoin de réparation ; et les ouvrages commencés se mettent en état de défense. Je crois que ce que l'on peut faire de mieux, c'est de mettre le corps de la citadelle en bon état, en faisant revêtir les travaux et faisant faire des parapets. L'on a entrepris un chemin couvert, qui est un ouvrage qui ne sera pas si tôt achevé.

Il n'y a point de munitions dans toute cette province. Il seroit bon qu'il y eût des magasins dans Dijon et Châlons, et des armes. Toute cette frontière est fort négligée. Les bourgeois, dans les grandes villes, ne sont point armés; ce qui obligeroit Sa Majesté d'avoir un grand corps de troupes, si les ennemis étoient en état d'entreprendre quelque chose sur ces provinces. Je me suis étonné que dans Châlons et Dijon il n'y eût point un corps de bourgeois qui fût destiné à la garde de leur ville. Je voulus savoir le fondement que l'on pourroit faire là-dessus en cas de besoin. Je trouvai dans le bailliage de Châlons de quoi composer six mille hommes de pied et cinq cents chevaux; et je vois par celui-là qu'on mettroit bien vingt mille hommes de pied et deux mille chevaux ou dragons sur les frontières, et qu'on trouveroit des gens qui ont servi et qui seroient capables de les discipliner. Mais comme cette province a pour gouverneur un prince du sang de grand mérite et fort accrédité, les conséquences méritent que l'on y fasse réflexion; ce qui m'oblige à ne rien faire sur ce sujet que je ne sache la volonté du roi.

Après avoir visité Auxonne, à laquelle je voudrois une augmentation de garnison, je crois même qu'elle seroit nécessaire, je m'en irai en Lorraine et passerai à Langres.

M. Bouchu m'a dit vous avoir informé de l'état où se trouve le comté, et les bonnes dispositions où ils sont de se défaire de leurs hôtes.

Si Sa Majesté vouloit donner ce soulagement aux Espagnols, l'on mettroit présentement fin à cette œuvre en nous en donnant les moyens : il n'y a point de temps à perdre. Les Espagnols s'étant saisis de Dôle, ils veulent mettre ce pays-là en état de faire subsister leurs troupes. Nous leur ôterions ces quartiers d'hiver, et ferions subsister les troupes du roi. C'est un moyen assuré de ruiner les Espagnols et de faire tomber la Flandre aussi bien que la Comté, si l'on prenoit le parti de leur ôter les subsistances et d'établir la nôtre. S'ils sont une fois réduits à l'argent d'Espagne pour soutenir la Flandre, elle n'ira pas loin. Je prends la liberté de vous dire que le roi n'aura jamais une si belle occasion.

Il me semble que le roi, ayant d'aussi grandes armées qu'il a, il n'y a point à marchander, et qu'il faudroit tomber sur Bruxelles, où résident tous leurs conseils et puissances. C'est une place d'une grande réputation et qui fait tomber la Flandre. Cette conquête peut donner des quartiers d'hiver aux troupes du roi et les ôter aux troupes d'Espagne, qui assurément ne se pourront plus maintenir de ce côté-ci. On peut prendre la Franche-Comté et suivre ce projet de Flandre à l'égard de Bruxelles. Par cette voie, vous ruinerez cette monarchie sûrement; et Sa Majesté soulagera ses finances en prenant un pays où l'on subsistera grassement.

J'ai dans la tête que le roi doit passer l'hiver à Bruxelles. Il n'y a rien de si grand pour sa gloire, ni de si avantageux pour agrandir ses États.

Le pas qu'ont fait les Espagnols pour Charleroi, leur peut attirer cette justice.

J'appréhende bien que vous ne me trouviez trop hardi d'entrer dans des matières si relevées; mais, en vérité, mon affection au service du roi m'a fait faire ce pas, dont je vous fais mes excuses; et vous conjure en même temps, si vous trouvez ma lettre ridicule, de la brûler, et de me continuer l'honneur de vos bonnes grâces et de votre protection.

LETTRE DE M. LE DUC DE NAVAILLES A M. DE LOUVOIS.

Du 24 février 1674, au camp devant Gray.

Je suis arrivé devant cette place le 21 de ce mois. Je me mets en état d'ouvrir la tranchée demain, si la cruelle pluie qu'il fait, peut cesser. Mon canon est arrivé; c'est une partie des choses qui me sont le plus nécessaires.

Les ennemis font bonne mine. Ils ont du monde, des munitions, une double contrescarpe, et la saison pour eux. Si je n'eusse prévenu leurs desseins, ils bruloient tous les fourrages et les couverts qu'ils avoient aux environs de Gray; ce qui m'a obligé de me presser pour les prévenir.

Je ne puis faire qu'une attaque. En approchant le glacis de la contrescarpe, je ferai deux branches. Cette affaire me paroît beaucoup plus grande qu'on ne pense. Nous avons assez bien fait jusqu'à présent; je ne sais si nous continuerons à faire de même. Je prends le parti d'attaquer avant l'arrivée des troupes que vous m'envoyez, par la crainte des incommodités où je verrois celles qui sont ici, soit pour les fourrages ou pour les couverts. Vous jugerez bien que le parti de camper en les attendant, eût été plus rude que celui que je prends. J'ai été au-devant pour les faire presser. J'ai changé la route, pour les faire venir de Langres droit ici, ce qui leur fera gagner un jour de marche. Si nous sortons bien de cette affaire, on rend un service considérable à Sa Majesté; la situation des postes a des avantages si considérables, qu'ils doivent faire de la peine à tout bon François.

J'ai fait monter un bateau chargé d'avoine et un

autre de foin et soixante pièces de vin, que j'ai pris à
Pesmes pour distribuer aux soldats. Je suis si fatigué,
que je ne puis que vous assurer.

DU MÊME A M. DE LOUVOIS.

Du 27 février 1674, au camp de Gray.

J'ai reçu votre dépêche du 25 ; je satisferai à tous
les ordres qu'elle me donne, au cas que nous prenions
Gray, comme j'espère que nous ferons, quoique la saison soit la plus cruelle qu'on ait jamais vue. Nous en
sommes extrêmement incommodés, et à tel point, que
si je n'avois pas cru Gray une des plus importantes
conquêtes que l'on puisse faire, je n'eusse point entrepris ce siége. Je vous ai fait souvenir par plusieurs
dépêches comme le dessein des ennemis a toujours été
de conserver ce poste par préférence à tous les autres.
Vous en connaissez la conséquence mieux que personne.

Nous ouvrîmes hier la tranchée, qui étoit le 26,
quoiqu'il fît le plus mauvais temps du monde. J'ai fait
cette diligence pour resserrer la place de plus près et
me servir de certaine maison pour mettre la tranchée à
couvert, qui est le même endroit où M. le Prince prétendoit faire son attaque, étant impossible que les ennemis puissent demeurer à découvert par le temps qu'il
fait, et être en état d'agir. J'ai pris toutes les précautions possibles, comme je vous ai déjà fait savoir, pour
conduire cette affaire-ci à une bonne fin. Je n'appréhende que le débordement des eaux, qui n'a commencé

que cette nuit, et qui me donne la dernière inquiétude. Nous avons eu toutes les peines du monde à mettre deux pièces de canon en batterie. Quand elles ont tiré trois ou quatre coups, il faut faire des plates-formes nouvelles.

Si je ne les eusse prévenus par une marche de surprise, je n'eusse pas été en état d'attaquer la place. Leur dessein étoit de brûler quatre ou cinq villages, où j'ai mis les troupes à couvert, ayant pris les gens qui y vouloient mettre le feu.

M. Massiette n'a pas été si rusé qu'il pensoit. Il prétendoit sortir de la place avec sa cavalerie. Ma pensée a toujours été de l'enfermer dedans, croyant qu'il m'y incommoderoit moins que dehors. Si Dieu nous donnoit du beau temps, j'espérerois lui donner une capitulation dure.

Je n'ai rien à vous dire sur la facilité que vous trouvez à la prise de cette place, où il y a deux mille hommes, avec une double contrescarpe bien palissadée. Dans la saison où nous sommes, il faut avoir de grandes armées, et ne rien négliger pour croire en venir à bout facilement. Quand vous verrez MM. des Gardes, ils vous en diront des nouvelles. Pour moi, qui ai été accoutumé à être toute ma vie avec de petites armées mal munies, les difficultés ne m'épouvantent pas plus qu'un autre; je ne laisse pas de les connoître.

Je crois qu'il est important de prendre Lons-le-Saulnier, pour couvrir la Bresse; je vous rendrai compte de tout exactement. Nous prétendons attaquer la contrescarpe ce soir. Le régiment de Lionnois est de garde; je le ménagerai avec toute la précaution possible, étant persuadé qu'il est du service de ménager les gens de bonne volonté.

LETTRE DU ROI A M. LE DUC DE NAVAILLES.

Du 7 juin 1674, au camp sous Dole.

Mon cousin, l'armée que commande présentement mon cousin le prince de Condé, étant trop forte pour qu'elle puisse se mettre en un seul corps, j'ai résolu de la séparer, de vous donner le commandement d'un corps d'icelle, sous l'autorité de mon cousin le prince de Condé, et de mon cousin le duc d'Anguien, son fils, faisant commander l'autre par mon cousin le duc de Luxembourg, et les sieurs marquis de Rochefort et chevalier de Fourville, sur quoi ayant ordonné à mon dit cousin le prince de Condé de vous expliquer mes intentions, je ne vous fais cette lettre que pour vous dire que vous ajoutiez créance à ce que mon cousin vous dira de ma part, et que vous exécutiez de point en point ce qu'il vous fera connoître être de ma volonté. Et ne doutant point que vous n'y satisfassiez selon votre zèle et affection pour mon service, je prie Dieu, etc.

FIN DES PIÈCES JUSTIFICATIVES.

TABLE ALPHABÉTIQUE

DES NOMS D'HOMMES ET DE LIEUX

CONTENUS DANS LES

MÉMOIRES DU DUC DE NAVAILLES.

A

Alègre (Marguerite-Gilberte de Roquefeuil, marquise d'), 195.
Alègre (Marie-Marguerite, mademoiselle d'), 194.
André (Le Boullanger, le père), 131.
Angers, 69, 70.
Anne d'Autriche, 16, 60, 65, 137.
Apremont (d'), 181.
Armentières, 20.
Arras, 4, 99, 102.
Asti, 15.
Aubeterre (Léon d'Esparbez de Lussan, chevalier d'), 201.
Aumont (Antoine de Villequier, marquis et maréchal d'), 68.
Auxonne, 179.

B

Balthazar (Jean), 38.
Bapaume, 58, 65, 66, 95, 98, 100, 102, 113, 117, 118.
Bar (Guy de), 60, 100.
Barége, 47, 137.
Bar-le-Duc, 98.
Barol (Octave de Fallet, marquis de), 71.
Bataglia (le général), 169.
Beaufort (François de Vendôme, duc de), 16, 50, 74, 79, 91, 143, 147, 148, 150, 153.
Beaujeu (Claude-Paul de Beaujeu-Villiers, comte de), 84, 85, 89, 100, 102.
Bellefonds (Bernardin-Gigault, marquis et maréchal de), 172.
Bellegarde, 53.
Bersel ou *Bresello*, 126.
Besmaux (de), 43.
Béthune (Anne-Marie de Beauvilliers, comtesse de), 133.
Béthune (Hippolyte, comte de), 62.
Blois, 72.

Boissat (André de), 42.
Bonn, 181.
Bordeaux, 56, 197.
Bossut (N. de Hénin, comte de), 92.
Bouchu (Pierre), 181.
Bouillon (Frédéric-Maurice de La Tour d'Auvergne, duc de), 87, 92.
Bourg-en-Bresse, 178.
Bournonville (le duc de), 214.
Bouteville (François-Henry de Montmorency, comte de), 53; 108.
Bozollo, 35.
Brachet (marquis de), 120.
Brézé (Armand de Maillé, duc de), 16, 21, 22.
Briare, 75.
Brissac, 58, 173, 174.
Broglio (Charles de), comte de Santena, 66.
Bruxelles, 62.

C

Campagnac (M. de), 203.
Campagnolle (Patras de), 34.
Candia-Nova, 152.
Candie, 142.
Caracène (le marquis de), 36, 41, 43, 45.
Cardonnière (N. de La), 30.
Casal-Major, 31, 37, 41.
Casaux (de), 34, 206, 208.
Castellan (M.), 143, 152.
Castello del Scrivia, 45.
Castelnau-Mauvissière (Jacques, marquis de), 54, 100, 102, 113.
Castres (N. de La Croix, comte de), 92.
Châlons-sur-Marne, 98.
Chantois (de), 168.
Charenton, 86.
Charost (Louis de Béthune, comte de), 2.
Chartres (Philippe de Bourbon-Orléans, duc de), 216.
Châteauneuf (Charles de L'Aubespine, marquis de), 70.
Châtillon-sur-Loing, 75.
Châtres, 81.
Chavigny (Léon Le Bouthillier, comte de), 64.
Choiseul (Claude, comte de), 150, 154, 164, 167, 168.
Clément IX (Jules Rospigliosi), 142.
Clerville (Louis-Nicolas, chevalier de), 39, 112.
Coislin (Pierre-César du Camboust, marquis de), 5.
Colbert (Jean-Baptiste), 194.
Colbert-Maulevrier (Édouard-François, comte de), 150, 156, 161.
Coligny (Jean de Saligny, comte de), 53.
Colmar, 173, 175.
Compiègne, 52, 109, 110.
Condé (Louis II de Bourbon, prince de), 9, 14, 52, 65, 74, 75, 79, 87, 108, 188, 189, 190, 194.
Conismar (M. de), 191.
Cony, 8.
Corbeil, 50, 84.
Crémone, 30, 44.
Créquy (François de), 172.

D

Dampierre (M. de), 149, 151, 161.
Des-Roches, 50.
Dijon, 177, 179.
Dinan, 66.
Duras (Jacques-Henry de Durfort, duc de), 123.

E

Éclainvilliers (Timoléon de Séricourt, baron d'), 89.
Elbeuf (Charles de Lorraine, duc d'), 49.
Enghien. *Voir* Condé.
Équancourt (Daniel de Montmorency, seigneur d'), 100.
Espouilles, 203.
Este (Alphonse IV d'), 119.
Esté (Renaud, cardinal d'), 120, 127, 128.
Estrades (Godefroy, comte et maréchal d'), 31, 32, 36.
Étampes, 81, 82, 83, 85.
Étréchy, 83.

F

Fabert (Abraham), 68, 99, 128.
Ferté (Henry de Nabert, marquis de La Ferté Senneterre, maréchal de La), 68, 85, 92, 99, 101, 102, 111, 112, 113, 116, 129.
Feuillade (François d'Aubusson, comte de La), 140.
Feuillée (Pierre Dubois, comte de La), 178.
Figuières, 199.
Final, 16.
Flamarens (Antoine Agésilas de Grossolle, marquis de), 91.
Fontainebleau, 65.
Fouquet (Basile, l'abbé), 107.
Fourille (Michel-Denis de Chaumejan, marquis de), 138, 189.
Fuensaldagne (Alfonso-Perez de Vivero, comte de), 110, 122, 124, 132.

G

Gassion (Jean, maréchal de), 19, 20.
Gassion (Jean de, lieutenant général), 208.
Gergeau, 72.
Gien, 74.
Gondy (Jean-François-Paul, de), le coadjuteur, 62, 64.
Grancey (Jacques de Roux et de Médavy, comte et maréchal de), 68.
Gray, 177, 178, 181, 184, 185.
Guise, 54, 56.
Guitaut (Guillaume de Puech-Peyrou Comminges, comte de), 91, 108.

H

Haguenau, 173.
Ham, 67.
Harcourt (Henry de Lorraine, comte d'), 7; 65.
Harlay-Chauvallon (François de), archevêque de Paris, 195.
Hesdin, 4.
Hocquincourt (Charles de Monchy, marquis et maréchal d'), 68, 74, 75, 78, 82, 84, 102, 105, 111.
Hocquincourt (la maréchale d'), 110.
Hoguette (Armand-Fortin de La), 154.
Houdain, 118.
Huxelles (Louis Châlon Du Blé, marquis d'), 112, 113, 116.

I

Inchy, 117.

J

Jacquier, 102.
Jarsay ou Gersay (François-René Du Plessis de La Roche Pichemer, marquis de), 91.
Jonsac (Alexis de Sainte-Maure, marquis de), 157.
Juvisy, 50.

L

La Capelle, 118.
La Cerbeau, 112.
La Croix (Jean de), 162.
La Fère, 117.
La Ferté, 111.
La Motte (La Mire, M. de), 206.
La Motte, 6.
La Rochelle, 138, 171, 196.
La tour de Rion, 211.
Labre (de), 42, 44.
Lamboy, 4.
Landot, 154.
Lavedan (Judith de Gontault, duchesse de), 2.
Lavedan (Philippe de Montault de Bénac, duc de), 2, 61, 107.
Le Bret (Alexandre), 143, 154, 205.
L'Espoulet, 82.
Le Havre, 59, 61.
Lens, 19.
Le Quesnoy, 114, 116.
Lesdiguières (Jean-François de Paule de Bonne, duc de) 191.
Le Tellier (Michel), 10, 129, 136, 137.
L'Hospital (François de Vitry, maréchal de), 5.
Lillebonne (François-Marie de Lorraine, comte de), 52.
Longueville (Henry II d'Orléans, duc de), 10, 11, 13, 48, 53.
Lons-le-Saulnier, 185.
Lorraine (Charles IV, duc de), 83, 84, 85.
Louis XIII, 1, 4, 14, 15.
Louvois (François-Michel Le Tellier, marquis de), 142, 175, 176, 196.
Luxembourg (François de Montmorency Bouteville, duc de), 188, 189, 190.
Lyon, 128, 130.

M

Maestricht, 175.
Mantes, 95.
Marignan, 121, 124.
Marsillac (François VII de La Rochefoucauld, prince de), 91.
Massa, 119.
Matignon (Charlotte de), 195.
Matignon (Henry, sire de), 194.
Matignon (Marie-Françoise Le Tellier, madame de), 194.
Maupertuis (Louis de Melun, marquis de), 160.
Mazarin (Jules, cardinal), 8, 13, 15, 16, 18, 28, 47, 52, 56, 57, 58,

59, 61, 62, 65, 66, 67, 69, 70, 80, 95, 98, 107, 108, 111, 113, 114, 117, 118, 128, 129, 130, 131, 133.
Maziette, 179, 185.
Meilleraye (Charles de La Porte, duc et maréchal de La), 4, 70, 94.
Melune (M. de), 211.
Menin, 20.
Metz, 173.
Mirandole (le duc de La), 165, 169.
Modène (François d'Este, duc de), 30, 31, 32, 35, 36, 119, 122, 124, 126.
Modène, 127.
Monchi le Preu, 102.
Moncornet, 99.
Mondejeu (Jean de Schulemberg, comte de), 68.
Montargis, 81.
Monterey (le comte de), 201, 210, 211.
Montmédy, 111.
Montpellier, 133.
Montpensier (Anne-Marie-Louise d'Orléans, duchesse de), 81.
Montpezat (Jean-François Tremolet, marquis de), 89.
Monza, 123.
Morosini (Michel), 143, 146, 149, 155, 156, 157, 158, 159, 160, 161, 164, 166, 167, 169, 170.
Mortara, 124, 132.
Murat (marquis de), 209.

N

Nancy, 175.
Nantes, 70.
Narbonne, 198.
Navailles (la duchesse de). *Voir* Neuillan.
Navailles (Philippe de Montault-Bénac, marquis de), 194, 203, 214.
Nemours (Charles-Amédée de Savoie, duc de), 74, 88, 91.
Neuillan (Suzanne de Baudéan, mademoiselle de), 52, 59, 64, 65, 66, 129, 130, 132, 133, 135, 138, 179.
Nice de la Paille, 127.
Niort, 94.
Noailles (Anne, comte de), 110.
Novare, 10.
Noyers (François Sublet, sieur des), 7, 13, 14, 15.

O

Orbitello, 21, 22.
Orléans (Gaston-Jean-Baptiste, duc d'), 28, 52, 60, 63, 66.
Orléans, 81.
Oudenarde, 194.

P

Palaiseau, 81.
Palluau (Philippe de Clérambault, comte de), 54, 56, 73, 79.
Paris, 47, 49, 51, 57, 58, 59, 65, 93, 99, 130.
Passage (N. de Poisieux, comte du), 53.
Paulliac (Marc de Cugnac, sieur de), 60.
Péronne, 109.
Perpignan, 168, 200.
Persan (de), 206.
Pessine (la forge de), 182, 183.
Picpus, 87.
Philisbourg, 174, 175.
Plaisance, 45.
Plessis-Praslin (César de Choiseul, comte et maréchal Du), 16, 18, 19, 39, 41, 54, 56, 129.

Poitiers, 65, 66, 69.
Polincove, 4.
Pontous (Bernard de Montaut, seigneur de), 6.

Ponts de Cés (les), 71..
Pradel (François de), 59, 104.
Puycerda, 205, 212.

Q

Quinson (Jean de Villardie, comte de), 203.

R

Rablière (François de Bruc, marquis de La), 205.
Rantzau (Josias, comte et maréchal de), 19.
Raymon (de), 38.
Rethel, 57, 58, 61, 62.
Retz (Jean-François-Paul de Gondy, cardinal de), 99.
Richelieu (Armand Du Plessis, cardinal de), 3, 5, 8, 13.
Rieux (François de Lorraine, comte de), 69.
Riverol, 31.

Roanne, 13.
Roannette (M. de), 29.
Rochefort (Henry-Louis d'Aloigny, marquis de), 188, 189.
Rochefoucauld (François VI, duc de La), 91, 137.
Roche-Giffard (Henry de La Chapelle, marquis de La), 94.
Rocroy, 67.
Rohan (Henry de Chabot, duc de), 69, 71.
Roses, 18.
Rospigliosi, 163, 164, 166.

S

Sabionnette, 120.
Saint-Amour (le château de), 180.
Saint-André Montbrun (Alexandre Du Puy Montbrun, marquis de), 143, 146, 148.
Saint-André (Henry de), 208.
Saint-André (l'île de), 167.
Saint-Cloud, 85.
Saint-Éloi, 103.
Saint-Geniez (Cyrus de Montault, marquis de), 2.
Saint-Geniez (Henry de Montault, marquis de), 17, 95.
Saint-Geniez (Maximilien de Montault, baron de), 2.
Saint-Germain en Laye, 8, 14, 49.
Saint-Jean de Losne, 56.
Saint-Lieu (marquis de), 100.
Saint-Mégrin (Jacques Estuer de La Vauguyon, marquis de), 87, 90, 99.
Saint-Omer, 4.
Saint-Pé (Charles d'Antin, sieur de), 48.
Saint-Vincent (de), 168.
Saintia, 15, 126.
Salces, 197.
Salle (Louis Caillebot, marquis de La), 104.
Schlestadt, 173.
Schomberg (Louis-Armand, maréchal de), 197.
Schulemberg (Jean de), comte de Mondejeu, 123.
Sedan, 69, 95, 98, 99.
Seignelay (Jean-Baptiste Colbert, marquis de), 194.
Serra (le marquis de), 32.

Sirot (Claude de L'Étouf, baron de), 73.
Standie (l'île de), 164.

Stenay, 99, 113.
Strasbourg, 174.
Strosti (don Galéas), 44.

T

Tavannes (Jacques de Saulx, comte de), 53, 82.
Thionville, 175.
Thomas-François de Savoie (le prince), 9, 16, 21, 27.
Tilladet (N. de Cassagnet, chevalier de), 53.
Torel (Jean de Montault, vicomte de), 6.
Tortone, 10.

Toulon, 21, 27.
Tremblay (N. du), 48.
Trémolet (M. de), 160.
Trin, 15.
Turenne (Henry de La Tour d'Auvergne, vicomte de), 54, 57, 73, 74, 78, 82, 84, 85, 86, 92, 99, 102, 113, 114, 115, 117, 118.
Turin, 9, 15, 17, 45.

U

Urban (François de Fortia d'), 207, 208, 212.

V

Valence, 120, 125, 132.
Valenciennes, 113.
Vaudemont (le prince de), 185.
Vendôme (César duc de), 54, 56.
Verteuil, 137.
Vezoul, 185.
Vigevano, 40.
Villarceaux (Philippe de Mornay, chevalier de), 153.

Ville (Ghirou François, marquis de), 124, 125.
Villedieu (Jacques de Gilliers, marquis de La), 210.
Villeneuve-Saint-Georges, 83, 84, 87.
Vivier (Du), 169.
Vivonne (Louis-Victor de Rochechouart, comte de), 159, 162, 163, 170.

W

Woldemberg (M. de), 203.

Z

Zante (l'île de), 162.
Zurlauben (Conrad de La Tour Châtillon), 209.

FIN DE LA TABLE ALPHABÉTIQUE.

PARIS. — IMPRIMERIE DE CH. LAHURE ET Cⁱᵉ
Rues de Fleurus, 9, et de l'Ouest, 21

www.ingramcontent.com/pod-product-compliance
Lightning Source LLC
Chambersburg PA
CBHW071201240426
43669CB00038B/1537